Nouriel Roubini / Stephen Mihm

Das Ende der Weltwirtschaft und ihre Zukunft

Schriftenreihe Band 1122

Nouriel Roubini / Stephen Mihm

Das Ende der Weltwirtschaft und ihre Zukunft

Crisis Economics

Aus dem Englischen von
Jürgen Neubauer und Petra Pyka

bpb:
Bundeszentrale für politische Bildung

Nouriel Roubini, Jahrgang 1959, ist Wirtschaftsprofessor an der Stern School of Business der New York University. Unter Bill Clinton war er Wirtschaftsberater des Weißen Hauses und des amerikanischen Wirtschaftsministeriums. Er zählt zu den bekanntesten und gefragtesten Wirtschaftsexperten der Welt.

Stephen Mihm ist Associate Professor für Geschichte an der University of Georgia und schreibt als Journalist für renommierte Zeitungen über wirtschaftliche und historische Themen.

Die englischsprachige Originalausgabe erschien 2010 unter dem Titel „*Crisis Economics. A Crash Course in the Future of Finance*“ bei The Penguin Press, New York.

Bonn 2010
Lizenzausgabe für die Bundeszentrale für politische Bildung
Adenauerallee 86, 53113 Bonn

Umschlaggestaltung: Michael Rechl, Kassel
Umschlagabbildung: © getty images / Colin Anderson / Photographer's Choice
Satz: L. Huhn, Linsengericht
Druck und Bindung: Beltz Druckpartner, Hemsbach
ISBN 978-3-8389-0122-0
www.bpb.de

Für H. H., K. S., L. S., M. M. und M. W. *Nouriel Roubini*

Für meine Familie. *Stephen Mihm*

INHALT

Einleitung 9

1. Der weiße Schwan 25
2. Krisenökonomie 59
3. Plattentektonik 90
4. Anarchie 123
5. Pandemie 160
6. Die letzte Rettung 185
7. Ausgaben rauf, Steuern runter? 214
8. Erste Schritte 246
9. Ein radikaler Schnitt 283
10. Die Gefahrenzone 318

Fazit: Der Kreis schließt sich 356
Ausblick: Die Nachbeben 368

Danksagung 401
Ausgewählte Literatur 406
Anmerkungen 420
Register 450

EINLEITUNG

Im Januar 2009, in den letzten Tagen der Bush-Regierung, gab der damalige Vizepräsident Dick Cheney der Nachrichtenagentur Associated Press ein Interview. Unter anderem wurde er von den Journalisten gefragt, warum seine Regierung nicht in der Lage gewesen sei, die größte Finanzkrise seit der Weltwirtschaftskrise der 1930er Jahre vorauszusehen. Seine Antwort war vielsagend: »Niemand war klug genug, das zu durchschauen. Das hat niemand kommen sehen.«[1]

Cheney stand mit dieser Einschätzung keineswegs allein da. Während der Krise antworteten die Wirtschaftsweisen und Politiker im Chor mit derselben rhetorischen Frage: Wer hätte das vorhersehen können? In demselben Interview verglich Cheney die Finanzkrise mit den Terroranschlägen des 11. Septembers 2001: Es handelte sich um eine Katastrophe, die aus heiterem Himmel zuschlug.

Doch das stimmt so nicht. Die bekannteste Prognose stammte von Nouriel Roubini, einem der beiden Autoren dieses Buchs, der im September 2006, also auf dem Höhepunkt des Booms, an prominenter Stelle eine deutliche Warnung aussprach.[2] Anlass war eine Rede, die Roubini, Professor für Wirtschaftswissenschaften an der New York University, am 7. September vor dem Internationalen Währungsfonds in Washington D. C. hielt. Das Publikum war skeptisch, viele hielten seine Warnungen für überzogen. Roubini sagte vorher, die Wirtschaft der Vereinigten Staaten werde in absehbarer Zukunft einen noch nie dagewesenen Einbruch auf dem Immobilienmarkt, einen heftigen Ölpreisschock und eine deutliche Verschlechterung des Konsumklimas erleben, die unweigerlich in eine tiefe Rezession münden würden.

Als wäre das alles noch nicht schlimm genug, entwickelte Roubini ein noch erschreckenderes Szenario. In dem Moment, in dem Hausbesitzer nicht mehr in der Lage wären, ihre Hypothekenschulden zu bedienen, komme das gesamte globale Finanzsystem zum Erliegen, da mit diesen Hypotheken besicherte Wertpapiere im Wert von Billionen von US-Dollar verfielen. Der bevorstehende Zusammenbruch des Immobilienmarktes könne die strukturellen Probleme im Finanzwesen zutage fördern und damit eine Krise auslösen, die Hedge-Fonds, Investmentbanken und staatlich geförderte Bausparkassen wie Fannie Mae und Freddie Mac zu Fall bringen könnte.

Während Roubinis Vorhersagen im Laufe der folgenden anderthalb Jahre eintrafen, entwickelte er seine pessimistischen Prognosen weiter.[3] Obwohl die meisten Wirtschaftsexperten Anfang 2008 noch versicherten, die Vereinigten Staaten litten lediglich unter einem Liquiditätsengpass, prophezeite Roubini eine schwere Kreditkrise, die Haushalte, Unternehmen und in besonders dramatischer Weise das Finanzwesen betreffen würde. Lange vor dem Zusammenbruch von Bear Stearns sagte er vorher, dass zwei große Investmentbanken die Krise nicht überleben und die übrigen ihre Unabhängigkeit verlieren würden. Das Gesicht der Wall Street werde sich vollkommen ändern, und es komme zu Umwälzungen, wie sie die Welt seit den 1930er Jahren nicht mehr gesehen habe, warnte er. Einige Monate später war Bear Stearns Geschichte und Lehman Brothers hatte Konkurs angemeldet. Wenig später wurde Merrill Lynch von der Bank of America übernommen, während Morgan Stanley und Goldman Sachs in Bankholdinggesellschaften umgewandelt wurden und sich damit stärkerer staatlicher Aufsicht unterstellen mussten.

Auch die globale Ausweitung der Krise sah Roubini früher vorher als die meisten anderen Beobachter. Während Wirtschaftsexperten noch zuversichtlich verkündeten, der Rest der Welt werde von den Verheerungen in den Vereinigten Staaten verschont bleiben, warnte er bereits, dass sich die Krise auch auf das Ausland ausdehnen und sich die nationale Krankheit zu einer globalen Finanzepidemie ausweiten werde. Er prognostizierte, die noch hypothetische Strukturkrise werde die schlimmste weltweite Rezession seit Jahrzehnten auslösen und auch die Volkswirtschaften von China, Indien und anderen Nationen erfassen, die nach allgemeinem Dafürhalten gegen die Probleme in der amerikanischen Wirtschaft gefeit waren. Während andere Experten sich noch um die Inflationsgefahr sorgten, erkannte Roubini schon zu einem sehr frühen Zeitpunkt, dass die Weltwirtschaft am Rande einer fatalen Deflationsspirale stand, wie es sie seit der großen Krise 1929 nicht mehr gegeben habe.

Roubini stand mit seiner bemerkenswerten Weitsicht allein: Kein anderer Wirtschaftswissenschaftler sah die jüngste Krise derart klar und detailliert vorher. Was nicht heißen soll, dass er als Einziger die Alarmglocken läutete. Andere Experten prognostizierten unterschiedliche Teilaspekte der Finanzkrise, und ihre frühen Einsichten halfen Roubini, »die Punkte zu verbinden« und ein umfassendes Panorama zu zeichnen. Roubinis ehemaliger Kollege Robert Shiller von der Universität Yale warnte schon lange, bevor die Hightechblase im Jahr 2000 platzte, vor den Gefahren einer Aktienmarktblase und gehörte später zu den ersten Wirtschaftsexperten, die auf die alarmierenden Ausmaße der Immobilienblase des folgenden Jahrzehnts hinwiesen.[4]

Shiller war nur einer von vielen Wirtschaftswissenschaftlern und Marktexperten, deren Erkenntnisse in Roubinis Analysen einflossen. In einem Vortrag, den Raghuram Rajan, Professor für Finanzwesen an der University of Chicago, im Jahr 2005 vor prominenten Ökonomen und Politikern in Jackson Hole, Wyoming hielt, erklärte er, die Gestaltung der Bezüge von Finanzmanagern und

Aktienhändlern motiviere diese unweigerlich, unkalkulierbare Risiken einzugehen, was wiederum das Weltfinanzsystem anfällig für eine schwere Krise mache.[5] Andere renommierte Experten formulierten in den letzten Jahren ähnliche Warnungen: Die Wall-Street-Legende James Grant erklärte beispielsweise im Jahr 2005, die Notenbank der Vereinigten Staaten habe mit ihrer Politik dazu beigetragen, »die größte Kreditblase« der Finanzgeschichte entstehen zu lassen.[6] William White, Chefökonom der Bank für Internationalen Zahlungsausgleich, warnte vor den strukturellen Gefahren, die von Anlage- und Kreditblasen ausgingen.[7] Der Finanzanalyst Nassim Nicholas Taleb verdeutlichte, dass die Finanzmärkte nicht auf Ereignisse vorbereitet seien, die außerhalb der von ihr verwendeten Modelle zur Risikoberechnung lagen.[8] Die Wirtschaftswissenschaftler Maurice Obstfeld und Kenneth Rogoff machten auf die Gefahren der untragbaren Leistungsbilanzdefizite der Vereinigten Staaten aufmerksam.[9] Und Stephen Roach von Morgan Stanley warnte genauso wie David Rosenberg von Merill Lynch schon vor geraumer Zeit, die Verbraucher der Vereinigten Staaten lebten weit über ihre Verhältnisse.[10]

Diese Liste ließe sich fortsetzen. Doch obwohl diese Experten und Beobachter großes Ansehen genießen, wurden sie und andere geflissentlich überhört. Das spricht Bände über den Zustand der Wirtschaft und des Finanzwesens der letzten Jahrzehnte. Die meisten Marktteilnehmer schlugen jede Warnung in den Wind und klammerten sich an einen so einfachen wie sonderbaren Glaubenssatz: Märkte sind selbstregulierte Gebilde und als solche stabil, solide und verlässlich. Nach dieser Logik würde sich das gesamte kapitalistische Wirtschaftsgebäude des 21. Jahrhunderts – unter anderem mithilfe der Innovationen auf dem Finanzmarkt – automatisch selbst regulieren und in einem flexiblen Gleichgewicht halten.

Im Nachhinein mag man das für naiv halten. Doch jahrzehntelang galt diese Vorstellung als Gemeinplatz und war Grundlage für wichtige politische Entscheidungen und groß angelegte Investitionsstrategien. Wirtschaftskrisen passten nicht in diese Logik. Sollten tatsächlich wider Erwarten Krisen auftreten, dann handelte es sich um bloße Ausreißer: Sie seien extrem unwahrscheinlich, weitgehend unvorhersehbar und hätten nur vorübergehende Auswirkungen. Wer sich überhaupt unter wissenschaftlichen Gesichtspunkten mit dem Phänomen der Krise beschäftigte, betrachtete diese in aller Regel als ein Problem, das unterentwickelte und »problematische« Länder betraf, nicht aber wirtschaftliche Großmächte wie die Vereinigten Staaten.

In diesem Buch rücken wir die Krise wieder in den Mittelpunkt der Wirtschaftswissenschaft. Vereinfacht gesagt beschäftigen wir uns mit dem Thema der Krisenökonomie. Wir zeigen, dass Krisen keineswegs die Ausnahme sind, sondern die Regel, und zwar nicht nur in Schwellenländern, sondern auch in Industrienationen. Krisen – extreme Phasen des Aufschwungs gefolgt von katastrophalen Einbrüchen – hat es schon immer gegeben, und es wird sie immer geben. Obwohl sie vermutlich älter sind als der Kapitalismus selbst, spielen sie in dieser Wirtschaftsform eine besondere Rolle. In gewisser Hinsicht sind Krisen ein fester Bestandteil des kapitalistischen Genoms. Just die Faktoren, die dem Kapitalismus seine Vitalität verleihen, nämlich seine Innovationskraft und seine Risikotoleranz, können andererseits Auslöser für Anlage- und Kreditkrisen sowie katastrophale Zusammenbrüche sein, deren negative Auswirkungen noch lange nach dem Abklingen der Panik zu spüren sind.

So verbreitet Krisen sind, sind sie auch Gewohnheitstiere. Sie haben eine gewisse Ähnlichkeit mit Wirbelstürmen: Sie verhalten sich im Grunde vorhersehbar, auch wenn sie gelegentlich ihre Richtung ändern, sich abschwächen und ohne Vorwarnung wieder aufleben können. In diesem Buch erklären wir, welchen Gesetzen diese wirtschaftlichen Stürme unterliegen und wie sie sich – innerhalb gewisser Grenzen – im Voraus erkennen und möglicherweise sogar verhindern lassen. Ausgehend von der gegenwärtigen Krise zeigen wir in den folgenden Kapiteln, wie wir Krisen vorhersehen und vermeiden beziehungsweise überstehen und wie wir nach ihrem Vorüberziehen die Schäden wieder beseitigen können. Und schließlich werden wir darlegen, wie wir unser Finanzwesen so durch Dämme sichern können, dass uns die Stürme so wenig wie möglich anhaben. Wir gehen nämlich davon aus, dass das, was wir gerade erlebt haben, lediglich ein Vorgeschmack dessen ist, was uns noch bevorsteht. Krisen werden ein fester Bestandteil unserer Zukunft sein.

Um die Gründe dafür besser zu verstehen, beantworten wir in diesem Buch einige ungeklärte und bleibende Fragen der jüngsten Krise, beginnend mit der offensichtlichsten: Wie konnte die Blase, die den schlimmsten finanzwirtschaftlichen Zusammenbruch der letzten Jahrzehnte auslöste, überhaupt entstehen? War sie eine Folge riskanter Geschäftspraktiken der Finanzunternehmen, die durch unzureichende Gesetzgebung und mangelnde staatliche Aufsicht ermöglicht wurden? Oder wurde sie überhaupt erst durch übertriebene staatliche Eingriffe in den Finanzmarkt ausgelöst? Dies sind alles andere als wissenschaftliche Gedankenspiele, denn diese Standpunkte liegen den unterschiedlichen und oft widersprüchlichen Erklärungen der Finanzkrise zugrunde und führen zu radikal unterschiedlichen Rezepten, wie man diese Krise beilegen könnte.

In diesem Buch gehen wir außerdem der mindestens ebenso wichtigen Frage nach, warum die Krise ausgerechnet zu diesem Zeitpunkt zuschlug. War die Ursache lediglich ein Vertrauensschwund und ein momentaner Verlust dessen, was John Maynard Keynes als kapitalistischen Instinkt bezeichnete?[11] Oder ergab sie sich zwangsläufig aus der Tatsache, dass manche Teile der Wirtschaft übermäßig fremdfinanziert und praktisch bankrott waren (und wohl immer noch sind)? Anders gefragt, handelte es sich um eine Liquiditätskrise oder um eine sehr viel tiefer greifende Solvenzkrise? Wenn Letzteres der Fall sein sollte, was bedeutet dies für die Zukunft?

Davon ausgehend ergibt sich eine ganze Reihe weiterer Fragen. Auf dem Höhepunkt der Krise mussten die Notenbanken in aller

Welt einspringen, um große Teile des Finanzsystems mit Notkrediten zu stützen. Verhinderten ihre Eingriffe Schlimmeres? Oder ermunterten sie die Betroffenen damit nur zu noch unverantwortlicherem und riskanterem Verhalten in der Zukunft und legten damit die Grundlage für größere und noch gefährlichere Spekulationsblasen? Was bedeutete andererseits die lauter werdende Forderung nach einer erneuten Regulierung der Märkte? Entstehen auf diese Weise ein robusteres und widerstandsfähigeres Finanzsystem und ein stabileres Wirtschaftswachstum, oder handelt es sich um bloße Kosmetik, die nicht in der Lage ist, in Zukunft bedrohlichere Blasen und Krisen abzuwenden?

Diese Fragen sind keineswegs hypothetisch. John Maynard Keynes, einer der großen Vordenker der Wirtschaftswissenschaften des 20. Jahrhunderts, stellte zu Recht fest, »dass die Ideen von Ökonomen und politischen Philosophen, unabhängig von ihrem Wahrheitsgehalt, mächtiger sind als gemeinhin angenommen. Kaum etwas beherrscht die Welt so wie sie ... Mächtige Spinner, die Stimmen hören, werden in ihrem Wahn von irgendeinem akademischen Schreiberling von vor ein paar Jahren befeuert.«[12] Diese oft zitierten Sätze schrieb Keynes vor mehr als 70 Jahren, doch sie haben nichts von ihrer Gültigkeit eingebüßt. Die verbreiteten Darstellungen und Interpretationen der schwersten Finanzkrise seit Generationen gehen von einigen Grundannahmen aus, die zwar nicht immer ganz falsch sind, die jedoch ein wirkliches Verständnis für die Ursachen und Wirkungen dieser Krise verhindert haben.

Wir wollen gleich zu Beginn betonen, dass wir keinem speziellen Wirtschaftswissenschaftler anhängen. Fast jede ökonomische Denkrichtung kann einen Beitrag zur Erklärung der jüngsten Krise leisten, weshalb wir uns in unserer Analyse auf ein breites Spektrum von Autoren beziehen. Keynes hat in diesem Zusammenhang genauso seinen Platz wie viele andere. In diesem Buch bringen wir vielmehr unsere Überzeugung zum Ausdruck, dass ein Verständnis und eine Bewältigung der Krise einen ganzheitlichen Ansatz erfordern. Wir müssen die Ideologie an der Garderobe abgeben und das Thema aus einer weniger leidenschaftlichen Sicht betrachten. Krisen können viele Formen annehmen, und was in einer Situation greift, muss in einer anderen noch lange nicht funktionieren.

Dieser Pragmatismus bestimmt auch unsere Einschätzung, was die Zukunft des Finanzsystems betrifft. Was sollte uns mit Blick auf diese Zukunft beispielsweise größere Sorgen bereiten: die Inflation oder die Deflation? Was sind die langfristigen Folgen von politischen Maßnahmen wie Konjunkturprogrammen oder gar Notfallmaßnahmen, wie sie die Notenbanken der Vereinigten Staaten und anderer Länder eingeführt haben? Welche Zukunft hat das angelsächsische Modell des ungezügelten Laissez-faire-Kapitalismus? Wie sieht die Zukunft des US-Dollars aus? Markiert die gegenwärtige Krise den Anfang vom Ende des amerikanischen Imperiums und den Aufstieg Chinas und anderer Schwellenländer? Wie lässt sich das Weltwirtschaftssystem reformieren, um den Schaden künftiger Krisen zu begrenzen? Mit diesem Buch erheben wir den bescheidenen Anspruch, Antworten auf diese Fragen zu finden, indem wir die jüngste Krise vor dem Hintergrund anderer Krisen betrachten, die sich im Laufe der Jahrhunderte in aller Welt ereignet haben. Wirtschaftskrisen nehmen einen ähnlichen Verlauf und haben absehbare Folgen. Sie sind sehr viel verbreiteter und umfassender, als wir uns gern glauben machen. Auf den folgenden Seiten werden wir uns zwischen Vergangenheit und Gegenwart hin und her bewegen, um zu zeigen, dass die eben formulierten Fragen im Zusammenhang früherer Krisen bereits gestellt und beantwortet wurden.

Gleichzeitig wollen wir einige bedrohlich klingende und oft missverstandene wirtschaftliche Konzepte erläutern, wie beispielsweise: Moral Hazard, Hebelung, Runs, Regulierungsarbitrage, Leistungsbilanzdefizit, Schuldverbriefung, Deflation, Kreditderivate, Kreditklemme, Liquiditätsfallen und so weiter. Wir hoffen, dass auf diese Weise möglichst viele Leser von diesem

Buch profitieren, nicht nur Finanzexperten der Börsen und Banken, sondern auch Führungskräfte im In- und Ausland, Studierende der Wirtschafts- und Finanzwissenschaften, Politiker und politisch interessierte Bürger, vor allem aber gewöhnliche Anleger in aller Welt, die sich zu ihrem Schaden in den Wirren der internationalen Finanzordnung verheddern.

*

Dieses Buch spannt einen direkten Bogen von der Geschichte früherer Krisen und den Wirtschaftswissenschaftlern, die sie analysiert haben, über die tiefen Wurzeln der aktuellen Krise und die Art und Weise, wie sich diese Katastrophe nach einem ausgesprochen vorhersehbaren Muster entwickelt hat, das ihren überlieferten Vorgängern entspricht, bis in die Zukunft. Es legt die dringend nötigen Reformen des Finanzsystems dar und bewertet die Wahrscheinlichkeit weiterer Krisen in den kommenden Jahren. Im ersten Kapitel nehmen wir unsere Leser mit auf eine Reise durch die Geschichte. Wir beginnen mit einem Überblick über die vielen Booms, Spekulationsblasen und Krisen, die in der Vergangenheit die Wirtschaft heimgesucht haben. Dabei gilt unser besonderes Augenmerk dem speziellen Zusammenhang zwischen Kapitalismus und Krise. Wir beginnen mit dem Tulpenwahn, der Holland in den 1630er Jahren erfasste, und gehen von da aus weiter über die South Sea Bubble des Jahres 1720 zur ersten globalen Finanzkrise des Jahres 1825 und beschreiben schließlich die Krisen des 20. Jahrhunderts: die Panik von 1907, die Weltwirtschaftskrise der 1930er und die vielen Krisen in Schwellenmärkten und höher entwickelten Volkswirtschaften seit den 1980er Jahren. Wir zeigen, dass Krisen keineswegs die unerwarteten Ausreißer sind, als die sie die modernen Wirtschaftswissenschaften gern darstellen. Sie sind auch keine seltenen »schwarzen Schwäne«, um einen Modebegriff der letzten Jahre zu verwenden, sondern sie sind im Gegenteil weit verbreitet, verhältnismäßig einfach vorherzusehen und relativ leicht zu verstehen. Nennen wir sie daher lieber »weiße Schwäne«.

Weil die zweite Hälfte des 20. Jahrhunderts für die Industrienationen eine Ära der relativen, wenngleich ungewöhnlichen Stabilität (mit niedriger Inflation und hohen Wachstumsraten) bedeutete, haben die meisten Experten Krisen entweder als Problem von Schwellen- und Entwicklungsländern betrachtet oder gleich ganz ignoriert. Wir müssen zu einer früheren Generation von Wirtschaftswissenschaftlern zurückkehren, um vergangene, gegenwärtige und künftige Wirtschaftskrisen wieder umfassender zu betrachten und zu verstehen. Deshalb stellen wir den Lesern im zweiten Kapitel verschiedene Denker vor, die uns dabei helfen sollen. Manche, wie John Maynard Keynes, sind hinlänglich bekannt, andere, wie Hyman Minsky, dagegen weniger.

In Kapitel 3 erläutern wir die tieferen, strukturellen Ursachen der gegenwärtigen Krise. Von Beginn an haben Beobachter die sogenannten Subprime- oder Schrotthypotheken als Schuldige ausgemacht, die angeblich eine ansonsten gesunde globale Finanzwirtschaft infiziert hätten. Dieses Kapitel zeigt, wie absurd diese Vorstellung ist und wie in einer jahrzehntelangen Entwicklung ein internationales Finanzsystem aufgebaut wurde, das durch und durch Schrott war. Damit sind nicht nur die immer exotischeren und undurchsichtigeren Finanzinstrumente gemeint. Zu diesen etablierten Trends gehört auch die Entstehung eines »Schattenfinanzsystems«, eines unübersichtlichen Konglomerats von Hypothekenverleihern, Hedge-Fonds, Investmentbanken, Geldmarktfonds und anderen Akteuren, die aussahen wie Banken, sich verhielten wie Banken, Geld liehen und verliehen wie Banken und Banken rein äußerlich zum Verwechseln ähnlich sahen; der einzige Unterschied war, dass sie nie derselben Finanzaufsicht unterstanden wie die Banken.

In diesem Kapitel erörtern wir außerdem einige weitere Erklärungsversuche für die Krise. Wir gehen beispielsweise auf das Problem des Moral Hazard ein. Es animiert Marktteilnehmer zu verantwortungslosem Risikoverhalten, weil sie davon ausgehen, dass sie von anderen gerettet oder entschädigt werden, oder dass sie auf andere Weise nicht für die Folgen ihrer unverantwortlichen Handlungen aufkommen müssen. Hier sprechen wir unter anderem das tief verwurzelte Versagen der Unternehmensaufsicht und des Staates selbst an. Wir wollen es vermeiden, an dieser Stelle in die üblichen, widersprüchlichen Erklärungen der Krise zu verfallen und die Schuld bei einem Zuviel oder Zuwenig der staatlichen Kontrolle zu suchen. Vielmehr zeigen wir, dass die Wirklichkeit sehr viel komplizierter war und sich dem gesunden Menschenverstand nicht ohne Weiteres erschließt: Das Eingreifen des Staates spielte genauso eine Rolle wie sein Nichteingreifen, aber nicht so, wie Experten aus dem konservativen oder dem liberalen Lager uns weismachen wollen.

Mehrere folgende Kapitel beschäftigen sich mit der Krise selbst. Es gibt zwar bereits zahlreiche Darstellungen, doch die meisten beschreiben sie als historisch einmaliges Ereignis, das durch die Besonderheiten des Finanzsystems des 21. Jahrhunderts ausgelöst wurde. In Kapitel 4 räumen wir mit dieser naiven und zu stark vereinfachenden Ansicht auf, indem wir Parallelen zu zahlreichen früheren Krisen aufzeigen. Wir machen deutlich, dass die Ereignisse des Jahres 2008 den Betrachtern vor ein- oder zweihundert Jahren durchaus vertraut vorgekommen wären. Das trifft nicht nur auf den Verlauf der Krise zu, sondern auch auf die Reaktionen der Notenbanken in aller Welt, die als Kreditgeber der letzten Instanz auftraten. In ihren Einzelheiten mag sich die Krise durchaus von ihren Vorgängern unterscheiden, doch sie hielt sich an ein bekanntes Drehbuch und demonstrierte einmal mehr die althergebrachte Weisheit, dass sich die Geschichte wiederholt.

Das Muster setzte sich auch bei der Ausbreitung der Krise in alle Welt fort. Ein Blick in die Geschichte bestätigt, dass sich Krisen wie Epidemien verhalten: Wie ein Virus breiten sie sich von ihrem Ursprungsort in alle Richtungen aus. Dies trifft auch auf die gegenwärtige Krise zu, wenngleich diese besonders virulent verlief, da sie nicht von den aufstrebenden Märkten an der wirtschaftlichen Peripherie ausging, sondern von den Finanzzentren der Welt. Kapitel 5 zeigt, wie und warum die Krise die gesamte Welt erfasste und so unterschiedliche Länder wie Island, Dubai, Japan, Lettland, Irland, Deutschland, China und Singapur traf. Dabei widersprechen wir der herkömmlichen Auffassung, der Rest der Welt sei von einer Krankheit infiziert worden, die in den Vereinigten Staaten ihren Anfang genommen habe. Die Schwächen, die das Finanzsystem der Vereinigten Staaten aufwies, waren vielmehr weit verbreitet und in vielen Ländern sogar noch stärker ausgeprägt. Die Epidemie traf also nicht unterschiedslos alle Länder, sondern nur solche, deren Finanzsystem ähnliche Probleme aufwies.

Während andere Autoren die Finanzkrise fast ausschließlich in Hinblick auf die Vereinigten Staaten analysieren, sehen wir sie als eine sehr viel umfassendere Krise des Kapitalismus im 21. Jahrhundert. Indem wir die oftmals überraschenden internationalen Dimensionen des gegenwärtigen Problems nachzeichnen, zeigen wir in Kapitel 5 die Wahrheit über das weltweite Finanzsystem, die internationale Makroökonomie und die grenzübergreifenden Auswirkungen nationaler Geld- und Finanzpolitik, die hinter der Krise steckt. Aus den jüngsten Ereignissen können wir eine Menge lernen, und zwar nicht nur über Ausnahmesituationen, sondern auch über den Normalbetrieb der Weltwirtschaft.

Jede Krise endet irgendwann, und die gegenwärtige ist keine Ausnahme. Doch die Nachwirkungen halten sich oft noch jahre- oder jahrzehntelang. In Kapitel 6 zeigen wir auf, warum das so ist und warum nach jeder Krise, auch nach dieser, Deflation und wirtschaftlicher Abschwung drohen. Wir erklären, wie Notenbanken in der Vergangenheit mithilfe der Geldpolitik Krisen entgegenwirkten und inwieweit sie diese Ansätze wiederbelebt haben. Gleichzeitig waren Notenbanken in vielen Finanzkrisen, auch in dieser, zu improvisierten Neuerungen gezwungen. Diese Erste-Hilfe-Maßnahmen mögen zwar kurzfristig Wirkung zeigen, doch wie jedes nicht erprobte Medikament können sie für den Patienten am Ende sogar tödlich sein.

Das gilt auch für die Geldpolitik. In Kapitel 7 untersuchen wir, wie Regierungen öffentliche Mittel eingesetzt haben, um die Krise einzudämmen. Einige ihrer Maßnahmen gehen auf Keynes zurück, andere stellen dagegen einen massiven und beispiellosen Eingriff in die Wirtschaft dar. Dieses Kapitel beurteilt die künftigen Auswirkungen der radikalsten Schritte, die zur Beilegung der Krise ergriffen wurden, und schätzt deren Risiken für die Zukunft ein.

In diesem Teil des Buchs werfen wir eine beunruhigende Frage auf: Ist angesichts des Umfangs der staatlichen Interventionen, die zur Stabilisierung des Systems erforderlich sind, der Laissez-faire-Kapitalismus als solcher überhaupt noch haltbar? Nach der Krise könnten Staaten und Regierungen eine deutlich größere direkte und indirekte Rolle in der Weltwirtschaft spielen. Dies wird vor allem in Form zunehmender Regulierungsmaßnahmen und staatlicher Aufsicht geschehen. Deshalb legen wir in den Kapiteln 8 und 9 die Blaupausen für eine neue Finanzarchitektur vor, die dem Finanzmarkt ein größeres Maß an Transparenz und Stabilität verleiht. Dazu gehören unter anderem langfristige Reformen zur Stabilisierung des internationalen Finanzsystems: eine engere Zusammenarbeit der Notenbanken; verbindliche Regulierung und staatliche Aufsicht nicht nur der Geschäfts-, sondern auch der Investmentbanken, Versicherungen und Hedge-Fonds; Maßnahmen zur Einschränkung riskanter Verhaltensweisen von Finanzunternehmen, die nach allgemeinem Dafürhalten »zu groß für einen Konkurs« sind; größere Eigenkapitalbeteiligung und Liquidität der Finanzunternehmen; und schließlich Maßnahmen, um die Gefahr des rücksichtlosen Verhaltens sowie die fiskalischen Kosten zur Rettung von Finanzunternehmen zu verringern. In diesen Kapiteln geht es auch um eine der brisantesten Fragen überhaupt: Welche Rolle sollten Notenbanken in Zukunft bei der Kontrolle von Spekulationsblasen spielen?

Kapitel 10 beschäftigt sich mit den extremen Ungleichgewichten in der Weltwirtschaft und zeigt auf, welche radikalen Reformen der internationalen Währungs- und Finanzordnung notwendig sein könnten, um künftige Krisen zu vermeiden. Zunächst gehen wir der Frage nach, warum in den letzten 20 Jahren so viele Schwellenländer von Finanzkrisen gebeutelt wurden. Außerdem untersuchen wir die Ursachen der weltweiten Ungleichgewichte in der Leistungsbilanz – auf der einen Seite die Vereinigten Staaten, die gewaltige Defizite angehäuft haben, auf der anderen Deutschland, Japan, China und mehrere Schwellenländer, die ein großes Plus verbuchen. Lassen sich diese Ungleichgewichte, die Mitauslöser der Finanzkrise waren, auf geordnete oder ungeordnete Weise ausgleichen? Könnte der US-Dollar einbrechen, und wenn ja, wer oder was könnte ihn als internationale Reservewährung ersetzen? Welche Rolle könnte ein reformierter Internationaler Währungsfonds spielen, wenn es zukünftig darum geht, diese internationalen Verzerrungen zu beheben und neue Finanzkrisen zu verhindern? Sollte der IWF die Rolle eines internationalen letztinstanzlichen Kreditgebers übernehmen?

An dieser Stelle müssen wir einer neuen Tatsache ins Auge sehen: Die Vereinigten Staaten und die G7-Länder haben nur noch sehr eingeschränkte Möglichkeiten, diese Reformen in die Wege zu leiten. Die Veränderungen der Weltwirtschaftsordnung werden von einer immer größeren Gruppe von Stakeholdern wie Brasilien, Indien, China, Russland und den anderen aufstrebenden G20-Staaten genauestens verfolgt. Diese immer einflussreicheren Staaten haben zunehmenden Einfluss auf den Umgang mit künftigen Krisen – genau wie eine Vielzahl neuer Akteure und Einrichtungen des globalen Finanzsystems, wie etwa unabhängige Geldfonds, Offshore-Finanzzentren, internationale Währungsverbände und andere.

Der abschließende Ausblick wirft einen Blick in die Zukunft und macht unmissverständlich klar, welche Gefahren der Weltwirtschaft drohen. Die Finanzkrise mag fürs Erste beigelegt sein, doch nach wie vor lauern Gefahren und Risiken. Von welchen Faktoren hängt das künftige Auf und Ab der Weltwirtschaft sowie der internationalen Finanzsysteme ab? Wird die Weltwirtschaft ihr rasches Wachstum wieder aufnehmen, oder steht uns eine lange Phase der gebremsten Entwicklung bevor? Haben Notenbanken und Regierungen durch ihre großzügige Geldpolitik in Zeiten der Krise den Grundstein für neue Spekulationsblasen gelegt? Wie werden die Regierungen der Vereinigten Staaten und anderer Länder mit der Herausforderung der immensen Schuldenberge umgehen, die sie in der Krise angehäuft haben? Werden die Regierungen zu einer inflationären Geldpolitik greifen, um die staatlichen und privaten Schulden zu begleichen, oder stellt die Deflation eine größere Gefahr dar? Wie sieht die Zukunft der Globalisierung und der Marktwirtschaft aus? Schlägt das Pendel nun wieder in Richtung stärkerer staatlicher Einmischung in Wirtschaft und Finanzen aus, und welche Folgen hätte ein solcher Wandel? Zahlreiche Beobachter sind der Ansicht, die Zukunft gehöre China, während die Vereinigten Staaten am Beginn eines langen Abstiegs stünden. Dagegen bieten wir in diesem Abschnitt einen etwas facettenreicheren Blick in die Zukunft und zeichnen verschiedene Szenarien, in denen Industrienationen und Schwellenländer überleben und aufstreben – oder kämpfen und untergehen.

Allgemeiner geht es jedoch in diesen letzten Kapiteln um mehrere offene Fragen: Wird mit der zunehmenden Globalisierung die Wahrscheinlichkeit für eine künftige Krise größer oder kleiner? Wie können wir die internationalen Ungleichgewichte beheben, die diese Krise überhaupt erst ausgelöst haben? Mit anderen Worten, wie lässt sich der globale Kapitalismus reformieren? Bei der Beantwortung dieser Fragen über die Zukunft kann ein Blick in die Vergangenheit hilfreich sein. Diese Erfahrung ist schließlich nicht neu. So erklärte John Maynard Keynes im Jahr 1933: »Der dekadente internationale und individualistische Kapitalismus, in dessen Händen wir uns nach dem Ersten Weltkrieg befanden, ist ein Misserfolg. Er ist weder intelligent, noch schön, noch gerecht, oder tugendhaft, und vor allem hält er nicht, was er verspricht. Er gefällt uns nicht, und wir fangen allmählich an, ihn zu hassen. Aber wenn wir uns fragen, was an seine Stelle treten soll, dann haben wir keine Antwort.«[13]

Diese Ratlosigkeit wurde schließlich überwunden, und das wird auch diesmal wieder gelingen. Dieses Buch ist ein Beitrag dazu und erklärt, wie ein Kapitalismus reformiert werden könnte, der uns eine Krise nach der anderen beschert hat, statt beständig und verlässlich zu halten, was er verspricht. Während marktwirtschaftliche Reformen vielen Schwellenländern aus endemischer Armut und Unterentwicklung herausgeholfen haben, hat die Häufigkeit und Heftigkeit von Wirtschafts- und Finanzkrisen in Schwellen- und Industrieländern zugenommen. Dieses Buch zeigt nicht nur auf, wie wir in diesen Schlamassel geraten sind, sondern wie wir ihm entkommen können – und zwar endgültig.

KAPITEL 1

DER WEISSE SCHWAN

Wann begann der Boom? Vielleicht mit dem Beginn der Immobilienspekulation, als Börsenneulinge Vorstadtgrundstücke wie Aktien kauften und verkauften und innerhalb weniger Wochen oder gar Tage ihre Gewinne verdoppelten und verdreifachten. Vielleicht waren die Dinge allerdings auch schon früher aus dem Gleichgewicht geraten, als die Verheißungen einer neuen Ökonomie mit einer neuen Technologie und neuen Branchen ganz gewöhnliche Menschen an die Wall Street lockten und sie dazu brachten, dort ihre Ersparnisse aufs Spiel zu setzen.

Politiker warnten nicht etwa vor den Versprechungen des schnellen Reichtums, sondern stießen ins gleiche Horn. Kein geringerer als der Präsident der Vereinigten Staaten verkündete, der Staat solle die Wirtschaft nicht behindern, und die Notenbank unternahm nichts, um die ausufernde Spekulation einzudämmen. Neue Finanzprodukte wurden für ihren unersetzlichen Beitrag zum Wirtschaftswachstum gepriesen. Wie Pilze schossen neue Finanzunternehmen aus dem Boden, um schwer durchschaubare Sicherheiten an unerfahrene Anleger zu verkaufen und Millionen von Menschen Kredite zu großzügigen Konditionen zur Verfügung zu stellen.

Irgendwann schlug der Boom in eine Blase um. Jeder, von den Banken bis zu den gewöhnlichen Verbrauchern, verschuldete sich bis über beide Ohren. Das geschah in der zweifelhaften, wenngleich merkwürdig überzeugenden Vorstellung, dass die Preise nur weiter steigen konnten. Die meisten Ökonomen freuten sich: Der Markt habe immer Recht, meldeten sie, und es sei ratsam, nicht einzugreifen. Eine Hand voll Mahner warnte vor einem bevorstehenden Knall, doch sie wurde verlacht und ignoriert.

Als die Krise schließlich zuschlug und die gesamte Wall Street erfasste, gerieten traditionsreiche Finanzunternehmen unter dem Ansturm der verschreckten Gläubiger ins Wanken. Der Sturm flaute immer wieder ab, und manche Beobachter verkündeten prompt, das Schlimmste sei überstanden. Doch dann verschlechterte sich die Situation zusehends. Finanzunternehmen wurden in den Abgrund gerissen, und obwohl einige wenige Investmentbanken – ganz besonders Goldman Sachs – dem Strudel entkamen, gab es für andere alteingesessene Unternehmen keine Rettung. Kredite wurden eingefroren, das gesamte Finanzsystem kam zum Erliegen, und selbst kreditwürdige Unternehmen suchten händeringend nach Möglichkeiten, ihre Kredite zu refinanzieren.

Mit dem Absturz des Aktienmarkts wurden Kredite gekündigt, Unternehmen gingen reihenweise pleite, und die Verbrauchernachfrage brach ein. Betrügerische Anlagegeschäfte kamen ans Licht, und es wurde erkennbar, dass in der Finanzwelt Betrug und geheime Absprachen an der Tagesordnung waren. Die Probleme griffen rasch von den Vereinigten Staaten auf den Rest der Welt über, und ausländische Aktienmärkte, Banken und Investmentfirmen brachen zusammen. Die Arbeitslosigkeit schoss in die Höhe, die Industrieproduktion stürzte ins Bodenlose, und angesichts der sinkenden Preise ging die Angst vor der Deflation um. Es war das Ende einer Epoche.

All das ereignete sich nicht etwa vor wenigen Monaten, sondern vor über 80 Jahren, zu Beginn der Weltwirtschaftskrise.[1] Damals wie heute trugen Spekulationen auf dem Immobilien- und dem Aktienmarkt, minimale staatliche Aufsicht und eine Vielzahl neuer Finanzprodukte dazu bei, eine Blase zu schaffen, deren Platzen den Beinahe-Zusammenbruch der Wall Street, einen heftigen wirtschaftlichen Niedergang und eine weltweite Krise zur Folge hatte. Es ist kein Zufall, dass die jüngsten Ereignisse derart erschreckende Parallelen zu einer Jahrzehnte zurückliegenden wirtschaftlichen Katastrophe aufweisen: Dieselben Kräfte, die die Weltwirtschaftskrise der dreißiger Jahre auslösten, waren auch in den Jahren vor unserer Weltfinanzkrise aktiv.

Es ist auffällig, dass viele der Merkmale, die diese beiden Krisen auszeichnen – der irrationale Überschwang, die lawinenartige Verschuldung, die Innovationen auf dem Finanzmarkt, die Überbewertung von Anlagen, die Panik, der Ansturm auf Banken und andere Finanzinstitutionen – nicht nur diesen beiden Episoden gemein, sondern auch aus zahlreichen anderen Finanzkrisen bekannt sind. Wenn Sie die Darstellung leicht abwandeln, haben Sie die Geschichte der berühmten »South Sea Bubble« (Südseeblase) des Jahres 1720, der weltweiten Finanzkrise des Jahres 1825 oder fast jeder beliebigen Krise des 20. Jahrhunderts – angefangen von der Spekulationsblase, die dem »verlorenen Jahrzehnt« in Japan (1991 bis 2000) voranging, über die Sparkassenkrise der Vereinigten Staaten bis zu den Dutzenden Krisen, die die neuen Märkte in den achtziger und neunziger Jahren heimsuchten.

In der Geschichte des Kapitalismus sind Krisen die Regel, nicht die Ausnahme. Was nicht heißen soll, dass alle Krisen gleich sind. Ganz im Gegenteil: Sie unterscheiden sich in ihren Einzelheiten und gehen oft auf unterschiedliche Probleme in unterschiedlichen Wirtschaftsbereichen zurück. Mal hat eine Krise ihre Ursache in der Überschuldung der privaten Haushalte, mal sind Banken, Unternehmen oder Regierungen schuld. Auch der Kollateralschaden, den sie verursachen, ist von Fall zu Fall verschieden und hängt oft vom Umfang und der Angemessenheit der staatlichen Krisenbekämpfung ab. Wenn Krisen, wie in den schlimmsten Fällen, globale Ausmaße annehmen, dann hängt vieles davon ab, ob die Reaktion der internationalen Gemeinschaft eher von Kooperation oder Konflikt geprägt ist.

Und ein Verständnis der wiederkehrenden Krisen ist bitter

nötig. Wenn wir nicht richtig auf sie reagieren, können sie gewaltige Verluste verursachen, ganze Branchen auslöschen, Wohlstand und Arbeitsplätze vernichten und den betroffenen Staaten gewaltige Kosten aufbürden. Schlimmer noch, Krisen haben Regierungen gestürzt, Staaten in den Ruin getrieben und Handelskriege ausgelöst. Sie haben sogar reale Kriege verursacht, wie etwa die Weltwirtschaftskrise 1929, die einer der Auslöser des Zweiten Weltkriegs war. Sie zu ignorieren ist keine Option.

Gewohnheitstiere

Als Anfang des Jahres 2007 in den Vereinigten Staaten die ersten Anzeichen für eine Immobilien- und Subprimekrise erkennbar wurden, wiegelten viele Beobachter zunächst ab. Im März des Jahres erklärte Ben Bernanke, der Vorsitzende der amerikanischen Notenbank, vor dem Kongress: »Die Probleme auf dem Markt der Subprimehypotheken werden vermutlich keine Auswirkungen auf die Wirtschaft und den übrigen Finanzmarkt haben«.[2] Im Sommer wiederholte der damalige Finanzminister Henry Paulson diese Einschätzung und erklärte, ein Zusammenbruch des Subprimemarkts stehe nicht bevor: »Die Entwicklung stellt keine Gefahr für die Wirtschaft als Ganzes dar.«[3]

Selbst nach Beginn der Krise wollte kaum jemand den Tatsachen ins Auge sehen. Noch im Mai 2008, also nach dem Zusammenbruch von Bear Stearns, gab Finanzminister Paulson seine typisch optimistische Prognose für die kommenden Monate ab: »Ich gehe davon aus, dass die Finanzmärkte weniger von den jüngsten Unruhen und stärker von den allgemeinen Wirtschaftsdaten beeinflusst werden, insbesondere durch eine Erholung des Immobilienmarktes.«[4] Selbst als wenig später die Hypothekenriesen Fannie Mae und Freddie Mac zusammenbrachen und die Zeichen auf Sturm standen, blieben viele zuversichtlich.

Der vielleicht berühmteste Fall von Schönrednerei stammt

von Aktienguru und Finanzkommentator Donald Luskin. Am 14. September 2008 sagte er in seiner Kolumne in der *Washington Post* eine rasche Erholung des Marktes voraus. »Natürlich gibt es in der Wirtschaft punktuelle Probleme, wie die Übernahme der halbstaatlichen Hypothekenbanken Fannie Mae und Freddie Mac durch die Regierung und die Sorgen um das Wall-Street-Unternehmen Lehman Brothers zeigen. Auch die Arbeitslosenzahlen sind leicht gestiegen«, räumte er ein, nur um dann zu betonen: »Das ist jedoch kein Anlass zur Sorge oder zu übertriebenen Vergleichen mit der Weltwirtschaftskrise ... Wer behauptet, dass wir uns in einer Rezession befinden oder auf eine zusteuern, oder wer gar von der schlimmsten Rezession seit der Weltwirtschaftskrise spricht, der hat vermutlich seine eigene Definition des Begriffs ›Rezession‹.«[5] Am Tag darauf war Lehman Brothers zahlungsunfähig, die Panik nahm globale Ausmaße an, das Weltfinanzsystem erlitt einen Infarkt und in den folgenden beiden Quartalen befand sich die Weltwirtschaft in freiem Fall, wie er nur mit der großen Krise von 1929 zu vergleichen ist.

Als erkennbar wurde, dass die Krise real war, versuchten sich Beobachter an Erklärungen des Geschehens. Viele bemühten dazu den »schwarzen Schwan« von Nassim Nicholas Taleb, dessen gleichnamiges Buch zu Beginn der Krise erschien.[6] Taleb definierte den »schwarzen Schwan« als ein äußerst seltenes Ereignis, das die Spielregeln änderte und fast unmöglich vorherzusehen war. Nach dieser Definition handelte es sich bei der Finanzkrise um einen nicht vorhersehbaren Ausreißer. So entscheidend und umwälzend dieses Ereignis war, es hätte laut Taleb von niemandem im Vorhinein erkannt werden können.

Auf eine perverse Art ist diese Vorstellung schon fast wieder beruhigend. Wenn Finanzkrisen als »schwarze Schwäne« mit Flugzeugabstürzen vergleichbar sind, wenn es sich also um schreckliche, aber äußerst unwahrscheinliche und unvorhersehbare Ereignisse handelt, dann hat es keinen Sinn, sich ihretwegen den Kopf zu zerbrechen. Doch das ist falsch. Wie die meisten Unglücksfälle war auch die jüngste Krise durchaus absehbar und wahrscheinlich, und zwar aus einem einfachen Grund: Finanzkrisen als »schwarze Schwäne« halten sich an ein vertrautes Drehbuch. Auslöser ist jedes Mal eine Anhäufung bekannter wirtschaftlicher und finanzieller Schwächen, die irgendwann eine kritische Schwelle überschreiten. So groß das Chaos auch ist, das Krisen anrichten: Im Grunde sind sie doch Gewohnheitstiere.

Die meisten Krisen beginnen mit einer Spekulationsblase, in deren Verlauf der Preis einer Anlage weit über ihren eigentlichen Wert hinaus steigt. Oft entsteht eine solche Blase in einer Ära der exzessiven Schuldenaufnahme, in der Anleger mit geliehenem Geld auf den Boom spekulieren. Es ist kein Zufall, dass Blasen häufig mit einer undisziplinierten Geldpolitik einhergehen, also in eine Zeit fallen, in der dank mangelnder Überwachung und Regulierung des Finanzsystems ein Übermaß an Krediten verfügbar ist. Das könnte eine Folge lascher Beaufsichtigung und Regulierung des Finanzsystems sein oder gar die Konsequenz der lockeren Währungspolitik einer Zentralbank.

Natürlich können sich Spekulationsblasen auch vor einem Kreditboom bilden, wenn nämlich die Erwartung künftiger Preissteigerungen ausreicht, um einen sich selbst erfüllenden Anstieg der Preise für eine bestimmte Anlage auszulösen. Es kommt auch vor, dass eine revolutionäre technologische Neuerung – etwa die Eisenbahn oder das Internet – Hoffnungen auf eine schöne neue Welt mit hohen Wachstumsraten weckt und auf diese Weise die Spekulationsblase anstößt. Die Immobilienkrise wurde allerdings nicht durch eine solche Erfindung ausgelöst; die komplexen neuen, in den Finanzlaboratorien der Wall Street zusammengerührten Wertpapiere könnten zwar in gewisser Hinsicht als eine solche Neuerung gewertet werden, aber sie schufen keine wirklichen wirtschaftlichen Werte.

Doch auch das ist nichts Neues. Viele Spekulationsblasen werden zwar von konkreten technischen Neuerungen ausgelöst, doch erst durch Veränderungen in der Finanzstruktur blähen sie sich richtig auf. Die zerstörerischsten Blasen der letzten Jahrhunderte gingen Hand in Hand mit Finanzinnovationen, vor allem mit den vielen neumodischen Instrumenten und Institutionen, mit denen die Spekulation in der jeweils angesagten Anlage angeheizt wurde. Dabei kann es sich genauso um neue Kredite oder Schuldverschreibungen handeln wie um neue Finanzunternehmen, die den Anlegern neue Möglichkeiten der Spekulation eröffnen.

Unabhängig davon, was den Boom auslöst oder auf welchem Weg sich die Anleger beteiligen, steht im Mittelpunkt des spekulativen Interesses immer eine bestimmte Anlage. Dabei kann es sich grundsätzlich um jede beliebige Anlage handeln, obwohl es meistens um Aktien, Immobilien oder Grundstücke geht. Während die Preise für die begehrte Anlage in den Himmel schießen, versuchen die Optimisten in der Regel fieberhaft, diese Überbewertung zu rechtfertigen. Auf das frühere Platzen von Spekulationsblasen hingewiesen, behaupten sie gern, dass diesmal »alles anders« sei.[7] Wirtschaftsweise erklären (und sind ernsthaft überzeugt davon), dass sich die Wirtschaft in einer Phase befinde, in der die Gesetze der Vergangenheit keine Gültigkeit mehr hätten. Die jüngste Immobilienblase in den Vereinigten Staaten blieb diesem Drehbuch erstaunlich treu: Wohneigentum galt als »sichere Anlage«, die »nie an Wert verliert«, da »Immobilienpreise nie fallen«. Dasselbe wurde von den komplizierten Wertpapieren behauptet, die aus Tausenden Hypotheken geschnürt wurden.

Von solchen Anfängen ausgehend nehmen Finanzkatastrophen einen absehbaren Verlauf. Da Kredite zunehmend günstiger und leichter verfügbar sind, wird es immer einfacher, die Anlage im Zentrum der Spekulation zu erwerben. Die Nachfrage steigt, bis irgendwann das Angebot nicht mehr nachkommt und die Preise in die Höhe schießen. Doch das ist erst der Anfang. Da die begehrte Anlage in der Regel auch als Sicherheit dienen kann und der Wert dieser Sicherheit steigt, können Spekulanten täglich mehr Geld aufnehmen. Genau dieser Effekt ist mit dem Begriff »Hebelung« gemeint.

Dieses Muster entwickelte sich auch im zurückliegenden Jahrzehnt in den Vereinigten Staaten. Während der Wert privaten Wohneigentums deutlich stieg und die Löhne und Gehälter stagnierten, konnten Eigentümer mit ihren Häusern als Sicherheit immer neue Kredite aufnehmen.[8] Wohnhäuser und Eigentumswohnungen verwandelten sich praktisch in Geldautomaten. Solange die Immobilienpreise stiegen, konnten Hauseigentümer immer mehr Geld aufnehmen und ihre Anschaffungen – Renovierungen oder weitere Häuser – als zusätzliche Sicherheit hinterlegen. Schon im vierten Quartal 2005 erreichte die Hypothekenvergabe in den Vereinigten Staaten mit einer Jahresrate von einer Billion US-Dollar ihren Höhepunkt, und dank dieser Wertabschöpfung konnten Millionen von Haushalten weit über ihre Verhältnisse leben.[9] Gleichzeitig sank die private Sparquote auf null und dann schließlich, erstmals seit der Weltwirtschaftskrise, in den negativen Bereich. So unhaltbar der über Schulden finanzierte Konsum war, er hatte reale wirtschaftliche Auswirkungen, denn private Haushalte und Unternehmen kauften Waren und Dienstleistungen und kurbelten auf diese Weise das Wirtschaftswachstum an.

Diese Dynamik mündet in einen Teufelskreis. Die Wirtschaft wächst, die Einkommen steigen, und die Unternehmen erzielen immer größere Gewinne. Die Angst vor dem Risiko schwindet, der Preis des Schuldenmachens sinkt, und es wird immer leichter für Unternehmen und Privatpersonen, Geld aufzunehmen und auszugeben. An diesem Punkt ist die Blase kein psychologisches Phänomen mehr, sondern eine Kraft der wirtschaftlichen Veränderung und ein Wachstumsmotor. Gleichzeitig ermuntert sie zu immer neuen und immer riskanteren Unternehmungen, wie zum Beispiel dem Bau von Siedlungen in der Wüste.

An diesem Punkt des Zyklus behaupten viele, diesmal sei alles anders und der Boom werde nie enden, obwohl die Anzeichen des spekulativen Wahns – der »irrationale Überschwang« und Hinweise auf Spekulation und Betrug – immer unübersehbarer werden. In den Vereinigten Staaten saßen beispielsweise viele Hauseigentümer dem Märchen auf, dass die Immobilienpreise endlos um 20 Prozent pro Jahr weitersteigen würden, und nahmen in diesem Glauben immer neue Kredite auf. Diese Euphorie erfasste auch das Schattenbanksystem mit seinen Hedge-Fonds, Investmentbanken, Versicherern, Geldmarktfonds und anderen Unternehmen, die mit ihren Anlagen am Immobilienboom teilnahmen.

Aber irgendwann wächst die Blase nicht mehr weiter, in der Regel dann, wenn das Angebot der begehrten Anlage die Nachfrage wieder übersteigt. In der Folge schwindet die Zuversicht, dass die Preise immer weiter steigen werden, und es wird schwerer, neue Kredite aufzunehmen. Wie ein Feuer, das Sauerstoff benötigt, benötigt die Blase Fremdkapital und leicht verfügbares Geld. Wenn beides ausbleibt, sinken die Preise und es beginnt die »Entkapitalisierung«. Dieser Prozess begann in den Vereinigten Staaten, als das Angebot an Immobilien die Nachfrage überstieg. Während im Verlauf des Booms ein Überangebot an Häusern gebaut wurde, schwand gleichzeitig die Nachfrage, da die Käufer angesichts der hohen Immobilienpreise und steigenden Hypothekenzinsen zurückhaltender wurden.

Auch wenn die Spekulationsblase schließlich platzt, ist der Verlauf der Ereignisse absehbar. Der Preisverfall veranlasst die verschreckten Gläubiger zu Nachschussforderungen. Die Kreditnehmer müssen mehr Kapital oder Sicherheiten vorweisen, um die fallenden Preise auszugleichen, was wiederum zur Folge hat, dass die Schuldner ihre Anlagen zumindest teilweise in Notverkäufen abstoßen müssen. Das Angebot übertrifft die Nachfrage bald bei Weitem, die Preise der Anlage verfallen weiter, und der Wert der verbleibenden Sicherheiten geht in den Keller, was wiederum neue Nachschussforderungen und Zwangsverkäufe zur Folge hat. Alle rennen zu den Notausgängen und versuchen, ihr Geld in sicherere und liquidere Anlagen umzuschichten und jede Anlage zu vermeiden, die irgendwie mit der Spekulation in Zusammenhang stand. Panik macht sich breit. So, wie die Preise der Anlage auf dem Höhepunkt der Spekulationsblase ihren tatsächlichen Wert bei Weitem überstiegen, fallen sie nach dem Platzen der Blase unter ihren tatsächlichen Wert.

Die Ereignisse der Jahre 2007 und 2008 nahmen einen ähnlichen Verlauf. Hauseigentümer konnten die monatlichen Hypothekenraten nicht bezahlen, der Wert der Sicherheiten, aufgrund derer sie diese Hypotheken erhalten hatten, brach zusammen, und die Blase platzte. Die Verluste zwangen Banken und andere Finanzunternehmen, in Deckung zu gehen und ihr Risiko zu verringern. Wie immer in diesen Situationen reagierten sie zu heftig: Sie drehten den Kredithahn zu und verursachten damit eine Kredit- und Liquiditätskrise, mit der sie die gesamte Wirtschaft lahmlegten. Privatpersonen und Unternehmen waren nicht mehr in der Lage, ihre Kredite umzuschulden oder Geld für Waren und Dienstleistungen auszugeben, und die gesamte Wirtschaft wurde in Mitleidenschaft gezogen. Was als Finanzkrise begann, erreichte die Realwirtschaft und verursachte dort gewaltige Kollateralschäden.

So weit in aller Kürze die gegenwärtige Krise, doch es könnte ebenso gut die Geschichte jeder beliebigen anderen Finanzkrise sein. Entgegen der weitverbreiteten Auffassung handelt es sich hier nicht um schwarze Schwäne. Krisen sind weiße Schwäne: Dieser Boom-und-Bust-Zyklus ist in allen seinen Teilen erstaunlich gut vorhersehbar. Wenn wir über die Weltwirtschaftskrise der dreißiger Jahre hinaus weiter in die Vergangenheit zurückblicken, finden sich überall Beispiele. Einige Krisen trafen nur einzelne Nationen, andere wirkten sich auf ganze Kontinente aus und richteten weltweit ihren Schaden an. Die meisten sind heute in Vergessenheit geraten und werden als Relikte einer rückschrittlichen Epoche abgetan.

Das finstere Zeitalter

Finanzkrisen kommen in vielen Größen und Formen daher. Vor dem Aufstieg des Kapitalismus waren sie meist das Resultat der staatlichen Misswirtschaft.[10] Vom 12. Jahrhundert an gingen die Regierungen von Ländern und Königreichen wie Spanien oder England zu einer Abwertung ihrer Währung über: Sie reduzierten einfach den Gold- und Silberanteil ihrer neuen Münzen und behaupteten, diese seien genauso viel wert wie die alten. Dieser unverblümte Versuch, Schulden mit einer abgewerteten Währung zu begleichen, wurde mit der Erfindung des Papiergelds noch erleichtert. Regierungen konnten sich buchstäblich aus den Schulden drucken. Die Chinesen erfanden diese Praxis schon im Jahr 1072, die Europäer übernahmen sie erst zu Beginn des 18. Jahrhunderts.[11]

Wenn die Regierung ausländischen Gläubigern Geld schuldete, konnte sie einen ehrlicheren Weg wählen und die Zahlungen ganz einfach einstellen, wie es der englische König Edward III. Mitte des 14. Jahrhunderts tat. Nachdem er Geld von den florentinischen Bankiers aufgenommen hatte, weigerte er sich kurzerhand, es zurückzuzahlen, und stürzte die norditalienischen Handelsstädte ins Chaos. Dies war ein Vorbote künftiger Ereignisse. Zahlreiche Herrscher entschieden sich für diese Methode, mit absehbaren Folgen für die Geldgeber. Beginnend mit dem 14. Jahrhundert stellten Österreich, Frankreich, Preußen, Portugal, Spanien und andere Länder irgendwann die Rückzahlung ihrer Schulden ein.

Diese Krisen wirkten sich zwar destabilisierend aus, doch es handelte sich letztlich nur um die Vertrauenskrise einer überschuldeten Regierung, nicht um die Krise eines Wirtschaftssystems. Doch mit dem Aufstieg der Niederlande zum ersten kapitalistischen Motor im 16. und 17. Jahrhundert kam ein neuer Typ Krise auf: die Spekulationsblase. In den 1630er Jahren wurde das Land von einer Tulpenmanie erfasst, und Spekulanten trieben die Preise für seltene Tulpenzwiebeln in astronomische Höhen. Historiker sind sich zwar nach wie vor uneins, welche Auswirkungen das Tulpenfieber tatsächlich hatte (einige Wirtschaftswissenschaftler bestreiten sogar, dass es sich um eine Spekulationsblase handelte, da sie nicht durch wirtschaftliche Grundwerte angetrieben wurde), doch bei späteren Blasen steht die zerstörerische Wirkung außer Zweifel.[12] Eine der berüchtigteren löste die Mississippi Company von John Law aus, ein weitverzweigtes Spekulationsimperium, das zu Beginn des 18. Jahrhunderts die französische Wirtschaft beherrschte. Auf dem Höhepunkt im Jahr 1719 kontrollierte Laws Unternehmen mehrere Handelsgesellschaften, die königliche Münzprägeanstalt, die Nationalbank, die französischen Staatsschulden und obendrein einen großen Teil des nordamerikanischen Kontinents.[13]

Die Briten wurden in etwa zur selben Zeit ebenfalls vom Blasenvirus infiziert und wollten sich das Geschäft nicht entgehen lassen. Im Mittelpunkt stand ein Unternehmen namens South Sea Company, das auf dem Höhepunkt seiner Macht erheblichen Einfluss auf die britische Staatsverschuldung ausübte.[14] Die Spekulation mit den Aktien der Gesellschaft blähte die sogenannte South Sea Bubble auf und löste einen Run auf Aktien aller Art aus, darunter auch zahlreiche Papiere von betrügerischen Unternehmungen. Nachdem der Kurs der Aktien um 1000 Prozent gestiegen war, kam der Tag der Abrechnung: Die Börse brach zusammen, die Wirtschaft war ein Scherbenhaufen, und eine Generation lang machten die britischen Anleger einen weiten Bogen um den Finanzmarkt. Etwa zur gleichen Zeit wurde Frankreich von einer weit verheerenderen Krise heimgesucht, als John Laws Unternehmen mit lautem Knall in sich zusammenfiel und die Entwicklung der Finanzinstitutionen auf Jahrzehnte hinaus beeinträchtigte.

Diese Ereignisse, die in jedem Geschichtsbuch über Spekulationen, Paniken und Wirtschaftskrisen vorkommen, sind zwar durchaus wichtig, doch sie lösten noch keine globale Finanzkrise aus. Anders die Panik des Jahres 1825, deren Auswirkungen in der ganzen Welt zu spüren waren.[15] Sie begann in Großbritannien und hatte alle Zutaten einer klassischen Krise: leicht verfügbares Geld (dank der Bank von England), eine Anlagenspekulation (Unternehmens- und Staatsanleihen des »Schwellenlandes« Peru, das kurz zuvor seine Unabhängigkeit erlangt hatte) und verbreiteter Betrug (leichtgläubige Anleger stürzten sich unter anderem auf die Anleihen eines fiktiven Staates namens »Republik Poyais«).

Als die Blase schließlich platzte, waren zahlreiche Banken und Unternehmen in Großbritannien zahlungsunfähig. Der englische Ökonom Walter Bagehot schrieb: »Es war eine Zeit der panischen und fast unvorstellbaren Gewalt; niemand wusste, wem er noch vertrauen konnte; die Kreditvergabe wurde fast vollständig eingefroren, und das Land stand kurz vor einem Rückfall in den Tauschhandel«.[16] Bagehot war einer der ersten Autoren, der die Einführung einer Zentralbank forderte, die im Falle einer Panik oder eines Runs als »lender of last resort«, als letztinstanzlicher Kreditgeber auftreten solle. Er beklagte: »Die Regierung wurde um Hilfe gebeten, doch sie weigerte sich, einzuschreiten.« Die Finanzkrise griff rasch auf ganz Europa über, und die verschreckten Anleger zogen ihr Geld aus Lateinamerika zurück. Bis 1828 war mit Ausnahme von Brasilien der gesamte Kontinent zahlungsunfähig. Es sollten drei Jahrzehnte vergehen, ehe das Geld wieder in früherem Umfang in die Region floss.

Die Panik des Jahres 1857 war nicht weniger global.[17] Der Boom begann in den Vereinigten Staaten mit einer Spekulation um Sklaven, Eisenbahngesellschaften, Wertpapiere und Land. Die Blase platzte, und panisch versuchten die Banken in New York, den Kredithahn zuzudrehen und ihre Positionen zu stützen, doch ohne Erfolg: Gläubiger präsentierten ihre Schuldscheine und räumten in einem klassischen Run die Gold- und Silberreserven der Banken ab. Etwa einen Monat später traf die Panik London, und die Bank von England musste mit ansehen, wie sich ihre Tresore mit derselben Geschwindigkeit leerten. Von der Insel weitete sich die Panik auf das übrige Europa aus und griff von dort auf Indien, China, die Karibik, Südafrika und Lateinamerika über. Volkswirtschaften in aller Welt wurden in Mitleidenschaft gezogen, und mit der Krise endete eine der längsten Phasen des Wirtschaftswachstums in der modernen Geschichte.[18]

Der vermutlich dramatischste Zusammenbruch des 19. Jahrhunderts war jedoch die Krise des Jahres 1873.[19] Wieder legten europäische Investoren ihr Geld in spekulativen Unternehmungen wie US- und lateinamerikanischen Eisenbahnen und anderen Projekten an. Dazu kam ein Immobilienboom in Österreich und Deutschland, der durch die französischen Reparationszahlungen nach dem Deutsch-Französischen Krieg angefacht wurde. Mit dem Platzen dieser Blase brachen die Aktienmärkte in Wien, Amsterdam und Zürich zusammen, und europäische Anleger stießen ihre Investitionen in Übersee ab. Dies belastete die Vereinigten Staaten, die ihrerseits einen Boom mit Eisenbahnaktien erlebten. Als der legendäre Investmentbanker Jay Cooke keine Anleger für die Wertpapiere fand, die er zum Bau der Northern Pacific Railroad ausgab, brachen seine Bank und sein Eisenbahnunternehmen zusammen, was eine gewaltige Panik an der Wall Street auslöste. Diese wiederum schlug nach Europa zurück, und ein großer Teil der Welt versank in einer heftigen Wirtschaftskrise und Deflationsspirale. In den Vereinigten Staaten verschwand ein Viertel aller Eisenbahngesellschaften, die Arbeitslosigkeit schoss in die Höhe, und Lohnkürzungen führten zu blutigen Straßenschlachten und Streiks. Außerhalb Westeuropas und der Vereinigten Staaten, in Ländern wie dem Osmanischen Reich, Griechenland, Tunesien, Honduras und Paraguay, hatte der Zusammenbruch der Weltwirtschaft besonders fatale Auswirkungen.

Dies ist nur eine kleine Auswahl der Krisen des 19. Jahrhunderts – es gab noch viele, viele mehr: etwa 1819, 1837, 1866 und 1893, um nur ein paar Beispiele zu nennen. Jede davon zeichnete sich durch spezifische Eigenheiten aus, doch bestimmte Merkmale waren allen gemein. Üblicherweise begannen sie in den westlichen Industrienationen mit dem Ende einer überhitzten Periode der Verschuldung und Investition und lösten eine Bankenkrise aus. Wenn dann die Weltwirtschaft ins Stocken geriet, wurden auch Länder an der Peripherie erfasst, die auf Exporte angewiesen waren. Dies bewirkte einen Ausfall von Staatseinnahmen und hatte zur Folge, dass einige Nationen ihre Inlands- und zum Teil auch ihre Auslandsschulden nicht mehr bedienen konnten. Diese Zahlungsausfälle konnten zu weiteren Zusammenbrüchen im Zentrum führen, und das geschah dann, wenn die Anleger in den »neuen Märkten« ihr letztes Hemd verloren.

Zu Beginn des 20. Jahrhunderts sah die Situation kaum besser aus. Der weltweite Zusammenbruch, der als die Krise des Jahres 1907 bekannt wurde,[20] nahm in den Vereinigten Staaten mit dem Platzen einer Aktien- und Immobilienblase seinen Anfang. Sogenannte Trusts – kaum regulierte Geschäftsbanken, die durch undurchsichtige Besitzverhältnisse untereinander vernetzt waren – erlebten einen Run auf ihre Reserven. Die Panik erfasste rasch das ganze Land, und der Aktienmarkt brach zusammen. Als die Krise außer Kontrolle zu geraten drohte, berief J. P. Morgan, der mächtigste Bankier des Landes, eine Reihe von Versammlungen mit den führenden Bankiers von New York City ein, um dem Run Einhalt zu gebieten. Am ersten Wochenende im November war der Höhepunkt erreicht, als Morgan in einem berühmten Handstreich die Bankiers in seine private Bibliothek einlud. Als diese nicht bereit waren, einander zu Hilfe zu kommen, schloss er die Tür ab und steckte den Schlüssel ein. Die Bankiers einigten sich schließlich, und kurz darauf konnte die Krise beigelegt werden. (Mehr zu J. P. Morgans herausragender Stellung im amerikanischen Finanzwesen lesen Sie in Kapitel 4.) Morgan wurde als Retter gefeiert, doch die Ereignisse des Jahres 1907 überzeugten viele von der Notwendigkeit einer Zentralbank, die in künftigen Krisen als letztinstanzlicher Kreditgeber einspringen konnte. So wurde sechs Jahre später die Federal Reserve, die Notenbank der Vereinigten Staaten, gegründet.

Theoretisch sind Notenbanken ein Schutzwall gegen Finanzkrisen und sollen Banken im Falle eines Runs Kredit bieten. Doch bei ihrer Feuertaufe versagte die Federal Reserve kläglich: Während des katastrophalen Börsencrashs im Jahr 1929 sah sie tatenlos zu, wie die Krise außer Kontrolle geriet. Statt eine expansive Geldpolitik einzuleiten, zog sie die Zügel an und trug so dazu bei, dass sich die ohnehin schon schlechte Situation noch weiter verschlimmerte. Die Folge war eine extreme Geldknappheit in den Jahren zwischen 1929 und 1933[21] sowie ein Liquiditäts- und Kreditengpass, der den Börsencrash in eine Banken- und schließlich in eine schwere Wirtschaftskrise verwandelte.

Der Rest der amerikanischen Regierung verhielt sich kaum besser. Andrew Mellon, Finanzminister der Regierung Herbert Hoovers, hielt die Krise für ein längst überfälliges und reinigendes Gewitter. Hoover beschrieb Mellon als »Liquidierer«[22], der kein Mitleid mit den Opfern der Krise hatte. »Liquidieren Sie Arbeit, liquidieren Sie Aktien, liquidieren Sie Bauern, liquidieren Sie Immobilien«, soll Mellon ihm geraten haben. Er meinte, die Panik auf dem Finanzmarkt werde »das System von der Fäulnis befreien. Hohe Lebenshaltungskosten und das Leben auf großem Fuß werden verschwinden. Die Menschen werden mehr arbeiten und ein sittlicheres Leben führen.«

In den Jahren von 1929 bis 1933 stürzten die Vereinigten Staaten in die vermutlich tiefste Wirtschaftskrise ihrer Geschichte.[23] Die Arbeitslosigkeit stieg von 3,2 auf 24,9 Prozent. Mehr als 9 000 Banken setzten das Geschäft aus oder schlossen ganz, und als Franklin Delano Roosevelt ins Weiße Haus einzog, war ein beträchtlicher Teil des amerikanischen Finanzsystems zusammengebrochen. Im Rest der Welt bot sich ein ähnliches Bild. Viele Länder erlebten vergleichbare Arbeitslosenzahlen und wirtschaftliche Einbrüche.[24] Währungsstreitigkeiten führten zu Handelskriegen. Der berüchtigte Smoot-Hawley-Zoll der Vereinigten Staaten veranlasste andere Länder, ähnliche Schutzzölle zu erheben, was den Welthandel an den Rand des Zusammenbruchs führte. Viele europäische Staaten werteten ihre Währungen ab, entledigten sich über die Inflation ihrer Schulden oder stellten die Rückzahlung einfach ein. So auch Deutschland, wo die Weltwirtschaftskrise Adolf Hitler an die Macht verhalf und auf diese Weise indirekt den schrecklichsten Krieg in der Geschichte der Menschheit auslöste.

Bei all seinen furchtbaren Konsequenzen ermöglichte der

Zweite Weltkrieg immerhin eine umfassende Reform des globalen Finanzsystems. Im Jahr 1944, als das Kriegsende absehbar war, trafen sich Wirtschaftswissenschaftler und Politiker der Alliierten in Bretton Woods im amerikanischen Bundesstaat New Hampshire, um eine neue Weltwirtschaftsordnung festzulegen.[25] Ein Ergebnis ihrer Verhandlungen war die Gründung des Internationalen Währungsfonds, des Vorläufers der Weltbank, und eines neuen internationalen Währungsgefüges, das als Bretton-Woods-System bekannt wurde. Demnach sollte jede internationale Währung zu einem festen Wechselkurs in US-Dollar getauscht werden können. Ausländische Nationen, die sich im Besitz von US-Dollar befanden, hatten die Möglichkeit, diese zum Preis von 35 US-Dollar pro Feinunze in Gold umzutauschen. So wurde der Dollar zur Leitwährung der westlichen Welt, und die Vereinigten Staaten führten für den Handel mit anderen Ländern den Goldstandard ein. Damit begann eine außergewöhnliche – und angesichts der Krisen der früheren Jahrhunderte anormale – Ära der finanziellen Stabilität, eine *pax moneta*, die vom US-Dollar und der militärischen und wirtschaftlichen Stärke der neuen Weltmacht abhing. Diese Stabilität gründete außerdem auf der Einrichtung von gesetzlichen und freiwilligen Einlagensicherungen, mit deren Hilfe ein Bankenrun verhindert werden sollte; auf einer strengen Regulierung des Finanzwesens, etwa der strikten Trennung von Geschäfts- und Investmentbanken in den Vereinigten Staaten; und auf einer weitreichenden Kapitalkontrolle, mit der Schwankungen der Währungskurse begrenzt werden sollten. Diese nationalen und internationalen Regelungen verhinderten mehr als ein Vierteljahrhundert lang das Aufkommen finanzieller Exzesse und Spekulationsblasen.

Aber alles Gute hat einmal ein Ende, und so auch die Währungsordnung der Nachkriegszeit.[26] Das Bretton-Woods-System scheiterte im Jahr 1971, als die Vereinigten Staaten den Goldstandard aufgaben. Einer der Gründe war das (in Kapitel 10 noch näher erläuterte) Haushalts- und Leistungsbilanzdefizit der Vereinigten

Staaten. Es hatte dazu geführt, dass Gläubigernationen in Westeuropa und Japan Dollarreserven anhäuften, und war im Laufe des Vietnamkriegs vollkommen aus dem Gleichgewicht geraten. Die Gläubiger mussten erkennen, dass es nicht genug Gold gab, um die im Umlauf befindlichen US-Dollar zu decken. Damit war Bretton Woods am Ende, der Dollar wurde abgewertet, und die Welt ging zu flexiblen Wechselkursen über.

Diese Entwicklung befreite die Währungshüter von den Beschränkungen, die ihnen die festen Wechselkurse auferlegt hatten, und ermöglichte es ihnen, ganz nach Belieben Geld zu drucken. Das Ergebnis war ein Anstieg der Inflation und der Preise für Konsumgüter, und zwar noch vor dem Yom-Kippur-Krieg und der nachfolgenden Ölkrise des Jahres 1973. Die sogenannte »Stagflation«, die fatale Kombination aus Stagnation und Inflation, war ein Resultat der Ölpreisschocks der Jahre 1973 und 1979 (Letzterer wurde durch die iranische Revolution ausgelöst) und der verfehlten Geldpolitik in ihrem Gefolge. Erst Paul Volcker, der neue Vorsitzende der Federal Reserve, korrigierte diesen Kurs. Er trieb die Leitzinsen in schwindelerregende Höhen und führte das Land Anfang der achtziger Jahre in eine schwere Rezession. Die Schockbehandlung zeigte Wirkung, sie beendete die Inflation und läutete ein Jahrzehnt des Wachstums ein.

Aber wo viel Licht ist, ist auch Schatten: Volckers Politik war ein entscheidender Auslöser der lateinamerikanischen Schuldenkrise der achtziger Jahre.[27] In den siebziger Jahren hatten viele lateinamerikanische Regierungen eine massive Wirtschaftsentwicklung forciert, die über ausländisches Kapital finanziert wurde. Die daraus resultierenden Haushalts- und Leistungsbilanzdefizite wurden über Kredite finanziert, die vor allem von amerikanischen und westeuropäischen Banken gestellt wurden. Die Zinsen dieser Auslandskredite waren an den Referenzzinssatz London Interbank Offered Rate (LIBOR) gekoppelt. Als Volcker die Leitzinsen nach oben schraubte, schoss auch der LIBOR in die Höhe, und die lateinamerikanischen Schuldner waren nicht mehr in der Lage, ihre Schulden zu bedienen. Schlimmer noch: Da die Währungen dieser Länder verfielen, stieg der Realwert dieser Schulden sogar noch.

In der Folge stellte eine Reihe von Regierungen die Zahlungen ein, allen voran Mexiko im Jahr 1982. Es folgten Brasilien, Argentinien und andere Nationen. Damit begann ein wirtschaftlicher Zusammenbruch, in dessen Folge die mexikanischen Banken verstaatlicht wurden und eine vernichtende Rezession einsetzte. Andere lateinamerikanische Staaten folgten nach. In vielerlei Hinsicht waren diese Zahlungsausfälle eine Wiederholung früherer Krisen, in deren Verlauf sich Ereignisse in den führenden Industrienationen verheerend auf weniger entwickelte Nationen auswirkten.

Die lateinamerikanische Schuldenkrise hatte weitreichende Konsequenzen: Ein Jahrzehnt des Wachstums war verloren, politische Instabilität und gesellschaftliche Unruhen machten sich breit. Erst Ende der achtziger Jahre, als die Schulden angepasst und in Schuldverschreibungen (die sogenannten »Brady-Bonds«) umgewandelt wurden, ging es mit der Region wieder aufwärts. Auch viele Banken in den Vereinigten Staaten und Europa erholten sich nur mühsam. Nur ein Jahrzehnt der weitreichenden Regulierung und des internationalen Krisenmanagements unter der Führung der Vereinigten Staaten und des Internationalen Währungsfonds verhinderte einen Konkurs dieser Banken.

Der lange Aufschwung

Mitte der achtziger Jahre hatte Volcker das Gespenst der Inflation gebannt, und Notenbanker in aller Welt bekannten sich wieder zur Inflationsbekämpfung. Gleichzeitig schlug der Konjunkturzyklus der führenden Industrienationen deutlich weniger nach oben oder unten aus: Phasen des Abschwungs waren weniger gravierend, und Perioden des Aufschwungs hielten länger an. Die Vereinigten Staaten standen mehrfach am Rande einer Finanzkrise, doch die Auswirkungen blieben gering: Der Börsencrash des Jahres 1987 mündete nicht in eine Rezession, und die Flaute der Jahre 1990 und 1991 war nach acht Monaten bereits wieder zu Ende. Die Zeit des »langen Aufschwungs« war angebrochen: eine Ära der geringen Inflation, der großen Wachstumsraten und der geringen Konjunkturabschwächungen.[28]

Über die Ursachen des langen Aufschwungs wurde viel gerätselt. Einige Wirtschaftswissenschaftler waren der Ansicht, im Klima der wirtschafts- und finanzpolitischen Deregulierung und der technologischen Innovation sei ein flexibleres Wirtschaftssystem entstanden, das die Auf- und Abschwünge des Konjunkturzyklus besser verkraftete. Andere meinten, die zunehmende Globalisierung und der Freihandel – vor allem der Aufstieg Chinas und anderer Schwellenländer, die in der Lage waren, immer billiger zu produzieren – halte die Inflation im Zaum und beschleunige gleichzeitig das Wachstum. Wieder andere betonten den Bedeutungsverlust der Gewerkschaften, der dafür sorgte, dass die Lohnkosten nicht schneller stiegen als die Produktivität.[29]

Einige Beobachter sahen die Ursachen des anhaltenden Wachstums in der Zinspolitik. Notenbankchef Ben Bernanke unterstrich diesen Zusammenhang in einer Rede im Jahr 2004. Bernanke erklärte, er sehe der Zukunft optimistisch entgegen und könne nur eine einzige Industrienation ausmachen, auf die die vielgepriesene Kombination aus Finanzstabilität und kurzem geringen Abschwüngen nicht zutreffe: Japan litt seiner Ansicht nach »unter einer eigenen wirtschaftlichen Problemkonstellation«.[30]

Das war eine leichte Untertreibung. Japan war in den achtziger Jahren einem beispiellosen Spekulationswahn auf dem Aktien- und dem Immobilienmarkt verfallen.[31] Die Spekulationsblase begann mit den üblichen Verdächtigen. Die Bank von Japan stellte billiges Geld zur Verfügung und hob die Zinsen erst gegen Ende des Booms allmählich an. Neue Finanzprodukte und eine Deregulierung des Geldmarktes erlaubten es den Banken, aggressiv in das Hypothekengeschäft einzusteigen, mit dem sie bislang keine Erfahrungen gemacht hatten. Dazu kamen die übliche irrationale

Euphorie und der Glaube, dass die Preise nur weiter steigen konnten. Der japanische Aktienindex Nikkei kletterte von 10 000 auf fast 40 000 Punkte, und die Entwicklung der Immobilienpreise nahm einen ähnlichen Verlauf: Ende der achtziger Jahre verdoppelten sich die Preise für privates Wohneigentum, und die Preise für Geschäftsimmobilien verdreifachten sich sogar. Auf dem Höhepunkt des Booms wurde das Land rund um den Kaiserlichen Palast in Tokio – bestenfalls einige Hundert Hektar – nach manchen Schätzungen auf denselben Wert taxiert wie sämtliche Immobilien in ganz Kalifornien.

Das Wachstum flachte Ende 1989 ab, und als die Bank von Japan die Zinsen anhob, um die Spekulation zu beenden, platzte die Blase. Nach einem Börsencrash fiel die Wirtschaft in Zeitlupe in sich zusammen: Aktien- und Immobilienpreise sanken ganz allmählich immer weiter. Die neunziger Jahre heißen in Japan *ushinawareta jūnen*, das verlorene Jahrzehnt. Über mehr als zehn Jahre hinweg taumelte die japanische Wirtschaft von einer Rezession in die nächste. Sie war weit von den halsbrecherischen 4-prozentigen Wachstumsraten der Vorjahre entfernt und erreichte im Durchschnitt 1 Prozent Zuwachs pro Jahr. Zahlreiche Konzerne und Banken waren praktisch bankrott, doch die Aufsichtsbehörden sahen weg, wenn diese ihre Verluste mit kreativen oder betrügerischen Bilanzierungsmethoden kaschierten. Ohne eine aggressive Umstrukturierung wurden Zombiebanken und -unternehmen künstlich am Leben erhalten. Ende der neunziger Jahre wurden einige Banken schließlich geschlossen, und im Zuge einer Konsolidierungswelle auf dem Bankensektor sowie einer Rekapitalisierung der Finanzinstitute löste man schließlich einige dieser Probleme. Doch die Aktien- und Immobilienpreise erholten sich nicht mehr.

In seiner Rede behauptete Bernanke 2004, Japan sei eine Ausnahme. Aber stimmte das so? Norwegen geriet Ende der achtziger Jahre in den Sog einer Finanzkrise, die bis Anfang der neunziger Jahre anhielt.[32] Zu diesem Zeitpunkt taumelte das Bankensystem

Finnlands und Schwedens, weil die russische Nachfrage nach skandinavischen Gütern nach dem Fall der Berliner Mauer einbrach. Zur gleichen Zeit erlebten die Sparkassen der Vereinigten Staaten gewaltige Kreditausfälle, weil eine Immobilienblase platzte. Mehr als 1600 Banken meldeten am Ende Konkurs an, und auch wenn diese Ereignisse weit von der jüngsten globalen Finanzkrise entfernt waren, hatten sie doch eine Kreditverknappung und die Rezession der Jahre 1990 und 1991 zur Folge und kosteten den Staat immerhin etwa 200 Milliarden US-Dollar (umgerechnet auf den Wert des Jahres 2009).[33]

Während sich in den Vereinigten Staaten in den neunziger Jahren die Konjunkturschwankungen abschwächten, durchlitten verschiedene lateinamerikanische und asiatische Staaten eine Reihe verheerender Krisen aufgrund von Spekulationsblasen und der Verschuldung verschiedener Bereiche der Wirtschaft.[34] Nachdem die Schuldenkrise der achtziger Jahre beigelegt war, kehrten die Anleger wieder nach Lateinamerika zurück, nur um sich erneut die Finger zu verbrennen. Wieder wurde ausländisches Kapital in die Region gepumpt, doch die Probleme blieben dieselben. Im Jahr 1994 stand Mexiko aufgrund unhaltbarer Defizite und einer überbewerteten Währung erneut am Rande der Krise. Nachdem Zweifel an der Gesundheit des Bankwesens laut wurden und die Regierung nicht in der Lage war, ihre Anleihen in Fremdwährung (die sogenannten Tesobonos) zu refinanzieren, verfiel der Peso. Die Vereinigten Staaten und der Internationale Währungsfonds mussten mit einem Rettungspaket einspringen, um die Lage in Mexiko zu stabilisieren. Doch der Schaden war gewaltig: Die Rettung der Banken kostete die mexikanischen Steuerzahler 50 Milliarden US-Dollar.

Dies war die erste der sogenannten »Kapitalbilanzkrisen« in den neuen Märkten. Diese Krisen hatten eines gemeinsam: unhaltbare Leistungsbilanzdefizite, die auf riskante Weise finanziert wurden. Weil sie sich dabei vor allem auf kurzfristige Anleihen in ausländischen Währungen stützten, war der Absturz bereits vorprogrammiert. Wenn die ausländischen Anleger in Panik gerieten und die Umschuldung der kurzfristigen Kredite verweigerten, brachen die überbewerteten Landeswährungen zusammen. Schlimmer noch, mit dem Wertverlust der eigenen Währung schossen die Schulden in US-Dollar und anderen Fremdwährungen in die Höhe und beschleunigten den Bankrott noch.

In den Jahren 1997 und 1998 fielen neue Märkte in aller Welt dieser Dynamik zum Opfer. Das Problem begann, als Anleger aus den Industrienationen Geld in die neuen Märkte Thailand, Indonesien, Südkorea und Malaysia pumpten und in jedem dieser Länder eine Spekulationsblase auslösten. Die Aktienmärkte waren überbewertet, es entstanden Immobilienblasen, Banken nahmen zunehmend riskante Kredite auf, und das Leistungsbilanzdefizit schwoll an, weil übermäßige und niedrig verzinste private Einlagen die nationalen Reserven überstiegen. Nachdem Zweifel laut wurden, ob Thailand seine Währung, den Baht, stützen konnte, machte sich Panikstimmung breit. Ausländische Investoren zogen ihr Geld ab, die Währungsreserven, die notwendig waren, um den Wert des Baht zu halten, schmolzen dahin, und die Finanz-, Aktien- und Immobilienmärkte brachen zusammen. Die Panik griff schließlich auch auf Indonesien, Südkorea und Malaysia über. Genau wie Thailand erlebte jedes dieser Länder eine Abwertung seiner Währung und eine Explosion seiner Auslandsschulden. Die Kosten für die Rettung der Wirtschaft wurden auf die Steuerzahler abgewälzt, und Millionen von Menschen stürzten während der nachfolgenden Schrumpfung der Wirtschaft in Armut.

Im Jahr 1998 war Russland an der Reihe. Durch die Erschütterungen der Asienkrise und die sinkenden Ölpreise geriet die russische Wirtschaft in Schieflage. Es wurden Zweifel laut, ob die Regierung den Rubel stützen und ihre Schulden bedienen konnte. Im Sommer 1998 flüchteten Anleger aus der russischen Wirtschaft, und der Rubel brach ein. Daraufhin stellte die russische Regierung die Rückzahlung ihrer In- und Auslandsschulden weitgehend ein. Die Auswirkungen dieser Entscheidung waren in aller Welt zu spüren.

Der amerikanische Hedge-Fonds Long-Term Capital Management (LTCM) hatte hochkomplizierte Wetten auf ausländische Staatsanleihen abgeschlossen und dabei die Möglichkeit einer Finanzkrise nicht mit einkalkuliert.[35] Als sich angesichts der russischen Zahlungsunfähigkeit Panik breit machte, spielten die Preise der Anleihen verrückt und LTCM musste seine Aktiva liquidieren, um seinen Verbindlichkeiten nachzukommen. Aus Angst, die Notverkäufe könnten die Anlagewerte anderer Finanzunternehmen gefährden, sprang die amerikanische Notenbank in die Bresche und dämmte die Panik erfolgreich ein.

In den folgenden Jahren kam es immer wieder zu Krisen auf den neuen Märkten, auch wenn keine davon das Weltfinanzsystem bedrohte.[36] Im Jahr 1999 erlebten Ecuador und Pakistan schwere Schuldenkrisen, während in Brasilien eine Währungskrise einsetzte. Weitere Krisen ließen nicht lange auf sich warten. Im Jahr 2000 folgte die Ukraine, 2001 die Türkei und Argentinien, im Jahr 2002 Uruguay und wiederum Brasilien. Wie frühere Krisen nahmen auch diese die unterschiedlichsten Formen an. In Argentinien war die gesamte Wirtschaft betroffen: Private Haushalte konnten ihre Schulden, vor allem Hypotheken und Konsumkredite, nicht mehr bezahlen, da diese oft an ausländische Währungen gekoppelt waren. Unternehmen traf es genauso. Erzürnte Anleger belagerten die Banken des Landes in dem verzweifelten Versuch, ihre Ersparnisse abzuheben, während die Regierung ihre Auslandsschulden nicht mehr bedienen konnte und die Währung rasant an Wert verlor.

Wie so oft waren ein Spekulationsboom und übermäßige Schulden der Auslöser. In jedem Fall hatten Regierungen, Unternehmen und private Haushalte – in der einen oder anderen Zusammensetzung – zu viel Geld aufgenommen, und zwar in Fremdwährungen. Gleichzeitig verliehen Banken und andere Finanzunternehmen zu viel Geld gegen zweifelhafte Sicherheiten. Früher oder später lösten Zweifel an der Rückzahlung dieser Kredite eine Panik aus. Die nachfolgende Krise traf die hochverschuldeten Kreditnehmer genauso wie die Kreditgeber.

Die Kosten für die Schwellenländer waren immens. Währungen wurden abgewertet, Regierungen gestürzt, und Millionen Menschen versanken in Armut. In vielen Ländern kam es zu politischen Unruhen. In Russland läutete die Krise das Ende von Boris Jelzins Präsidentschaft und den Aufstieg des autoritären Staates unter Wladimir Putin ein. In Indonesien beendeten die Ereignisse des Jahres 1998 die dreißigjährige autoritäre Herrschaft Mohamed Suhartos. Und in Argentinien zwangen der Run und die Straßenschlachten die Regierung des Präsidenten Fernando de la Rúa zum Rücktritt, und es begann eine Periode des politischen und wirtschaftlichen Chaos.

Ereignisse wie diese scheinen jedoch keinen größeren oder gar nachhaltigen Eindruck auf Anleger und Politiker in den Vereinigten Staaten und den westlichen Industrienationen gemacht zu haben. Der lange Aufschwung stand in voller Blüte. Skeptiker fragten sich seinerzeit zwar zu Recht, ob die Ruhe, die in den meisten Industrienationen herrschte, nicht eine Ruhe vor dem Sturm war. Schließlich war auch der Hype um Internet- und Technologieunternehmen, der die amerikanische Wirtschaft Ende der neunziger Jahre erfasste, eine ausgemachte Blase und hatte das Zeug, eine Finanzkrise auszulösen. Doch als die Blase schließlich platzte und die Börsenkurse einbrachen, blieben schlimmere Folgen aus, die Rezession verlief milde, und die Wirtschaft erholte sich wieder. Zwar meldeten Tausende Dotcom-Unternehmen Konkurs an, doch das Finanzsystem blieb verschont, vor allem, weil das Kapital nicht von Banken stammte, sondern aus Aktien, die auf dem Kapitalmarkt verkauft worden waren.

Doch unter der Oberfläche brodelte es. Dieselben Symptome, die in den neunziger Jahren auf den neuen Märkten zu erkennen gewesen waren, begannen sich auch in der amerikanischen Wirtschaft zu zeigen. Schlimmer noch, die niedrigen Zinsen, mit denen die Notenbank versuchte hatte, die negativen Auswirkungen des Hightechabschwungs aufzufangen, schürten eine Immobilienblase, zunächst in den Vereinigten Staaten, dann in zahlreichen anderen Ländern in aller Welt. Das Problem billiger, leicht verfügbarer Kredite und mangelnder Bankenaufsicht betraf nicht nur die Vereinigten Staaten, sondern auch Länder wie Großbritannien, Irland, Spanien, Island, Estland, Lettland, Dubai, Australien, Neuseeland und selbst China und Singapur.

Im Jahr 2006 waren Kredite in den Vereinigten Staaten derart einfach zu bekommen, dass der Zinsspread zwischen riskanten Schrottpapieren und sicheren Staatsanleihen auf einen historischen Tiefstand von 2,5 Prozentpunkten gesunken war. Einige wenige Experten läuteten die Alarmglocken, doch kaum jemand hörte ihnen zu. Wie während jeder Spekulationsblase erklärten vielmehr zahlreiche Anheizer, warum die explodierenden Preise durch die wirtschaftlichen Grundwerte gerechtfertigt waren. Einer der prominentesten war David A. Lereah, Chefökonom des Nationalen Verbandes der Immobilienhändler. »Es gibt keine Immobilienblase«, erklärte er im Jahr 2005 in der *Washington Post*. »Das Gerede von einem Zusammenbruch des Immobilienmarktes ist vollkommen lächerlich.«[37]

Die Wiederauferstehung des Gespensts

Aldous Huxley sagte einmal: »Der Charme der Geschichte und ihrer rätselhaften Lektionen ist, dass sich von einer Epoche zur nächsten nichts verändert, und doch alles vollkommen anders ist«.[38] Obwohl die jüngste Krise zahlreiche Gemeinsamkeiten mit den Krisen der Vergangenheit aufweist, sind viele ihrer Ursachen einmalig oder spielen zumindest im globalen Finanzsystem des 21. Jahrhunderts eine entscheidendere Rolle als früher.

Nehmen wir eine der offensichtlichen und reichlich abgenutzten Erklärungen für die Krise: die Gier.[39] Als die ersten Dämme brachen, suchten zahlreiche Kommentatoren die Schuld für den Zusammenbruch des Finanzsystems bei der ungezügelten Geldgier der Wall Street. Das würde jedoch bedeuteten, dass die Wall-Street-Banker des Jahres 2007 gieriger waren als die Gordon

Geckos früherer Generationen, was kaum glaubhaft ist. Der Unterschied bestand weniger in der Gier selbst als in der Tatsache, dass neue Anreiz- und Vergütungssysteme die Gier in neue und gefährliche Richtungen kanalisiert hatten. Im Laufe der letzten beiden Jahrzehnte erhielten Banker und Händler immer höhere Bonuszahlungen, die an kurzfristige Gewinne gekoppelt waren. Deshalb hatten sie einen zusätzlichen Anreiz, unverhältnismäßig große Risiken einzugehen, ihre Investitionen mit immer mehr Fremdkapital zu finanzieren und buchstäblich eine ganze Bank in unglaublich riskanten Investitionsstrategien zu verwetten.

Genau das passierte auch in der gegenwärtigen Krise: Finanzjongleure erfanden »Kreditausfallversicherungen« oder »Credit Default Swaps« (siehe Kapitel 8). In guten Zeiten bescherten ihnen diese Swaps gewaltige Gewinne und Bonuszahlungen; für den Fall, dass die Zeiten schlechter wurden, konnten diese Instrumente jedoch für Unternehmen wie den Versicherungskonzern AIG die Katastrophe bedeuten. Natürlich waren Händler und Banker nicht nur gierig, sondern obendrein auch noch arrogant und dumm, doch das allein hätte nicht ausgereicht, um einen Zusammenbruch zu verursachen, wenn der Finanzsektor nicht gleichzeitig von einem derartigen Bonussystem beherrscht worden wäre.

Theoretisch hätten die Aktionäre vieler Unternehmen diesen Praktiken ein Ende bereiten können. In Wirklichkeit ging jedoch dem Scheitern des Finanzsystems ein Scheitern der Unternehmensaufsicht voraus. Die Aufsichtsräte, die das System überwachen sollten, wurden durch Interessenkonflikte an der Wahrnehmung ihrer Aufgabe gehindert. Das ist an sich nichts Neues, doch das Finanzsystem, das zu Beginn des 21. Jahrhunderts entstand, war ganz besonders undurchsichtig. Es tat sich eine immer größere Kluft zwischen den Interessen der Aktionäre und den Interessen der Banker, Händler und Manager auf, die eigentlich im Sinne der Aktionäre handeln sollten.

An dieser Stelle hätten Aufsichtsbehörden in die Bresche springen müssen. Doch wie so viele Epochen, in denen Spekulationsblasen wuchsen und platzten, war auch das ausgehende 20. Jahrhundert die Ära eines marktwirtschaftlichen Fundamentalismus. Die staatlichen Aufseher der Vereinigten Staaten – die Notenbank und eine ganze Reihe anderer Behörden – schliefen oder schlossen beide Augen, um nicht sehen zu müssen, wie Finanzunternehmen sämtliche Regeln unterliefen, angefangen von Kapitaladäquanzregeln bis zur Bilanzgesetzgebung. Im Gegenteil, viele staatliche Aufseher machten sich für genau die finanztechnischen »Innovationen« stark, die der Auslöser der Krise sein sollten: Hypotheken ohne Eigenbeteiligung, Kredite mit negativer Tilgung, Kreditanreize, variabelverzinsliche Hypotheken und eine Reihe von immer exotischeren Wertpapieren, die aus diesen Giftpapieren zusammengeschnürt wurden. Ähnliches spielte sich auch in Großbritannien ab.

Der Markt weiß es am besten, der Markt wird's schon richten – so lautete die vorherrschende Meinung in Washington, London und anderen englischsprachigen Ländern der Welt. Der damalige Notenbankchef Alan Greenspan war vermutlich der bekannteste Fürsprecher der Selbstregulierung des Finanzsystems und behauptete, der Markt werde sich selbst reinigen. Im Jahr 1997 warnte er den Kongress davor, finanztechnische Innovationen zu verhindern und »Gesetze zu verabschieden oder Regulierungen zu schaffen, mit denen die Entwicklung des Marktes unnötig behindert wird«.[40] Greenspan verteidigte selbst die zunehmende Praxis der Vergabe von Schrotthypotheken und behauptete im Jahr 2005: »Kreditgeber sind inzwischen bestens in der Lage, das Risiko der jeweiligen Kreditnehmer selbst einzuschätzen und entsprechend zu bewerten.«[41]

Im Nachhinein erscheint dies geradezu lächerlich. Die neuen Finanzprodukte machten die Fragen nach einer Einschätzung des Risikos nämlich vollkommen überflüssig: Banken und andere Finanzunternehmen behielten die Kredite schließlich nicht mehr in ihren eigenen Büchern. Sie verliehen Geld vollkommen unabhängig von der Kreditwürdigkeit der Antragsteller und reichten diese Kredite einfach an die Wall Street weiter. Diese verbriefte die

Darlehen – Hypotheken, Konsumkredite, Ausbildungskredite und selbst Kreditkartenschulden – zu komplizierten und immer undurchsichtigeren Wertpapieren und verkaufte sie an gutgläubige Investoren in aller Welt, die nicht in der Lage waren, das ursprüngliche Risiko einzuschätzen. Die Verbriefung von Forderungen war das große Geschäft, und Banken und andere Unternehmen der Wall Street verdienten an den deftigen Gebühren, während sie das Risiko an die nichtsahnenden Anleger weiterreichten.

Die verschiedenen Ratingagenturen, ob Fitch, Moody's oder Standard & Poor's, hätten dies verhindern können und müssen. Doch auch sie verdienten am Geschäft mit den Verbriefungen mit und waren gern bereit, den Giftpapieren ihr Goldsiegel aufzudrücken und zu behaupten, sie versprächen risikofreie Gewinne. Greenspan und andere Cheerleader der neuen Finanzprodukte kritisierten dieses freundschaftliche Miteinander nicht etwa, sondern gaben ihm auch noch ihren Segen.

Greenspan war auch entscheidend für die Politik des billigen Geldes verantwortlich, indem er die Zinsen, zu denen die Notenbank dem Finanzsystem Geld zur Verfügung stellt, radikal senkte.[52] Von Anfang 2001 bis Mitte 2003 senkte Greenspan die Leitzinsen um 5,5 Prozentpunkte (oder 550 Basispunkte, wie es im Sprachgebrauch der Notenbanker heißt) und wartete viel zu lange mit einer neuerlichen Zinserhöhung. Diese Politik des billigen Geldes nährte den unhaltbaren Kredit- und Immobilienboom. Doch die Geschichte ist noch komplizierter. In den Jahren 2004 bis 2006 hob die Notenbank den Leitzins zwar wieder an, doch die Zinsen für Anleihen mit langen Laufzeiten und die festen Hypothekenzinsen reagierten kaum auf diese Erhöhung. Die Politik der Notenbank griff nicht mehr, da es inzwischen zahlreiche Möglichkeiten gab, sich im Ausland billiges Geld zu beschaffen. Im Laufe des Jahrzehnts hatten Länder wie China, Japan und Deutschland riesige Sparreserven angehäuft, die sie nun den Vereinigten Staaten liehen. Auf diese Weise finanzierten sie das amerikanische Haushaltsdefizit und die Verschuldung der amerikanischen Privathaushalte und Unternehmen. Letztlich lieh China den Amerikanern den Strick, an dem sie sich aufhängten. Nichts ändert sich, und trotzdem ist alles anders.

Schon zu Beginn der Krise zeigte sich diese Mischung aus Alt und Neu. Ab einem gewissen Punkt stiegen die Immobilienpreise nicht mehr weiter, und irgendwann Ende 2006 oder Anfang 2007 ging den ersten Hypothekenverleihern des Subprimesektors das Geld aus, weil ihre Kunden mit der Rückzahlung nicht nachkamen. Im Juni 2007 kollabierten zwei von Bear Stearns gemanagte Hedge-Fonds, die mit hohem Fremdkapitalanteil in mit Schrotthypotheken besicherte Wertpapiere investiert hatten. Damit begann eine Flucht aus allen Wertpapieren, die mit dem Subprimemarkt zu tun hatten. Als klar wurde, dass sich die Schrotthypotheken inzwischen im gesamten globalen Finanzsystem ausgebreitet hatten, brach Panik aus.

Wie so oft während einer Panik wurden Entscheidungen aus der Ungewissheit heraus getroffen. Dank der Besicherung durch Wertpapiere war das Kreditrisiko von den Banken auf die Investmentbanken und von dort zu anderen Finanzunternehmen und Anlegern in aller Welt weitergereicht worden. Als die Krise zuschlug, war dieser Prozess jedoch noch nicht abgeschlossen: Die Banken hatten noch immer einen Teil der Giftpapiere in ihren Bilanzen. Zum Teil hatten sie sie in sogenannten »Zweckgesellschaften« zwischengelagert, die nicht in den Bilanzen auftauchten, bis die Krise sie zwang, ihre Verluste anzuerkennen.

Die Nachricht, dass ehrwürdige Banken das Risiko nur zum Teil an andere Investoren weitergegeben und einen Teil nach wie vor in ihren Bilanzen hatten, heizte die Panik noch weiter an. Als sich die Erkenntnis durchsetzte, dass jeder größere oder kleinere Akteur im globalen Finanzsystem diese Giftpapiere im Tresor hatte, brach die Krise vollends aus. Niemand wusste, wer die gefährlichen Anlagen besaß und wie viele es gab. Das Finanzsystem, das von seiner Komplexität und Undurchsichtigkeit lebte, befand sich in voller Auflösung.

Es handelte sich um eine klassische Panik, Run auf Banken inklusive – nur dass diesmal nicht nur die Geschäftsbanken belagert wurden, wie während der Weltwirtschaftskrise, sondern Unternehmen des neuen »Schattenbankwesens« wie Hypothekenverleiher, Conduits, Zweckgesellschaften, Hedge-Fonds und Investmentbanken und andere. Diese Einrichtungen, auf die wir in Kapitel 3 noch näher eingehen werden, hatten eines gemeinsam: Sie liehen von Anlegern, die ihnen ihr Geld kurzfristig zur Verfügung stellten (zum Beispiel die Erwerber kurzfristiger Schuldtitel wie Commercial Paper). Dieses Geld steckten sie in nicht liquide und risikoreiche Wertpapiere mit langen Laufzeiten: MBSs, CDOs und andere Anlagen mit mysteriösen Abkürzungen. Als die Panik das System erfasste, verlangten die Anleger ihr Geld zurück oder weigerten sich, Kredite zu verlängern, und zwangen das Schattenfinanzsystem, diese komplexen und schwer zu bewertenden Wertpapiere in Notverkäufen abzustoßen.

Im Jahr 2008 beschleunigte sich dieser Prozess noch. Nachdem mehr als 300 Hypothekenverleiher zahlungsunfähig waren, brachen auch andere, aus der Umgehung der Bankenaufsicht geborene Schattenwesen zusammen: Conduits, SIVs (»structured investment vehicles«) und andere exotische Zweckgesellschaften, die in keiner Bilanz auftauchten und ebenfalls in den Handel mit hochgiftigen, hypothekenbesicherten Wertpapieren verwickelt waren. Danach kam der rasche Untergang der großen Investmentbanken der Wall Street, die das Geschäft einstellen mussten, weil ihr Lebenselixier – die Anleihen mit extrem kurzen Laufzeiten, die als »overnight repo financing« bezeichnet werden – nicht mehr zur Verfügung stand. Bear Stearns war das erste Opfer, wenig später folgte Lehman Brothers. Die Investmentbank Merrill Lynch wäre ebenfalls zusammengebrochen, wenn sie nicht von der Bank of America übernommen worden wäre. Goldman Sachs und Morgan Stanley überlebten nur, weil sie in Bankholdings umgewandelt wurden und so Anspruch auf Kredite der Notenbank hatten; dafür bezahlten sie allerdings den Preis der größeren staatlichen Aufsicht.

Der Run auf das Schattenbankwesen setzte sich mit einem Ansturm auf die 4 Billionen Dollar schwere Branche der Geldmarktfonds fort. Dank der Verbindungen zu Lehman Brothers sorgte mit dem Reserve Primary Fund sogar einer dieser vermeintlich sicheren Fonds dafür, dass ein investierter Dollar keinen Dollar mehr wert war. Dies war ein entscheidender Moment im Verlauf der Panik: Anleger verfielen in Angst und Schrecken, und es begann ein Ansturm auf die Billionen von Dollars in den Fonds. Um eine Kernschmelze zu verhindern, musste die amerikanische Regierung eine Bürgschaft für sämtliche Geldmarktfonds und damit eine Art Einlagensicherung übernehmen.

Doch damit war die Panik noch keineswegs zu Ende. Der Untergang des Schattenbankwesens setzte sich mit dem Zusammenbruch weiterer exotischer Finanzinstrumente (ARSs, TOBs, VRDOs und einer ganzen Buchstabensuppe von Wertpapieren) fort, mit denen Bund, Staaten und Gemeinden ihre Ausgaben finanzieren. Diese Märkte kollabierten, als Investmentbanken den Vertrieb dieser Instrumente einstellten. Damit gingen die Zinsen für Kreditnehmer – selbst für sichere staatliche Einrichtungen – durch die Decke.

Dann kamen die Hedge-Fonds an die Reihe. Der Ausfall der Geldquellen, aus denen sich die Hedge-Fonds mit Tagesgeldern versorgten, und die Verluste, die viele dieser Fonds im Jahr 2008 erlebt hatten, führten zu einem Ansturm, der Hunderte zur Aufgabe und andere zum Verkauf eines großen Teils ihrer Anlagen zwang. Das wiederum ließ die Preise für eine Reihe von exotischen Papieren weiter in den Keller gehen.

Diese Entwicklung nahm im Spätsommer 2008 neue und bedrohliche Ausmaße an, als das gesamte Schattenbankwesen einen Ansturm auf seine Anlagen erlebte. Lehman Brothers brach zusammen, AIG stand auf der Kippe, und die Notenbank machte das, was sie schließlich auch in der Weltwirtschaftskrise gemacht hatte: Sie wurde zum letztinstanzlichen Kreditgeber und gewährte einer neuen Generation von Banken eine Einlagensicherung. Damit konnte sie jedoch nicht verhindern, dass nach dem Zusammenbruch von Lehman Brothers im Herbst 2008 der internationale Kredit- und Geldmarkt zum Erliegen kam. Der Welthandel stand vor dem Kollaps, weil Unternehmen nicht mehr in der Lage waren, sich die Geldmittel zu beschaffen, die sie benötigten, um Güter von einem Land ins andere zu transportieren.

Zum Jahresende hatte sich die Krise weit über die Grenzen der Vereinigten Staaten ausgedehnt und Länder wie China, Japan, Irland und Island erfasst. Schuld war allerdings nicht nur die weltweite Kreditklemme. Schuld waren auch hausgemachte Probleme. Viele der Symptome, die den Vereinigten Staaten zum Verhängnis geworden waren – eine Immobilienblase, gehebelte Banken, gewaltige Leistungsbilanzdefizite und überbewertete Währungen – betrafen auch andere Länder in aller Welt. So hatten beispielsweise europäische Banken in Rumänien, Ungarn, der Ukraine und den baltischen Staaten riskante Kreditgeschäfte getätigt. Viele dieser neuen europäischen Märkte, etwa die über 20 ehemaligen Sowjetstaaten, waren jedoch extrem instabil, da ihr Wohlstand von überbewerteten Währungen und Leistungsbilanzdefiziten abhing.

Niemand war gegen die Krise immun. China, Japan und andere Exportnationen – so auch die Rohstoffexporteure im Nahen Osten – erlebten mit der Verschärfung der Rezession in den Vereinigten Staaten wirtschaftliche Einbrüche, weil die Nachfrage schwand. Länder wie Lettland und Dubai fielen der Epidemie am Finanzmarkt zum Opfer. Als die Kredite in den Vereinigten Staaten eingefroren wurden, zogen auch die anderen Finanzmärkte nach, und als die Weltwirtschaft schrumpfte, wurden auch Exportnationen wie China und Rohstoffexporteure wie Russland von dem Virus befallen.

Mit der Verschlimmerung der Epidemie Ende 2008 wurde die Geschichte längst vergangener Krisen immer wichtiger für die Erklärung des Geschehens und mit ihnen die Arbeiten von Wirtschaftswissenschaftlern, die lange in Vergessenheit geraten schienen. John Maynard Keynes war plötzlich genauso wieder in aller

Munde wie Joseph Schumpeter, Hyman Minsky, Irving Fisher und selbst Karl Marx. Ihre plötzliche Renaissance war ein Signal: Alle hatten sich einen Namen gemacht, weil sie sich mit der Frage beschäftigten, wie sich der Kapitalismus in einer Krise verhielt. Sie waren zwar zu den unterschiedlichsten Schlussfolgerungen über Ursachen und mögliche Gegenmaßnahmen gekommen. Doch die Tatsache, dass ihre Namen wieder mit Respekt genannt wurden, war ein Zeichen, dass ein Paradigmenwechsel im Gange war. Wirtschaftswissenschaftler, die lange Jahre das Hohelied der Deregulierung, der Effizienz des Marktes und der Vorzüge der neuen Finanzprodukte gesungen hatten, schienen überholt im Vergleich mit diesen Querdenkern. Doch wer waren sie und was können wir von ihnen lernen?

KAPITEL 2
KRISENÖKONOMIE

Auf die Frage, warum es zu Wirtschaftskrisen kommt, geben Wirtschaftswissenschaftler die unterschiedlichsten Antworten. Die einen erklären, es handele sich um eine logische Konsequenz von staatlichen Eingriffen in den Markt. Andere sind der Auffassung, es komme zu Krisen, weil der Staat nicht entschieden genug eingreife. Wieder andere leugnen, dass es so etwas wie Spekulationsblasen überhaupt gibt: Der Markt sei vollkommen effizient, und wenn sich die Immobilienpreise innerhalb von wenigen Jahren verdoppelten und verdreifachten, nur um schließlich einzubrechen, reagiere der Markt lediglich auf »neue Informationen«.

Die Antworten auf die Frage, welche Maßnahmen man im Falle einer Krise ergreifen sollte, fallen mindestens ebenso widersprüchlich aus. Einige Wirtschaftswissenschaftler meinen, der Staat müsse aktiv werden, als letztinstanzlicher Kreditgeber einspringen und mit massiven finanziellen Anreizen den privaten Verbrauch ankurbeln. Andere halten diese Position für lachhaft und erklären, der Staat dürfe auf gar keinen Fall in den Markt eingreifen, da er auf diese Weise nur die Nachwehen der Krise in die Länge ziehe und gefährliche Schuldenberge anhäufe. Und eine dritte Gruppe behauptet, ohne die Miene zu verziehen, die Krise sei nichts als eine Illusion und ein Märchen. Es werde von denjenigen verbreitet, die nicht glaubten, dass der Markt in der Lage sei, Güter und Ressourcen effizient zu verteilen.

Für Laien mag diese Diskussion verwirrend klingen. Schließlich erhebt die Volkswirtschaftslehre doch den Anspruch, eine Wissenschaft mit mathematischen Gleichungen, Gesetzen, Modellen und anderen scheinbar objektiven Instrumenten zu sein. Doch hinter der Fassade der objektiven Wahrheit schlummert eine erstaunliche Vielfalt von widersprüchlichen Meinungen, vor allem wenn es um das knifflige Thema Finanzkrise geht. Das war im 19. und 20. Jahrhundert nicht anders als heute.

Es wäre jedoch ein Fehler, diese Meinungsverschiedenheiten als obskure wissenschaftliche Debatten abzutun. Diese Auseinandersetzungen haben die Reaktionen auf die gegenwärtige Krise geprägt und die Politik der Notenbanken sowie die Entscheidung für Verbraucheranreize bestimmt. Wie John Maynard Keynes einst so schön sagte: »Praktiker, die meinen, sie seien gänzlich frei von intellektuellen Einflüssen, sind in der Regel die Sklaven eines längst verstorbenen Wirtschaftswissenschaftlers.«[1] Theorien spielen eine wichtige Rolle, und ohne ein Verständnis der volkswirtschaftlichen Theorien, die hinter den Reaktionen auf die jüngste Krise stecken, können wir nicht begreifen, wie wir in diesen Schlamassel geraten sind, und, wichtiger noch, wie wir wieder herauskommen.

Dieses Kapitel gibt einen Überblick über die verschiedenen wirtschaftwissenschaftlichen Strömungen und Möglichkeiten, die Krise zu begreifen, um auf diese Weise Material für eine Art vereinigte Feldtheorie zu sammeln. In der Folge erzählen wir eine bewusst selektive Geschichte der Wirtschaftstheorie: Unser Ziel ist es, das herauszuarbeiten, was uns aus den verschiedenen Krisentheorien am nützlichsten erscheint. Bei unserer Auswahl gehen wir pragmatisch vor. Wir präsentieren Keynes genauso wie Hyman Minsky, den radikalsten Vertreter des Keynesianismus. Dazu kommen jedoch auch Wirtschaftswissenschaftler aus anderen Lagern: Robert Shiller, einer der wichtigsten Vertreter der Verhaltensökonomik; Joseph Schumpeter, der große Vordenker der »kreativen Zerstörung« im Kapitalismus; aber auch eher historisch orientierte Theoretiker wie Charles Kindleberger, Carmen

Reinhart und Kenneth Rogoff. Aus diesen oft widersprüchlichen Denkrichtungen entwickeln wir unseren spezifischen Ansatz zum Verständnis der Wirtschaftskrisen.

Wenn sich Märkte nicht benehmen

Die Theorie der Wirtschaftskrisen beschäftigt sich mit der Frage, wie und warum Märkte versagen. Die meisten der herkömmlichen Wirtschaftstheorien versuchen das genaue Gegenteil: Sie wollen zeigen, wie und warum Märkte funktionieren, und warum sie gut funktionieren. Letztere Fragestellung geht auf die Anfänge der Wirtschaftswissenschaften zurück und beginnt mit dem schottischen Denker Adam Smith. In seinem Buch *Der Wohlstand der Nationen* erfand er das inzwischen berühmte Bild von der »unsichtbaren Hand«[2], um diesen scheinbar wunderbaren Prozess zu versinnbildlichen, in dem die egoistischen und oft widerstreitenden Interessen der einzelnen wirtschaftlichen Akteure zu einem stabilen und sich selbst regulierenden Wirtschaftssystem zusammenfinden. Aus dem Chaos der unzähligen individuellen Entscheidungen entsteht die Ordnung.

Auf die vielen Schwächen des Kapitalismus ging Smith aber nicht ein. Das ist nicht weiter verwunderlich, denn schließlich wollten er und andere frühe Wirtschaftstheoretiker erklären, wie der Markt funktionierte, und nicht, warum er nicht funktionierte. Im Laufe des nächsten Jahrhunderts verfeinerten und überarbeiteten Wirtschaftswissenschaftler die Theorien von Smith jedoch.[3] Im 19. Jahrhundert waren sie sich weitgehend einig, dass sich Märkte selbst regulierten und immer ein magisches Gleichgewicht herstellten. Eine Heerschar inzwischen berühmter Denker wie David Ricardo, Jean-Baptiste Say, Léon Walras oder Alfred Marshall entwickelte Smiths Erkenntnisse weiter und errichtete mathematische Gebäude, um ihre Theorie zu beweisen.

Der Glaube an die Stabilität des Marktes führte zu einer wichtigen Schlussfolgerung. Wenn Märkte sich selbst regulierten und die kollektive Weisheit des Marktes immer Recht hatte, dann bedeutete dies automatisch, dass der Preis jeder beliebigen Anlage, die auf dem Markt gehandelt wurde, immer richtig und gerechtfertigt war. Zu Beginn des 20. Jahrhunderts versuchten einige Wirtschaftswissenschaftler, diese Theorie mathematisch zu untermauern. Dabei stützten sie sich auf die Arbeiten des französischen Mathematikers Louis Bachelier, der in seinem Buch *Théorie de la spéculation* aus dem Jahr 1900 behauptete, der Preis einer Anlage gebe sämtliche verfügbaren Informationen über diese Anlage wieder.[4] Es gab also keine über- oder unterbewerteten Anlagen. Der Markt spiegelte die objektiven Gegebenheiten vollkommen korrekt wieder. Der Preis einer Anlage konnte sich zwar verändern, und das oft dramatisch, doch dabei handelte es sich lediglich um eine rationale und automatische Reaktion auf eine neue Information.

In Frankreich war Bachelier kaum bekannt, doch in den Vereinigten Staaten erfreuten sich seine Theorien zunehmender Beliebtheit. Am Vorabend des Börsencrashs, der die Weltwirtschaftskrise einläutete, erklärte der Wirtschaftswissenschaftler Joseph Lawrence von der Universität Princeton optimistisch: »Nach Ansicht der Millionen von Menschen, deren Bewertungen in diesen bewundernswerten Markt der Aktienbörse einfließen, sind die Aktien gegenwärtig nicht überbewertet.«[5] Lawrence glaubte offenbar an die Weisheit der Massen und forderte Kritiker auf, doch »ihr Veto gegen das Urteil der intelligenten Menge einzulegen«.

Theoretisch hätte die Weltwirtschaftskrise derlei Unfug ein Ende bereiten sollen, doch in der Nachkriegszeit hauchten die Wirtschaftsfakultäten der Universitäten ihm neues Leben ein.[6] Dies ist vor allem den Ökonomen der University of Chicago zu verdanken, wenn man hier von Dank sprechen kann. Ein Professor namens Eugene Fama und andere Anhänger des Laissez-faire-Kapitalismus entwickelten raffinierte mathematische Modelle, um zu beweisen, dass sich Märkte vollkommen rational und effizient verhielten.

Das bedeutete, dass der Preis jeder beliebigen Anlage zu jedem beliebigen Zeitpunkt ihren Wert vollkommen korrekt wiedergebe. Eine Anlage könne weder über- noch unterbewertet werden, der momentane Preis sei der einzig richtige. Diese Theorie ging davon aus, dass sich jede öffentlich gemachte Information sofort und korrekt auf den Preis niederschlage, was bedeute, dass künftige Veränderungen des Preises von Faktoren abhingen, die noch nicht bekannt waren. Danach waren künftige Preisentwicklungen unmöglich abzusehen. Diese These führte schließlich zur Theorie des »random walk« (Zufallsbewegung):[7] Es habe keinen Zweck, bei der Auswahl von Aktien klüger sein zu wollen als der Markt. Gemäß dieser Logik sei es besser, nach dem Zufallsprinzip eine Aktie zu wählen und ohne Rücksicht auf die Kursentwicklung an dieser Entscheidung festzuhalten.

Dutzende Wirtschaftswissenschaftler der Nachkriegszeit vertraten diese Theorie und entwickelten sie weiter. Sie räumten ein, dass Märkte in Abhängigkeit von bestimmten Variablen mal mehr, mal weniger effizient waren. Doch im Allgemeinen hielten die Business Schools und Wirtschaftsfakultäten an der Überzeugung fest, dass Märkte effizient seien und alle verfügbaren Informationen einpreisten. In den siebziger Jahren galt die Theorie der effizienten Märkte als Gemeinplatz und wurde von den Kanzeln der Universitäten in Chicago und anderswo gepredigt.

Doch die Hypothese stieß nicht überall auf Zustimmung. Unter Wirtschaftswissenschaftlern machte damals ein Witz die Runde, der die Absurdität dieser Theorie auf den Punkt bringt: Ein Wirtschaftswissenschaftler und sein Freund gehen eine Straße entlang und sehen auf dem Gehsteig einen 100-Dollar-Schein liegen. Der Freund will sich bücken, um ihn aufzuheben, doch der Wirtschaftswissenschaftler hält ihn zurück und sagt: »Spar dir die Mühe. Wenn der Schein echt wäre, hätte ihn schon längst jemand aufgehoben.«[8]

Der Witz trifft den Nagel auf den Kopf: Trotz aller Beteuerungen der Wissenschaftler schienen die Märkte extrem ineffizient zu arbeiten, und kluge Investoren waren durchaus in der Lage, viele echte 100-Dollar-Scheine aufzusammeln. Außerdem konnten zahlreiche Wirtschaftswissenschaftler die Hypothese des effizienten Marktes widerlegen, und zwar nicht nur anhand von willkürlich gewählten Beispielen, sondern mithilfe strenger statistischer Analysen. Einer der vehementesten Kritiker der Hypothese des effizienten Marktes ist Robert Shiller von der Universität Yale.[9] Schon Anfang der achtziger Jahre führte er Untersuchungen durch, mit denen er nachweisen konnte, dass die Aktienkurse sehr viel stärker schwankten, als es die Hypothese des effizienten Marktes eigentlich zulässt. Bis zum Ende des Jahrzehnts konnten Shiller und andere Kritiker mit einer Vielfalt von Beweisen zeigen, dass sich die Preise von Anlagen nicht etwa in einem Gleichgewicht befanden, sondern im Gegenteil wild hin und her schwankten. Mal reagierten Anleger übertrieben optimistisch und trieben die Preise in neue und schwindelerregende Höhen. Am nächsten Tag verfielen sie in Panik und warfen ihre Anlagen in Notverkäufen auf den Markt. Diese Entwicklung hatte nichts Rationales an sich, es handelte sich um die irrationalen Reaktionen der Masse. Wie Shiller es ausdrückte: »Die Märkte sind zwar nicht vollkommen verrückt, aber sie weisen eine Menge Rauschen auf, und das ist derart laut, dass es die Bewegungen des Marktes bestimmt.«[10]

Den Mythos des effizienten Marktes infrage zu stellen ist eine Sache, aber zu erklären, warum Märkte ineffizient sind, eine ganz andere. Diese Aufgabe fiel den Vertretern einer neuen Denkrichtung zu: der Verhaltensökonomik und der aus ihr abgeleiteten verhaltensorientierten Finanzierungslehre. Die Forscher auf diesen Gebieten versuchten, »Modelle der menschlichen Psychologie in Bezug auf die Finanzmärkte« zu entwickeln, wie Shiller später erklärte.[11] In den letzten Jahren haben sich zahllose Wirtschaftswissenschaftler für diese beiden Diziplinen interessiert. Viele von ihnen führten Experimente durch, um zu untersuchen, wie das Verhalten von Teilnehmern an Aktienbörsen und anderen Märkten zur Entstehung von Spekulationsblasen und Paniken führen kann.

Neueste Untersuchungen auf dem Gebiet der verhaltensorientierten Finanzierungslehre haben beispielsweise gezeigt, wie sich Spekulationsblasen aufblähen und sich selbst erhalten, um schließlich zu zerplatzen und die gesamte übrige Wirtschaft in Mitleidenschaft zu ziehen.[12] Die Feedback-Theorie erklärt zum Beispiel, wie sich Anleger, die irgendwo einen Preisanstieg beobachten, plötzlich für eine bestimmte »heiße« Anlage begeistern und mehr von ihr kaufen. Damit locken sie immer neue Anleger an, die das Spekulationsfieber weiter anheizen. Aufgrund dieses Feedbackmechanismus entbehren die Preise irgendwann jeder rationalen Grundlage und schrauben sich so lange nach oben, bis es nicht weitergeht. Dann stürzen sie plötzlich ab, schaffen eine »negative Blase«, und die Preise fallen ins Bodenlose. Dieser Preissturz ist genauso irrational wie der vorhergehende Anstieg, und so wie die Anlagen zuerst extrem überbewertet waren, können sie nun extrem unterbewertet sein.

Vertreter der Verhaltensökonomik haben eine Reihe von Faktoren ausgemacht, die diesen Feedbackmechanismus verstärken. Zu diesen »fundamentalen Parametern des menschlichen Verhaltens«, wie Shiller sie nennt[13], gehört unter anderem die »irrtümliche Selbstzuschreibung«[14]. Das heißt, Anleger, die an einer Spekulationsblase teilhaben, schreiben ihre Gewinne ihrer eigenen Weitsicht zu, und nicht etwa der Tatsache, dass Tausende andere gleichermaßen blinde Narren eine Spekulationsblase geschaffen haben. Wissenschaftler haben inzwischen eine ganze Reihe solcher Fehleinschätzungen, Verzerrungen und irrationalen Tendenzen identifiziert, die Spekulationsblasen nähren. Dazu gehören auch die sonderbaren Theorien, mit denen sie regelmäßig erklärt werden, allen voran die Behauptung, die alten Regeln besäßen keine Gültigkeit mehr und es sei »eine neue Ära« der Wirtschaft angebrochen.

Diese Untersuchungen der irrationalen Dimension des wirtschaftlichen Verhaltens zeichnen ein weniger schmeichelhaftes Bild vom Funktionieren – oder Nichtfunktionieren – der Märkte.

Die Arbeiten von Shiller und anderen zeigen, dass der Kapitalismus alles andere als ein reibungslos schnurrendes, sich selbst regulierendes Gefüge ist. Im Gegenteil, es handelt sich um ein äußerst instabiles System.

Diese Erkenntnis ist im Grunde nicht neu. Lange bevor die Verhaltensökonomik den Mythos vom effizienten Markt zerstörte, hatten schon zahlreiche Denker des 19. Jahrhunderts beobachtet, dass der Markt zwar großen Wohlstand erzeugen, dass er aber gleichzeitig extreme Boom-und-Bust-Phasen hervorbringen konnte. Diese Denker werden heute zwar kaum noch gelesen, doch sie sind nicht minder wichtig, weil ihre Ideen zeigen, wie unterschiedlich sich Krisen und ihre Konsequenzen verstehen lassen.

Die Anfänge der Krisenwirtschaft

Amerikaner stehen im Ruf, Optimisten zu sein. Deshalb waren es vermutlich auch sie, die sich die Hypothese des effizienten Marktes zu eigen machten. Europäer gelten dagegen eher als Pessimisten. Daher passt es, dass die ersten Krisentheorien aus Europa kamen.

Der politische Denker und Wirtschaftstheoretiker John Stuart Mill war einer der Ersten, der sich ausführlicher mit der Krise beschäftigte. In seinem Buch *Grundsätze der politischen Ökonomie* (1848) versuchte er zu erklären, warum die Auf- und Abschwünge in seiner Zeit zum wirtschaftlichen Alltag gehörten. Mit seinen Beschreibungen nahm Mill moderne Verhaltensökonomen wie Shiller vorweg. Seiner Ansicht nach begannen Spekulationsblasen auf einen äußeren Anstoß hin – etwa die Entstehung eines neuen Marktes. Während die Preise stiegen, locke der Anblick der neuen Reichen zahlreiche Nachahmer an, »und in der Spekulation übersteigt der Preis nicht nur das aufgrund der ursprünglichen Erwartungen gerechtfertigte Maß, sondern erfasst auch Waren, für die es nie eine solche Erwartung gab, die sich jedoch mit Beginn der

Spekulation ebenfalls verteuern«. Preissteigerungen führten zu neuen Preissteigerungen, und eine Spekulationsblase entstehe, die sich selbst immer weiter nähre.[15]

Die Blase allein reicht jedoch noch nicht, um eine Krise auszulösen. Mill erkannte vielmehr die entscheidende Rolle von Krediten und Schulden. Während sich die Blase aufblähe, so Mill, »nehmen die Kredite in erheblichem Umfange zu. Nicht nur, weil die vom Fieber Erfassten mit größerer Freiheit Kredite aufnehmen als zuvor, sondern auch, weil sie leichter Kredite erhalten, da sie außergewöhnliche Gewinne zu erzielen scheinen und weil sich Unverstand und Abenteuerlust verbreiten und die Neigung verstärken, mehr Kredit aufzunehmen und zu vergeben als sonst, und ihn vor allem an nicht kreditwürdige Personen zu vergeben«. Der Boom ende unweigerlich, wenn die unerwartete Zahlungsunfähigkeit einer Hand voll von Unternehmen plötzlich auf dem Markt ein »allgemeines Misstrauen« aufkommen lasse. Die Unsicherheit greife um sich, und plötzlich sei es beinahe unmöglich, neue Kredite zu erhalten, es sei denn, zu extremen Konditionen. Da sie nicht mehr in der Lage wären, ihre Schulden zu bedienen, brächen Unternehmen reihenweise zusammen. Und da keine Kredite mehr verfügbar wären, fielen die Preise, und auf dem Markt machte sich Unruhe breit. In der Folge komme es zu einer »Handelskrise« und einer Panik, »die in Extremfällen so unvernünftig war wie zuvor die übermäßige Zuversicht«. Genau wie der Feedbackmechanismus die Preise zunächst nach oben schnellen ließ, drücke er sie nun in den Keller. Der Ausschlag nach unten fiele unweigerlich zu extrem aus, so Mill: »Die Preise fallen so weit unter ihr normales Niveau, wie sie in der vorangegangenen Phase der Spekulation darüber hinaus geschossen waren.« Mill hielt auch fest, dass der Crash vom Finanzsektor auf die übrige Wirtschaft übergreife, Unternehmen in den Ruin stürze, die Arbeitslosigkeit ansteigen ließe und »eine mehr oder minder große Verarmung« nach sich zöge.

Mill lieferte damit ein gutes Modell eines Boom-und-Bust-Zyklus mit den klassischen Zutaten, wie sie nicht nur zu Mills Zeiten, sondern auch in der Gegenwart vorkommen: Ein äußerer Anstoß oder Katalysator für einen Boom; eine durch psychologische Motive und nicht durch tatsächliche Wirtschaftsdaten motivierte Spekulationswut; ein Feedbackmechanismus, der die Preise nach oben treibt; billige und leicht verfügbare Kredite; und schließlich der unvermeidliche Absturz des Finanzsystems, begleitet von erheblichen Kollateralschäden in der Realwirtschaft der Fabriken und Arbeitnehmer. Könnte Mill eine Zeitreise unternehmen, würde er die jüngste Krise in ihren groben Zügen sofort erkennen, auch wenn ihn die esoterischen Finanzinstrumente zunächst ein wenig verwirren könnten.

Auf Mill folgten andere Denker, die versuchten, allgemeine Gesetze des »Konjunkturzyklus«, wie er immer häufiger genannt wurde, zu formulieren. Einer der einflussreichsten war William Stanley Jevons, dessen Theorie aus heutiger Sicht zwar lächerlich erscheinen mag, die uns aber trotzdem einige interessante Aufschlüsse gibt.[16] Wie Mill nahm Jevons an, dass ein äußerer Anstoß Ereignisse in Gang brachte, die schließlich in der Krise mündeten. Er ging jedoch davon aus, dass diese periodischen Störungen durch Sonnenflecken hervorgerufen wurden. Die Veränderungen der Sonneneinstrahlung beeinflussten das Wetter; dieses wirke sich auf die landwirtschaftliche Produktion aus; und diese wiederum bringe die Wirtschaft von Nationen wie Großbritannien aus dem Gleichgewicht. Voilà! Diese Störungen befeuerten das Spekulationsfieber und ebneten einer neuen Krise den Weg.

So albern diese Theorie heute klingt: Jevons' Grundannahme, dass Krisen durch äußere Faktoren angestoßen werden, die nichts mit dem Wirtschaftssystem zu tun haben, war im 19. Jahrhundert sehr populär und wirkt bis heute nach. Das Problem lag seiner Ansicht nach nicht im System selbst, sondern kam von außen, in seinem Fall aus dem Weltall. Von den Sonnenflecken einmal abgesehen, interessierten sich für diese Vorstellung von externen Ursachen vor allem die sogenannten klassischen Wirtschaftswissenschaftler, die der Ansicht waren, dass Märkte sich selbst regulierten. Sie konnten zwar durch äußere Ereignisse erschüttert werden, doch sie waren ihrem Wesen nach widerstandsfähig und konnten nicht zusammenbrechen.

Für eine pessimistischere Sicht[17] wenden wir uns einem anderen, umstritteneren Denker zu: Karl Marx. Anders als Mill und Jevons (und die meisten anderen Wirtschaftstheoretiker des 19. Jahrhunderts) vertrat Marx die Überzeugung, dass Krisen fester Bestandteil des Kapitalismus und ein Beleg für seinen bevorstehenden und unvermeidlichen Zusammenbruch seien. Wenn Adam Smith schrieb, um den Kapitalismus hochleben zu lassen, dann schrieb Marx, um ihn zu begraben. Seiner Ansicht nach war die Geschichte ein Kampf zwischen zwei gesellschaftlichen Gruppen: Auf der einen Seite stand die Klasse der Kapitalisten beziehungsweise die Bourgeoisie, die Fabriken besaß und über »Produktionsmittel« verfügte, und auf der anderen Seite die immer größer werdende Klasse des landlosen Proletariats. Entscheidend für Marx' Analyse ist die Vorstellung, dass der tatsächliche Wert einer Ware von der menschlichen Arbeitskraft abhing, die zu ihrer Herstellung erforderlich war: Wenn Kapitalisten die menschliche Arbeit durch Maschinen ersetzten, sänken ihre Profite. Dies sporne die Kapitalisten an, weitere Kosten zu senken, womit sie schließlich die Wirtschaft in eine Krise aus Überproduktion und Unterbeschäftigung trieben. An diesem Punkt käme es zu einer brutalen Schrumpfung mit Firmenzusammenbrüchen und -zusammenschlüssen. Nach Ansicht von Marx würde eine endgültige Krise schließlich die Revolution und den Sieg der Arbeiterklasse herbeiführen.

In seinem *Manifest der Kommunistischen Partei*, das Marx im Jahr 1848 veröffentlichte (demselben Jahr, in dem Mills' *Grundsätze* erschienen), kleidet er seine Vision von der Instabilität in sprachgewaltige Bilder. »Die moderne bürgerliche Gesellschaft«, so Marx, »gleicht dem Hexenmeister, der die unterirdischen Gewalten nicht mehr zu beherrschen vermag, die er heraufbeschwor.« Zum Beleg verweist er auf die »Handelskrisen ..., welche in ihrer periodischen Wiederkehr immer drohender die Existenz der ganzen bürgerlichen Gesellschaft infrage stellen«. Diese Krisen würden immer gravierender werden. »Wodurch überwindet die Bourgeoisie die Krisen?« fragt er. »Einerseits durch die erzwungene Vernichtung einer Masse von Produktivkräften; andererseits durch die Eroberung neuer Märkte und die gründlichere Ausbeutung alter Märkte.« Durch solche Lösungen zögerte sie den Tag des Jüngsten Gerichts nur hinaus, indem sie »allseitigere und gewaltigere Krisen vorbereitet und die Mittel, den Krisen vorzubeugen, vermindert«.[18]

Marx' Theorie, die sehr viel komplexer ist, als diese knappe Zusammenfassung vermitteln kann, bleibt bis heute umstritten. Wir wollen hier nur eines festhalten: Marx war der erste Denker, der erkannte, dass der Kapitalismus an sich instabil ist und dazu neigt, Krisen hervorzubringen. Für Marx war der Kapitalismus die Verkörperung des Chaos und ein System, das unweigerlich in den Abgrund stürzen und die gesamte Wirtschaft mit sich in die Tiefe reißen wird. In dieser Auffassung unterscheidet sich Marx von einer früheren Generation politischer Denker, die davon ausgingen, dass sich der Kapitalismus selbst regulieren könne. Für ihn war der Kapitalismus zum Untergang verdammt. Bis heute hat sich diese Vision nicht bewahrheitet. Doch seine Erkenntnis, dass Krisen fester Bestandteil des Kapitalismus sind, war immens wichtig: Nach Marx mussten Wirtschaftswissenschaftler damit rechnen, dass der Kapitalismus die Saat seiner eigenen Zerstörung in sich trug. Krisen seien nicht nur das Resultat verhältnismäßig banaler Ereignisse wie der Entstehung eines neuen Marktes, der Psychologie der Anleger oder gar Sonnenflecken. Kapitalismus sei gleichbedeutend mit Krise, er habe einen Grad der Instabilität und Unsicherheit geschaffen, wie sie in der Geschichte der Menschheit einmalig sei.

Marx' Theorie stieß nicht auf große Zustimmung. Die meisten Wirtschaftswissenschaftler des ausgehenden 19. und beginnenden 20. Jahrhunderts erklärten nach wie vor, die Wirtschaft reguliere und korrigiere sich selbst. Solange sie in Ruhe gelassen werde, bewege sie sich auf einen Gleichgewichtszustand zu und bringe unweigerlich Stabilität und Vollbeschäftigung. Krisen kamen und gingen, aber sie waren kein Dauerzustand.

Diese erstaunliche Zuversicht verschwand während der Weltwirtschaftskrise der 1930er Jahre. Dieses Ereignis veränderte das Gesicht der Wirtschaftswissenschaften und mit ihm die staatliche Wirtschaftspolitik. Aus diesem Grund spielt die Weltwirtschaftskrise in unserer Debatte über den Umgang mit der jüngsten Krise eine derart große Rolle. Die Ereignisse, die 80 Jahre zurückliegen, prägten die ersten Reaktionen auf die Krisen der Jahre 2007 und 2008, und sie drücken der Wirtschafts- und Finanzpolitik bis heute ihren Stempel auf.

Der lange Schatten von John Maynard Keynes

Der wichtigste Ökonom der Weltwirtschaftskrise und vermutlich des gesamten 20. Jahrhunderts war John Maynard Keynes.[19] Der Sohn eines angesehenen britischen Wirtschaftswissenschaftlers kam im Todesjahr von Karl Marx zur Welt. Er besuchte die Privatschule Eton und studierte in Cambridge zuerst Mathematik, dann Ökonomie. Keynes wurde in Cambridge Professor für Wirtschaftslehre und veröffentlichte Bücher und Artikel zu einer breiten Palette von Themen, angefangen von der Geldpolitik bis hin zur Wahrscheinlichkeitsrechnung.

Keynes war kein gewöhnlicher Akademiker.[20] Er sammelte zeitgenössische Kunst und war Mitglied der Bloomsbury Group, einer Gruppe von Schriftstellern, Malern und Intellektuellen, die in den ersten Jahrzehnten des 20. Jahrhunderts in London lebten. Keynes war ein scharfzüngiger und weltgewandter Lebemann, der sich nicht im Elfenbeinturm der Universität versteckte und zu verschiedenen Gelegenheiten in Diensten der britischen Regierung stand.

Keynes' berühmtestes Werk war die *Allgemeine Theorie der Beschäftigung, des Zinses und des Geldes*, das im Jahr 1936 erschien. Während der letzten Arbeiten an seinem Text sagte er dem Sozialisten und Schriftsteller Bernard Shaw: »Ich glaube, ich schreibe ein Buch über Wirtschaftstheorie, das die Art und Weise, wie die Welt wirtschaftliche Probleme betrachtet, von Grund auf revolutionieren wird.«[21] Trotz des etwas trockenen Titels hielt Keynes Wort: Ein großer Teil der Wirtschaftswissenschaften des 20. Jahrhunderts setzt sich explizit oder implizit mit seinen Ideen auseinander.

Die *Allgemeine Theorie* ist ein hochkomplexes Werk, das sich jeder einfachen Interpretation widersetzt. Am leichtesten verschaffen wir uns vielleicht einen Zugang, wenn wir uns einige Punkte ansehen, in denen sich Keynes von den Wirtschaftswissenschaftlern der sogenannten klassischen oder neoklassischen Schule unterscheidet. In den dreißiger Jahren gingen die Vertreter dieser Schulen davon aus, dass die Wirtschaft in der Lage sei, sich selbst zu regulieren. Sie nahmen außerdem an, dass die Vollbeschäftigung der Normalzustand sei. Nur wenn die Löhne zu hoch wären, schrumpfte die Wirtschaft zwangsläufig. Mit der zunehmenden Arbeitslosigkeit sänken die Löhne jedoch wieder, so die gängige Theorie, und in der Aussicht auf neue Profite stellten die Unternehmer wieder neue Arbeitnehmer ein. Damit beginne der Kreislauf von vorn.

Keynes ging das Problem aus einer vollkommen anderen Sichtweise an. Er behauptete, dass in Wirklichkeit die effektive oder gesamtwirtschaftliche Nachfrage – also die kollektive Nachfrage nach Waren und Dienstleistungen innerhalb einer bestimmten Volkswirtschaft – das Beschäftigungsniveau bestimme. Im Widerspruch zur gängigen Meinung war Keynes der Ansicht, wenn Löhne gekürzt und Arbeitnehmer entlassen würden, dann konsumierten die Menschen weniger, und die Nachfrage gehe zurück. Eine schwindende Nachfrage bedeute jedoch, dass Unternehmer weniger investierten, was wiederum weitere Lohnkürzungen und

Entlassungen nach sich zöge. Gleichzeitig sparten die Verbraucher mehr und gäben weniger Geld aus, was zwar an sich durchaus lobenswert sei, aber zu einem weiteren Rückgang der Nachfrage führe. Deshalb sprach Keynes vom »Sparparadoxon«.[22] Keynes erklärte, dieser Rückzug werde zu einer sich selbst erfüllenden Prophezeiung und führe in einen Zustand der wirtschaftlichen Erstarrung, in dem Arbeitnehmer keine Arbeit fänden und Unternehmen ihre Tore schlössen. Wenn irgendwann die Nachfrage unter das gesamtwirtschaftliche Warenangebot fiele, wären Unternehmen gezwungen, ihre Preise zu senken, um ihr Inventar loszuwerden. Diese Deflation, die in der Weltwirtschaftskrise ab 1929 einen besonders extremen Verlauf nahm, führte zu einem weiteren Rückgang der Gewinne und des Cash-Flow.

Keynes war klar, dass dieser Prozess mindestens ebenso sehr vom Bauch wie vom Kopf gesteuert wurde und widersprach damit der verbreiteten Theorie von der Effizienz des Marktes. Während eines Zusammenbruchs wie der Weltwirtschaftskrise schwand der kapitalistische Instinkt[23], den Keynes als »spontanen Drang zur Handlung statt zur Nicht-Handlung« beschrieb, selbst wenn es Möglichkeiten gab, Gewinne zu erzielen. Wirtschaftliche Entscheidungen waren also nicht nur mathematische Berechnungen, sondern sie wurden impulsiv getroffen und von den äußeren Ereignissen geprägt. Sie waren mit anderen Worten unsicher und willkürlich. Wie Keynes schrieb: »Wenn die Instinkte geschwächt sind, der spontane Optimismus stockt und wir uns nur noch auf unsere mathematische Erwartung stützen können, dann siecht und stirbt das Unternehmertum.« Dabei spielt es keine Rolle, ob die zugrundeliegenden Wirtschaftsdaten eine Rückkehr zum Wohlstand rechtfertigen oder nicht. Fehlt der kapitalistische Instinkt, versinkt die Wirtschaft dauerhaft in einem Dämmerzustand.

Für Keynes gab es eine einfache Lösung: Der Staat musste in die Bresche springen und eine neue Nachfrage schaffen, um den Teufelskreis zu durchbrechen. Diese Theorie wurde in den Nachkriegsjahren zum Dogma erhoben, und Regierungen in aller Welt übernahmen den Keynesianismus, um konjunkturelle Talfahrten aufzuhalten. Die optimistischsten Anhänger von Keynes glaubten, mithilfe seiner Theorie ließe sich der Zustand der Vollbeschäftigung aufrechterhalten. Was ursprünglich als Notmaßnahme zur Bekämpfung einer umfassenden Wirtschaftskrise gedacht war, wurde nun im alltäglichen Betrieb der Volkswirtschaften eingesetzt. Im Jahr 1965 feierte das Nachrichtenmagazin *Time* Keynes als Visionär und titelte »Wir sind jetzt alle Keynesianer«.[24] Damit traf es den Nerv der Zeit. Ironischerweise war dieser Titel jedoch ein Zitat des konservativen Wirtschaftswissenschaftlers Milton Friedman.

Friedman stritt später ab, dass der Satz von ihm stammte, und zwar aus gutem Grund: Er war der Vater einer Denkrichtung, die als Monetarismus bekannt ist, und behauptet, dass die Instabilität einer Volkswirtschaft über die Fluktuationen in der Geldmenge erklärt werden könne. Friedman und seine Mitautorin Anna Jacobsen Schwartz machten sich mit einer Interpretation der Weltwirtschaftskrise einen Namen, die sich erheblich von der Keynes'schen unterschied.[25] Nach Ansicht von Friedman und Schwartz war die Weltwirtschaftskrise der dreißiger Jahre nicht durch einen Zusammenbruch der Nachfrage ausgelöst worden, wie Keynes behauptete. Sie seien vielmehr eine direkte Folge der fehlenden Einlagen und Reserven der Banken, die schwanden, weil ausländische Investoren ihre Ersparnisse abhoben und Banken die Zahlung einstellen mussten. Nach Ansicht der Monetaristen war der Einbruch der Geldmenge die Ursache für den Einbruch der Nachfrage und damit des Rückgangs von Konsum, Einkommen, Preisen und schließlich Beschäftigung.

Friedman und Schwartz sprachen sich zwar prinzipiell gegen jegliche Form der staatlichen Intervention aus – vor allem der staatlichen Konjunkturprogramme à la Keynes –, doch sie waren der Ansicht, dass ein Rückgang der Geldmenge hätte verhindert werden können, wenn die Notenbank aggressiv die Zinsen gesenkt hätte, zu denen die übrigen Banken Geld von ihr erhielten. Die Monetaristen beschuldigten die amerikanische Notenbank, nicht als letztinstanzlicher Kreditgeber aufgetreten zu sein und den zahlungsunfähigen Banken und Finanzunternehmen keine Kredite zur Verfügung gestellt zu haben. Hätte die Notenbank die Pleitewelle im Bankenwesen Anfang der dreißiger Jahre verhindert, so Milton und Schwartz, dann hätte sich die Weltwirtschaftskrise niemals derart ausgeweitet, und die Volkswirtschaft hätte lediglich eine normale Konjunkturflaute erlebt und sich wieder erholt.

Die monetaristische Interpretation der Weltwirtschaftskrise ist nicht ganz von der Hand zu weisen: Der drastische Rückgang des im Umlauf befindlichen Geldes in den dreißiger Jahren trug zweifelsohne zu einer Verschärfung der Kreditklemme bei, und die Notenbank verschlimmerte die Lage mit ihrer Politik nur noch. Doch andere Wirtschaftshistoriker, allen voran Peter Temin, haben seither festgestellt, dass der Einbruch der gesamtwirtschaftlichen Nachfrage der eigentliche Auslöser der Krise war. Keynes hatte also überwiegend Recht: Nur staatliche Konjunkturprogramme hätten die gesamtwirtschaftliche Nachfrage aufrechterhalten können, auch wenn eine aggressive Geldpolitik eine wirtschaftliche Erholung beschleunigt hätte.

Trotzdem war es Friedman, nicht Keynes, der in den siebziger und achtziger Jahren zunehmend an Einfluss gewann. Ein Grund dafür war, dass die wenigen Überbleibsel der keynesianischen Wirtschaftstheorie bestenfalls eine blasse Kopie des Originals waren. In Keynes' Büchern – sowohl in der *Allgemeinen Theorie* als auch in seinem früheren Buch *Vom Gelde* – fanden sich zahlreiche Erkenntnisse, die die Ökonomen der Nachkriegszeit geflissentlich übersahen, um Keynes mit anderen Denkrichtungen, vor allem den klassischen Schulen, in Einklang zu bringen.[26] Dieser Versuch, der als »neoklassische Synthese« bezeichnet wurde, war ein Gemischtwarenladen. Das Ergebnis war ein »bastardisierter Keynesianismus«[27], wie ein Kritiker es nannte, der gerade noch die Idee der Ankurbelung der Nachfrage durch den Staat enthielt und die meisten anderen Erkenntnisse von Keynes ignorierte.

Doch nicht alle vergaßen die weiterreichenden Implikationen von Keynes' Arbeiten. Hyman Minsky, Wirtschaftsprofessor an der Washington University in St. Louis, machte es zu seiner Lebensaufgabe, auf der Grundlage von Keynes ein umfassendes Theoriegebäude zu errichten. In zahlreichen Büchern, darunter einer Keynes-Monografie und einem Buch mit dem vielsagenden Titel *Stabilizing an Unstable Economy* [*Die Stabilisierung einer instabilen Wirtschaft*] entwickelte er seine ganz eigene Interpretation seines Vorbilds.

In seinen Büchern und Artikeln erklärte Minsky, warum Keynes seiner Ansicht nach missverstanden wurde. Er stützte sich dabei vor allem auf einige in Vergessenheit geratene Kapitel der *Allgemeinen Theorie*, die sich mit Banken, Kredit- und Finanzunternehmen befassen, und brachte diese in Einklang mit den Vorstellungen in Keynes' früherem Buch *Vom Gelde*. Keynes, so Minsky, habe überzeugend dargelegt, warum der Kapitalismus von Natur aus instabil war und zusammenzubrechen drohte. »Die Instabilität ist eine dem Kapitalismus eigene und unentrinnbare Schwäche.«[28]

Nach Ansicht von Minsky waren die Ursache dieser Instabilität genau diejenigen Finanzinstitutionen, die den Kapitalismus überhaupt erst ermöglichten. Er schrieb: »Keynes' Analyse impliziert, dass die kapitalistische Wirtschaft mit einem grundsätzlichen Fehler behaftet ist. Dieser Fehler besteht darin, dass das Finanzsystem, das die Voraussetzung der kapitalistischen Energie ist und den unternehmerischen Instinkt in eine effektive Nachfrage nach Investitionen übersetzt, das Potenzial für eine unkontrollierte Expansion beinhaltet, die durch einen Investitionsboom gespeist wird.« Diese unkontrollierte Expansion, so Minsky, könne jederzeit zum Erliegen kommen, weil die »akkumulierten finanziellen Veränderungen das Finanzsystem instabil machen«.[29]

Wiederholt kam Minsky auf Keynes' Erkenntnis zurück, nach der Finanzunternehmen – vor allem Banken – eine entscheidende und immer wichtigere Rolle in modernen Volkswirtschaften spielen und Schuldner sowie Gläubiger in ein hochkomplexes

Finanznetzwerk einbinden. »Das Dazwischentreten dieses Geldschleiers ... ist ein besonderes Kennzeichen der Moderne«[30], hatte Keynes geschrieben. Nach Minskys Meinung boten die Arbeiten von Keynes eine profunde Analyse des Zusammenspiels der Finanzkräfte mit einer Vielzahl von wirtschaftlichen Variablen der Produktion und des Konsums einerseits und Output, Beschäftigung und Preisen andererseits.

Damit stand Minsky in deutlichem Widerspruch zu den vorherrschenden Wirtschaftstheorien der Nachkriegszeit. In den Gleichungen und Modellen der Architekten der neoklassischen Synthese hatten Banken und andere Finanzinstitute keinen oder nur wenig Platz, und das, obwohl ihr Scheitern die gesamte Wirtschaft ins Chaos stürzen konnte. Minsky wollte dies ändern und demonstrieren, inwieweit Banken und andere Finanzunternehmen mit zunehmender Komplexität und gegenseitiger Abhängigkeit das gesamte Wirtschaftssystem zum Einsturz bringen konnten. In seiner Analyse stellte Minsky die Schulden – ihre Anhäufung, Verteilung und Bewertung – in den Mittelpunkt. In den Fußstapfen von Keynes sah er die Schulden als Teil eines dynamischen Systems, das sich im Laufe der Zeit zwangsläufig entwickelte. Wiederum über Keynes erkannte er, dass aus diesem Grund jede wirtschaftliche Kalkulation unsicher wurde. In guten Zeiten werde diese Unsicherheit durch die Verheißung weiterer Zuwächse und Gewinne aufgewogen. In schlechten Zeiten veranlasse sie die Finanzakteure jedoch, den Kredithahn zuzudrehen, Risiken zu vermindern und Kapital zu horten.

Diese Theorie war seiner Ansicht nach an sich nicht besonders revolutionär. Doch Minskys »Hypothese der Instabilität«[31] hatte eine weitere Dimension. Minsky teilte nämlich die Kreditnehmer in einer Volkswirtschaft in drei Kategorien ein und unterschied zwischen abgesicherter, spekulativer und Schneeballfinanzierung. Im Falle der abgesicherten Finanzierung konnten Kreditnehmer Zinsen und Tilgung aus dem Cash-Flow bestreiten. Im Falle der spekulativen Finanzierung konnten die Schuldner mit ihrem Einkommen zwar die Zinsen bestreiten, nicht aber die Tilgung. Sie mussten ihre Kredite immer wieder refinanzieren und neue Schulden aufnehmen, um alte zu begleichen. Die Schneeballfinanzierung ist schließlich die unsicherste: Die Kreditnehmer konnten aus ihrem Einkommen weder die Zinsen noch die Tilgung finanzieren. Ihnen blieb nur eine Wahl: Sie mussten – in der Hoffnung auf eine Wertsteigerung der mit geliehenem Geld erworbenen Anlagen – ihre künftigen Einkommen verpfänden, um weitere Kredite aufnehmen zu können.

Nach Minskys Theorie nahm in Zeiten des Booms der Anteil der abgesicherten Finanzierung ab und der Anteil der spekulativen und Schneeballfinanzierung dagegen zu. Das liege daran, so Minsky, dass gewöhnliche abgesicherte Finanzierer, die durch ihre konservativen Investitionen Geld zur Verfügung haben, diesen Überschuss an spekulative und Schneeballfinanzierer weiterverliehen. In der Spekulationsblase stieg der Preis einer begehrten Anlage – beispielsweise Immobilien –, was dazu führte, dass alle drei Arten der Kreditnehmer mehr Geld aufnahmen. Während die nicht zurückgezahlten Schulden immer weiter anwachsen, steuert das System immer mehr auf eine Katastrophe zu. Nach Minskys Ansicht spielt der eigentliche Auslöser kaum eine Rolle: Es könnte sich um die Pleite eines Unternehmens handeln (wie beispielsweise der Bankrott von Hedge-Fonds und Großbanken in den Jahren 2007 und 2008) oder um die Aufdeckung eines gewaltigen Betrugsskandals (wie des Madoff-Skandals im Jahr 2008).

Minsky erkannte, dass in dem Moment, in dem Schuldenpyramiden einstürzen, ansonsten gesunden Geldinstituten, Unternehmen und Verbrauchern plötzlich das Geld ausgeht und sie ihre Schulden nur bezahlen können, wenn sie ihre Anlagen zum Schnäppchenpreis abstoßen. Während immer mehr Menschen ihre Anlagen verkaufen, verfällt deren Preis, und es entsteht ein Teufelskreis aus Notverkäufen, sinkenden Preisen und neuen Notverkäufen. Während die gesamtwirtschaftliche Nachfrage hinter das Angebot zurückfällt, leidet die Wirtschaft unter Deflation: Jeden Tag kauft der Dollar mehr als am Vortag.

Das klingt so, als handele es sich um eine gute Sache, doch es ist ein Fluch. Der Ökonom Irving Fisher, der sich mit der Weltwirtschaftskrise beschäftigte, beschrieb diesen Prozess mit dem Begriff »Schuldendeflation« (siehe Kapitel 6). Wenn die Preise schneller fallen, als die Schulden getilgt werden, so Fisher, dann steigt der reale Wert der privaten Schulden im Laufe der Zeit. Stellen Sie sich vor, jemand nimmt einen Kredit von 1 Million Dollar auf, um ohne Eigenkapital ein Haus zu erwerben. Das Haus ist 1 Million Dollar wert, und der Besitzer schuldet der Bank 1 Million Dollar. Mit dem Einsetzen der Deflation sinken die Preise in der gesamten Wirtschaft, darunter auch der Preis des Hauses und das Einkommen des Besitzers. Alles wird billiger, aber alle haben weniger Geld zur Verfügung. Leider bleibt die Hypothek dieselbe, nur dass der Kredit von 1 Million Dollar nun eine größere Bürde ist als vorher.

Mit der Deflation nimmt also die Schuldenbelastung zu, und mit ihr die Wahrscheinlichkeit einer Zahlungsunfähigkeit oder Pleite. Durch sprunghaft zunehmende Ausfälle und Bankrotte wird der Abwärtssog immer stärker und zieht die Wirtschaft schließlich in eine Krise. Zwischen Oktober 1929 und März 1933 sank beispielsweise der Nominalwert der privaten Schulden durch die Liquidation von Anlagen um 20 Prozent. Doch aufgrund der Deflation stieg der Realwert dieser Schulden um schmerzhafte 40 Prozent.[32]

Um eine Wiederholung der Weltwirtschaftskrise zu verhindern, forderte Fisher (wie Friedman und Minsky), die Notenbank solle die Rolle des letztinstanzlichen Kreditgebers übernehmen und nicht nur Banken, sondern auch Unternehmen und Privatpersonen die notwendigen Mittel zur Verfügung stellen. In extremen Fällen solle die Regierung nach Ansicht von Fisher eine »Reflationspolitk« betreiben und die Wirtschaft regelrecht mit billigem Geld überschwemmen.

Genau das passierte in den vergangenen Jahren. Als sich die Krise 2007 und 2008 verschärfte, bedienten sich Politiker in den Vereinigten Staaten bei den Lektionen aus der Weltwirtschaftskrise und handelten entsprechend. Statt wie die Hoover-Regierung

Anfang der dreißiger Jahre tatenlos zuzusehen, wie Tausende Banken und Unternehmen in der Finanzkrise untergingen, stellte die Notenbank in beispiellosem Umfang Kredite zur Verfügung. Auf diese Weise wurde die Insolvenz von Investmentbanken, Versicherungsunternehmen, Hedge-Fonds, Geldmarktfonds und anderen vermieden und der Teufelskreis aus Notverkäufen, sinkenden Preisen und neuen Notverkäufen durchbrochen. Konzerne wie Chrysler und General Motors erhielten Kredite, um einen Konkurs abzuwenden, in dessen Verlauf die Anlagen der beiden Unternehmen liquidiert worden wären. Stattdessen ermöglichte ihnen die Regierung eine Umstrukturierung und einen Neuanfang. Dies war ein gewaltiger Unterschied zu den Liquidierern der Hoover-Regierung.

Auch der Unterschied zur finanzpolitischen Reaktion auf die Weltwirtschaftskrise hätte nicht größer sein können. Während sich die Wirtschaft Anfang der 1930er Jahre im freien Fall befand, existierte die Vorstellung, dass die Regierung mit öffentlichen Mitteln die Nachfrage ankurbeln könnte, bestenfalls in Keynes' Kopf. Regierungen in aller Welt beharrten auf einem ausgewogenen Haushalt, weshalb sie zum denkbar ungünstigsten Zeitpunkt ihre Ausgaben beschnitten und die Steuern erhöhten. Im Gegensatz dazu verabschiedete die Regierung von Barack Obama 2009 das größte Konjunkturprogramm in der Geschichte des Landes und senkte die Steuern. Mithilfe der Geldpolitik (der staatlichen Kontrolle der Geldmenge) und der Finanzpolitik (der Steuer- und Ausgabenpolitik der Regierung) wurde im Rahmen des Möglichen alles getan, auch wenn nicht immer alles gut war.

Mit diesem Krisenmanagement sollten doch Wirtschaftswissenschaftler jeglicher Couleur zufrieden sein, oder? Weit gefehlt. Es gibt nämlich auch noch eine weitere Möglichkeit, Finanzkrisen zu verstehen, und diese zeichnet ein vollkommen anderes Bild der Wirtschaftsgeschichte von der Weltwirtschaftskrise der dreißiger Jahre über das verlorene Jahrzehnt Japans bis zur Finanzkrise der Gegenwart.

Einmal Österreich und zurück

Die österreichische Schule geht auf das Ende des 19. und den Anfang des 20. Jahrhunderts zurück und war eine lose Gruppe von Wirtschaftswissenschaftlern wie Carl Menger, Ludwig von Mises, Eugen von Böhm-Bawerk und Friedrich Hayek.[33] Diese Ökonomen und ihre zahlreichen Schüler, darunter auch Joseph Schumpeter, waren ein zerstrittener Haufen und kaum unter einen Hut zu bringen. Dies trifft übrigens auch auf die Wirtschaftswissenschaftler des 21. Jahrhunderts zu, die sich als Erben der Österreicher verstehen.

Trotzdem lassen sich einige allgemeine Aussagen über sie machen. Wer sich heute zu dieser Gruppe zählt, vertritt eine libertäre Position. Die österreichische Schule zeichnet sich durch eine tiefsitzende Skepsis gegen jegliche Form der staatlichen Einmischung in die Wirtschaft und vor allem das Geldsystem aus. Die meisten Anhänger der österreichischen Schule unterscheiden klar zwischen einem nachhaltigen Wirtschaftswachstum, das aus privaten Ersparnissen finanziert wird, und einem instabilen Wachstum, das mit Krediten der Notenbank finanziert wird. Sie würden Keynes und Minsky zustimmen, dass Anlage- und Kreditblasen gefährliche Krisen heraufbeschwören können, doch sie suchen die Schuld dafür nicht beim Kapitalismus. Im Gegenteil, sie verweisen auf die Politik – insbesondere auf die Politik des billigen Geldes – von Regierungen, deren Regulierungsmaßnahmen und Eingriffe ihrer Ansicht nach das Funktionieren des Marktes beeinträchtigen.

Dieses Misstrauen gegenüber staatlicher Einmischung geht Hand in Hand mit einem weiteren typischen Merkmal des österreichischen Ansatzes: Er richtet den Blick auf den individuellen Unternehmer als Größe der wirtschaftlichen Analyse. Joseph Schumpeter kann zwar kaum als Vertreter der libertären Denkschule bezeichnet werden, doch er entwickelte eine wichtige Theorie des Unternehmertums, die oft in einem einzigen Wortpaar zusammengefasst wird: die kreative Zerstörung. Nach Schumpeters Ansicht besteht der Kapitalismus aus Wellen der Innovation in Zeiten des Aufschwungs, auf die eine brutale Auslese in Zeiten des Abschwungs folgt. Diese Abrechnung lässt sich weder verhindern noch abschwächen: Es handelt sich um eine schmerzhafte, aber wichtige Korrektur, deren Überlebende eine neue Wirtschaftsordnung errichten.[34]

Für Vertreter dieser Theorie demonstrieren Phasen wie die Weltwirtschaftskrise nicht etwa die Gefahr der Passivität angesichts der Krise, sondern im Gegenteil die Gefahr der Überaktivität. Nach Ansicht mancher Österreicher zog der amerikanische Präsident Roosevelt die Weltwirtschaftskrise mit seinen Konjunkturmaßnahmen nur unnötig in die Länge.[35] Die Österreicher kritisieren auch Roosevelts Amtsvorgänger Herbert Hoover und behaupten, er habe sich dem notwendigen aber schmerzhaften Prozess der kreativen Zerstörung in den Weg gestellt, indem er die Reconstruction Finance Corporation ins Leben gerufen habe, eine Regierungsbehörde, die Kredite an Banken und staatliche Einrichtungen mit Zahlungsschwierigkeiten vergab.

Dies ist alles andere als eine akademische Debatte über längst vergangene Zeiten. Die Wirtschaftswissenschaftler aus dem österreichischen Lager ziehen nämlich die Vergangenheit heran, um zu belegen, dass politische Maßnahmen die Probleme nur potenzieren. Statt zuzulassen, dass die schwachen, überschuldeten Banken, Unternehmen und Privathaushalte in einem lauten Knall der kreativen Zerstörung untergehen – und so gleichzeitig dafür zu sorgen, dass die Starken überleben und sich erholen –, griffen Regierungen in aller Welt in den Markt ein und würden eine Wirtschaft der Untoten schaffen: Zombiebanken, die mit endlosen Krediten der Zentralbanken künstlich am Leben erhalten werden; Zombiekonzerne wie General Motors und Chrysler, die quasi in Regierungsbesitz übergehen, um überleben zu können; und Zombiehaushalte im ganzen Land, die durch Gesetze geschützt werden, welche ihren Gläubigern die Hände binden und verhindern, dass diese Menschen ihre Häuser verlieren, die sie sich nie leisten konnten.

Dies habe nur den Effekt, dass private Verluste der Gesellschaft aufgebürdet würden, und damit auch dem Staat, dessen Haushaltsdefizit ein untragbares Ausmaß annehme. Die Schulden wiederum belasteten die Staatsfinanzen und verhinderten langfristiges Wachstum. Im Extremfall könne die Schuldenlast dazu führen, dass ein Staat zahlungsunfähig wird oder die Druckerpresse anwirft, um seinen Verbindlichkeiten nachzukommen, wodurch die Inflation rasch in gefährliche Höhen getrieben würde. Nach Ansicht der Österreicher wäre es das Beste gewesen, zuzulassen, dass die unvermeidlichen Liquidierungen so schnell wie möglich vonstatten gingen. Wäre Andrew Mellon noch am Leben, dann hätte er im österreichischen Lager viele Freunde.

Genauso skeptisch stehen Wirtschaftswissenschaftler dieser Denkschule dem Ruf nach Regulierung und staatlicher Aufsicht gegenüber, der nach einer Krise so häufig laut wird. Sie sind der Ansicht, dass ein Zuviel an Regulierung die Krise überhaupt erst ermöglicht habe, weshalb zusätzliche Regulierungsmaßnahmen nur dafür sorgten, dass künftige Krisen noch gravierender ausfielen. Das klingt widersprüchlich – wie soll Kontrolle eine Krise herbeiführen? Die Vertreter dieses Lagers weisen darauf hin, dass Innovationen wie Einlagensicherungen und letztinstanzliche Kreditgeber zwar einerseits die Besitzer von Sparkonten schützen. Andererseits aber sorgten sie auch dafür, dass Banken größere Risiken eingingen. Genau wie Autofahrer mit Sicherheitsgurt in Versuchung geraten, schneller zu fahren, gingen Banken in der Hoffnung auf größere Gewinne größere Risiken ein, weil sie sich sicher sein konnten, dass der Staat im Falle einer Zahlungsunfähigkeit die Anleger entschädigen würde.

Dieselbe Logik kommt auch im Falle anderer staatlicher Eingriffe in die Wirtschaft zum Tragen. Zu Beginn des Jahrzehnts sprachen Analysten der Wall Street gern von einem sogenannten »Greenspan-Put« und meinten damit die Überzeugung, die Notenbank werde als letztinstanzlicher Kreditgeber einspringen und Finanzunternehmen mit billigem Geld und zusätzlichen Krediten auffangen.[36] (Unter einem Put versteht man eine Option, die ein

Investor kaufen kann, um sich gegen einen drastischen Markteinbruch abzusichern.) Und der Greenspan-Put kam tatsächlich zum Tragen, als die Krise zuschlug: Die Notenbank sprang in die Bresche und belohnte inkompetentes und risikoreiches Verhalten mit großzügigen Krediten. So würden es zumindest die Vertreter des österreichischen Lagers sehen. Auf diese Weise leistete der Staat der nächsten, noch größeren Spekulationsblase und einer neuen, noch schlimmeren Krise Vorschub.

Nach Ansicht der Österreicher sind viele der verbreiteten Heilmittel gegen Finanzkrisen gefährlicher als die Krankheit selbst. Wenn die Regierung immer neue Schulden anhäufe, um die Wirtschaft über Wasser zu halten, werde die Staatsverschuldung irgendwann untragbar. An diesem Punkt bleibe der Regierung nichts anderes übrig, als die Zinsen anzuheben, womit sie jede Erholung im Keim ersticke. Besonders kritisch sehen die Österreicher die scheinbar einfachste Lösung des Problems: Geld zu drucken und die Defizite zu monetisieren. Dies führe lediglich in die »Stagflation«, jener Mischung aus Inflation und schwachem Wachstum, wie sie die Vereinigten Staaten in den 1970er Jahren lähmte. Staatliche Eingriffe verschlimmerten eine schwierige Situation nur noch weiter und provozierten in Zukunft größere Spekulationsblasen, so die Österreicher, da nun alle glaubten, im Falle einer künftigen Krise werde der Staat schon einspringen.

Diese Sichtweise scheint radikal und kalt. Sie ist dem Keynesianismus diametral entgegengesetzt – nicht umsonst galt Joseph Schumpeter zu Lebzeiten als wichtigster Gegenspieler von John Maynard Keynes. Während Keynes der Ansicht war, dass der Kapitalismus gelegentlich aus dem Gleichgewicht gerate (und durch staatliche Eingriffe stabilisiert werden könne), war Schumpeter der Auffassung, diese Instabilität sei eine notwendige Folge genau der Innovation, die den Kapitalismus überhaupt erst ermöglichte.

Vertreter der österreichischen Sicht hegen die Befürchtung, die Vereinigten Staaten könnten nun denselben Weg einschlagen, den Japan in den neunziger Jahren ging: Das Land reagierte damals auf seine Zeitlupenkrise, indem es Zombiebanken und -konzerne stützte, die Zinsen auf null senkte und die Wirtschaft mit billigem Geld überschwemmte. Die japanische Regierung häufte gewaltige Haushaltsdefizite an, um die Keynes'schen Wachstumsimpulse zu geben. Statt der kreativen Zerstörung freien Lauf zu lassen, bauten die Japaner Soda-Brücken, die nur eines bewirkten, nämlich den Staat immer weiter in Schulden zu stürzen. Das Ergebnis war das »verlorene Jahrzehnt«.[37]

Was ist dran an der österreichischen Sicht? Treue Keynesianer erklären die japanische Krise damit, dass die Regierung die erforderlichen Maßnahmen zu spät ergriffen habe und verweisen darauf, dass sie sich nach dem Platzen der Blase zwei Jahre Zeit gelassen habe, ehe sie Konjunkturprogramme einleitete.[38] Schlimmer noch, die Bank von Japan habe acht Jahre benötigt, um die Zinsen von 8 auf 0 Prozent zu senken und habe sich viel zu schnell wieder von dieser Politik verabschiedet. Japan habe denselben Fehler gemacht wie Roosevelt, der seine Krisenpolitik im Jahr 1937 beendete und damit eine neue Rezession auslöste. Japans Rezession dauerte von 1998 bis 2000. Demnach liefen die Vereinigten Staaten heute Gefahr, denselben Fehler zu wiederholen, wenn sie ihre Konjunkturprogramme einstellten oder den Zinszügel wieder anzogen, ehe die wirtschaftliche Erholung eingesetzt habe.

Vereinfacht gesagt bedeutet dies, dass der österreichische Ansatz falsch liegt, wenn es um kurzfristige Maßnahmen geht. Wie Keynes und Minsky erkannten, kann sich eine durch Finanzexzesse verursachte Finanzkrise ohne staatliche Eingriffe zu einer Wirtschaftskrise auswachsen, und was als vernünftiger Rückzug aus einem riskanten Markt begann, kann in einem Kollaps enden. Wenn der kapitalistische Instinkt verschwindet, kann die von den Österreichern gepriesene kreative Zerstörung den Zusammenbruch der gesamtwirtschaftlichen Nachfrage bedeuten. Gebeutelte, aber noch immer zahlungsfähige Unternehmen, Banken und Haushalte sind nicht mehr in der Lage, die Kredite aufzunehmen, die sie zum Überleben benötigen. Es ist eine Sache, wenn tatsächlich insolvente Banken, Unternehmen oder Haushalte untergehen, aber es ist eine andere, wenn Unbeteiligte in den Bankrott getrieben werden, weil die Kredite eingefroren werden.

Um diese Kollateralschäden zu vermeiden, scheint es sinnvoll, auf kurze Sicht dem Keynes'schen Drehbuch zu folgen. Und zwar auch dann, wenn die Daten vermuten lassen, dass ein großer Teil der Wirtschaft nicht nur nicht flüssig, sondern tatsächlich zahlungsunfähig ist. Kurzfristig ist es besser, durch eine Lockerung der Geldpolitik und andere vorbeugende Maßnahmen wie Kredite oder Kapitalspritzen einen ungeordneten Zusammenbruch des Finanzsystems zu verhindern. Genauso sinnvoll ist es, die gesamtwirtschaftliche Nachfrage durch staatliche Konjunkturprogramme und Steuerkürzungen anzukurbeln. Auf diese Weise lässt sich verhindern, dass sich eine Finanzkrise zu einer anhaltenden Flaute wie dem verlorenen Jahrzehnt Japans oder zu einer ausgewachsenen Wirtschaftskrise entwickelt.

Auf mittlere und lange Sicht können wir jedoch von den Österreichern lernen. Selbst Minsky unterstrich zu Recht, eine mittel- und langfristige Lösung einer Finanzkrise erfordere, dass alle Akteure, von Haushalten über Unternehmen bis zu Banken ihre Schulden abbauten. Bleibt dies aus, ertrinken sie irgendwann in ihren Schulden und sind nicht mehr in der Lage, Kredite zu geben, Geld auszugeben, zu konsumieren und zu investieren. Eine Verstaatlichung der Verluste durch unbefristete staatliche Finanzspritzen ist genauso unhaltbar wie der Versuch, die Schulden über eine höhere Inflation abzubauen. Dies verlagert das Problem nur von einem Bereich der Wirtschaft in den anderen. Langfristig gesehen ist es unabdingbar, dass insolvente Banken, Unternehmen und Haushalte in Konkurs gehen und von vorn anfangen können. Dauerhafte Lebenserhaltungsmaßnahmen verhindern eine Lösung des Problems.

Anhänger von Keynes und Schumpeter sprechen in der Regel nicht miteinander. Das ist bedauerlich, denn beide Denker – und die Denkrichtungen, für die sie stehen – können in der gegenwärtigen Situation einen wichtigen Beitrag leisten. Das heißt, dass ihre

Erkenntnisse zusammengebracht und auf die heute anstehenden Probleme angewendet werden können. Wir sind der Ansicht, dass eine erfolgreiche Lösung der gegenwärtigen Krise einen pragmatischen Ansatz erfordert. Er übernimmt das Beste aus beiden Lagern und erkennt, dass staatliche Konjunkturprogramme, Rettungsaktionen, Unterstützung durch letztinstanzliche Kreditgeber und Geldpolitik kurzfristig sinnvoll sein können, während andererseits eine langfristige Kalkulation erforderlich ist, um zum Wohlstand zurückzukehren.

Daher befürworten wir in diesem Buch eine »kontrollierte kreative Zerstörung«. Eine Finanzkrise ist ein bisschen wie Atomkraft – wenn ihre Energie auf einmal freigesetzt wird, kann sie gewaltige Zerstörung anrichten, doch ihre Gewalt lässt sich kanalisieren und kontrollieren. Dank der massiven Interventionen von Regierungen und Notenbanken in aller Welt konnte die Finanzkrise unter Kontrolle gebracht werden. Doch es gibt noch viel zu tun: Die giftigen Anlagen, die sich nach wie vor in aller Welt befinden, müssen erkannt und beseitigt werden. Wir müssen neue Regeln formulieren, und internationale Finanzunternehmen müssen die Möglichkeit erhalten, neu anzufangen.

Entscheidend ist die Frage, wie wir die Lösung dieser Aufgabe angehen. Keynes bemerkte einmal, »Wirtschaftswissenschaftler machen es sich zu leicht, wenn sie uns in einem Sturm nur sagen können, dass sich das Meer schon wieder beruhigen wird, wenn sich der Wind legt«.[39] Die Wogen werden sich in der Tat irgendwann wieder glätten. Doch wann das sein wird, hängt davon ab, wie wir das Problem angehen, Lösungen schaffen und schwierige Entscheidungen treffen.

Angesichts der anstehenden Herausforderungen schadet es nicht, einen weiteren Pfeil im Köcher der Krisenwirtschaft zu haben. Die Beschäftigung mit Krisen darf sich nicht auf die Theorie beschränken. Es ist eine weitere Perspektive nötig, die sich nicht einfach auf eine Denkrichtung, ein Modell oder eine Gleichung reduzieren lässt: die Untersuchung der Vergangenheit.

Vom Nutzen der Geschichte

Im Juni 2009 gab der legendäre Wirtschaftswissenschaftler Paul Samuelson ein Interview.[40] Mit über 90 Jahren war Samuelson so produktiv wie eh und je und galt als einer der bedeutendsten Ökonomen des letzten halben Jahrhunderts. Als Gründer und Kodifizierer der neoklassischen Schule stieß er die Entwicklung ausgeklügelter mathematischer Modelle an, mit der die Zunft vermeintlich zeitlose wirtschaftliche Phänomene beschreiben wollte. Auf die unschuldige Frage »Was würden Sie jemandem, der heute mit dem Wirtschaftsstudium beginnt, mit auf den Weg geben?« gab Samuelson dem Journalisten eine überraschende Antwort: »Vermutlich sage ich heute etwas anderes als in jüngeren Jahren. Habe einen gesunden Respekt vor dem Studium der Wirtschaftsgeschichte, denn sie ist das Rohmaterial, aus dem deine Hypothesen und Überprüfungen stammen.«

Die Wirtschaftsgeschichte ist in der Tat ein entscheidendes Gebiet und sehr viel wichtiger, als Theorien von der Effizienz des Marktes und des rationalen Anlegers uns gern glauben machen. Nicht, weil sich die Geschichte in einem einfachen, zyklischen Sinne wiederholen würde, obwohl es natürlich zahllose Parallelen zwischen der Vergangenheit und der Gegenwart gibt. Die Geschichte ist vielmehr deshalb wichtig, weil sie das »Rohmaterial« liefert, das in Wirtschaftstheorien eingeht und diesen eine bestimmte Richtung gibt. Außerdem verleiht sie den eleganten mathematischen Modellen, wie sie Samuelson und seine Kollegen entwickelt haben, ein gehöriges Maß an nicht immer eleganten, aber lebensechten Details. Das kann nicht schaden, denn der bedingungslose Glaube an Modelle war einer der Gründe für die Krise und verhinderte, dass Händler und andere Akteure die sehr realen Risiken erkannten, die sie im Laufe der Jahre angehäuft hatten. Die Geschichte macht bescheiden, und diese Eigenschaft ist bei der Beurteilung von Krisen sehr nützlich, denn diese folgen so oft der Behauptung auf dem Fuß, die alten Regeln der Wirtschaft gälten nicht mehr.

Wir sind nicht die Ersten, die in der Geschichte nach Antworten suchen. Seit es Krisen gibt, wurde der Versuch unternommen, sie historisch einzuordnen. Den Anfang machten dilettantische Versuche wie die des schottischen Journalisten Charles Mackay, dessen Buch *Zeichen und Wunder: Aus den Annalen des Wahns* im Jahr 1841 erschien.[41] Obwohl Mackay sich nur am Rande für die Wirtschaft interessiert und es mit den Tatsachen nicht immer ganz genau nimmt, ist er womöglich der Erste, der versucht, aus vergangenen Wirtschaftskrisen zu lernen. Mit seiner Schlussfolgerung – dass wir Menschen irrational sind und uns gern dem Überschwang und der Euphorie hingeben – nahm er sowohl die Verhaltensökonomik als auch spätere historische Untersuchungen der Krise vorweg.

Etliche Historiker und Wirtschaftswissenschaftler traten in die Fußstapfen von Mackay, doch erst Charles P. Kindleberger versuchte sich 1978 an einer umfassenden historischen Theorie der Krise. Sein Buch *Manien, Paniken, Crashs* wurde zum Klassiker, und auch wenn seine Schlussfolgerungen in den Jahren vor der Krise in Vergessenheit geraten waren, ist unsere Denkweise stark von seinem Geist beeinflusst. Das gilt ebenso für die systematischen und streng methodischen Arbeiten von Carmen Reinhart und Kenneth Rogoff. In *This Time Is Different: Eight Centuries of Financial Folly* (2009) haben diese beiden Wissenschaftler eine gewaltige historische Sammlung mit Daten zu den Wirtschaftskrisen angelegt und zeigen darin etwas Wichtiges auf: Die Krisen, Paniken und Pleiten können sich zwar im Detail unterscheiden, doch die wesentlichen Elemente haben sich über die Jahrzehnte und Jahrhunderte kaum verändert.

Diese und die Arbeiten anderer Wirtschaftshistoriker eröffnen ein neues Verständnis der tieferen Ursachen von Krisen und ihren Nachwirkungen. Die Geschichte zeigt uns, dass wir Krisen am besten verstehen, wenn wir sie als Teil eines größeren Kontinuums aus Ursachen und Wirkungen begreifen, das lange vor dem Beginn der eigentlichen Krise einsetzt und sie lange überdauert. In diesem Sinne wollen wir nun einige der strukturellen Kräfte aufspüren, die eine Krise schon seit vielen Jahren vorbereitet haben.

KAPITEL 3
PLATTENTEKTONIK

Der Verlauf der Finanzkrise wird gern in einer inzwischen vertrauten Geschichte dargestellt: In den Vereinigten Staaten entwickelte sich eine Immobilienblase, die um das Jahr 2005 oder 2006 außer Kontrolle geriet. Viele Menschen nahmen Hypotheken auf, die sie nicht zurückzahlen konnten. Da diese Hypotheken »verbrieft« waren, erfasste ihr Ausfall das gesamte globale Finanzsystem und brachte es schließlich zum Einsturz.

So beruhigend diese Geschichte klingt, so falsch ist sie auch. Es ist so, als wolle man ein paar schwarze Schafe für die Katastrophe verantwortlich machen. Die Subprimehypotheken waren zwar eine der Ursachen für die Immobilienblase, doch die Probleme lagen sehr viel tiefer, waren sehr viel umfassender und gingen weit über ein paar nicht kreditwürdige Hypothekennehmer hinaus. Die Ursachen für die Probleme waren auch keineswegs neu, sondern in einem tiefgreifenden Strukturwandel in der Wirtschaft angelegt, der viele Jahre zurückreicht.

Die Verbriefung von Subprimekrediten war also nur *ein* Faktor. Eine wichtige Rolle spielten auch langfristige Veränderungen in der Unternehmensaufsicht und den Managerbezügen. Und auch der Staat trägt einen Teil der Schuld, allen voran die Geldpolitik von Alan Greenspan. Dazu kommt schließlich die jahrzehntelange Politik zur Förderung von Wohneigentum.

Unterm Strich nehmen sich die staatlichen Eingriffe im Vergleich zur staatlichen Passivität eher bescheiden aus. Jahrelang duldeten die Aufsichtsbehörden den Wildwuchs des neuen »Schattenbankwesens«, welches das gesamte Finanzsystem gefährlich schwächte. Diese neuen Finanzunternehmen nutzten billiges und leicht verfügbares Geld nicht nur der Notenbank, sondern auch aus einer Reihe von Schwellenländern wie China.

Die meisten Beobachter erkannten diese Veränderungen entweder gar nicht, oder sie unterschätzten sie. Die Schrotthypotheken waren nur das offensichtlichste Symptom einer tieferen, strukturellen Fäulnis. Dies führt uns zu einem der Grundprinzipien einer Theorie der Wirtschaftskrise: Die größten und zerstörerischsten Finanzkatastrophen gehen nicht auf das Konto unbedeutender Finanzinstrumente oder einiger weniger Abenteurer, und sie resultieren auch nicht einfach aus der Euphorie einer Spekulationsblase.

Wie bei Erdbeben baut sich die Spannung vielmehr über Jahre hinweg auf. Wenn der Schock schließlich erfolgt, kann er gewaltige Auswirkungen haben. In der Zeit von 2006 bis 2008 brach nicht nur der Wert der mit Schrotthypotheken besicherten Anleihen ein, sondern die gesamte globale Finanzarchitektur geriet ins Wanken. Der Zusammenbruch brachte eine erschreckende, wenn auch altbekannte Wahrheit ans Licht: Die mit Schrotthypotheken gekauften Wohnhäuschen waren nicht die einzigen, die in der gefährdeten Zone gebaut worden waren – im Erdbebengebiet hatte man auch zahllose Wolkenkratzer aus Schulden errichtet.

Innovationen auf dem Finanzmarkt

Viele Spekulationsblasen beginnen mit einer Innovation oder einem technologischen Fortschritt, der den Anbruch einer neuen Wirtschaft verheißt. So erlebte beispielsweise Großbritannien in den vierziger Jahren des 19. Jahrhunderts einen inzwischen legendären Boom, der von einer neuen Technologie angetrieben wurde: der Eisenbahn.[1] Im Jahr 1830 nahm die erste kommerziell erfolgreiche Eisenbahnlinie den Verkehr zwischen Machester und Liverpool auf, und schon bald erwarben Anleger Aktien von Unternehmen, die versprachen, noch gewinnträchtigere Verbindungen einzurichten. Auf dem Höhepunkt des Booms in den Jahren 1845 und 1846 schossen die Eisenbahnaktien in die Höhe, und Gesellschaften verlegten Tausende Kilometer Schienen, von denen viele überflüssig waren. Die Spekulationsblase platzte schließlich mit lautem Knall, doch sie war zumindest zum Teil durch die wirtschaftlichen Eckdaten gerechtfertigt gewesen: Eine neue Technologie schafft neue unternehmerische Möglichkeiten. Die meisten der Eisenbahngesellschaften mussten zwar Konkurs anmelden, doch sie hinterließen eine neue Infrastruktur, die bei der weiteren wirtschaftlichen Entwicklung der Nation im 19. Jahrhundert eine Schlüsselrolle spielte.

Dies trifft auch auf den Internetboom der 1990er Jahre zu.[2] Er blähte sich zwar rasch zu einer Spekulationsblase auf, doch er war zumindest teilweise durch die neue Technologie – das Internet – und ihre zahlreichen vielversprechenden Anwendungen gerechtfertigt. Als die Blase schließlich platzte, überlebten viele neue Unternehmen sowie eine neue Infrastruktur aus Koaxialkabeln, Mobilfunkantennen und anderen greifbaren technologischen Verbesserungen und Neuerungen.

Die jüngste Krise hinterließ dagegen kaum greifbare Errungenschaften, wenn man von einigen Geisterstädten in der Umgebung von Las Vegas einmal absieht. Schlimmer noch, der Immobilienboom brachte auch keine technologische Innovation: Die Häuser, die im Jahr 2006 gebaut wurden, waren keinen Deut effizienter als jene, die ein oder zwei Jahrzehnte zuvor gebaut wurden. Der Boom war also eine Spekulationsblase, und sonst nichts.

Das wirft eine Frage auf: Wenn hinter dem Immobilienboom keine technologische Neuerung steckte, was war dann der Motor? In Wirklichkeit gab es nämlich eine Menge Innovationen – allerdings nur auf dem Sektor der Finanzdienstleistungen. Das stellte an sich noch kein Problem dar. Schließlich haben sich zahlreiche

Geldmarktinnovationen der vergangenen Jahrhunderte – seien es Versicherungen oder Optionen – bis heute bewährt und ermöglichen den Marktteilnehmern, Risiken zu kalkulieren und zu begrenzen.[3]

Die neuen Finanzinstrumente wurden in demselben Geist erfunden und zielten darauf, bestehende Kreditmodelle zu optimieren. Bis vor einigen Jahrzehnten vergaben Banken ihre Kredite – vor allem zum Erwerb von Wohneigentum – nach dem Prinzip »Vergeben und halten«. Hauskäufer beantragten einen Kredit, die Bank verlieh das Geld und lehnte sich dann zurück, um die monatlichen Raten und Zinsen zu kassieren. Die Bank, die den Kredit vergab, behielt ihn auch – es handelte sich um eine einfache Transaktion zwischen Kreditnehmer und Geldinstitut.

Dies änderte sich mit den Innovationen auf dem Finanzmarkt. In den siebziger Jahren erfand die staatliche Bausparkasse Government National Mortgage Association (besser bekannt unter dem Namen Ginnie Mae) die hypothekenbesicherten Wertpapiere. Das heißt, dass Ginnie Mae die von ihr ausgegebenen Hypotheken bündelte und in Form von Wertpapieren weiterverkaufte. Ginnie Mae musste nun nicht mehr 30 Jahre warten, um die Auslagen aus der Hypothek wieder hereinzuholen, sondern erhielt sofort einen bestimmten Betrag von den Käufern der Wertpapiere. Die Anleger wiederum erhielten einen bestimmten Anteil aus den monatlichen Raten von Tausenden Hausbesitzern, die ihre Hypotheken abbezahlten.[4]

Das war ein revolutionärer Schritt. Dank dieser »Verbriefung« konnten nicht liquide Anlagen wie Hypotheken gebündelt und in liquide Anlagen verwandelt werden, die sich auf dem Markt weiterverkaufen ließen. Diese neuen Instrumente wurden als hypothekenbesicherte Wertpapiere bezeichnet. Bald stiegen auch andere staatliche Gesellschaften wie Fannie Mae und Freddie Mac in das Geschäft mit diesen Wertpapieren ein. Investmentbanken, Immobilienhändler und selbst private Hausbesitzer zogen nach und brachten immer mehr private Hypotheken in immer neue und immer gewinnträchtigere Anlagen ein. Investoren in aller Welt schlugen zu. Schließlich würden Immobilienpreise nie sinken, so die populäre Meinung.

Investmentbanken übernahmen bei der Ausgabe immer neuer hypothekenbesicherter Wertpapiere eine Vorreiterrolle. In Kooperation mit den ursprünglichen Kreditgebern – Banken, Kreditinstituten und öffentlichen Einrichtungen – gründeten sie sogenannte Zweckgesellschaften. Diese gaben Anleihen oder hypothekenbesicherte Wertpapiere aus und verkauften sie an Anleger weiter. Theoretisch war damit allen Beteiligten gedient: Der Hauskäufer bekam seinen Kredit und der Händler und Gutachter seine Provision. Der Hypothekenverleiher erhielt eine hübsche Summe auf die Hand und musste nicht erst 30 Jahre lang auf seinen Gewinn warten. Die Investmentbank strich eine satte Bearbeitungsgebühr ein und schob das Risiko der Hypothek auf andere ab. Und der Anleger, der die Wertpapiere erwarb, konnte sich auf einen steten Geldstrom freuen, solange die Hausbesitzer ihre Kredite abbezahlten.

Die hypothekenbesicherten Wertpapiere wurden in den achtziger Jahren immer beliebter, doch ihren eigentlichen Siegeszug traten sie erst in den neunziger Jahren an.[5] Ironischerweise war es die Sparkassenkrise, die ihnen zum Durchbruch verhalf. In dieser Krise meldeten mehr als 1400 Geldinstitute Konkurs an, weil sie auf zu vielen faulen privaten und kommerziellen Immobilienkrediten sitzengeblieben waren. Dies wäre nicht passiert, wenn sie die Kredite in Wertpapiere umgewandelt hätten – so zumindest die Lektion, die viele Banker aus dem Debakel mitnahmen. Die neue Philosophie war einfach genug: Es war sehr viel besser, die Kredite weiterzuverkaufen und vorneweg einen satten Profit einzustreichen, als die Kredite in den eigenen Büchern zu behalten und zu riskieren, dass sie später nicht zurückgezahlt wurden. Indem sie die Kredite an andere weitergaben, die eher in der Lage waren, das Risiko zu schultern – Pensionsfonds, Versicherungen und andere institutionelle Anleger –, verringerte sich das Risiko einer umfassenden Bankenkrise. Die Strategie »Vergeben und halten« wurde durch die Strategie »Vergeben und verteilen« ersetzt.

Diese Idee hat durchaus etwas für sich. Der Transfer des Kreditrisikos ist an sich ein gesundes Prinzip, solange die Käufer der betreffenden Wertpapiere in der Lage sind, das Risiko korrekt einzuschätzen. Und genau da ist der Haken. Wenn eine Bank frisch ausgegebene Hypotheken über die Verbriefungspipeline weiterverkauft, dann hat sie ein Interesse daran, möglichst schnell möglichst viele davon loszuwerden. Mit jedem Verkauf bekommt sie mehr Geld, das sie wieder an neue Hypothekenkunden weiterverleihen kann. Doch da die Bank kein Risiko mehr übernimmt, ist sie lange nicht mehr so sehr daran interessiert, die Kreditwürdigkeit ihrer Kunden zu überprüfen. Eine faule Hypothek wird einfach weitergereicht wie eine heiße Kartoffel.[6]

Als das Geschäft mit den hypothekenbesicherten Wertpapieren dann Ende der neunziger Jahre und nach 2000 gang und gäbe war, verzichteten Verleiher, Gutachter, Geschäfts- und Investmentbanken und selbst quasi-staatliche Kreditinstitute wie Fannie Mae und Freddie Mac darauf, die Kreditwürdigkeit ihrer Kunden so gewissenhaft zu prüfen wie früher. Sogenannte »Lügen-Kredite« wurden die Regel. Kreditnehmer gaben ein falsches Einkommen an und legten nie einen schriftlichen Nachweis vor. Die berüchtigtsten waren die sogenannten Ninja-Kredite: no income, no job, no assets (kein Einkommen, keine Arbeit, kein Vermögen).

Doch an diesem Punkt endete das Geschäft mit den Verbriefungen noch längst nicht. Finanzunternehmen verbrieften nicht nur Hypotheken, sondern auch die verschiedensten Verbraucherkredite wie Kreditkartenschulden, Ausbildungskredite oder Autoleasing. Auch alle möglichen Arten von Unternehmenskrediten wurden verbrieft. Die daraus zusammengeschnürten Wertpapiere – forderungsbesicherte Wertpapiere – waren so beliebt, dass sich das Geschäft mit den Verbriefungen bald auf anderen Bereiche ausweitete. In einem Lehrbuch zum Risikomanagement aus dem Jahr 2001 hieß es treffend: »Es hat mitunter den Anschein, als ließe sich fast alles verbriefen«. Das war nicht übertrieben: Zu Beginn der Krise waren Flugzeugleasing, Einnahmen aus Forstwirtschaft und Bergbau, Steuerpfändungen, Einnahmen von Rundfunkverstärkern, Bootskredite, die Einnahmen des Bundes und der Bundesstaaten und selbst die Lizenzeinnahmen von Popgruppen verbrieft und in Form von Wertpapieren verkauft.

Viele der neuen Produkte litten unter denselben Problemen und stellten dieselbe Versuchung dar wie die erste Generation der hypothekenbesicherten Wertpapiere: Die Ausgeber hatten keinen Anreiz, ihrer Sorgfaltspflicht nachzukommen und sicherzustellen, dass die Kredite auch wieder zurückbezahlt werden konnten. Auch die Investmentbanken, die als Geburtshelfer dieser Wertpapierpakete auftraten, vernachlässigten ihre Pflicht: Sie wollten die Pakete loswerden und nicht in ihren Bilanzen halten.

Theoretisch hätten die Ratingagenturen Moody's, Fitch und Standard & Poor's die Alarmglocken läuten müssen. Doch sich auf die Ratingagenturen zu verlassen, heißt, den sprichwörtlichen Bock zum Gärtner zu machen: Für die Agenturen gab es wahrlich keinen Grund, schlechte Bewertungen zu vergeben (siehe Kapitel 8). Für ihre Bewertungen erhielten sie eine hübsche Provision von genau den Einrichtungen, deren Papiere sie bewerten sollten, sowie die Aussicht auf künftige Aufträge. Mit einer realistischen Einschätzung hätten sie dagegen ihre Provision genauso vergessen können wie weitere Aufträge. Es war also allemal besser, ein Gütesiegel zu vergeben und dann die Daumen zu drücken, dass alles gut ging. Am Vorabend der Krise hatten die Unternehmen mehr als die Hälfte ihrer Einnahmen über die Vergabe von AAA-Ratings für exotische strukturierte Finanzprodukte erzielt, von denen ein erheblicher Teil nicht gerechtfertigt war.

Trotzdem kann man die Krise nicht allein korrupten Ratingagenturen in die Schuhe schieben. Die Agenturen hatten möglicherweise tatsächlich Schwierigkeiten, die Wahrscheinlichkeit eines Ausfalls der in diesen Wertpapieren gebündelten Kredite einzuschätzen. Aus der Vergangenheit gab es kaum eine Information über die Ausfallquote der neuen Schrotthypotheken. Vor allem über die neuen, exotischen und komplizierten forderungsbesicherten Wertpapiere, die CMOs (hypothekenbesicherte Wertpapiere), CLOs (mit Unternehmenskrediten besicherte Wertpapiere) und CDOs (forderungsbesicherte Wertpapiere) im Allgemeinen lagen kaum Daten vor.[7]

Diese Papiere funktionierten alle nach demselben Prinzip. Wer ein hypothekenbesichertes Wertpapier kaufte, ging ein gewisses Risiko ein: Ein Hausbesitzer konnte beispielsweise die Rückzahlung einstellen oder den Kredit vorzeitig abbezahlen, womit dem Kreditgeber einkalkulierte Zinseinnahmen entgingen. Die Finanzingenieure der Wall Street fanden dafür eine einfache Lösung:[8] das hypothekenbesicherte Wertpapier, eine Unterart des forderungsbesicherten Wertpapiers (CDO). Ein CDO wurde in Scheiben oder »Tranchen« zerlegt. Die einfachsten CDOs bestanden aus drei Tranchen: der Equity-, der Mezzanine- und der Senior-Tranche. Käufer einer Equity-Tranche erzielten die höchsten Zinsen, doch sie übernahmen auch das größte Risiko. Wurden die Hausbesitzer in dem entsprechenden Paket zahlungsunfähig, bekamen sie es als Erste zu spüren. Die Mezzanine-Tranche war weniger riskant, doch im Fall eines Kreditausfalls machte auch sie einen gewissen Verlust. Die sicherste war die Senior-Tranche. Sie erzielte die niedrigsten Zinsen, doch sie galt als nahezu »risikolos«. Die Besitzer der Senior-Tranche wurden als Erste bezahlt und als Letzte an den Verlusten beteiligt.

Das eindrucksvolle Gebäude der strukturierten Finanzprodukte stand jedoch auf tönernen Füßen. Es basierte auf einem einfach Trick: Fadenscheinige und riskante BBB-Schrotthypotheken wurden zu einem BBB-MBS (Mortgage Backed Security) zusammengeschnürt und in Tranchen aufgeteilt. Die Senior-Tranche – etwa 80 Prozent der Kredite – erhielt ein AAA-Rating. Auf diese Weise wurde aus Giftmüll ein Wertpapier mit Gütesiegel, obwohl das zugrundeliegende Hypothekenpaket genauso unsicher war wie zuvor.

Das Spiel mit den Verbriefungen nahm jedoch noch sehr viel verrücktere Ausmaße an. So wurden beispielsweise CDOs mit anderen CDOs zusammengeschnürt und wiederum in Tranchen gesplittet. Diese CDOs von CDOs (die gelegentlich als CDO^2 bezeichnet wurden) verblassten neben den barockeren Produkten aus den Laboren der Wall Street: CDOs von CDOs von CDOs, auch CDO^3 genannt, oder synthetische CDOs, in denen Kreditausfallversicherungen (CDS) gebündelt wurden, um CDOs zu simulieren. Die esoterischeren Produkte bestanden aus mehr als drei Tranchen – es war nicht ungewöhnlich, einen CDO in 50 oder 100 Tranchen zu splitten, von denen jede eine bestimmte Risikotoleranz repräsentierte.

Rückblickend sind die Gefahren dieser Finanzinnovationen natürlich leicht zu erkennen. Durch die Aufteilung und weltweite Verteilung des Risikos entstand ein System mit exotischen, undurchschaubaren, nicht liquiden Finanzprodukten. Diese wurden so höllisch kompliziert und unvergleichbar, dass es schwer wurde, sie mit konventionellen Methoden zu bewerten. Statt auf Marktkurse griffen die Finanzunternehmen zu Bewertungszwecken auf mathematische Modelle zurück. Diese stützten sich unglücklicherweise auf optimistische Annahmen, die die gemessenen Risiken herunterspielten. Das Ergebnis war ein undurchdringliches Finanzdickicht, das wie geschaffen war für eine Panik.

Diese Situation mag historisch einmalig wirken, doch das ist sie nur zum Teil. Die mangelnde Transparenz, die falsche Einschätzung des Risikos und die fehlende Erfahrung mit diesen Finanzprodukten unter Belastung – diese Probleme sind typisch für Krisen der Vergangenheit und Gegenwart.

Moral Hazard

Die Erfinder von Finanzungetümen wie den CDO^3 tragen zwar einen Gutteil der Schuld. Doch es gab noch zahlreiche andere, sich gegenseitig verstärkende Probleme, die weit über die offensichtlichen Schwächen der Verbriefungskette hinausgingen. Auch die mangelnde Selbstkontrolle der Finanzunternehmen war ein entscheidender Faktor der jüngsten Krise.

Um den Sachverhalt besser zu verstehen, müssen wir uns mit dem vielzitierten Problem des »Moral Hazard« beschäftigen.[9] Vereinfacht gesagt handelt es sich dabei um die Bereitschaft von Menschen, unverhältnismäßige Risiken einzugehen, weil sie wissen, dass jemand anders für mögliche negative Konsequenzen aufkommt und sie wieder aus dem Schlamassel herausholt. Autobesitzer mit einer Diebstahlversicherung sind beispielsweise eher bereit, ihr Auto an einem Ort abzustellen, an dem es gestohlen werden könnte, oder sie sind weniger geneigt, eine Alarmanlage einzubauen oder andere Diebstahlsicherungen zu verwenden. Sie wissen, dass die Versicherung für mögliche Schäden aufkommt. Jemand anders nimmt ihnen das Problem ab. Und wer ein Auto mit einem Wartungsvertrag least, geht eher weniger schonend mit dem Fahrzeug um, weil schließlich jemand anders mögliche Reparaturkosten übernimmt.

In der jüngsten Finanzkrise spielte dieses verantwortungslose Risikoverhalten eine wichtige Rolle. Nehmen wir beispielsweise die Verbriefungskette. Der Hypothekenvertreter, der wissentlich einen »Lügenkredit« für eine Bank abschließt, ist ein schönes Beispiel für eine indirekte Aufforderung zum rücksichtslosen Verhalten: Er erhält eine Provision für seine Arbeit und übernimmt keinerlei Verantwortung für das, was später mit seiner Hypothek passiert. Und der Händler, der immense Wetten auf CDOs abschließt, wird im Falle eines Erfolgs fürstlich belohnt, doch im Falle eines Misserfolgs nur in Ausnahmefällen bestraft. Selbst wenn er entlassen wird, behält er die Provisionen, die er im Laufe der Jahre kassiert hat. Die negativen Folgen seiner Entscheidungen tragen andere, nämlich das Unternehmen, das ihn beschäftigte.

Diese Beobachtung ist bekannt. Weniger bekannt ist die Tatsache, dass die Branche der Finanzdienstleister aufgrund ihrer besonderen Vergütungsstruktur besonders anfällig für das Phänomen des Moral Hazard ist.[10] Investmentbanken, Hedge-Fonds und andere Finanzdienstleister entlohnen ihre Händler und Bankkaufleute nämlich nicht nur über ein Festgehalt, sondern über einen Jahresbonus.[11] Diese Boni wurden zwar schon seit Langem gezahlt, doch sie explodierten in den letzten Jahren, und die wichtigsten Investmentbanken – Goldman Sachs, Morgan Stanley, Merrill Lynch, Lehman Brothers und Bear Stearns – überwiesen ihren Mitarbeitern immer gewaltigere Summen. Im Jahr 2005 schütteten die größten Unternehmen Bonuszahlungen in Höhe von 25 Milliarden Dollar aus, im Jahr 2006 waren es 36 Milliarden, und ein Jahr später 38 Milliarden.[12]

Insgesamt nahmen Bonuszahlungen einen immer größeren Anteil an der Vergütung der Händler ein. Im Jahr 2006 machten bei den fünf größten Investmentbanken die Boni 60 Prozent der gesamten Lohnkosten aus. In Einzelfällen war dieser Anteil noch weitaus größer: In den Firmen im Mittelpunkt der Krise betrugen die Bonuszahlungen in der Regel das Zehn- bis Zwölffache der Festgehälter. Selbst nachdem sie durch staatliche Finanzspritzen gerettet worden waren, verzichteten diese Unternehmen nicht auf die Belohnung ihrer Manager.

Das Bonussystem, das sich an kurzfristigen Gewinnen im Laufe eines Jahres orientiert, fördert riskantes Verhalten und Fremdkapitalaufnahme in gewaltigem Maßstab. Dies war nirgends besser zu erkennen als bei dem Versicherungskonzern AIG, der sich darauf spezialisierte, Versicherungen gegen bestimmte Ereignisse – etwa den Bankrott von Lehman Brothers – zu verkaufen, die in einem beliebigen Jahr mit relativ geringer Wahrscheinlichkeit eintraten. Indem es gewaltige Summen auf den Nicht-Eintritt von Katastrophen setzte, erzielte das Unternehmen kurzfristig große Einnahmen, Gewinne und damit Bonuszahlungen für Händler und Banker. Langfristig passierte jedoch irgendwann das Unvermeidliche, und AIG ging beinahe unter. Die Konsequenzen für die Entscheidungen der Spekulanten trugen andere, nämlich die Steuerzahler.

Diese Ausuferung des rücksichtlosen Verhaltens hätte verhindert werden können. Dass dies nicht passierte, liegt an einem Phänomen, das Wirtschaftswissenschaftler als »Prinzipal-Agent-Problem« bezeichnen. Demnach muss in großen kapitalistischen Unternehmen der »Prinzipal« (die Aktionäre und der Verwaltungsrat) andere anstellen (die »Agenten«) zum Beispiel die Manager, die nach seinen Wünschen handeln und das Geschäft führen. Leider wissen die Agenten unweigerlich mehr übers Geschäft als die Prinzipale und können ihre eigenen Interessen verfolgen – mit verheerender Wirkung.

Denken Sie nur an das Problem eines Ladenbesitzers, bei dem Mitarbeiter an der Kasse sitzen. Das ist ein ganz einfaches Beispiel für das Prinzipal-Agent-Problem. Natürlich liegt es im Interesse des Geschäftsinhabers, dass seine Angestellten ehrlich sind und kein Geld in die eigene Tasche stecken. Doch er ist nicht allwissend und sieht nicht alles, was in seinem Geschäft vorgeht. Er leidet unter einem Phänomen, das die Wirtschaftswissenschaftler als das Problem der asymmetrischen Information beschreiben. Es besteht darin, dass der Prinzipal (also der Ladenbesitzer) weniger weiß als der Agent (die Kassiererin). Der Geschäftsinhaber muss dafür sorgen, dass sich die Mitarbeiter in seinem Sinne verhalten – keine leichte Aufgabe.

Nun stellen Sie sich die Potenzierung dieses Problems vor – dann nämlich, wenn viele Ebenen von Mitarbeitern oder Agenten da sind, die alle die Möglichkeit haben, sich auf Kosten der »Prinzipale«, die sie beaufsichtigen, zu bereichern. Hinzu kommt, dass viele Beschäftigte gleichzeitig Prinzipale (die Verantwortung für ihnen unterstellte Mitarbeiter tragen) und Agenten (derjenigen, denen sie selbst unterstellt sind) sind. Daraus ergibt sich das noch schwerwiegendere Problem, dass Mitarbeiter zwar nicht stehlen, doch die Ressourcen des Unternehmens nutzen, um überzogene riskante Wetten abzuschließen und sich selbst damit die höchsten Prämien zu sichern – auch wenn dadurch das Unternehmen gefährdet wird.

Ungefähr so ist ein typisches Finanzunternehmen beschaffen,

und die Gefahren dieser Arrangements sind im Zuge der jüngsten Finanzkrise immer offensichtlicher geworden. Das Extrembeispiel für die Gefahren des Moral Hazard, der Prinzipal-Agent-Probleme und der asymmetrischen Information war womöglich der Zusammenbruch von AIG. Dort haben die Machenschaften einer kleinen Gruppe von Mitarbeitern in London das ganze Unternehmen in die Knie gehen lassen – und das globale Finanzsystem gleich mit.

Theoretisch sollten die Aktionäre in der Lage sein, solche Katastrophen zu verhindern. Sie sind das letzte Glied in der Kette, die eigentlichen Eigentümer des Finanzunternehmens. In Wirklichkeit haben die Aktionäre aber in der Regel kaum Anreize zur Zügelung waghalsiger Banker, Trader und Manager. Wieso? Weil Finanzunternehmen ihr operatives Geschäft in weit höherem Maße als gewöhnliche Unternehmen mit fremdem Kapital finanzieren. Im Tagesgeschäft des Unternehmens setzen die Aktionäre selbst daher nur wenig aufs Spiel. Sie haben mit anderen Worten kaum Interesse daran, dass Händler große Risiken vermeiden. Das Gegenteil ist der Fall. Wenn sich große Risiken auszahlen, können Aktionäre große Gewinne machen. Und wenn nicht, können sie ihren kleinen Anteil am Unternehmen verlieren. Das ist natürlich eine schlechte Nachricht, doch wenn man bedenkt, was man im Spiel mit anderer Leute Geld gewinnen kann, ist es das Risiko allemal wert. Deshalb gingen die Aktionäre, deren Haut ja nicht auf dem Spiel stand, aufs Ganze.

Theoretisch gibt es einen letzten Damm gegen die Gefahr des Moral Hazard: die Menschen, die Banken und anderen Finanzdienstleistern ihr Geld leihen. Wenn es jemanden gibt, der ein Interesse daran hat, die Finanzinstitute zu kontrollieren, dann sie. Sie laufen schließlich Gefahr, ihr letztes Hemd zu verlieren, wenn die Banken Dummheiten machen. Leider haben wir hier ein weiteres Beispiel der nicht beabsichtigten Konsequenz. Die meisten Banken nehmen Geld in Form von Einlagen auf. Die meisten dieser Einlagen sind nämlich versichert. Mit anderen Worten, selbst wenn die Bank das Geld der Sparkunden verspielt, können diese ruhig schlafen, weil sie wissen, dass die Einlagensicherung sie vor möglichen Verlusten schützt. Damit haben auch sie keinen Anreiz, Maßnahmen zu ergreifen, mit denen Banken im Falle einer schlechten Entscheidung bestraft werden.

Prinzipiell sollten nicht versicherte Gläubiger von Banken und anderen Finanzunternehmen in der Lage sein, diese zu disziplinieren, weil ihre Einlagen bei zu großem Risiko in Gefahr geraten. Doch selbst diese Einleger versagten in der jüngsten Krise als Kontrollinstanz – aus ganz verschiedenen Gründen: Erstens war der Anteil ihrer Einlagen nicht ausreichend groß; zweitens wurden die nicht versicherten Einleger am Ende so behandelt, als wären sie versichert und bekamen die Verluste nicht zu spüren, weil sie entschädigt wurden; und schließlich verhinderte das Auftreten der Notenbanken als letztinstanzlicher Kreditgeber eine effektive Marktdisziplin.

Auch wenn nicht alle Finanzdienstleister durch Einlagensicherungen geschützt waren, wird eine Lektion aus der Finanzkrise allen im Gedächtnis bleiben: Wenn es eng wird, tritt ein letztinstanzlicher Kreditgeber auf den Plan, um allen aus der Patsche zu helfen. Seit der Weltwirtschaftskrise sind Notenbanken immer wieder in diese Bresche gesprungen, in der LTCM-Krise des Jahres 1998, als die New York Fed eine privatwirtschaftliche Rettungsorganisation orchestrierte, genauso wie in der gegenwärtigen Krise, als die Federal Reserve den Investmentbanken und anderen, nicht von der Einlagensicherung gedeckten Einrichtungen beispiellose Summen zur Verfügung stellte.

Das Bewusstsein, dass die Notenbank als letztinstanzlicher Kreditgeber einspringen würde, verringerte den Anreiz der Finanzinstitute, in großem Umfang liquide Anlagen als Puffer gegen einen möglichen Run vorzuhalten. Es nahm den Anlegern zudem jedes Motiv, die Leistung dieser Finanzinstitute zu überwachen: Im Falle einer Krise konnte man sich schließlich darauf verlassen, dass die Notenbanken in aller Welt als Retter in der Not einspringen würden. In dieser Hinsicht erwiesen sich die Prognosen der Akteure des Finanzsystems als erstaunlich korrekt: Die Notenbanken der westlichen Welt überschlugen sich förmlich, um die notleidenden Unternehmen zu retten. Auf einen dramatischen Versuch, das Problem des rücksichtlosen Risikoverhaltens in den Griff zu bekommen – dass nämlich der Bankrott von Lehman Brothers nicht verhindert wurde –, folgten panische Anstrengungen, riesige Teile des Finanzsystems zu retten.

Wenn es je ein Argument für eine strenge Regulierung der Banken und anderer Finanzinstitute gab, dann dieses. Banken müssen gezwungen werden, in ausreichendem Umfang liquide Anlagen vorzuhalten, und Aktionäre müssen genug eigenes Geld aufs Spiel setzen und einen Anreiz bekommen, die Unternehmen genau im Auge zu behalten. Dazu muss jedoch der Staat eine zentrale Rolle spielen. Leider war von diesem in den Jahren vor der Krise nichts zu sehen. Im Gegenteil, er schuf die Voraussetzungen für die Krise, nicht nur durch seine Passivität, sondern auch durch seine wenig subtilen Eingriffe.

Das Unbehagen des Staates

Die Notenbank ist vermutlich das mächtigste Instrument, mit dem der Staat seine Kontrolle über die Wirtschaft ausübt. Diese Macht lässt sich im Guten wie im Schlechten nutzen, wie die Karriere von Alan Greenspan deutlich macht.[13] Schon allein die Tatsache, dass Greenspan den Vorsitz der Federal Reserve erhielt, ist ironisch. Als junger Mann verliebte er sich unsterblich in den Markt. In den fünfziger Jahren war er sogar einer der Jünger von Ayn Rand, die er für ihre fundamentalistischen libertären Überzeugungen bewunderte. Greenspans Überzeugung, dass sich der Staat aus der Wirtschaft heraushalten sollte, hinderte ihn allerdings nicht daran, eine Position in ebendiesem Staat zu übernehmen, als sich die Gelegenheit dazu bot.

Sein erstes öffentliches Amt übernahm Greenspan 1974 als leitender Wirtschaftsberater des amerikanischen Präsidenten Gerald Ford. Doch dieses Amt verblasste im Vergleich zu seiner Ernennung zum Vorsitzenden der Federal Reserve im Jahr 1987. Seine zwiespältige Haltung gegenüber der Rolle des Staates als Kontrollinstanz des Marktes war von Anfang an zu spüren. Als vier Monate nach seiner Vereidigung der Aktienmarkt einbrach, eilte Greenspan sofort zu Hilfe. Vergessen war seine grundsätzliche Ablehnung jeder staatlichen Intervention. Wie er es selbst so treffend formulierte: »In Krisenzeiten ... sollten wir uns erst an langfristigen politischen Fragen orientieren, wenn die unmittelbare Phase des Chaos überwunden ist.«[14] Greenspan räumte zwar ein, dass die Notenbank zur Linderung einer Finanzkrise als letztinstanzlicher Kreditgeber einspringen musste, doch er unternahm nichts, um das Entstehen von Finanzkrisen von vorneherein zu verhindern. Er schien wenig interessiert an der traditionellen Philosophie der Notenbanken, Spekulationsblasen im Keim zu ersticken. Diese brachte der langjährige frühere Notenbankvorsitzende William McChesney Martin so nett auf den Punkt, als er sagte, die Aufgabe der Notenbank sei es, »den Punsch abzuräumen, ehe die Party richtig losgeht«.[15]

Dazu war Greenspan nicht bereit. Als sich der Aktienmarkt 1996 im Zuge der Hightech- und Internetblase überhitzte, warnte er zwar in einer Rede vor dem »irrationalen Überschwang«.[16] Doch er unternahm nichts, um die Entwicklung der Blase zu verhindern, wenn man von einer minimalen Anhebung der Leitzinsen um 25 Basispunkte einmal absieht. Als die Hightechblase im Jahr 2000 schließlich platzte, goss Greenspan zusätzlichen Alkohol in den sprichwörtlichen Punsch. Nach den Terroranschlägen des 11. Septembers senkte er die Leitzinsen immer weiter, auch als deutliche Anzeichen der wirtschaftlichen Erholung erkennbar wurden. Als er im Jahr 2004 schließlich die Zinsen wieder anhob, tat er dies in kleinen vorhersehbaren Schritten von 25 Basispunkten alle sechs Wochen, wenn der Offenmarktausschuss zusammentrat. Damit hielt die Notenbank die Zinsen zu lange zu niedrig und hob sie zu spät und zu langsam wieder an.

Das Ergebnis war die Immobilien- und Hypothekenblase. Indem Greenspan riesige Mengen billigen Geldes in die Wirtschaft pumpte und zu lange dort zirkulieren ließ, bekämpfte er die Folgen einer geplatzten Blase mit einer neuen. Dies war die unvermeidliche Folge seiner zwiespältigen Haltung gegenüber der Notenbank: Auf dem Weg nach oben sah er tatenlos zu, nur um dann in hektische Aktivität zu verfallen, wenn es darum ging, die Talfahrt aufzuhalten. Damit schuf er den legendären »Greenspan-Put«.[17] Am Ende seiner Amtszeit als Vorsitzender der Notenbank war der Greenspan-Put unter Händlern ein fester Glaubenssatz geworden: Der Markt ging – für den Fall, dass die Spekulationsblase platzte – davon aus, dass die Notenbank immer einspringen würde, um den verantwortungslosen Händlern aus der Patsche zu helfen. Dies führte zu einer verbreiteten Sorglosigkeit, für die in erster Linie Alan Greenspan verantwortlich zu machen ist.

Auch verantwortlich zu machen ist er für die Tatsache, dass die Notenbank nicht in der Regulierung der Märkte aktiv wurde. So verabschiedete der Kongress beispielsweise im Jahr 1994 ein Gesetz zum Schutz der Hauseigentümer, um gegen unlautere Kreditvergabepraktiken vorzugehen. Mithilfe dieses Gesetzes hätte Greenspan die Vergabe von Schrotthypotheken unterbinden können, doch das kam ihm nicht in den Sinn – auch dann nicht, als ihn Edward Gramlich, eines der Mitglieder des Notenbankrats, ausdrücklich dazu aufforderte.[18] Greenspan verteidigte diese Entscheidung später mit den Worten: »Es hätte einen großen Aufwand für uns bedeutet, die Praxis der Hypothekenvergabe zu überwachen, und ich bin mir nicht sicher, dass wir Beanstandungen gehabt hätten, ohne damit die wünschenswerte Verfügbarkeit von Subprimehypotheken zu gefährden.«

Dieser Satz lässt tief blicken. Für Greenspan waren die Schrotthypotheken uneingeschränkt begrüßenswert und eine unvermeidliche Konsequenz des sich frei entfaltenden Marktes. Noch vor kurzem pries er die Rolle der innovativen Finanzprodukte, weil sie einer immer größeren Zahl von Amerikanern die Möglichkeit gab, Kredite aufzunehmen. Bei einer öffentlichen Veranstaltung im Jahr 2005 freute er sich, dass die Innovationen auf dem Geldmarkt »ein rasches Wachstum der Subprimekredite angestoßen ... und konstruktive Neuerungen ermöglicht haben, die auf die bestehende Nachfrage reagieren und den Kunden Vorteile bringen«.[19]

Fairerweise müssen wir Greenspan zugestehen, dass nicht er allein für die unerbittliche Deregulierung verantwortlich war. In den vorausgegangenen drei Jahrzehnten hatten sich die Konservativen die Befreiung der Märkte von allen »lästigen« Regulierungen auf die Fahnen geschrieben. Dieses Credo erhoben sie auch zur Politik. Mit Beginn der achtziger Jahre wurde die strenge Regulierung, die dem Finanzmarkt während der Weltwirtschaftskrise in den dreißiger Jahren auferlegt worden war, Schritt für Schritt wieder zurückgenommen oder ganz abgeschafft.

Eines der berühmtesten Opfer war der Glass-Steagall Act aus dem Jahr 1933.[20] Dieses wegweisende Gesetz errichtete unter anderem eine Brandmauer zwischen Geschäftsbanken, die in der Geldanlage und Kreditvergabe tätig waren, und Investmentbanken, die sich auf den Wertpapierhandel konzentrierten. Diese Vorsichtsmaßnahme wurde Stück für Stück abgetragen. Ende der achtziger Jahre ließ die Notenbank zunächst zu, dass Geschäftsbanken mit Wertpapieren handelten. Zunächst durften die Banken nur 10 Prozent ihrer Gewinne aus dem Wertpapierhandel beziehen, doch im Jahr 1996 hob der Notenbankrat diesen Anteil auf 25 Prozent an. Im Jahr darauf kaufte mit dem Bankers Trust die erste Geschäftsbank eine Investmentbank auf, und schon bald folgten andere Banken diesem Beispiel.

Den Todesstoß erhielt der Glass-Steagall Act mit dem geplanten Merger von Travelers und Citicorp. Dieser Zusammenschluss sollte das traditionelle Bankengeschäft, das Versicherungsgewerbe und den Wertpapierhandel unter einem Dach vereinen und erzwang eine Entscheidung, denn das neue Finanzmonstrum wäre nach der bestehenden Gesetzgebung illegal gewesen. Nach intensiver

Lobbyarbeit löste der Kongress den Glass-Steagall Act Ende 1999 durch ein Gesetz zur Neuordnung des Geldmarktes ab. Damit war der Weg frei für weitere Zusammenschlüsse von Investmentbanken, Geschäftsbanken und Versicherungsunternehmen.

Eine der Schlüsselfiguren bei der Abschaffung des Glass-Steagall Act war der Wirtschaftswissenschaftler und republikanische Senator Phil Gramm. Gramm setzte seinen Kreuzzug gegen die Regulierung des Finanzmarktes fort – besonders intensiv im Jahr 2000, als er einem Haushaltsentwurf ein Gesetz zur Neuordnung des Waren-Futures-Marktes anfügte. Dieses Gesetz, das weder im Senat noch im Abgeordnetenhaus je diskutiert wurde, nahm weite Teile des Derivatmarktes von der staatlichen Regulierung aus. Zu den von der Kontrolle ausgenommen Instrumenten gehörten auch die Kreditausfallversicherungen, die es dem Käufer ermöglichten, sich gegen Ausfälle bei einfachen Anleihen (beispielsweise Anleihen von Automobilherstellern) und extrem komplexen Anleihen (beispielsweise hypothekenbesicherten Wertpapieren) zu versichern. Diese Kreditderivate schossen im vergangenen Jahrzehnt wie Pilze aus dem Boden und erreichten im Jahr 2008 einen Nominalwert von 60 Billionen US-Dollar. Sie waren das größte der sogenannten »systemischen Risiken«, die das gesamte Finanzsystem in Gefahr brachten (mehr dazu in Kapitel 8).

Doch die Deregulierer saßen nicht nur im Kongress. Im Jahr 2004 begannen die fünf größten Investmentbanken mit intensiver Lobbyarbeit vor der Security and Exchange Commission (SEC), der Börsenaufsicht der Vereinigten Staaten, in der Hoffnung, die gesetzlichen Verschuldungsobergrenzen zu lockern. Über eine Sonderregelung konnten die Finanzunternehmen auf Milliarden von Dollars zugreifen, die sie als Reserve gegen etwaige Verluste vorhalten mussten. Damit vergrößerten sich zwar ihre möglichen Profite, doch gleichzeitig schwand das Sicherheitspolster, das Investmentbanken anlegen mussten. Die Börsenaufseher stimmten dem Wunsch der Investmentbanken einstimmig zu, obwohl sie durchaus einräumten, dass diese Entscheidung ein gewisses Risiko barg. »Wir haben uns gesagt, das sind große Jungs«, meinte einer der Aufseher in einer schwach besuchten Kongressanhörung. »Das heißt aber auch, wenn etwas schief geht, dann geht es richtig schief.«[21] Investmentbanken reagierten auf diese Deregulierungsmaßnahme mit einer massiven Aufstockung ihres Fremdkapitalanteils bis zu einem Verhältnis von 1: 20 (von Eigen- zu Fremdkapital), 1:25 und mehr, gegenüber dem Verhältnis von 1:12,5, wie es für die stärker regulierten Geschäftsbanken galt.

Natürlich teilen nicht alle die Ansicht, dass die Deregulierung die Schuld an der Krise trägt. Konservative Kommentatoren behaupten, nicht ein Zuwenig an Regulierung sei für die Krise verantwortlich, sondern ein Zuviel. Ihrer Ansicht nach hat der Community Reinvestment Act aus dem Jahr 1977 entscheidend zu der Spekulationsblase beigetragen.[22] Dieses Gesetz, mit dem verhindert werden sollte, dass Banken bei der Kreditvergabe die ärmeren Stadtteile diskriminierten, sollte den Angehörigen von einkommensschwachen Gesellschaftsschichten und Minderheiten den Zugang zu Hypotheken erleichtern. Nach Ansicht der Konservativen habe dieses Gesetz, unterstützt von Fannie Mae und Freddie Mac, dazu beigetragen, den Markt der Schrotthypotheken aufzublähen und schließlich den Zusammenbruch herbeizuführen.

Die Argumentation ist interessant, aber so nicht haltbar. Die Schrotthypotheken wurden nicht in erster Linie von Fannie Mae und Freddie Mac ausgegeben, sondern von privaten Hypothekenverleihern wie Countrywide. Das Gesetz wurde außerdem lange vor dem Immobilienboom verabschiedet. Es stimmt zwar, dass Fannie Mae und Freddie Mac nach Gesetzesänderungen in den neunziger Jahren gezwungen waren, auch Subprimehypotheken zu vergeben.[23] Im Jahr 1997 stammten beispielsweise 42 Prozent aller Kredite von Personen mit für ihren Wohnort unterdurchschnittlichem Einkommen. Bei einem unbekannten Anteil dieser Anleihen handelte es sich um Subprimehypotheken. Es wäre trotzdem falsch zu behaupten, dass die Krise allein auf das Konto von Fannie Mae und Freddie Mac ging.

Es stimmt allerdings, dass die amerikanische Regierung den Erwerb von Wohneigentum lange gefördert und dafür gesorgt hat, dass der Kauf von Immobilien billiger und einfacher wurde. Zu den Fördermaßnahmen des Bundes gehört die steuerliche Absetzbarkeit von Hypothekenzinsen sowie der Haus- und Grundsteuern der Gemeinden. Auch Kapitalgewinne aus dem Verkauf eines Eigenheims werden zum Teil von der Versteuerung ausgenommen. Vor allem aber gibt es zahlreiche staatliche Einrichtungen – nicht nur Fannie Mae, Freddie Mac und FHA, sondern auch die Federal Home Loan Bank und andere –, die den Eigenheim- und Hypothekenmarkt unterstützten und subventionieren. Diese Subventionen mögen die Immobilienblase nicht verursacht haben, doch sie haben ihr mit Sicherheit den Boden bereitet.

Die Schattenbanken

Die Politik begünstigte also die Entstehung der Spekulationsblase, und die Deregulierung beseitigte bestehende Auflagen für Finanzunternehmen. Doch auch die Unfähigkeit des Staates, mit den Innovationen auf dem Finanzmarkt Schritt zu halten, spielte eine entscheidende Rolle. Dies geht weit über die mangelnde Kontrolle exotischer Derivate und den Erhalt des Bonussystems der Finanzunternehmen hinaus. Gemeint ist vielmehr die dramatische, wenngleich wenig beachtete Veränderung der vergangenen etwas mehr als 30 Jahre: die Entstehung dessen, was Paul McCulley von der Pacific Investment Management Company als »Schattenbankwesen« bezeichnet hat.[24]

Das Schattenbankwesen besteht aus Finanzunternehmen, die aussehen wie Banken, sich verhalten wie Banken, Geld leihen und verleihen wie Banken, aber – und das ist das Entscheidende – nicht derselben staatlichen Aufsicht unterstehen wie Banken. Um dies zu verstehen, müssen wir knapp definieren, was eine Bank ausmacht. Vereinfacht gesagt, ist eine Bank ein Unternehmen, das kurzfristig Geld aufnimmt, in der Regel über die Spareinlagen, die ihr von den Anlegern geliehen werden. Diese Einlagen sind die Verbindlichkeiten der Bank: Die Anleger können sie jederzeit zurückfordern, und die Bank hat keine andere Wahl, als sie auszuzahlen.

Doch die Banken sitzen nicht einfach auf ihren Einlagen, sondern verleihen sie in Form von Hypotheken, Unternehmenskrediten und anderen Krediten mit langen Laufzeiten weiter. Das heißt, sie leihen sich das Geld der Einlagen, vergeben Kredite und erwirtschaften über die Zinsen, die sie verlangen, einen Gewinn. Die Sache hat allerdings einen Haken: Während die Passiva der Bank (die Einlagen) liquid sind, sind ihre Aktiva nicht liquid, sondern in Land, Maschinen und anderen Vermögenswerten gebunden, die nicht sofort zu Geld gemacht werden können.

In der Regel stellt dies kein Problem dar: Es ist unwahrscheinlich, dass alle Kunden gleichzeitig ihr Guthaben abheben wollen. Gelegentlich passiert jedoch genau das, und die Weltwirtschaftskrise liefert eindringliche Beispiele dafür, was passiert, wenn Anleger in Panik eine Bank stürmen. Frank Capra stellt die Gefahren dieser Dynamik eindrucksvoll in seinem Film *Ist das Leben nicht schön?* dar, in dem es um das Auf und Ab im Leben des Kleinstadtbankiers George Bailey geht.

Als Bailey eines Tages von besorgten Sparern belagert wird, die ihr Geld wiederhaben wollen, improvisiert er eine kurze Einführung in das Bankwesen. »Ihr habt völlig falsche Vorstellungen von einer Bank«, erklärt er den Sparern, die meinen, ihr Geld liege ungenutzt im Tresor herum. »Das Geld liegt nicht im Safe. Es steckt im Haus von Joe, ... und im Haus der Kennedys, und im Haus von Mrs. Macklin, und in hundert anderen.«[25] Die liquiden Spareinlagen wurden mit anderen Worten in nicht liquide Investitionen verwandelt, die sich nicht so ohne weiteres wieder zu Geld machen lassen. Wie Bailey seinen Kunden erklärt: »Ihr leiht ihnen das Geld, um Häuser zu bauen, und sie zahlen es euch so gut zurück, wie sie können.«

Das Problem von Baileys Bank war typisch für die dunkelsten Momente der Weltwirtschaftskrise. Bailey kämpfte mit den »divergierenden Laufzeiten«, der Tatsache also, dass die Bank Verbindlichkeiten in Form von kurzfristigen Einlagen eingeht, während ihre Aktiva langfristig angelegt sind und sich nicht von einem Moment zum anderen verkaufen lassen. Das heißt, Letztere lassen sich nur unter immensen Verlusten heranziehen, um Erstere zu begleichen. In einem Run hat eine Bank beispielsweise die Möglichkeit, Aktiva wie Hypotheken und andere Forderungen zu verkaufen. Wenn jedoch das gesamte System von einer Panik erfasst wird, versuchen dies alle Banken, weshalb Verkäufe nur einen Bruchteil dessen erzielen, was sie unter normalen Umständen erbringen würden.

In der Praxis bedeutet dies, dass Banken, die einem Run zum Opfer fallen, rasch nicht nur in Zahlungsschwierigkeiten, sondern komplett zahlungsunfähig sind. Manchmal haben sie es nicht besser verdient – wenn nämlich ihre Vermögenswerte nie ausreichen würden, um die Forderungen ihrer Anleger zu decken, egal zu welchem Preis sie verkauft werden. Doch in vielen Fällen ist die Bank durchaus noch zahlungsfähig, hat aber einige faule Investitionen getätigt, weshalb ihre kurzfristigen Verbindlichkeiten ihr flüssiges Vermögen übersteigen. Während der Weltwirtschaftskrise gingen Banken aus beiden Gründen bankrott. Einige hätten die Einlagen ihrer Anleger auch unter normalen Umständen nicht ausbezahlen können, andere hätten es gekonnt, wenn sie Unterstützung erhalten hätten.

Diese Unterstützung kann eine von zwei möglichen Formen annehmen. Die erste stand während der Weltwirtschaftskrise zur Verfügung, wurde aber von der Notenbank nur unzureichend genutzt, und die zweite wurde mit der von Roosevelt im Rahmen des New Deal geschaffenen Federal Deposit Insurance Corporation (FDIC), der staatlichen Einlagensicherung, bereitgestellt.[26] Diese beiden Rettungsanker funktionieren auf unterschiedliche Weise. Die Notenbank springt als letztinstanzlicher Kreditgeber ein, indem sie Banken das Geld leiht, um ihre Anleger auszubezahlen. Auf diese Weise verhindert sie, dass diese bei einem Ansturm ihre Vermögenswerte in Notverkäufen losschlagen müssen. Die Einlagensicherung verhindert dagegen, dass die Panik überhaupt ausbricht, weil sie den Anlegern die Sicherheit gibt, dass sie ihre Ersparnisse zurückerhalten, egal ob die Bank in Zahlungsschwierigkeiten gerät oder gar zahlungsunfähig ist.

In der Zeit nach dem Zweiten Weltkrieg wurden die letztinstanzlichen Kreditgeber und die Einlagensicherung in den meisten kapitalistischen Staaten zur Norm. Dieser Schutz hatte allerdings seinen Preis: Die beteiligten Banken verloren einen Teil ihrer Selbstständigkeit und unterwarfen sich der Regulierung und der staatlichen Aufsicht. Der Staat schrieb die Höhe der Rücklagen, des Eigenkapitals und der Verschuldung vor, was wiederum eine Einschränkung der möglichen Gewinne bedeutete. In der Folge verwandelte sich das Geldgeschäft in eine verlässliche Unternehmung. Einem verbreiteten Witz zufolge operierten Banker nach der 3–6–3-Regel: Sie bezahlten 3 Prozent Zinsen, verlangten 6 Prozent und trafen sich um 3 Uhr auf dem Golfplatz.[27] Das mag ein bisschen überzeichnet sein, enthält jedoch mehr als nur ein Körnchen Wahrheit.

Als wäre das noch nicht genug, wurden den Banken mit grenzüberschreitenden Regelungen weitere Beschränkungen auferlegt. Diese begannen mit dem Internationalen Ausschuss für Bankenaufsicht, der 1974 von den Notenbankchefs der sogenannten G10-Staaten gegründet wurde. Sitz war die Stadt Basel, wo auch die Bank für Internationalen Zahlungsausgleich, eine zentrale Institution des internationalen Finanzsystems, ihren Sitz hatte.[28]

Im Jahr 1988 führte dieser Ausschuss ein Kapitaladäquanzsystem ein, das die Regeln zur Bewertung der relativen Risiken einer Anlage festschrieb. Dieses System, der sogenannte Basler Akkord oder Basel I, legte exakt fest, über wie viel Eigenkapital eine Bank im Verhältnis zum Risiko ihrer Anlagen verfügen musste. Demnach mussten Banken einen Eigenkapitalanteil von 8 Prozent haben, das heißt, sie mussten Reserven von mindestens 8 Prozent des Wertes ihrer »risikogewichteten« Aktiva vorhalten (das heißt, je riskanter die Anlagen, desto höher das erforderliche Eigenkapital). Die Entscheidungen des Ausschusses waren zwar nicht rechtlich verbindlich, doch die meisten Länder hielten sich an seine Empfehlungen.

Der Ausschuss ruhte sich nicht auf seinen Lorbeeren aus und sprach in den nachfolgenden Jahren weitere Empfehlungen aus. Es stand viel auf dem Spiel. In einem Bericht aus dem Jahr 1997 hielten die Ausschussmitglieder fest: »Schwächen des Bankwesens eines entwickelten und in Entwicklung befindlichen Landes können die Stabilität des nationalen und internationalen Finanzsystems gefährden.«[29] In diesem Sinne wurde im Jahr 2004 ein neuer Basler Akkord unter dem Namen Basel II verabschiedet. Doch dessen Empfehlungen wurden nicht mehr vollständig umgesetzt. (Mehr zu den Basler Akkorden erfahren Sie in Kapitel 8.)

Der Grund war ganz einfach der, dass nicht allen Akteuren im Bankwesen gleichermaßen an Stabilität gelegen war. Seit den achtziger Jahren erkannte eine wachsende Zahl von Finanzdienstleistern, dass man viel Geld verdienen konnte, wenn man bereit war, bei dem Drahtseilakt auf ein Sicherheitsnetz zu verzichten. Sie erkannten mit anderen Worten, dass es Möglichkeiten gab, Geldgeschäfte ohne Regulierung zu tätigen, auch wenn man dazu auf den Schutz, den andere Banken genossen, verzichten musste. Damit begann ein ganz neues Spiel: Wie konnte man die Regulierungen gezielt umgehen, um seinem Ziel – der Ausweitung der Gewinne – näher zu kommen? So entstanden die Schattenbanken.

Diese neuen Banken hatten keine Schalterräume und keine Filialen an den Hauptstraßen. Ihre Namen waren merkwürdige Abkürzungen oder das, was Paul McCulley treffend als »eine ganze Buchstabensuppe von Refinanzierungsstrukturen, Zweckgesellschaften und Anleiheversicherern« beschrieb,[30] von denen sich viele in den Bilanznischen konventioneller Banken versteckten. Die Schattenbanken kamen in den verschiedensten Verkleidungen daher: Es handelte sich um private Hypothekenverleiher, Zweckgesellschaften und Refinanzierungsstrukturen, die sich über komplexe Schuldverschreibungen mit kurzen Laufzeiten finanzierten; Investmentbanken, die sich über Übernacht-Repos (Kredite mit 24-stündiger Laufzeit) oder Rückkaufvereinbarungen mit Geld versorgten; Geldmarktfonds, die mit kurzfristigen Anleihen von Anlegern arbeiteten; Hedge-Fonds und Kapitalbeteiligungsgesellschaften; und selbst von staatlichen und kommunalen Stellen herausgegebene Anleihen mit langen Laufzeiten wie Auction Rate Securities und Tender Option Bonds, die in wöchentlichen Auktionen zu variablen Zinssätzen refinanziert werden mussten. Die meisten Angehörigen des Schattenbankwesens hatten eines gemeinsam: die divergierenden Laufzeiten. Sie nahmen kurzfristig Geld auf und legten es in nicht liquiden Anlagen mit langen Laufzeiten an. So sehr sie sich rein äußerlich von George Baileys Kleinstadtbank unterschieden, im Grunde waren sie gegenüber einem Run genauso verwundbar wie diese.

Das wäre nicht weiter problematisch gewesen, wenn diese Schattenbanken wie herkömmliche Kreditinstitute einer staatlichen Aufsicht unterstanden und einen Anspruch auf Kredite der Notenbanken und die Entsprechung einer Einlagensicherung gehabt hätten. Doch das war nicht der Fall. Schlimmer noch, am Vorabend der Krise hatten sich die Schattenbanken zu Rivalen der konventionellen Banken gemausert und bewegten vergleichbare Summen. Kein Wunder, dass das Schattenbankwesen im Zentrum des größten aller Bankenruns der Geschichte stand.

Die Welt schwimmt im Geld

Diese Faktoren – Innovationen auf dem Geldmarkt, das Versagen der Unternehmensaufsicht, leicht verfügbares Geld, das Versagen des Staates und der Aufstieg des Schattenbankwesens – führten gemeinsam die Krise herbei. In vielen dieser Punkte übernahmen die Vereinigten Staaten und andere Staaten der englischsprachigen Welt die Führung. Doch auch der Rest der Welt trug dazu bei, der Krise den Weg zu ebnen, auch wenn dies wohl kaum in seiner Absicht lag.

Alan Greenspan erkannte das Problem als einer der Ersten. Als er in den Jahren zwischen 2004 und 2006 die Leitzinsen von 1 auf 5,25 Prozent anhob, beobachtete er, dass Anleihen mit langen Laufzeiten und festverzinsliche Wertpapiere kaum reagierten. Greenspans verspätete Politik der Geldverknappung griff nicht mehr. Dies hatten die Lehrbücher so nicht vorgesehen. Theoretisch hätten die Zinsen für Anleihen mit langen Laufzeiten dem Leitzins folgen müssen.

Greenspan sprach von einem »Rätsel des Anleihenmarktes«.[31] Dieses Rätsel hatte jedoch eine ganz einfache Erklärung. In einer globalisierten Weltwirtschaft wurden die Zinsen, zu denen die Vereinigten Staaten Geld aufnehmen konnten, zunehmend auf dem Weltmarkt festgelegt.[32] Und dort standen gewaltige Ersparnisse aus Japan, Deutschland, China und einer Reihe von Schwellenländern bereit. Diese Ersparnisse wollten irgendwo angelegt werden. Aus diesem Grund wurden sie am Ende dazu verwendet, die amerikanischen Schulden zu bezahlen. Dank der niedrigen Zinsen auf Staatsanleihen mit kurzen und langen Laufzeiten bevorzugten Anleger verständlicherweise höher verzinste Anlagen. Dazu gehörten unter anderem die Hypotheken von Fannie Mae und Freddie Mac beziehungsweise die hypothekenbesicherten Wertpapiere dieser Institutionen. Diese hatten den Vorteil, mit einer impliziten Bürgschaft des Finanzministeriums der Vereinigten Staaten ausgestattet zu sein.

Doch die ausländischen Investoren hörten an dieser Stelle nicht auf. Die privaten Gläubiger der Vereinigten Staaten – vor allem europäische Privatanleger und Banken – wurden die wichtigsten Kunden der forderungsbesicherten Wertpapiere. Je nach Schätzungen landeten 40 bis 50 Prozent dieser amerikanischen Papiere in den Portfolios ausländischer Investoren. Mit anderen Worten: Die Einnahmen aus Kreditkartenschulden, Verbraucher-, Auto-, und Ausbildungskrediten sowie Hypotheken flossen über den Prozess der Verbriefung in ausländische Portfolios. Dank dieser

Wertpapierkäufe finanzierten die ausländischen Investoren den Kreditrausch hinter der Spekulationsblase.

In welchem Umfang ausländische Investoren den Boom finanzierten, ist bislang unbekannt. Die Antwort ist nicht ganz unwichtig, denn viele Kommentatoren haben die These vom »globalen Sparüberhang« verwendet, um Ländern wie China die Schuld für die Hypothekenkrise in die Schuhe zu schieben. Diese Kritik ist fehl am Platz, denn sie lenkt von den hausgemachten Problemen der Vereinigten Staaten ab. Es ist jedoch unbestreitbar, dass diese Ersparnisse auf der Suche nach einer Anlagemöglichkeit schließlich in den Vereinigten Staaten landeten und es den Amerikanern ermöglichten, zu lange zu weit über ihre Verhältnisse zu leben. Wären die Vereinigten Staaten ein Schwellenland gewesen, und nicht die einzige Supermacht der Welt, dann hätten die Gläubiger ihr Geld längst abgezogen.

Dies geschah jedoch nicht. Stattdessen floss immer neues Geld ins Land, und der Boom wurde von starken globalen Trends getragen. Im Zusammenspiel mit all den anderen Faktoren hinter der Finanzkrise – der Politik des billigen Geldes, den verantwortungslosen Finanzinnovationen auf dem Geldmarkt, den Problemen des Moral Hazard und der Unternehmensaufsicht sowie dem Aufstieg des Schattenbankwesens – bereitete das leicht verfügbare Kapital aus dem Ausland einer Katastrophe von historischen Dimensionen den Weg. Doch keiner dieser Faktoren wäre für sich genommen imstande gewesen, eine Krise auszulösen. Es kam noch ein letzter, entscheidender Faktor hinzu, der das Fass endgültig zum Überlaufen brachte: die zunehmende Abhängigkeit von Schulden und Fremdkapital fast aller Teilnehmer des Finanzsystems.

Die Verlockungen der Hebelung

Erinnern wir uns an Hyman Minskys Taxonomie der Kreditnehmer (siehe Kapitel 2). Auf der konservativen Seite stehen die abgesicherten Finanzierungen, die nicht nur die Zinsen, sondern auch die Tilgung aus ihren laufenden Einnahmen bestreiten können. Riskanter sind die spekulativen Finanzierungen, deren Einnahmen lediglich die Zinsen abdecken und die ihre Kredite ständig refinanzieren müssen. Am gefährlichsten sind die sogenannten Schneeballfinanzierungen, die weder Zinsen noch Tilgung aus ihrem Einkommen finanzieren können und neue Schulden aufnehmen müssen, um zahlungsfähig zu bleiben.

Minsky erkannte eine entscheidende Tatsache: Eine Volkswirtschaft wird umso krisenanfälliger, je mehr Akteure ihre Aktivitäten über Schulden finanzieren. Je größer die Abhängigkeit von Schulden und Fremdkapital, umso instabiler das Finanzsystem.

Der Einsatz von Fremdkapital steigt seit Jahren. Zwischen 1960 und 1974 nahm der Anteil des Fremdkapitals bei amerikanischen Banken um rund 50 Prozent zu.[33] Nach 1980 beschleunigte sich dieser Prozess noch. Statistiken über die Verschuldung der privaten Haushalte, der Finanz- und anderen Unternehmen zeigen, dass 1981 die Schulden des privaten Sektors 123 Prozent des gesamten Bruttoinlandsprodukts betrugen. Bis zum Ende des Jahres 2008 waren sie auf 290 Prozent gestiegen.

Die Schuldenexplosion betraf den gesamten privaten Sektor. Die Unternehmen wirtschafteten noch am klügsten: Der Wert ihrer Gesamtverschuldung stieg von 53 auf 76 Prozent des Bruttoinlandsprodukts. Die privaten Haushalte übten da schon weniger Zurückhaltung: Betrug ihre Verschuldung im Jahr 1981 noch 48 Prozent des Bruttoinlandsprodukts, war sie bis zum Jahr 2007 auf 100 Prozent gestiegen. Oder, anders gesagt, stieg das Verhältnis von Schulden zu verfügbarem Einkommen von 65 auf atemberaubende 135 Prozent. Der größte Anteil stammte aus Immobilienkrediten, denn Hauskäufer erwarben mit immer weniger Eigenkapital immer teurere Eigenheime. Dank der Erfindung von »Huckepack-Krediten« und anderen Konstruktionen konnten Hauskäufer auf dem Höhepunkt des Immobilienbooms ihre Eigenheime sogar ganz ohne jede Eigenbeteiligung erwerben.

So sehr die Verschuldung der privaten Haushalte und der Unternehmen in diesem Zeitraum auch wuchs, das war nichts gegen die Entwicklung auf dem Finanzsektor: Zwischen 1981 und 2008 verfünffachte sich die Verschuldung der Banken von 22 auf 117 Prozent des Bruttoinlandsprodukts. Wird Fremdkapital aufgenommen, um mehr zu investieren, wird das als Hebelung bezeichnet. Wenn beispielsweise eine Investmentbank hypothekenbesicherte Wertpapiere im Wert von 20 Millionen Dollar aufkauft und diesen Kauf mit 1 Million Dollar Eigen- und 19 Millionen Dollar Fremdkapital bestreitet, dann beträgt der Fremdkapitalanteil beziehungsweise die Hebelung 20:1.

Hebelungen kommen in vielen Formen vor.[34] Es gibt einfache Hebelungen, wie die eben beschriebene, aber es gibt auch die sogenannte verschachtelte Hebelung. Im zweiten Fall winken Gewinne (und Verluste), die ein Vielfaches der eigentlichen Anlage betragen können. CDOs werden beispielsweise in unterschiedlichen Tranchen angeboten, und bei Ausfällen werden die riskanteren Tranchen am härtesten getroffen. Für die Besitzer bestimmter Anteile des CDO potenzieren sich die Verluste – ein geringer Ausfall im zugrundeliegenden Portfolio trifft diese Investoren besonders hart. Diese Hebelung ist auf dem Markt nicht zu erkennen, doch im Verlustfall können die Auswirkungen dramatisch sein.

Daneben gibt es die umfassende Hebelung, was bedeutet, dass eine ursprüngliche Kreditaufnahme die Spitze einer riesigen, umgekehrten Schuldenpyramide werden kann. Nehmen wir an, eine gut situierte Privatperson leiht sich 3 Millionen Dollar von einer Bank, nimmt 1 Million Dollar aus ihrem Eigenkapital dazu und legt das Geld in einem Dachfonds an, der in andere Hedgefonds investiert. Zu Beginn beträgt der Hebel 4:1. Nehmen wir weiter an, dass der Fonds diese 4 Millionen Dollar nimmt, weitere 12 Millionen Fremdkapital von einer anderen Bank aufnimmt und das Geld in einen Hedge-Fonds investiert. Wieder beträgt der Hebel nur 4:1, doch aus dem ursprünglichen Einsatz von 4 Millionen sind 16 Millionen geworden. Nehmen wir nun an, der Hedge-Fonds nimmt seinerseits 48 Millionen Dollar, wiederum mit einem Hebel von 4:1, auf und investiert insgesamt 64 Millionen Dollar in eine risikoreiche Tranche eines CDO. Der kleine ursprüngliche Einsatz von 1 Million Dollar ist damit der Ausgangspunkt für eine 64-Millionen-Dollar-Wette geworden.

Das ist in Ordnung, solange der Wert der Anlage gleich bleibt oder besser noch, wenn er steigt. Ganz anders sieht die Sache aus, wenn der Wert fällt. Kehren wir zu dem einfachen Beispiel vom Anfang zurück und gehen davon aus, dass eine Bank einen Fremdkapitalanteil von 20:1 hat. Das Eigenkapital der Bank beträgt 1 Million Dollar. Nehmen wir an, der Wert der Anlage fällt von 20 auf 19 Millionen Dollar, also nur um 5 Prozent. In diesem Fall hat die Bank ihre Investition vollständig verloren, die effektive Rendite ihrer Investition liegt bei minus 100 Prozent. Diese Logik gilt bei jeder Fremdkapitalaufnahme. Beträgt das Verhältnis von Fremd- zu Eigenkapital 100:1, dann löscht selbst ein winziger Preisrückgang von nur 1 Prozent das gesamte Eigenkapital aus.

Aber es könnte noch schlimmer kommen. Es ist durchaus nicht so selten, dass Geldgeber einen konstanten Eigenkapitalanteil verlangen, selbst wenn die mit dem Kredit erworbene Anlage an Wert verliert. Nehmen wir beispielsweise an, ein Hedge-Fonds nimmt 95 Millionen Dollar von einer Investmentbank auf, steuert 5 Millionen Dollar Eigenkapital bei und erwirbt CDOs im Wert von 100 Millionen Dollar. Nehmen wir weiter an, dass der Preis der Anlage auf 95 Millionen Dollar fällt. Damit ist das Eigenkapital des Hedge-Fonds verloren. Das muss kein Problem darstellen, denn der Preis kann wieder auf 100 Millionen Dollar steigen. Doch die Investmentbank könnte nervös werden und in einer sogenannten »Nachschussforderung« verlangen, den ursprünglichen Eigenkapitalanteil wiederherzustellen. Das heißt, dass der Hedge-Fonds ein Zwanzigstel der 95 Millionen Dollar, also 4,75 Millionen Dollar an Eigenkapital nachschießen muss. Ist der Hedge-Fonds in der Lage, das Geld aufzubringen, dann kann das Geschäft immer noch gut gehen. Wenn nicht, muss er die CDOs zu 95 Millionen Dollar verkaufen und hat sein Eigenkapitel verloren.

Das ist an sich auch noch keine Tragödie: Nachschussforderungen werden immer wieder gestellt, und Investoren oder Hedge-Fonds verlieren andauernd ihr Hemd. Es besteht jedoch die Gefahr, dass unser Hedge-Fonds nicht der einzige ist, der neues Kapital aufbringen muss. Was passiert, wenn mehrere Hedge-Fonds und andere Finanzunternehmen gleichzeitig eine Nachschussforderung erhalten? Das könnte eintreten, wenn die Anlage, die alle Beteiligten unter Einsatz von Fremdkapital erwerben, Gegenstand einer Spekulationsblase ist und die Preise in untragbare Höhen gestiegen sind. In der gegenwärtigen Krise waren die Immobilien eine solche Anlage, und zwar nicht nur in Form von Grundstücken und Gebäuden, sondern auch in Form von exotischen Wertpapieren, deren Wert von einer pünktlichen Rückzahlung von Hypotheken abhing.

Wenn der Wert einer Anlage seinen Höhepunkt überschritten hat und fällt – beispielsweise, weil zahlreiche Schrotthypotheken gekündigt werden und die Einnahmen aus dem CDO versiegen –, dann sind die Auswirkungen im gesamten Finanzsystem zu spüren. Plötzlich müssen zahllose Investoren mitansehen, wie der Wert ihrer CDOs von 100 auf 95 Millionen Dollar fällt. Plötzlich erhalten alle Nachschussforderungen und müssen mehr Kapital aufbringen. Einige sind möglicherweise in der Lage, das fehlende Geld aufzutreiben, aber die Mehrzahl ist gezwungen, ihre CDOs zu dem Preis zu verkaufen, den der Markt in diesem Moment bezahlt. Und wenn zu viele Investoren gezwungen sind, ihre CDOs abzustoßen, dann erzielen diese vermutlich nicht mehr 95, sondern vielleicht nur noch 90 oder 85 Millionen Dollar.

In diesem Fall müssen die Anleger noch mehr Anlagen abstoßen, um ihren Nachschussforderungen nachzukommen. Es entsteht ein Dominoeffekt aus Notverkäufen, da zu viele Verkäufer zu wenigen Käufern nachjagen. Schlimmer noch, Kreditgeber könnten nervös werden und bei der Umschuldung einen höheren Eigenkapitalanteil verlangen. Damit schütten sie nur neues Öl ins Feuer, und der Verkaufsdruck steigt. Natürlich können die Kreditnehmer in Reaktion auf die Nachschussforderungen auch andere Anlagen wie Staatsanleihen und andere Wertpapiere verkaufen. Wenn jedoch alle dieselbe Strategie verfolgen, werden auch andere Werte von der Dynamik erfasst, die zunächst nur die CDOs betraf: Zu viele Verkäufer stoßen auf zu wenige Käufer, und die Preise fallen auf breiter Front.

Was beispielsweise als Problem auf dem Immobilienmarkt begann, kann auf diese Weise auch auf andere Märkte übergreifen. Was als Schrottproblem begann, kann plötzlich das Problem aller werden. Kommt Ihnen das irgendwie bekannt vor?

KAPITEL 4
ANARCHIE

Walter Bagehot war in der britischen Finanzwelt des 19. Jahrhunderts ein Gigant. Er gab nicht nur viele Jahre lang die Zeitschrift *Economist* heraus, sondern schrieb auch zahlreiche Artikel und Bücher über Finanzkrisen, darunter sein bekanntestes Buch *Lombard Street*, das im Jahr 1873 erschien.[1] Bagehot klagte, die großen Banken handelten »unklug, wenn sie die Details ihrer Unternehmensführung verbergen und diese Details aus der Risikodiskussion heraushalten«. In Zeiten des Wohlstands sei dies noch vertretbar, doch diese Verschleierungstaktik könne zu einer gefährlichen Hypothek werden. Nehmen wir an, schrieb er, »eine der großen Londoner Banken ist zahlungsunfähig«. Die Folge wäre »ein sofortiges Misstrauen gegenüber dem gesamten System. Wenn eine *terra incognita* Probleme hat, ist jede andere *terra incognita* sofort ebenfalls verdächtig.« Und er schloss: »Mit dem Ruin einer großen Bank geraten alle anderen ebenfalls in Misskredit.«

Wäre Bagehot im Jahr 2007 noch am Leben gewesen, hätte er sofort eine bekannte, beunruhigende Szenerie identifiziert: Citigroup, ein Finanzunternehmen mit tadellosem Ruf und undurchdringlicher Bilanz, geriet aufgrund mysteriöser Geschäfte mit zwielichtigen Zweckgesellschaften und einer erstaunlichen Vielfalt von strukturierten Finanzprodukten ins Trudeln. Eine große Bank war in Schwierigkeiten, doch das Ausmaß des Problems konnte man nicht erkennen. Damit gerieten auch andere

Finanzunternehmen unter Verdacht, und der Markt wurde unruhig.

Die nachfolgenden Ereignisse entwickelten sich genau wie von Bagehot vorhergesehen. Die ersten Bankrotte des Jahres 2007 führten zu einem radikalen Vertrauensverlust, und das nicht nur im Sektor der Schattenbanken, sondern in der gesamten Finanzwelt. In kürzester Zeit brach der ganz normale Interbankenhandel, eine Stütze der Weltfinanz, zusammen. Der Grund lag auf der Hand: Das gesamte Finanzsystem war eine einzige *terra incognita*. Wie ein Ökonom von Lehman Brothers im Spätsommer 2007 meinte: »Wir bewegen uns in einem Minenfeld. Und niemand weiß, wo die Minen sind.«[2]

Diese Lähmung resultierte daraus, dass niemand wusste, welche Banken Zahlungsschwierigkeiten hatten und welche zahlungsunfähig waren. Es war eine Sache, aufgrund des Zusammenbruchs der Märkte Probleme bei der Refinanzierung zu bekommen, aber es war eine ganz andere Sache, bankrott zu sein. In einer Panik sind diese beiden Sachverhalte schwer voneinander zu unterscheiden, und dieser Mangel an Klarheit schürt die Panik nur noch weiter. Wenn es so weit kommt, sind nicht liquide Banken tatsächlich schnell insolvent, da der Wert der Anlagen unter dem Druck der Notverkäufe rasant verfällt.

Nur einer kann Angst und Schrecken effektiv eindämmen: ein letztinstanzlicher Kreditgeber. Bagehot gilt als Erfinder dieser Einrichtung. Er war überzeugt, dass eine Art Überbank, wie sie die Bank von England oder die Federal Reserve darstellen, in die Bresche springen müsse, um die von der Kreditklemme betroffenen Banken zu unterstützen. Diese Überbank müsse ihre Geldreserven bereitstellen, »damit andere ihren Verbindlichkeiten nachkommen können. Sie muss Händlern, Kleinbanken und Privatleuten Geld leihen, wenn diese gute Sicherheiten vorweisen können«. Denn »in Zeiten der Panik werden aus einem Bankrott viele, und die beste Möglichkeit, die nachfolgenden Bankrotte zu vermeiden, besteht darin, den ersten zu verhindern, der die anderen verursacht«. Bagehot hielt allerdings nichts davon, unterschiedslos alle zu retten: Nur zahlungsfähige Einrichtungen sollten Kredite erhalten, und die Zinsen sollten so hoch sein, dass wirklich nur notleidende Institutionen auf sie zurückgriffen. Seine Philosophie wird gern auf das Wesentlich reduziert: »Großzügige Kredite zu hohen Zinsen und gegen gute Sicherheiten.«[3]

Während der dramatischen Ereignisse der Jahre 2007 und 2008 wurde nicht nur Bagehots Diagnose des Problems Wirklichkeit, sondern es kam auch zu einer grundfalschen Umsetzung seiner Lösung. Panik erfasste die Märkte, die Unsicherheit griff um sich, Liquidität verdampfte, und die Notenbanken in aller Welt warfen den großen und kleinen Finanzunternehmen Rettungsringe aller Art zu. Eine Rettungsaktion in einem solchen Maßstab hätte sich Bagehot nie träumen lassen. Es handelte sich um eine Krise wie aus dem Lehrbuch, wenngleich sie schneller und heftiger zuschlug als jede andere vor ihr. Es war eine Panik des 19. Jahrhunderts mit der Geschwindigkeit des 21. Jahrhunderts.

Der Minsky-Moment

Schon im Frühjahr 2006 stand das Finanzsystem mit seiner gewaltigen Abhängigkeit von Fremdkapital und seinem blinden Glauben an immer weiter steigende Preise am Rande eines Zusammenbruchs von historischen Ausmaßen. Finanzunternehmen griffen immer öfter auf die spekulativen und Schneeballfinanzierungen zurück, wie sie Minsky beschrieben hatte. Die Euphorie hatte, ausgehend vom Immobiliensektor, das gesamte Finanzsystem erfasst und förderte weiteres Risikoverhalten. Einige Skeptiker läuteten die Alarmglocken, doch sie wurden überhört. Minsky schrieb über diese Momente des Überschwangs: »Die Kassandra-Rufe, dass sich nichts Grundlegendes verändert hat und dass es so etwas wie eine Belastungsgrenze gibt, an der die Euphorie in eine tiefe Depression umschlägt, werden unter diesen Umständen natürlich nicht mehr wahrgenommen.«[4]

Und so war es auch während dieses Booms. In den Jahren 2006 und 2007 warnte einer der Autoren dieses Buches, Nouriel Roubini, vor dem bevorstehenden Kollaps, genau wie eine Hand voll anderer weitsichtiger Beobachter. Wie von Minsky vorhergesehen, stießen diese Warnungen auf taube Ohren. Auf dem Höhepunkt der Blase haben Zweifler »keine bunten Tabellen, um ihre Prognosen zu beweisen«, so Minsky, weshalb das Establishment »Argumente aus unkonventionellen Theorien, der Geschichte und der wissenschaftlichen Analyse einfach ignoriert«.

Auf dem Höhepunkt des Booms werden die Mahner von Propheten übertönt, die den Anbruch eines neuen Wohlstandszeitalters verkünden. Die Einzelheiten unterscheiden sich je nach Epoche, doch die Sprache bleibt dieselbe.[5] Am 15. Oktober 1929 erklärte der ansonsten sehr fähige Wirtschaftswissenschaftler Irving Fisher, nach einem ersten Kursrückgang befänden sich die Aktienpreise »nun auf einem dauerhaft hohen Niveau«. Im Dezember 2005 verkündete David Lereah, der etwas weniger fähige Sprecher der Nationalen Vereinigung der Immobilienhändler, nach einem ersten Preisrückgang vor der eigentlichen Krise: »Die Preise für Eigenheime steigen von ihrem Gipfel herab, doch sie bleiben auf einem Hochplateau, das noch über allen früheren Gipfeln des Konjunkturzyklus liegt.«

Rückblickend muten Aussagen wie diese merkwürdig an, doch wir sollten uns daran erinnern, dass sich Finanzkrisen selten mit dramatischen Zeichen ankündigen. Die Preise steigen nicht weiter, der Markt stockt, es gibt kleinere beunruhigende Anzeichen. Diese waren im Frühjahr 2006 zu erkennen, als die Baubeginne stagnierten und die Immobilienpreise, die sich im vergangenen Jahrzehnt real verdoppelt hatten, ihren Höhenflug beendeten – aus einem einfachen Grund: Das Angebot an neuen Eigenheimen war größer als die Nachfrage, und ein Zinsanstieg verteuerte die Hypotheken. Die Preise stagnierten.

Wie in jeder Finanzkrise gibt es eine Art »Kanarienvogel im Bergwerk«, eine erste Warnung, dass nicht alles zum Besten steht.

Etwa um diese Zeit machten sich erste Anzeichen dieser Art bemerkbar, als deutlich wurde, dass die in den Jahren 2005 und 2006 ausgegebenen Schrotthypotheken ungewöhnlich hohe Ausfallraten auswiesen. Diese Hypotheken hatten Konditionen wie niedrige Lockzinsen und negative Amortisierung, die eine Refinanzierung zu niedrigen Zinsen erforderten. Doch vor allem bei Hypotheken ohne Eigenbeteiligung stand die Option der Refinanzierung nur offen, solange die Immobilienpreise weiter stiegen. In der Folge nahm die Zahl der Ausfälle zu, und in der Fassade zeigten sich die ersten Risse.[6]

Noch gab es kaum Anzeichen, dass es sich um eine kolossale Finanzkrise handeln könnte. Doch Ende 2006 wurde das Schattenbanksystem zum Zentrum eines Runs in Zeitlupe, den der Kleinstadtbanker George Bailey nur zu gut erkannt hätte. Er begann mit Hunderten nicht regulierten Hypothekenverleihern, die an vorderster Front Subprimehypotheken ausgegeben hatten. Diese Unternehmen waren auf Anleihen mit kurzen Laufzeiten von größeren Banken angewiesen. Doch als sich abzeichnete, dass die Schrotthypotheken immer schneller ausfielen, verweigerten die Banken den Hypothekenverleihern die Umschuldung. Da sie nicht auf Kredite der Notenbank zurückgreifen konnten, mussten diese Unternehmen Konkurs anmelden und wurden damit Opfer eines Runs im Stil des 21. Jahrhunderts.

Der erste Hypothekenverleiher, der Konkurs anmeldete, war ein Unternehmen mit dem unfreiwillig komischen Namen »Merit Financial«, das seinen Mitarbeitern angeblich eine 15-minütige Schulung angedeihen ließ, ehe es sie losschickte, um Kredite an Kunden ohne Einkommen, ohne Arbeit, ohne Sicherheiten und ohne Ausweis zu verkaufen. Merit Financial stand jedoch nicht allein da. Andere Hypothekenverleiher mögen den professionellen Schein besser gewahrt haben, doch ihre Kreditvergabepraxis war nicht weniger zweifelhaft. Ende 2006 hatten die ersten zehn dieser Unternehmen Konkurs angemeldet, und der Strom der Hypotheken durch die Verbriefungspipeline verlangsamte sich. Ende

März 2007 war die Zahl der bankrotten Hypothekenverleiher auf über 50 gestiegen. Am 2. April traf es dann mit New Century Financial den zweitgrößten Hypothekenverleiher der Vereinigten Staaten. Gleichzeitig schlossen Tausende kleine Hypothekenhändler ihre Türen.

An diesem Punkt behaupteten die meisten Beobachter, das Problem beschränke sich auf ein kleines Segment des Finanzsystems. Das passiert häufig, wenn Finanzkrisen Fahrt aufnehmen: Das Problem gilt als »begrenzt«, in diesem Fall auf einige verantwortungslose Hypothekenverleiher und deren Kredite. In einer Kongressanhörung im Mai 2007 saß auch Notenbankchef Ben Bernanke diesem Irrglauben auf. Er räumte zwar ein, dass es zahlreiche Probleme auf dem Subprimemarkt gebe, doch er beschrieb diese Schwierigkeiten als isolierte Krankheitsfälle, nicht als den Anfang einer Epidemie.[7]

Das änderte sich, nachdem die Londoner Markit Group ein Instrument mit dem Namen ABX-Index einführte, das die Belastung des Marktes für Subprimepapiere ermittelte. Der Index maß die Preisentwicklung eines Korbs von Kreditausfallversicherungen, die verwendet wurden, um das Risiko eines Ausfalls von mit minderwertigen Hypotheken besicherten Wertpapieren zu transferieren. Ziel des Index, so ein Unternehmenssprecher, waren »Sichtbarkeit und Transparenz«.[8] Mithilfe des ABX ließ sich die Preisentwicklung für Versicherungen (in Form von Kreditausfallversicherungen) für die verschiedenen, mit BBB- bis AAA- bewerteten Tranchen von MBSs und CDOs ermitteln. Kaum eingerichtet, ging der ABX-Index in freien Fall über. Die schlechtesten Tranchen verloren rapide über 80 Prozent an Wert, und selbst die vermeintlich hochwertigen AAA-Tranchen büßten bis Juli 2007 rund 10 Prozent ihres Wertes ein.

Angesichts dieser Entwicklung konnte es keinen Zweifel mehr geben, dass irgendetwas ganz fürchterlich schief ging. Schlimmer noch, angesichts der ABX-Zahlen sahen sich die Angehörigen des Schattenbankwesens ihre Anlagen an und korrigierten deren Wert.

Forderungsbesicherte Wertpapiere erlitten enorme Verluste, die dafür sorgten, dass bei vielen Finanzunternehmen das Verhältnis von Aktiva zu offenen Verbindlichkeiten in den Keller ging. Angesichts der schwindenden Reserven horteten traditionelle Kreditinstitute ebenso wie Schattenbanken Bargeld, zogen die Zugbrücke hoch und weigerten sich, gegen die täglich fadenscheiniger wirkenden Sicherheiten Geld herauszurücken.

Dies ist ein entscheidender Wendepunkt in jeder Finanzkrise.[9] Früher sprach man von »Misskredit«, einer plötzlichen Risikoscheu und einem Bedürfnis, die Schuldenpyramiden abzutragen, von denen bis kurz davor noch die Gewinne abhingen. Neuerdings spricht man von einem »Minsky-Moment«, und dieser war im Frühjahr 2007 eindeutig erreicht.

Der Zusammenbruch

Hedge-Fonds sehen zwar nicht aus wie Banken, doch sie funktionieren ganz ähnlich. Sie nehmen kurzfristige Einlagen von privaten und institutionellen Anlegern sowie Anleihen mit kurzen Laufzeiten, zum Beispiel Rückkaufvereinbarungen (Repos) von Investmentbanken, auf und legen diese langfristig an. Auf diese Weise investierten beispielsweise zwei der Hedge-Fonds von Bear Stearns Milliarden von kurzfristig geliehenen US-Dollars in nicht liquide Subprime-CDO-Tranchen.

Das Schicksal dieser beiden Hedge-Fonds war ein Vorbote dessen, was Hunderten anderer Hedge-Fonds und dem gesamten Schattenbankwesen bevorstand. Wie die meisten Akteure in diesem System waren auch diese beiden kaum reguliert und finanzierten sich vor allem über Fremdkapital; die riskantesten Anlagen hatten einen Fremdkapitalanteil von 95 Prozent. Als der ABX-Index die wachsende Befürchtung des Marktes widerspiegelte, dass die Subprime-CDOs erheblich an Wert verlieren könnten, erlitten diese beiden Hedge-Fonds gewaltige Verluste.

An diesem Punkt meldeten sich die Banken, die den beiden Fonds Milliarden geliehen hatten, mit Nachschussforderungen und drohten damit, die von diesen hinterlegten Sicherheiten – einige mit AAA bewertete CDO-Tranchen – zu verkaufen. Dies war ein entscheidender Schritt: Bis dahin waren CDOs und andere strukturierte Finanzprodukte kaum am Markt gehandelt worden. Der ABX-Index bot lediglich einen Näherungswert für ihren Preis, er war kein echter Preisindex. Die Manager der Hedge-Fonds wussten, dass diese Wertpapiere niemals ihren Ausgabepreis erzielen würden. Wenn sie sie auf einen verunsicherten Markt geworfen hätten, dann würde sich schnell herausstellen, dass das gesamte Geschäft mit den CDOs nichts anderes war als der berühmte Kaiser ohne Kleider. Also schoss Bear Stearns Geld nach. Doch es war zwecklos: Im Sommer 2007 verlor einer der beiden Fonds 90 Prozent seines Investorenkapitals und der andere sein gesamtes Kapital. Beide Fonds meldeten Ende Juli Konkurs an. Und sie waren nicht einzigen: Ein ähnlicher Hedge-Fonds von UBS ging unter ähnlichen Umständen unter.

Diese frühen Konkurse zeigten, dass auch Hedge-Fonds Opfer eines Runs auf ihre Einlagen werden konnten. Institutionelle Anleger konnten sich weigern, ihre Kredite umzuschulden, und die Fonds in der Folge quasi auf dem Trockenen sitzen lassen. Privatanleger konnten ihr Geld zurückfordern, so wie früher die Sparer von altmodischen Kleinstadtbanken ihre Einlagen verlangten. Das Ergebnis war dasselbe: Die kurzfristige Finanzierung der Hedge-Fonds löste sich in Luft auf und zwang sie, ihre Tore zu schließen.

Der Konkurs dieser drei Hedge-Fonds entsprach in allen Einzelheiten der typischen Geschichte einer Finanzkrise. In den meisten Krisen folgt auf einige spektakuläre Pleiten eine Phase der Unsicherheit, in der die Marktteilnehmer herauszufinden versuchen, ob die Schwierigkeiten, denen die einst gesunden Finanzunternehmen zum Opfer fielen, Teil eines umfassenderen Problems sind. Meist gibt es dieses umfassendere Problem tatsächlich, und diese Krise machte keine Ausnahme. In den beiden Jahren nach dem

Konkurs der drei Hedge-Fonds wurden etwa 500 weitere Hedge-Fonds Opfer eines Runs in Zeitlupe. Der Grund war einfach: Die Gläubiger wussten nicht, inwieweit die jeweiligen Hedge-Fonds in die Subprimekrise verwickelt waren. Angesichts dieser Ungewissheit drehten sie einfach allen gleichermaßen den Geldhahn zu.

Als sich die Panik im Frühjahr und Sommer 2007 ausweitete, begann die Suche nach Giftpapieren, und Investoren versuchten verzweifelt herauszufinden, welche Unternehmen in Subprimegeschäfte verstrickt waren. Bald fiel der Verdacht auf Zweckgesellschaften, die nicht in der Bilanz ausgewiesen werden müssen und während des Verbriefungsbooms von den Investmentbanken geschaffen worden waren. Davon gab es zweierlei: Conduits und strukturierte Investmentvehikel (SIV). Beide hatten während des Verbriefungsbooms im Jahrzehnt davor eine entscheidende Rolle gespielt und hielten zusammen Papiere im Wert von mehr als 800 Milliarden Dollar.

Und so funktionierten sie: Während Investmentbanken Hypotheken und andere Forderungen sammelten, benötigten sie einen Ort, um diese abzulegen. Um sie nicht in ihre Bilanzen aufnehmen zu müssen, wo sie die Bildung von zusätzlichen Rücklagen erforderlich gemacht hätten, lagerten die Banken diese in etwas zweifelhafte Refinanzierungsgesellschaften namens Conduits aus, die nur ein Zehntel der Rücklagen herkömmlicher Banken erforderlich machten. Dort lagerten diese Hypotheken und Forderungen nun und warteten darauf, in hypothekenbesicherte Wertpapiere, CDOs und andere Wertpapiere verwandelt zu werden. Conduits funktionieren nur, solange dieser Prozess kontinuierlich weitergeht, weshalb sie sich an Geldmarktfonds, Pensionskassen und Unternehmen wandten, die ihnen kurzfristig Geld in Form von Schuldverschreibungen liehen.

Das Entscheidende ist wieder, dass es sich hier um Anleihen mit kurzen Laufzeiten handelte, während es bei den Anlagen – den Schrotthypotheken und anderen Forderungen – um nicht liquide, langfristige Instrumente ging. Dieselbe Dynamik wurde am anderen Ende der Verbriefungspipeline wirksam. Nachdem die Investmentbanken diese Wertpapiere geschaffen hatten, ergab sich automatisch ein Engpass, denn es war unmöglich, den leichtgläubigen Investoren die neuen Wertpapiere auf einen Schlag in den Rachen zu schieben. Um diese Papiere also nicht in ihre Bilanzen aufnehmen zu müssen, wo sie Kapitalkosten verursacht hätten, erfanden Investmentbanken eine weitere Zweckgesellschaft mit dem Namen Structured Investment Vehicle, kurz SIV. Der einzige Zweck dieser außerbilanziellen Einrichtung bestand darin, diese Wertpapiere aufzukaufen, und zwar wiederum über Schuldverschreibungen. Das ist ungefähr so, als würde ein Automobilhersteller eine Briefkastenfirma gründen, um seinen Vertragshändlern die nicht verkauften Fahrzeuge abzukaufen.

Citigroup, die über geschätzte sieben verschiedene SIVs Wertpapiere im Wert von 100 Milliarden Dollar hielt, ging als erste in die Knie. So, wie die Probleme eines Hedge-Fonds einen panischen Rückzug aus allen Hedge-Fonds verursacht hatten, lösten Probleme eines der SIVs nun eine allgemeine Flucht aus. Innerhalb von nur vier Wochen zogen Investoren 200 Milliarden aus dem Markt für solche Schuldverschreibungen in sicherere Anlagen ab, und Conduits und SIVs erhielten plötzlich nur noch sehr viel teurere Kredite. Schlimmer noch, viele Gläubiger der Zweckgesellschaften weigerten sich, Geld zu leihen, egal zu welchen Bedingungen, und sorgten dafür, dass sie in ihrer bestehenden Form nicht weiter existieren konnten.

Als die Lage außer Kontrolle geriet, kamen die Investmentbanken, die diese Zweckgesellschaften gegründet hatten, selbst in Schwierigkeiten. Um Investoren anzulocken, hatten viele von ihnen zugesagt, im Falle einer Krise mit der eigenen Liquidität einzuspringen, und sogar bestimmte Zinsen und Preise garantiert. Damit mussten diese Banken für die Verluste geradestehen. So sehr sie sich auch wehrten, sie waren gezwungen, die Zweckgesellschaften in ihre Bilanzen aufzunehmen, und erlitten dadurch massive Verluste.

Dies war nur der Vorbote weiterer Probleme. Ab August 2007 wurde der Finanzmarkt von einem sehr viel heftigeren Schock erfasst, nämlich einer ausgewachsenen Liquiditäts- und Kreditklemme, die im Konkurs von Lehman Brothers gipfelte und das Weltfinanzsystem an den Rand des Kollaps führte. Die verbleibenden Säulen des Schattenfinanzwesens brachen zusammen, und selbst die konventionellen Banken wankten. Doch die Krise stand noch immer erst am Anfang.

Die Furcht vor der Ungewissheit

In seinem Buch *Risk, Uncertainty and Profit* aus dem Jahr 1921 legt der querdenkerische Wirtschaftswissenschaftler Frank H. Knight seine inzwischen berühmte Unterscheidung zwischen Risiko und Ungewissheit dar.[10] Risiko lässt sich laut Knight von den Finanzmärkten einpreisen, weil es auf Ereignissen beruht, denen Investoren bestimmte Wahrscheinlichkeiten zuweisen und diese mit einem Preis versehen können. Ungewissheit lässt sich dagegen nicht in den Preis einkalkulieren, da sie auf Ereignissen, Bedingungen und Möglichkeiten beruht, die sich weder vorhersehen noch messen oder in einem Modell abbilden lassen.

Um diese Unterscheidung besser zu verstehen, stellen wir uns zwei Männer vor, die Russisches Roulette spielen. Sie nehmen einen gewöhnlichen sechsschüssigen Revolver, legen eine Patrone ein und drehen die Trommel. Wer als Erster abdrückt, bläst sich mit einer Wahrscheinlichkeit von 1 zu 6 das Gehirn aus dem Kopf. Das ist Risiko. Man mag die beiden Männer für Spinner halten, doch sie wissen immerhin genau, wie ihre Chancen stehen. Stellen wir uns nun vor, die beiden bekommen eine unbekannte Waffe, die ihnen jemand anders vorbereitet hat. Die Waffe könnte eine Patrone in der Trommel haben oder sechs. Sie könnte auch gar nicht geladen sein. Vielleicht ist es auch eine Spielzeugpistole, oder die Patronen enthalten kein Projektil. Die

Wahrscheinlichkeit, mit der sie sterben werden, ist unmöglich zu quantifizieren.

Diese Unterscheidung zwischen Risiko und Ungewissheit bietet eine Erklärung für das, was sich ab dem Spätsommer 2007 auf den Finanzmärkten abspielte. Vor der Krise ließ sich das Risiko auf die Ratings reduzieren, mit denen die verschiedenen Wertpapiere eingestuft worden waren: Einige waren riskanter als andere, aber die Risiken ließen sich genau beziffern – so schien es zumindest damals. Als der Immobilienmarkt nachgab, wurde der Wert der Papiere jedoch plötzlich ungewiss, und das Finanzsystem schien nicht mehr verständlich, geschweige denn berechenbar. Es waren schon schlimme Dinge passiert, doch die nahmen sich noch bescheiden aus gegenüber der Angst vor dem, was als nächstes passieren konnte. Ein Journalist der *Financial Times* sagte im August in einem Radiointerview: »Das Schlimme sind nicht die Leichen, die oben auf dem Wasser treiben, sondern die unsichtbaren Leichen unter der Oberfläche, die unerwartet auftauchen könnten. Niemand weiß, wo sie lauern.«

Im Spätsommer 2007 wurde deutlich, dass die Bilanzen zahlreicher Finanzunternehmen unangenehme Überraschungen bereithielten: Eine Hand voll Hedge-Fonds, Banken, Conduits, SIVs und anderen waren gezwungen, »Leichen« in Form einer verwirrenden Vielfalt von Giftpapieren preiszugeben. Aber wo lagen weitere? Wie viele gab es? Das wusste niemand – es herrschte Ungewissheit. Die Schätzungen der Verluste aus den Subprimegeschäften rangierten zwischen 50 und 500 Milliarden US-Dollar und mehr.

Diese Entwicklung ließ sich nicht mehr mit herkömmlichen Risikoerwartungen vereinbaren. Als zwei Hedge-Fonds von Goldman Sachs im Spätsommer 2007 mehr als ein Drittel an Wert verloren, versuchte das Unternehmen die Investoren zu beruhigen, indem es behauptete, der Verlust belaufe sich auf 25 Standardabweichungen.[11] Mit anderen Worten, ein Ereignis wie dieses käme nur einmal alle Million Jahre vor. In Wirklichkeit waren die Modelle zur Risikoabschätzung fehlerhaft gewesen und von absurden

Annahmen ausgegangen (Immobilienpreise gehen nur in eine Richtung: nach oben!); dabei stützten sie sich auf Daten, die nur wenige Jahre zurückreichten.

Ein Blick in die Geschichtsbücher hätte die Beobachter auf die nun folgenden Ereignisse vorbereiten können. Ungewissheit griff um sich, das Misstrauen wuchs, und bewährte Vertrauensbeziehungen zerbrachen. Bagehot hatte diese Dynamik schon im Jahr 1873 beobachtet und geschrieben: »Mit jedem Tag, an dem die Panik wächst, wird das Misstrauen größer und diffuser; es erfasst immer mehr Menschen und wird immer heftiger.«[12] Dies führt schließlich zu einem Infarkt des Geldmarktes, auf dem Banken überschüssiges Geld leihen und verleihen. In Bagehots Zeiten war das Herz des weltweiten Geldmarktes die Londoner Lombard Street, wo die größten Banken Englands ihren Hauptsitz hatten.

Der Infarkt des Jahres 2007 ereignete sich dagegen in einem amorphen, weit gespannten Netzwerk der internationalen Finanzwelt und erfasste nicht nur London, sondern auch New York, Tokio und eine Reihe anderer Finanzzentren. Es handelte sich um den Interbankenhandel, über den Banken und andere Finanzunternehmen einander Geld leihen. Ort des Geschehens war der Cyberspace, doch in Erinnerung an die anhaltende Bedeutung des Finanzplatzes London heißt der wichtigste Zinssatz dieses Marktes London Interbank Offered Rate, kurz LIBOR.

In der Regel liegt der Tagessatz des LIBOR nur wenige Basispunkte über dem Tagessatz der Notenbanken in aller Welt. Der Grund ist einfach: Das Risiko des Geldverleihs zwischen etablierten Banken ist kaum höher als der risikolose Geldverleih der Notenbanken. Zinsen für längere Interbankanleihen weichen kaum von den als absolut sicher geltenden Staatsanleihen mit gleicher Laufzeit ab.

Im August und September 2007 machte sich zunehmend Unruhe breit. Die Subprimekrise war in vollem Gange, eine immer größere Zahl von Hypotheken fiel aus oder wurde vorzeitig gekündigt. Die Verbriefung stockte, da die Ratingagenturen inzwischen die Hypothekenverleiher und eine Reihe von Zweckgesellschaften herabgestuft hatten. Gleichzeitig gab der ABX-Index den Vertrauensverlust in den Wert verschiedener CDO-Tranchen wieder, und der Markt für kurzfristige Schuldverschreibungen versiegte. Andere ominöse Vorzeichen wurden erkennbar: Die Aktienmärkte verzeichneten erhebliche Kursschwankungen, und Hedge-Fonds, die ihre Investitionen mit komplexen mathematischen Strategien steuerten, erlitten immense Verluste. Immer mehr Verleiher von Subprimehypotheken meldeten Konkurs an, darunter auch der Hypothekenriese American Home Mortgage. Die Rentenaufschläge für Unternehmen schwollen kräftig an. Ein Run auf Geldmarktfonds von BNP Paribas verstärkte das Gefühl, das irgendetwas ganz furchtbar schief ging. Ebenso beunruhigend waren die Schwierigkeiten im sogenannten »Carry Trade«, über den Investoren Währungen mit günstigen Zinsen aufnahmen und in Währungen mit hohen Zinsen investierten. Die Krise war nicht mehr einzudämmen, sondern weitete sich auf neue und gefährliche Gebiete aus.

In der Folge wurde der Interbankenhandel im August eng und der Spread zwischen dem LIBOR und den Leitzinsen der europäischen Notenbanken immer größer – von zehn auf rund 70 Basispunkte. Das war ungewöhnlich und deutete an, dass der Interbankenhandel weitgehend zum Erliegen gekommen war. Banken, die zuvor auf Vertrauensbasis miteinander gehandelt hatten, beäugten einander nun misstrauisch, aus Furcht vor den möglichen »Leichen« in der Bilanz des jeweils anderen. Alle europäischen und US-amerikanischen Banken wollten Geld aufnehmen, aber keine wollte es verleihen, es sei denn zu ungewöhnlich hohen Zinsen.

Wie vorherzusehen war, sprangen die Notenbanken ein, oder sie versuchten es zumindest. Am 9. August stellte die Europäische Zentralbank 50 Banken Kredite von insgesamt 94,8 Milliarden Euro zur Verfügung, und am folgenden Tag legte sie noch einmal 61 Milliarden nach.[13] Auch die amerikanische Federal Reserve schloss sich der Feuerwehr an und verlieh innerhalb von zwei Tagen rund 60 Milliarden Dollar. Dank dieser Geldspritzen schloss sich der LIBOR-Spread im Frühherbst wieder. Doch als im November und Dezember die Verluste der Banken größer wurden, stieg der LIBOR-Satz erneut, die Aktienkurse fielen, und die Panik verbreitete sich weiter. Die amerikanische Notenbank hatte ihre Leitzinsen im Herbst bereits um 100 Basispunkte gesenkt, doch die Maßnahme hatte keine Wirkung gezeigt. Sie erleichterte die Kreditvergabe über ihr Diskontfenster, doch dem haftete ein Stigma an. Wer sich mit der Bitte um Kredit an die Notenbank wandte, konnte als schwach und gefährdet gelten.

Die Ereignisse im Herbst 2007 folgten einem vertrauten Muster. Einerseits gab es immer mehr Hinweise darauf, dass die Situation ernst war und sich mit jedem Tag verschlechterte. Dabei handelte es sich nicht nur um Gerüchte oder Vermutungen, es gab ausreichend handfeste Beweise. Der ABX-Index zeigte, dass die CDOs rapide an Wert verloren und dass selbst die mit AAA zertifizierten Super-Senior-Tranchen täglich weiter abrutschten. Gleichzeitig begannen Ratingagenturen mit der Herabstufung zahlreicher Wertpapiere, um die Nachlässigkeit der Vorjahre wettzumachen. Der Handel mit forderungsbesicherten Wertpapieren war fast vollständig zum Erliegen gekommen. Niemand interessierte sich mehr für Hypotheken und andere Forderungen, auf denen das Gebäude der strukturierten Finanzprodukte errichtet worden war.

Ende 2007 herrschte weitreichende Unsicherheit über die Verteilung des Problems. Welche Banken hatten noch Leichen im Keller, die nicht in der Bilanz auftauchten? Welcher Hedge-Fonds hatte unsinnige Wetten abgeschlossen? Wer hatte in Schrott-CDOs investiert? Leider konnten diese Fragen kaum beantwortet werden. Das Finanzsystem war außerordentlich undurchsichtig, da viele Aktivitäten, wie etwa die Kreditausfallversicherungen, keinerlei Aufsicht unterstanden. Es glich zunehmend einem riesigen Minenfeld. Einige Minen waren explodiert, doch die meisten warteten nur darauf, hochzugehen.

Nicht liquid und nicht solvent

Als die Bank von England im Spätsommer 2007 der ersten britischen Bank beispringen musste, fand ihr Direktor Mervyn King keine freundlichen Worte für zahlungsunfähige Geldinstitute, die ihn um Unterstützung baten. »Wir werden mit Sicherheit nichts unternehmen, um Banken vor den Folgen ihrer unklugen Kreditentscheidungen zu schützen«, verkündete er.[14]

Die Botschaft war klar: Wenn die Zentralbank ihrer Aufgabe als letztinstanzlicher Kreditgeber nachkam, dann wollte sie nur denen helfen, die es auch verdient hatten. Bagehot hätte ihm zugestimmt, denn er vertrat die Ansicht: »Jede Unterstützung für eine bestehende faule Bank ist der beste Weg, eine künftige gute Bank zu verhindern«.[15]

Damals wie heute besteht jedoch die große Schwierigkeit darin, zwischen den nicht liquiden (also den »guten«) und den nicht solventen (den »faulen«) Banken zu unterscheiden. Anders gesagt besteht die Herausforderung darin, zu erkennen, welche Bank mehr Vermögenswerte als Verbindlichkeiten hat – auch wenn sich diese Vermögenswerte nicht ohne weiteres zu Geld machen lassen – und welche Bank mehr Verbindlichkeiten als Vermögenswerte hat und daher ihr Kapital verlieren und in Zahlungsunfähigkeit geraten wird.

Die allergrößte Herausforderung besteht darin, diese Unterscheidung inmitten einer Panik auf dem Finanzmarkt zu treffen, in einer Phase also, in der Finanzunternehmen je nach den Kursschwankungen ihrer Aktiva rasch von einem Zustand in den anderen wechseln können. In der gegenwärtigen Krise erwies sich die Bewertung als besonders kompliziert. Nehmen wir als Beispiel nur die CDOs im Besitz der Banken und anderer Geldinstitute. In den ersten Monaten der Krise schien der ABX-Index anzuzeigen, dass die CDOs nachgaben. Doch der Index registrierte nicht den tatsächlichen Marktwert der Papiere, sondern lediglich die Kosten der Versicherung, mit der diese gegen künftige Ausfälle versichert wurden. Zunächst argumentierten die Banken zu Recht, dass die implizierten Verluste rein theoretischer Natur waren: Die tatsächlichen Ausfallquoten der Hypotheken hatten das Niveau, das der Index anzuzeigen schien, noch gar nicht erreicht.

Der Gedanke dahinter war, dass der Markt von einer irrationalen Panik beherrscht wurde. Ob es sich um implizite Verluste handelte, wie sie der ABX-Index anzeigte, oder um reale Kursrückgänge von Anlagen wie Aktien: Die Banken schoben die Schuld allein auf die Anlegerpsyche. Sobald die Investoren wieder vernünftig wurden, dachte man, würden die Preise schon wieder zu ihrem ursprünglichen Niveau zurückkehren. Die Märkte würden wieder flüssiger werden, und die Gefahr der Zahlungsunfähigkeit wäre gebannt. Soweit zumindest die Theorie.

Diese Vorstellung erscheint jedoch naiv. Die Krise war nie nur ein Resultat der fehlenden Liquidität, es gab auch zahlreiche Insolvenzen. Das wurde deutlich, als das Unvorstellbare geschah: Die Ausfallquoten und Kündigungen der Hypotheken explodierten, und die Einnahmen aus diesen Anlagen versiegten. Aus hypothetischen Verlusten der AAA-Tranchen wurden reale Verluste, und diese Anlagen verloren an Wert. Auch andere Anlagen wie mit Unternehmenskrediten besicherte Wertpapiere sowie Unternehmensanleihen und Kommunalobligationen verzeichneten Kurseinbrüche.

Selbst gewöhnliche Anleihen verloren an Wert. Viele Banken hatten private und kommerzielle Hypotheken, Kreditkartenportfolios, Autokredite, Ausbildungskredite und andere Verbraucherkredite in ihren Büchern. Sie hatten Kredite an Industrie und Handel vergeben oder Unternehmensübernahmen finanziert, und als die Wirtschaft der Vereinigten Staaten Ende 2007 in eine Rezession überging, verloren auch diese an Wert.

Diese Entwicklungen machten deutlich, wie anfällig Banken waren. Während die Preise ihrer Aktiva fielen, konnten selbst renommierte Geldinstitute zusehen, wie sich ihre Positionen verschlechterten und sie an den Rand der Insolvenz gerieten. Natürlich konnte dies auch auf andere Weise geschehen: Sie konnten beispielsweise zusammenbrechen, wenn ein Run auf ihre Anlagen einsetzte. Dafür waren vor allem die Schattenbanken anfällig, deren Anleger nicht von der Einlagensicherung geschützt waren. Konventionelle Banken waren in dieser Hinsicht nicht gefährdet – so dachte man zumindest.

Doch als der Run auf die Schattenbanken an Fahrt gewann, setzte auch erstmals seit den dreißiger Jahren ein Ansturm auf gewöhnliche Banken ein. Das erste Opfer war die Bankensparte von Countrywide Financial, des größten Hypothekenverleihers der Vereinigten Staaten. Das Unternehmen, das von Angelo Mozilo gegründet worden war, stand im Zentrum der Subprimekrise. Als sich die Situation zuspitzte, wurden Zweifel an der Gesundheit des gesamten Unternehmens laut und erfassten schließlich auch Countrywide Bank. Im August 2007 stürmten die Sparer die Filialen von Countrywide und verlangten ihr Geld. Bilder wie diese hatte man seit Jahrzehnten nicht mehr gesehen. Ein Rentner, der in einer Schlange vor einer Filiale wartete, brachte die Stimmung auf den Punkt, als er einem Reporter sagte: »Ich bin in einem Alter, in dem ich mir kein Risiko mehr erlauben kann. Ich bringe das Geld gern wieder zurück, wenn der Sturm vorbei ist.«[16]

Sätze wie diese kannte man aus Finanzpaniken zu Bagehots Zeiten, doch es war bemerkenswert, solche Aussagen im 21. Jahrhundert zu hören. Noch erstaunlicher war, dass die Runs auch auf das Ausland übergriffen. Einen Monat später erlitt die britische Hypothekenbank Northern Rock ein ähnliches Schicksal. Wie im Fall von Countrywide stammte der größte Teil der Aktiva von Northern Rock nicht aus privaten Spareinlagen. Doch das hinderte die Sparer nicht daran, Mitte September im Blitzlichtgewitter der internationalen Medien vor den Filialen im ganzen Land Schlange zu stehen. Die Bank von England schritt ein und bot Finanzierungshilfen an, doch der Run riss nicht ab. »Ich nehme nicht an, dass die Bank pleite geht, aber ich habe einfach nicht die Nerven«, erklärte ein Kunde. »Ich hebe das Geld ab, um ruhig schlafen zu können.«[17]

Währenddessen wurden Ängste laut, dass auch auf andere regulierte Banken, die von der Einlagensicherung gedeckt wurden, ein Run einsetzen könnte und sie dadurch zahlungsunfähig werden könnten. So irrational der Run schien, die Einlagenkunden hatten allen Grund, sich Sorgen zu machen. Die beiden betroffenen Banken bürgten nur für einen Teil der Einlagen, nämlich für maximal 100 000 Dollar im Falle von Countrywide und 30 000 Pfund im Falle von Northern Rock. Viele Sparer hatten erheblich größere Beträge angelegt und würden im Falle einer Insolvenz ihre Ersparnisse verlieren, egal ob die Notenbank mit Krediten einsprang oder nicht. In den Vereinigten Staaten waren 2007 sogar rund 40 Prozent aller konventionellen Spareinlagen nicht versichert. Der Run war also durchaus vernünftig.

Countrywide und Northern Rock machten deutlich, wie schwierig es war, nur die »guten« Banken zu unterstützen. Beide Banken waren entweder zahlungsunfähig oder auf dem besten Wege dorthin und hätten nach der gängigen Praxis weder neue Geldmittel noch eine zusätzliche Versicherung ihrer Einlagen verdient gehabt. In der Theorie klingt das gut und richtig. In einer Krise, in der Kunden ihre Banken stürmen und das Finanzsystem wankt, ist diese Linie jedoch kaum durchzuhalten. Mervyn King, der Direktor der Bank von England, befand sich in keiner besonders angenehmen Position: Einen Monat nachdem er den Markt belehrt hatte, er werde faulen Banken nicht unter die Arme greifen, machte er eine 180-Grad-Wende und bot den belagerten Banken zusätzliche Kredite an. Kurze Zeit später wurde die Bürgschaft auf sämtliche britischen Banken ausgeweitet. Viele Länder folgten diesem Beispiel oder hoben zumindest die Obergrenze der versicherten Einlagen an.

Diese staatlichen Eingriffe waren erst der Anfang. Im Winter 2007/2008 sah es zwar einen Moment lang so aus, als sei die Krise gebannt und als beruhigten sich die Märkte wieder. Doch wie jeder weiß, der sich mit der Krisenwirtschaft beschäftigt, war dies eine Illusion. Die meisten Krisen flauen ab, ehe sie erneut zuschlagen, und oft geht dem eigentlichen Sturm eine Phase der Ruhe voran.

Im Auge des Wirbelsturms

Im Mai 1930 verkündete der amerikanischen Präsident Herbert Hoover voller Zuversicht: »Wir haben einen der großen wirtschaftlichen Stürme erlebt, die regelmäßig Not und Leid über unser Volk bringen. ... Ich bin überzeugt, dass wir das Schlimmste hinter uns haben. Mit weiteren gemeinsamen Anstrengungen werden wir uns schnell erholen. Banken und Industrie haben keine bedeuteten Ausfälle zu verzeichnen. Auch diese Gefahr ist gebannt.«[18] Fast auf den Tag genau 78 Jahre später erklärte der damalige amerikanische Finanzminister Henry Paulson optimistisch: »Wir haben das Schlimmste hinter uns.« Und eine Woche später fügte er hinzu: »Wir sind dem Ende der Turbulenzen näher als ihrem Anfang.«[19]

Hoover und Paulson machten den klassischen Fehler, das Auge des Sturms für sein Ende zu halten. Sie waren nicht die einzigen Wirtschaftsweisen, die inmitten eines Zusammenbruchs derartige Einschätzungen abgaben. Jede Krise hat ihre Optimisten, die irgendwann verkünden, das Schlimmste sei überstanden. Interessanterweise ist dieser Optimismus echt und kein Versuch, die Märkte gesundzubeten. Sie spiegeln den ehrlichen Glauben wider, der Sturm sei vorübergezogen.

Leider haben Krisen die Angewohnheit, an Stärke zu- und abzunehmen – es kommt selten vor, dass sie nur einmal zuschlagen und sich dann wieder legen. Sie haben eine gewisse Ähnlichkeit mit Wirbelstürmen, die sich allmählich aufbauen, sich dann wieder abschwächen, nur um dann erneut an Kraft zu gewinnen und zerstörerischer zu werden als je zuvor. Das verdeutlicht, dass die Schwächen, die vor jeder großen Krise entstehen, umfassend und strukturell sind. Sie lassen sich nicht mit der Rettung oder dem Konkurs einer einzigen Bank oder selbst dem Zusammenbruch eines ganzen Finanzmarktsegments beheben.

Viele Krisen folgen diesem Muster. Die britische Krise des Jahres 1847 brach in zwei unterschiedlichen Etappen im April und Oktober aus.[20] Die Krise des Jahres 1873 war noch komplizierter: Sie begann im April in Wien und legte sich wieder, nur um dann im September in den Vereinigten Staaten zuzuschlagen und im November ganz Europa lahmzulegen. Die komplexeste Krise war die Weltwirtschaftskrise der 1930er Jahre, die mit einem Börsencrash an der Wall Street begann; auf Runs folgten immer wieder Phasen relativer Ruhe, während im Laufe der folgenden drei Jahre zu unterschiedlichen Zeiten verschiedene Finanzzentren in aller Welt von der Panik erfasst wurden.

Im Winter 2007/2008 schienen sich die Märkte ein wenig zu beruhigen. Das war überraschend, denn im Spätherbst hatte das Kapital der Geldinstitute durch Abschreibungen und Verluste neue und gefährliche Tiefststände erreicht. Viele Banken zogen die Zugbrücken hoch, vergaben weniger Kredite und reduzierten die Bedrohung durch riskante Anlagen. Doch der Wert der Anlagen sank weiter, und die Verbindlichkeiten nahmen zu. Aufsichtsbehörden in den Vereinigten Staaten und Europa legten den Banken nahe, ihr Kapital aufzustocken, um ihre Bilanzen zu stützen.

Da jedoch sämtliche Finanzunternehmen in demselben Boot saßen, gab es kaum Kapitalgeber, an die sie sich wenden konnten. Also gingen sie bei den Staatsfonds im Nahen Osten und Asien hausieren. Da es politisch undenkbar war, dass Investoren aus Saudi-Arabien oder China amerikanische und europäische Banken kontrollierten, rekapitalisierten sich die Banken vor allem über Vorzugsaktien. Damit erhielten die Staatsfonds nur einen Minderheitenanteil, keinen Sitz im Aufsichtsrat und keine Stimmrechte.

Citigroup erhielt 7,5 Milliarden US-Dollar von einem Fonds in Abu Dhabi, UBS 11 Milliarden aus dem Staatsfonds von Singapur und von einer privaten Investorengruppe aus dem Nahen Osten, der singapurische Staatsfonds steckte 5 Milliarden in Merrill Lynch, und der chinesische Staatsfonds investierte weitere 5 Milliarden in Morgan Stanley. Daneben pumpten private Fonds aus den Vereinigten Staaten 3 Milliarden US-Dollar in Washington Mutual und 7 Milliarden in Wachovia.

Diese Geldspritzen und verschiedene Maßnahmen der Notenbanken vermittelten die Illusion, dass sich die Lage stabilisierte. Im Dezember vergaben die Federal Reserve und andere Zentralbanken Kredite mit langen Laufzeiten an die Banken. Die Term Auction Facility (TAF), die von der Europäischen Zentralbank und der Bank von England ins Leben gerufen wurde, sollte den Interbankenhandel wieder ankurbeln, indem sie den Banken langfristige Gelder zur Verfügung stellte. Zu diesem Zeitpunkt waren Interbankkredite mit ein-, drei- oder sechsmonatiger Laufzeit so gut wie versiegt, und der Spread zwischen dem LIBOR und den Leitzinsen der Notenbanken war in beispiellose Höhen geschnellt.

Die TAF nahm zunächst erfolgreich den Druck aus dem Interbankenhandel. Ein Maß dieses Drucks – der sogenannte LIBOR-OIS-Spread – fiel von 110 auf unter 50 Basispunkte.[21] Damit schien die Wirtschaft wieder ein wenig Luft zu bekommen, und die Hoffnung keimte auf, dass das Schlimmste tatsächlich vorüber war. »Ich sehe die Wirtschaft optimistisch«, erklärte US-Präsident George W. Bush auf einer Pressekonferenz am 8. Januar 2008. »Mir gefällt das Fundament. Es ist stark.« Er räumte ein, dass es am Horizont einige Wolken gab, doch er äußerte sich zuversichtlich: »Wir müssen uns durch diese Phase durcharbeiten. Der Unternehmergeist ist stark.«[22]

In Wirklichkeit befand sich die amerikanische Wirtschaft seit dem Vormonat offiziell in einer Rezession, und das gesamte Finanzsystem stand am Rande des Zusammenbruchs. Die Krise sollte in Kürze eine gefährliche und dramatische Wende nehmen. Wie Hoovers Erleichterung darüber, dass es im Frühjahr 1930 keine »bedeutenden Ausfälle« gegeben habe, war Bushs Überzeugung, dass sich die Lage stabilisiert hätte, ein Ausdruck außerordentlicher Selbstzufriedenheit. Die Dämme standen kurz vor dem Durchbruch.

Die Abrechnung

Wie die gegenwärtige Krise war auch die des Jahres 1825 die Konsequenz einer Spekulationsblase mit katastrophalen Auswirkungen. Nach dem Bankrott einer einzigen Bank im Herbst des Jahres nahmen die Dinge ihren Lauf und gipfelten schließlich in einem massiven Ansturm auf sämtliche Geldinstitute. Zunächst weigerte sich die Bank von England einzuschreiten. Doch als die Krise immer mehr außer Kontrolle geriet, wurde der Druck auf die Regierung größer, etwas zu unternehmen. Im Dezember 1825 änderte die Bank von England ihren Kurs und verlieh auf neue und unkonventionelle Weise Geld. Sie machte sich zum letztinstanzlichen Kreditgeber für fast sämtliche Akteure des Finanzsystems – mit spektakulärem Erfolg, wie sich Bagehot erinnerte: »Ein oder zwei Tage nach diesem Verfahren endete die Panik, und die City von London war ruhig.«

Diese Geschichte – eine Zentralbank, die extreme und beispiellose Maßnahmen ergreift, um einer Panik Einhalt zu gebieten – wiederholte sich seither immer wieder. Das Jahr 2008 stellte keine Ausnahme dar. Diesmal waren die Notenbanken jedoch nicht in der Lage, die Situation sofort unter Kontrolle zu bringen. Einer der Gründe war, dass die Notenbanken Neuland betraten: Die Dimension des Zusammenbruchs machte die herkömmlichen Instrumente wirkungslos. Schlimmer noch, viele der am stärksten betroffenen Geldinstitute – Investmentbanken und andere Angehörige des Schattenfinanzsystems – wurden von den Rettungsmaßnahmen, die den Notenbanken früher so gute Dienste geleistet hatten, gar nicht erreicht. Mitten in der Krise mussten die Notenbanken improvisieren, fast wie ihre Vorgänger zwei Jahrhunderte zuvor.

Im Frühjahr 2008 nahm der Handlungsdruck zu. Zu diesem Zeitpunkt war die Verbriefungspipeline fast zum Erliegen gekommen, und zwar nicht nur für Hypotheken, sondern auch für Kreditkartenschulden, Autokredite und alle anderen Verbraucherkredite. Auch die Verbriefung von Unternehmenskrediten in sogenannte CLOs war ein Opfer der geschwundenen Nachfrage und der zunehmenden Risikoscheu geworden. Mit dem Zusammenbruch der Kreditmärkte blieben Geschäfts- und Investmentbanken auf ihren Krediten sitzen und waren nicht mehr in der Lage, sie in Form von forderungsbesicherten Wertpapieren weiterzuverkaufen. Außerdem saßen sie auf Krediten im Wert von 300 Milliarden US-Dollar von Kapitalbeteiligungsgesellschaften und mussten feststellen, dass sie ihre Forderungen in einem extrem illiquiden Markt nur noch mit hohen Verlusten verkaufen konnten.[23]

Gleichzeitig verlor eine ganze Reihe von Anlageformen rasant an Wert. Der Aktienmarkt setzte seine Talfahrt fort, und Banken mussten weitere Abschreibungen und Verluste hinnehmen, da verschiedene strukturierte Finanzprodukte von den Ratingagenturen herabgestuft wurden und an Wert einbüßten. Selbst AAA-Tranchen von CDOs wurden abgestuft und verbilligten sich um 10 Prozent und mehr. Geschäfts- und Investmentbanken konnten zwar mithilfe verschiedener Tricks ihre zunehmenden Verluste kaschieren, doch strukturierte Finanzprodukte wie CDOs mussten zum gängigen Marktpreis bewertet werden.

Unter dem Strich führten diese Einbrüche – bei exotischen wie konventionellen Anlagen – dazu, dass Banken Abschreibungen auf ihre Anlageportfolios vornehmen mussten. Im März 2008 kündigten Banken in aller Welt Wertminderungen von über 260 Milliarden Dollar an. Die Citigroup allein schrieb 40 Milliarden Dollar ab und bei anderen Großbanken sahen die Zahlen ähnlich aus. Viele der Institute, die ihre Verluste damals öffentlich machten, waren zu diesem Zeitpunkt möglicherweise noch nicht insolvent, doch ihre Tage waren gezählt. Zwei Unternehmen, deren Probleme in den kommenden Monaten die Schlagzeilen beherrschen sollten, waren AIG und Wachovia. Sie verbuchten Wertminderungen in Höhe von 30 beziehungsweise 47 Milliarden Dollar.

Für Geschäftsbanken war dies schon schlimm genug, doch am schwersten traf es die Investmentbanken. Einige, die an Geschäftsbanken angeschlossen waren – beispielsweise die Investmentsparten von Citigroup, JP Morgan Chase und der Bank of America –, konnten sich auf die Unterstützung ihrer Muttergesellschaften verlassen. Doch unabhängige Investmentbanken wie Lehman

Brothers, Merrill Lynch, Morgan Stanley, Goldman Sachs oder Bear Stearns standen allein da. Wie andere Banken hatten sie kurzfristig Geld aufgenommen, um langfristige Aktiva zu finanzieren, doch sie hatten keinen Anspruch auf Kredite der Notenbank, und wenn es zu Problemen kam, waren die Einlagen ihrer Investoren nicht versichert. Schlimmer noch, da sie weniger stark reguliert waren, arbeiteten sie in der Regel mit einem höheren Fremdkapitalanteil. Außerdem waren sie auf kurzfristige Finanzierung über den Repo-Markt angewiesen.

Keiner der unabhängigen Wertpapierhändler überlebte das Jahr 2008. Das erste Opfer war Bear Stearns im März 2008. Wie die anderen Investmentbanken war sie einer der großen Akteure im CDO-Geschäft gewesen und hatte zahlreiche der giftigen Wertpapiere in ihren Büchern. Während die CDOs, vor allem die AAA-Tranchen, an Wert verloren, nahmen über den Herbst und Winter 2007 die Verluste zu. Der Markt sah immer klarer: Bear Stearns war in Schwierigkeiten, und wie die Sparer, die ihr Geld von ihren Konten bei Countrywide und Northern Rock abhoben, zogen nun die Hedge-Fonds, die bei Bear Stearns in der Kreide standen, und andere Investoren ihr Geld ab. Am 13. März meldete Bear Stearns, die Bank habe 88 Prozent ihrer liquiden Anlagen verloren, da Gläubiger eine Umschuldung verweigert hatten. Bear Stearns war am Ende, und nach einem hektischen Wochenende wurde das traditionsreiche Unternehmen an JP Morgan Chase verkauft. Die Federal Reserve hatte heftig mitgemischt und dem Verkauf den Weg geebnet, indem die sich bereit erklärte, einen Großteil der künftigen Verluste aus den toxischen Anlagen der einstigen Investmentbank zu übernehmen.

Die Maßnahmen der Federal Reserve waren keine vollumfängliche Rettungsaktion, denn die Aktionäre von Bear Stearns verloren ihr letztes Hemd. Gläubiger und Kontrahenten wurden jedoch vollständig geschützt. Die Fed reagierte klassisch, wie eingedenk Bagehots Rat, die Bank zu retten, deren Bankrott ansonsten solvente Banken bedroht. Im Falle von Bear Stearns galt dieses Einschreiten als gerechtfertigt. Das Unternehmen war ein wichtiger Akteur im Handel mit Kreditausfallversicherungen gewesen, mit denen eine Vielzahl riskanter Anlagen anderer Banken und Investoren abgesichert waren. Mit dem Zusammenbruch des Unternehmens wären diese Versicherungen hinfällig gewesen, und es bestand die Gefahr, dass es im gesamten Weltfinanzsystem zu einer Reihe von Folgebankrotten kam.

Doch die Federal Reserve beließ es nicht bei dieser Intervention. Analog zu den Swaps, wie sie die Bank von England erstmals in der Krise des Jahres 1825 einsetzte, tauschte die amerikanische Notenbank flüssige und sichere Staatsanleihen mit kurzen Laufzeiten gegen die nicht flüssigen Anlagen ein, die die Bilanzen der Investmentbanken belasteten. Diese neue Kreditmöglichkeit, auf die wir in Kapitel 6 noch näher eingehen werden, half den Banken aus der Liquiditätsfalle, die durch die Panik entstanden war. Dazu trug auch der nächste Schritt der US-Notenbank bei – die Schaffung einer weiteren Kreditmöglichkeit zur letztinstanzlichen Finanzierung von Investmentbanken wie Goldman Sachs und Morgan Stanley.

Dies war ein radikaler Bruch mit der Vergangenheit: Erstmals seit Jahrzehnten hatte sich die Regierung entschlossen, zentralen Elementen des Schattenbankwesens solche Unterstützung zukommen zu lassen. Indem sie diese beiden Möglichkeiten schaffte, verringerte die Federal Reserve die Wahrscheinlichkeit eines Runs auf die Investmentbanken. Doch die Wertpapierhändler hatten nach wie vor keinen Anspruch auf eine Einlagensicherung, die vermutlich den besten Schutz vor einem Run darstellt. Außerdem hatten sie keinen bedingungslosen und unbegrenzten Zugang zu den Krediten der Notenbank. War eine Investmentbank tatsächlich zahlungsunfähig, würde die Federal Reserve sie nicht retten. So wollte es zumindest die vernünftige Notenbankpraxis. Damit waren weitere spektakuläre Konkurse beinahe vorprogrammiert.

Gleichzeitig schien der Verkauf von Bear Stearns zu signalisieren, dass die Federal Reserve nicht tatenlos zusehen würde, wenn vom Konkurs eines Geldinstituts eine weltweite Panik auszugehen drohte. Bear Stearns war die kleinste der Investmentbanken gewesen, und man erwartete, dass die Notenbank ebenfalls einschreiten würde, um ein größeres Opfer zu retten, wenn sich damit eine Ausweitung der Krise verhindern ließ. Andernfalls riskierte sie einen Zusammenbruch des gesamten globalen Finanzsystems.

Beide Standpunkte hatten ihre Berechtigung, und leider erwiesen sich beide als richtig. Während der Ereignisse der folgenden Monate vermittelte die Federal Reserve widersprüchliche Botschaften darüber, ob sie in der Frage des Moral Hazard standhaft bleiben würde.

Zentrifugalkräfte

Wenn es während einer Finanzkrise zu einem spektakulären Konkurs kommt, ist die Versuchung groß, die gesamte Krise durch die Linse dieses einen Ereignisses zu betrachten – so als ob alles, was vorher und nachher passierte, sich auf diesen einen Moment reduzieren ließe. Im Falle der gegenwärtigen Krise übernahm der Konkurs von Lehman Brothers diese Rolle. Bis heute sind viele Beobachter überzeugt, dieser sei mehr als jedes andere Ereignis dafür verantwortlich, dass sich ein Problem der Vereinigten Staaten zu einer internationalen Krise ausweitete.

Dies ist eine verständliche Sicht der Dinge: Die Reduzierung der Krise auf einen einzigen, spektakulären Moment hilft uns, eine hochkomplexe Kette von Ereignissen zu vereinfachen. Leider bringt uns dieser Ansatz nicht weiter. Der Konkurs von Lehman Brothers war keineswegs der Auslöser der Krise, sondern ein Symptom ihrer Schwere. Als Lehman Brothers am 15. September 2008 seinen Konkurs ankündigte, befanden sich die Vereinigten Staaten bereits seit zehn Monaten in einer schweren Rezession, und andere Industriestaaten standen kurz davor. Die Immobilienkrise ging in ihr zweites Jahr, und die hohen Ölpreise erschütterten die gesamte Weltwirtschaft. In den Vereinigten Staaten hatten rund 200 Hypothekenverleiher Konkurs angemeldet, und andere Teile des Schattenbankwesens, allen voran SIVs und Conduits, waren verschwunden, nachdem die Ausgabe von forderungsbesicherten Wertpapieren zum Erliegen gekommen war. Auch Geschäftsbanken steckten in Schwierigkeiten; im Laufe des Jahres 2008 verschlechterten sich ihre Bilanzen rapide, und weitere Abschreibungen folgten. Nach einer kurzzeitigen Atempause im Winter versiegte der Interbankenhandel im Frühjahr und Sommer erneut.

Die Einrichtungen, die den Erhalt des Systems garantieren sollten – kleinere Versicherer wie Ambac und ACA, die sich auf Bürgschaften für Anleihen spezialisiert hatten (die sogenannten Monoline-Versicherungen), aber auch große Versicherungskonzerne wie AIG – waren vor dem Zusammenbruch von Lehman Brothers ebenfalls in erheblichen Schwierigkeiten. Über Kreditausfallversicherungen hatten sie CDO-Tranchen im Wert von mehreren Billionen US-Dollar versichert und damit indirekt ihr eigenes AAA-Rating auf eine Reihe von strukturierten Finanzprodukten übertragen. Als die Verluste wuchsen, sah es so aus, als müssten die Wertpapierversicherer zahlen. Doch aufgrund ihres hohen Fremdkapitalanteils fehlte ihnen dazu das nötige Geld. Das wussten die Ratingagenturen, weshalb sie im Herbst 2007 begannen, die Wertpapierversicherer herabzustufen.

Durch diese realen und drohenden Herabstufungen waren Unternehmen wie Ambac und AIG nicht mehr in der Lage, weiter AAA-Ratings auf ein breites Spektrum von Wertpapieren zu übertragen. Davon waren bei den kleineren Firmen wie Ambac nicht nur CDOs betroffen, sondern auch Kommunalobligationen, die das ursprüngliche Geschäft der Wertpapierversicherer darstellten. Im Frühjahr 2008 geriet daraufhin der ansonsten eher langweilige (aber beruhigend verlässliche) Markt der Kommunalanleihen in Turbulenzen. Viele der Investmentbanken, die zuvor eine entscheidende Rolle auf diesen Märkten gespielt hatten, zogen sich aus Furcht vor Verlusten zurück. Kommunalobligationen wurden nicht mehr refinanziert, und der Markt wurde von Panik erfasst. Gleichzeitig brachen auch die komplexeren Anleihen mit kurzen Laufzeiten weg, über die amerikanische Kommunen ihre Projekte finanzierten. Binnen weniger Monate explodierten die Kreditkosten der im Grunde solventen Bundesstaaten und Kommunen.

Wie so vieles andere in dieser Krise ging auch dies auf das Konto der mangelnden Liquidität. Doch auch das Gespenst der Insolvenz ging um: Viele Kommunen hatten von den steigenden Immobilienpreisen profitiert und mussten nun mitansehen, wie angesichts der zahlreichen Zwangsvollstreckungen ihre Steuereinnahmen wegbrachen. Die Probleme des Bundesstaates Kalifornien, die sich bereits im Sommer 2008 abzeichneten, ließen ahnen, was anderen Bundesstaaten und Kommunen bevorstand. Es handelte sich um ein echtes Problem, nicht nur um eine Frage der Anlegerpsychologie.

Das Problem der Kommunen und Bundesstaaten hing auch mit zwei staatlichen Unternehmen zusammen: Fannie Mae und Freddie Mac, die ebenfalls ins Wanken gerieten. Sie hatten sich mit einem Fremdkapitalanteil von 40:1 verschuldet, indem sie Hypotheken ausgaben, die implizit durch den Bundeshaushalt gedeckt waren. Mit diesen vermeintlich risikolosen Forderungen hatten sie riskante Hypotheken und forderungsbesicherte Wertpapiere gekauft. Im Jahr 2008 erlebten diese Unternehmen massive Verluste, die rasant ihr Kapital aufzehrten. Die Verluste hatten zwei Ursachen: Zum einen erwiesen sich die Gebühren, die sie bei der Verbriefung der Hypotheken kassierten, als zu gering, um die Verluste aus diesem Geschäft wettzumachen. In der schlimmsten Immobilienkrise seit der Weltwirtschaftskrise stellten selbst als erstklassig eingestufte Kreditnehmer die Zahlungen ein, und zwar in erheblich größerem Umfang als von Fannie Mae und Freddie Mac einkalkuliert. Die Versicherungsprämien fingen die Verluste nicht mehr auf, und diese tauchten nun in den Bilanzen der beiden Unternehmen auf.

Weitaus entscheidender war jedoch die Tatsache, dass die Investment-Portfolios von Fannie Mae und Freddie Mac vor Schrotthypotheken und den zugehörigen Wertpapieren aus den Nähten platzten. Bis zum Sommer 2008 waren die Verluste aus diesen Investitionen derart immens und das Kapital so weit geschwunden, dass Investoren in Panik gerieten. Die Furcht wuchs, dass das Duo nicht mehr in der Lage sein würde, den Wert der Papiere zu garantieren. Schlimmer noch, jene Investoren, die Forderungen der beiden Hypothekenriesen gekauft hatten, sprachen offen über die Möglichkeit eines Konkurses. Sie nahmen zwar an, dass die Regierung der Vereinigten Staaten für die Forderungen bürgte, doch dies war keineswegs sicher.

Ein weiteres Mal stellte sich Frage, wie sich das Risikoverhalten der Manager reduzieren ließe. Es war klar, dass bei einem Konkurs der beiden Unternehmen alles andere als eine staatliche Übernahme die heimischen Finanz- und Hypothekenmärkte in eine beispiellose Panik versetzen würde. Außerdem würde man so ausländische Investoren, die ihre Forderungen erworben hatten, verschrecken. Hier ging es nicht nur um den Subprimemarkt: Die Kreditwürdigkeit der Vereinigten Staaten stand auf dem Spiel. Das heißt, der Staat hatte im Grunde gar nicht die Möglichkeit, die beiden Geldinstitute in Konkurs gehen zu lassen, um den Märkten ein Signal zu geben.

Das Ergebnis war eine weitere Verstaatlichung, die im September 2008 abgeschlossen wurde. Unter den Bedingungen der Übernahme erhielten die Investoren, die Forderungen von Fannie Mae und Freddie Mac erworben hatten, eine Garantie; doch die Besitzer von Stamm- und Vorzugsaktien verloren ihre Investition. Leider gehörten zu den Vorzugsaktienbesitzern auch einige einheimische Investoren, darunter Kleinbanken, die über Nacht ihre vermeintlich risikolosen Investitionen verloren. Diese Verluste erschütterten das taumelnde Finanzsystem weiter.

Am Vorabend der Lehman-Pleite war bereits viel Schaden angerichtet worden. Lehman und andere Investmentbanken, allen voran Merrill Lynch, standen aufgrund der Verluste mit einer Vielzahl von Giftpapieren am Abgrund, und es wurden Zweifel an ihrer Liquidität laut, von ihrer Solvenz ganz zu schweigen. Das Finanzsystem benötigte nur einen winzigen Stoß, um in haltlose Panik zu versinken.

Anarchie

Die Panik des Jahres 1907 hat in den Annalen der Finanzkrisen einen besonderen Platz.[24] Mehr als andere Krisen hat sie einen echten Helden – der Banker J.P. Morgan nimmt im amerikanischen Finanzhimmel eine besondere Stellung ein. Als größter und mächtigster Banker seiner Zeit war er vor der Gründung der Notenbank eine Art letztinstanzlicher Kreditgeber der Vereinigten Staaten. Die Panik, die er erbte, begann in einer Reihe von kaum regulierten, stark verschuldeten Geldinstituten, den Vorläufern des heutigen Schattenbankwesens. Wie die Investmentbanken des 21. Jahrhunderts waren diese sogenannten »Investment-Trusts« zu Morgans Zeit eine undurchsichtige Angelegenheit.

Die Panik brachte einige kleinere Akteure zu Fall und traf schließlich die große Knickerbocker Trust Company. Von dort breitete sie sich rasch aus und drohte, andere Banken und Trusts im verworrenen Geflecht der Finanzwelt zu vernichten. Morgan war nicht in der Lage, Knickerbocker zu retten, doch er beschloss, einen Schlussstrich zu ziehen, ehe die Panik ein weiteres angeschlagenes Finanzunternehmen, die Trust Company of America, erreichte. Die Krise tobte einige Tage lang und erreichte schließlich an einem Samstag in einer Versammlung ihren Höhepunkt, zu der Morgan die New Yorker Finanzgrößen in seine Bibliothek einlud.

Morgan forderte die Anwesenden auf, sich mit vereinten Kräften hinter die Trust Company of America zu stellen. Die Banker weigerten sich zunächst, und die Verhandlungen zogen sich bis in die späten Abendstunden des Samstags hin. Als die Banker aufbrechen wollten, sperrte Morgan die Tür ab und steckte den Schlüssel ein. Dann stellte er ihnen ein Ultimatum: Sie hatten die Wahl, entweder dem Trust unter die Arme zu greifen oder in der Panik nach dessen Konkurs mit unterzugehen. Wie so oft setzte Morgan seinen Willen durch: Als sich die Banker schließlich am Sonntagmorgen um 4.45 Uhr auf den Nachhauseweg machten, hatten sie eine Unterstützungserklärung unterzeichnet. Danach ebbte die Panik rasch ab.[25]

An einem ähnlichen Wochenende 101 Jahre später versuchte US-Finanzminister Henry Paulson ein ähnliches Husarenstück. Während sich Lehman Brothers und Merrill Lynch unaufhaltsam der Insolvenz näherten, rief er am Samstag, dem 13. September 2008, die New Yorker Finanzelite in den Büros der Federal Reserve in Lower Manhattan zusammen. Paulson erklärte den versammelten Bankern, es sei ihre Pflicht, auf die Panik zu reagieren. »Alle sind verwundbar«, teilte er den Managern mit – in der Hoffnung, er könne sie dazu bewegen, Lehman entweder zu übernehmen oder eine geordnete Abwicklung einzuleiten.

Die Banker kamen am Morgen des folgenden Tages wieder, doch als sie nach Hause gingen, hatten sie keine Einigung erzielt. Paulsons Versuch, den Geist J. P. Morgans zu beschwören, war gescheitert.[26] Inzwischen warf sich Merrill Lynch der Bank of America in die Arme, aus Furcht, das Schicksal von Lehman Brothers zu teilen. »Wir haben über Moral Hazard diskutiert«, meinte einer der Anwesenden. »Ist das eine gute oder schlechte Sache? Das wird sich weisen.«

Die dramatischen Ereignisse der folgenden Tage und Wochen hätten sich vermutlich kaum vermeiden lassen, unabhängig vom Konkurs von Lehman Brothers. Doch die Geschwindigkeit und das Ausmaß des Zusammenbruchs waren ein Ergebnis der Schockwellen, die vom Lehman-Konkurs ausgingen.

Das erste Opfer war AIG. Am 15. September meldete Lehman Brothers Konkurs an und die Ratingagenturen stuften AIG einhellig zurück. Die Verluste des Unternehmens waren in den Vormonaten immer weiter gestiegen, doch dies brachte nun das Fass zum Überlaufen und ließ Zweifel an den Garantien aufkommen, die der Versicherungsriese für mit AAA benotete CDO-Tranchen im Wert von einer halben Billion Dollar ausgestellt hatte. Am Tag der Zurückstufung stellte die amerikanische Regierung AIG 85 Milliarden US-Dollar zur Verfügung, weitere Mittel sollten in den kommenden Monaten folgen. Im Gegenzug wurde AIG ein Mündel des Staates, der überwiegende Teil seines Aktienvermögens ging in Staatsbesitz über.

Es handelte sich weniger um eine Rettung von AIG als um eine Rettung derjenigen Banken, die Wertpapierversicherungen bei AIG erworben hatten. Im Zuge der Übernahme kaufte die Regierung den Banken die CDO-Tranchen ab, die sie bei AIG versichert hatten. Sie hätte den Banken auch einen »Haarschnitt« – also einen Verlust – verordnen können. Schließlich waren sie dumm genug gewesen, sich darauf zu verlassen, dass AIG ihre Verluste wieder wettmachte. Doch die Regierung verzichtete darauf. Sie kaufte den Banken ihre CDOs zum Ausgabepreis ab, obwohl der Wert der Tranchen inzwischen weit darunter gefallen war. Damit war die kompromisslose Haltung gegenüber dem Moral Hazard endgültig Vergangenheit.

Nun kollabierten auch die Teile des Finanzsystems, die bislang von der Krise verschont geblieben waren. Geldmarktfonds gehörten zu den ersten Opfern. Die Fonds waren vermeintlich sicher: Sie investierten das Geld ihrer Anleger in sichere und liquide Wertpapiere mit sehr kurzen Laufzeiten. Zwar waren schon im Sommer einige der Fonds gestrauchelt, doch nach der Lehman-Pleite brach Chaos aus. Der Reserve Primary Fund, einer der prominentesten Fonds, kündigte an, dass seine Anleger mit Verlusten rechnen mussten. Das hatte es so noch nie gegeben, und die Folge war ein Run auf die Einlagen des Fonds.

War dieses Verhalten auch nur im Entferntesten rational? Die Antwort ist Ja. Es stellte sich nämlich heraus, dass der Reserve Primary Fund einen Teil des Geldes seiner Investoren heimlich in den Giftpapieren angelegt hatte, unter anderem in Schuldtitel von Lehman. Als dies bekannt wurde, geriet die gesamte 4 Billionen Dollar schwere Branche der Geldmarktfonds unter Verdacht. Diese mutierte zur riesigen *terra incognita*, und dies bedeutete genau die Ungewissheit, wie sie Frank Knight beschrieben hatte. Innerhalb kürzester Zeit musste die Regierung für alle bestehenden Geldmarktfonds Blankogarantien – die Entsprechung einer Einlagensicherung – abgeben.

Die Panik der Geldmarktfonds griff rasch auf andere Bereiche über, beginnend mit dem Handel mit Geldmarktpapieren, jenen Krediten also, mit denen Unternehmen ihren laufenden Betrieb vorfinanzieren. Geldmarktfonds waren die wichtigsten Käufer für diese Forderungen gewesen, und als sich ihr Schicksal wendete, kam auch der Handel mit Geldmarktpapieren zum Erliegen. Kerngesunde Unternehmen konnten keine Kredite mehr aufnehmen, weil die Zinsen unerschwinglich geworden waren. In den Wochen dieser Liquiditätskrise brach der Markt für Unternehmenskredite praktisch zusammen, und selbst Blue-Chip-Unternehmen ging das Geld aus.

Notzeiten erfordern Notmaßnahmen. Der Zusammenbruch des Handels mit Geldmarktpapieren mit einem Gesamtvolumen von 1,2 Billionen US-Dollar brachte gesunde Unternehmen an den Rand der Zahlungsunfähigkeit, weil ein Run auf ihre kurzfristigen Verbindlichkeiten einsetzte. Um das künftig zu verhindern, entschloss sich die Federal Reserve, die Kredite der Notenbank auch auf Wirtschaftsunternehmen auszudehnen, um weitere Runs zu verhindern. Am 7. Oktober gründete sie eine weitere Einrichtung, die Kredite an Wirtschaftskonzerne vergab, die Geldmarktpapiere emitierten – vorausgesetzt, sie wurden mit »A« eingestuft. Dies war eine verspätete Geste gegen das leichtfertige Risikoverhalten der Manager.

Andernorts nahm die Federal Reserve keine solchen Unterscheidungen vor. Nach dem Konkurs von IndyMac im Sommer drohten weitere Runs auf Banken. Washington Mutual und Wachovia, zwei der größten Banken der Vereinigten Staaten, verloren rasch ihre Einlagen. Beide waren praktisch zahlungsunfähig, doch Mitglieder der Regierung wollten ihren Konkurs unbedingt verhindern. Die Sparkassenaufsicht übernahm Washington Mutual und arrangierte dann einen Verkauf an JP Morgan Chase. Vier Tage nach der Übernahme und dem Verkauf von Washington Mutual vergab der FDIC, der Einlagensicherungsfonds der Vereinigten Staaten, mit Verweis auf den Notstand massive Kredite an Wachovia, die erst von Citigroup und schließlich von Wells Fargo übernommen wurde.

Die beiden verbliebenen unabhängigen Investmentbanken Goldman Sachs und Morgan Stanley entschlossen sich, nicht auf Rettungsaktionen zu warten. Nach dem Lehman-Konkurs sahen sie ihre Positionen rapide dahinschwinden, weshalb beide Ende September eine Umwandlung in Bankholdinggesellschaften beantragten. Damit erhielten sie Zugang zu den Krediten der Notenbank und eröffneten sich außerdem traditionellere Finanzierungsmöglichkeiten, etwa durch altmodische Bankkonten. Der Preis, den sie dafür zu zahlen hatten, war hoch, denn nun mussten sie sich einer stärkeren staatlichen Aufsicht unterstellen. Ihre Umwandlung war ein entscheidender Moment in der Finanzgeschichte des Landes. Innerhalb von nur sieben Monaten hatte sich das Gesicht der Wall Street vollkommen verändert: Alle fünf unabhängigen Investmentbanken waren bankrott, übernommen oder vorübergehend an die Leine gelegt worden.

Doch damit war die Transformation des Bankwesens noch keineswegs abgeschlossen. Obwohl die Federal Reserve die Obergrenze der Einlagensicherung angehoben hatte, bestand nach wie vor die Gefahr eines Bank-Runs, wenngleich er nun aus einer anderen Richtung drohte. Viele Banken hatten neben ihren Einlagen weitere Verbindlichkeiten, vor allem Anleihen, die sie ausgaben. Diese Anleihen hatten unterschiedliche Laufzeiten. Anleihen, die während der Bankkrise fällig wurden, ließen sich zunehmend schwieriger erneuern. Die Kreditaufnahme wurde immer teurer, und Banken mussten einen weiteren Ansturm befürchten.

Die Lösung war eine staatliche Bürgschaft für die Anleihen und deren Zinsen. Am 14. Oktober verkündete der FDIC, er garantiere alle neuen vorrangigen Anleihen (also solche, die vor nachrangigen zu bedienen waren) von regulierten Geldinstituten wie Banken und Bankholdings. Diese Garantie war ein beispielloser Eingriff in das Bankgeschäft. Sie bedeutete, dass Banken nun in der Lage waren, ähnliche niedrigverzinste und risikolose Anleihen herauszugeben wie das Finanzministerium, wenn es Staatsanleihen ausgab. Innerhalb von sechs Monaten waren solche Banken und andere Geldinstitute in der Lage, Verbindlichkeiten im Wert von 360 Milliarden US-Dollar zu extrem günstigen Zinsen umzuschulden. Ähnliche Bürgschaften galten bald auch in Europa. Im Frühherbst stand eine Reihe von europäischen Großbanken, darunter Hypo Real Estate, Dexia, Fortis und Bradford & Bingley, am Rande des Konkurses. Irland garantierte als erstes Land die Schulden seiner Banken, gefolgt von Großbritannien. Im Oktober zogen andere europäische Nationen und Kanada nach. Diese Bürgschaften hatten den gewünschten Erfolg: Die Gefahr eines Runs verringerte sich.

Im Spätherbst war die dramatischste Phase der Krise vorüber, obwohl nach wie vor alle möglichen Rettungsaktionen und Eingriffe vorgenommen wurden und Wirtschaftsunternehmen von General Motors bis GE Capital staatliche Kredite erhielten. Dabei wurde kaum noch darauf geachtet, ob die Empfänger solvent waren oder eine Rettung verdienten. Es ging nur noch darum, der Panik Einhalt zu gebieten.

Die Bereitschaft des Staates, Geld bereitzustellen, stoppte die Panik, auch wenn die Nachwirkungen noch über Monate, vielleicht sogar Jahre zu spüren sein werden. Diese trügerische Ruhe hatte einen hohen Preis. Walter Bagehot und andere Vordenker des Zentralbankwesens hatten davor gewarnt, in Zeiten der Panik unterschiedslos Geld zu verleihen. Kreditgeber müssten klar zwischen nicht liquiden und nicht solventen Unternehmen unterscheiden und dürften Geld nur zu »Strafzinsen« vergeben, wie Bagehot sie nannte. Doch diesmal retteten die Notenbanken Banken und Nichtbanken und stellten Kredite zu Zinsen zur Verfügung, die alles andere als Strafzinsen waren. Die Mutter aller Runs hatte Nichtbanken wie Hypothekenvergeber, SIVs und Conduits, Hedge-Fonds, die Interbankenmärkte, Investmentbanken, Geldmarktfonds, Finanzierungsunternehmen und auch traditionelle Banken und andere Wirtschaftsunternehmen erfasst. Da die Banken kein Geld mehr verliehen – weder an andere Banken, noch an sonstige Finanzunternehmen, ja, nicht einmal an Unternehmen aus ganz anderen Wirtschaftsbereichen –, mussten die Zentralbanken als Kreditgeber erster, letzter und einziger Instanz einspringen. Doch nach dem Sturm war von der »kreativen Zerstörung«, wie sie Schumpeter forderte, wenig zu sehen. Stattdessen warteten Starke wie Schwache in einer Art Scheintod auf den Tag der Abrechnung.

KAPITEL 5

PANDEMIE

»Wenn die Vereinigten Staaten niesen, dann bekommt der Rest der Welt einen Schnupfen.« So klischeehaft dieses alte Sprichwort des Finanzmarkts auch klingt, es enthält doch ein großes Korn Wahrheit. Die Vereinigten Staaten verfügen über die größte und mächtigste Volkswirtschaft der Welt, und wenn diese kränkelt, leiden auch die Länder, die auf ihren unersättlichen Bedarf an Rohstoffen und Waren angewiesen sind.

In Zeiten einer Finanzkrise nimmt diese Dynamik eine neue und bedrohliche Dimension an. Erkrankt das Finanzsystem einer wirtschaftlichen Supermacht, kann sich das rasch zu einer gefährlichen globalen Epidemie ausweiten. Was als Crash oder Bankenpleite im Herzen der internationalen Finanzwelt beginnt, kann sich schnell zu einer landesweiten Panik und einer weltweiten Katastrophe entwickeln. Dieses Szenario hat sich in der Vergangenheit häufig wiederholt, ob in Großbritannien im 19. Jahrhundert oder später in den Vereinigten Staaten.

Als die Vereinigten Staaten Ende 2006 und Anfang 2007 von der Subprimekrankheit erfasst wurden, waren trotzdem viele der Ansicht, der Rest der Welt könne sich von der schwächelnden Supermacht »entkoppeln«. Nach dieser Vorstellung, die von Goldman Sachs in die Welt gesetzt wurde und bald als Konsens galt, würden die boomenden Volkswirtschaften Brasiliens, Russlands, Indiens und Chinas aufgrund der starken Binnennachfrage nicht von der Krise betroffen. Die aufstrebenden Wirtschaftsmächte würden dem Fluch der Geschichte entgehen.

Auch in Europa klammerten sich viele an diese Überzeugung. Nur in den Vereinigten Staaten gab es das, was man in Frankreich verächtlich »le capitalisme sauvage« nannte, so lautete die Theorie. Die Konsequenzen würden also auf die Vereinigten Staaten beschränkt bleiben. Im September 2008 erklärte der damalige deutsche Finanzminister Peer Steinbrück, »die Finanzmarktkrise« sei »vor allem ein amerikanisches Problem«, und fügte hinzu, dass die Finanzminister der übrigen G7-Staaten diese Ansicht teilten.[1] Doch wenige Tage später waren weite Teile des europäischen Finanzsystems praktisch kollabiert. Die deutsche Regierung war gezwungen, den Bankriesen Hypo Real Estate zu retten, und Steinbrück musste einräumen, dass Europa am Rande des Abgrunds stand. Wenig später wurden große europäische Banken wie Dexia und Fortis gerettet, und Irland gab eine umfassende Garantie für die sechs größten Banken des Landes ab. Andere Nationen folgten, darunter Großbritannien, das weite Teile seines Bankwesens praktisch verstaatlichte. Im Oktober 2008 gingen viele europäische Nationen und Kanada so weit, nicht nur die Einlagen der Banken zu garantieren, sondern auch ihre Schulden. Die Krise blieb jedoch nicht auf Europa und Kanada beschränkt. Sie traf Länder auf allen Kontinenten, darunter auch Brasilien, Russland, Indien und China. In einigen Fällen war das geteilte Leid ein Resultat der gegenseitigen Abhängigkeiten innerhalb der globalisierten Wirtschaft: Die Krise breitete sich über verschiedene Kanäle aus und betraf auch ansonsten gesunde Bereiche in den Volkswirtschaften anderer Länder. Doch das Bild der Epidemie, das so häufig in populären Darstellungen bemüht wird, greift zu kurz. Die Krise war eben keine Krankheit, die von der Supermacht auf an sich gesunde Volkswirtschaften übergriff. Andere Nationen hatten mit ihrer Wirtschaftspolitik eigene Spekulationsblasen gefördert und waren bereits angeschlagen, als sie von der Krise getroffen wurden. Was zunächst wie ein spezifisch amerikanisches Problem aussah, war in Wirklichkeit sehr viel weiter verbreitet, als man sich das seinerzeit eingestehen wollte.

Die Entwicklung überraschte viele Beobachter. Sie hatten die Krise in den Vereinigten Staaten zunächst nur am Rande wahrgenommen und klammerten sich an die These von der Entkoppelung, bis diese durch die Entwicklungen widerlegt wurde. Ende 2008 befanden sich die meisten wohlhabenden Industrienationen der Welt in der Rezession, genau wie zahlreiche Schwellenländer in Asien, Osteuropa und Lateinamerika. Viele dieser Länder erlebten vergleichbare Börsencrashs, Bankenkrisen und andere dramatische Entwicklungen, wie sie zunächst in den Vereinigten Staaten aufgetreten waren. Was als Krise eines Landes begonnen hatte, hatte sich zu einer globalen Krise ausgewachsen. Wie immer war dies weder neu noch ungewöhnlich. Die Krise folgte vielmehr dem ausgetretenen Pfad ihrer Vorgänger.

Die Finanzierung einer Epidemie

Gesunde Volkswirtschaften werden selten von einer Krise erfasst. In der Regel wird der Zusammenbruch durch bereits bestehende Schwächen und Probleme ermöglicht. Es musste jedoch einen Überträger geben, über den sich die anderen Wirtschaften den sprichwörtlichen Schnupfen von den Vereinigten Staaten einfingen.[2] Der offensichtlichste waren die Beziehungen und Einrichtungen des weltweiten Finanzsystems.

Geldmärkte sind eine solche Einrichtung. Es sind Orte, an denen Banken und andere Finanzunternehmen auf kurzfristiger Basis Geld leihen und verleihen. Diese Schulden- und Kreditnetzwerke waren in Zeiten der Panik schon immer besonders anfällig und verbreiteten Probleme leicht von einem Teil der Weltwirtschaft auf einen anderen. Der Grund ist einfach: Wenn ein Glied dieser hochkomplexen Kette ausfällt, beziehungsweise ein Schuldner die Rückzahlung seiner Kredite einstellt, kann den Gläubigern plötzlich das Geld ausgehen, mit dem sie wiederum die Kredite anderer Unternehmen zurückzahlen. Auf diese Weise kann eine Pleite den gesamten Geldmarkt beeinträchtigen.

Aus diesem Grund gingen Finanzkrisen oft Hand in Hand mit Problemen auf dem Geldmarkt. Nehmen wir die Panik des Jahres 1837, als sich die Bank von England weigerte, die Kredite der drei größten Banken der Insel umzuschulden, gingen diese in der Folge Bankrott. Die Auswirkungen waren verheerend: Die Banken hatten Kredite mit kurzen Laufzeiten an Händler in aller Welt vergeben, und mit ihrem Bankrott waren Geldmarktpapiere im Wert von zig Millionen Pfund mit einem Mal wertlos. Finanziers in Liverpool, Glasgow, New York, New Orleans, Montreal, Hamburg, Antwerpen, Paris, Buenos Aires, Mexiko-Stadt, Kalkutta und anderswo ging plötzlich der Kredit aus. Die Londoner *Times* klagte: »Es wird lange dauern, vielleicht Jahre, bis sämtliche Folgen dieser Bankrotte bekannt werden, denn sie erfassen mehr oder minder die gesamte Welt.«[3]

Diese Aussage trifft auf jede der nachfolgenden Krisen zu, die im 19. und 20. Jahrhundert die internationalen Finanzmärkte trafen. Die schlimmsten folgten in der Regel auf den unerwarteten Bankrott eines angesehenen Finanzunternehmens, das auf dem globalen Geldmarkt eine Schlüsselrolle eingenommen hatte.[4] Im Jahr 1873 löste beispielsweise die Pleite von Jay Cookes gewaltiger Investmentbank eine weltweite Krise aus. Am Beginn der Weltwirtschaftskrise stand der plötzliche Zusammenbruch der größten österreichischen Bank, der Creditanstalt: Viele der mächtigsten und wichtigsten Banken der Welt hatten ihr Geld geliehen, und ihr Bankrott zog zahlreiche andere in aller Welt nach sich.

In den folgenden Jahrzehnten wurden Finanzmärkte immer stärker integriert, und die gegenseitige Abhängigkeit nahm zu. In der jüngsten Krise war es nahezu unmöglich, das komplexe internationale Geflecht des Leihens und Verleihens zu durchschauen, geschweige denn zu entwirren. Kaum jemand verstand, wie sich Probleme im Markt für Repos oder Geldmarktpapiere in einem

Land so schnell auf andere Bereiche oder andere Länder übertragen konnten. Es hatte zwar immer wieder Krisen gegeben, die Landesgrenzen überschritten, doch keine erreichte die Ausmaße der Weltwirtschaftskrise. Kaum jemand hatte eine Ahnung, wie sich das globale Finanzsystem auflösen könnte und würde.

Diese Ahnungslosigkeit endete mit dem Konkurs von Lehman Brothers am 15. September 2008. Mit dem Bankrott der Investmentbank waren die Hunderte Milliarden von Anleihen mit kurzen Laufzeiten, die sie ausgegeben hatte – vor allem in Form von Geldmarktpapieren und anderen Schuldpapieren –, mit einem Mal wertlos. Unter den Investoren und Fonds, die im Besitz dieser Papiere waren, brach Panik aus. Dies wiederum provozierte einen Run auf die Geldmarktfonds, die Geldmarktpapiere handelten, und säte Panik im gesamten globalen Bankwesen. Banken, die Kredite mit kurzen Laufzeiten an ausländische Banken vergaben, hoben ihre Zinsen um astronomische 400 Basispunkte an. Der Lehman-Schock breitete sich quer durch die weltweiten Märkte aus, ließ Kredite versiegen und traf schließlich auch den Welthandel.[5]

Der Konkurs von Lehman Brothers war zwar ein entscheidender Faktor bei der globalen Ausweitung der Krise, aber kaum ihr Auslöser. Ein klassischer Mechanismus, über den sich Krisen von einem Ort zum anderen ausbreiten, ist die an sich wenig bemerkenswerte Tatsache, dass Investoren unterschiedlicher Länder dieselben Anlagen besitzen. In zahlreichen Krisen des 19. Jahrhunderts hielten Anleger in aller Welt die gleichen Eisenbahnaktien, die damals zu den beliebtesten internationalen Investitionen gehörten. Als die Spekulationsblase platzte, mussten Investoren in den Vereinigten Staaten, Großbritannien, Frankreich und anderswo gleichzeitig zusehen, wie sich ihre Portfolios in Luft auflösten. Unweigerlich drehten sie den Kredithahn zu, horteten Bargeld und lösten eine Panik aus.

Die jüngste Krise verlief ähnlich. Die Subprimekrise sprang von den Vereinigten Staaten auf Europa, Australien und andere Teile der Welt über, weil mehr als die Hälfte der mit den Schrotthypotheken besicherten Wertpapiere an ausländische Investoren verkauft worden waren. Ausländische Banken, Pensionskassen und eine Reihe anderer Einrichtungen hatten diese Wertpapiere während des Immobilienbooms begierig aufgekauft. Wenn ein Hypothekenverleiher in Las Vegas oder Cleveland pleite ging, breiteten sich die Auswirkungen quer durch die gesamte Wertpapierkette aus und trafen ebenso norwegische Rentner wie Investmentbanken in Neuseeland.

Vielleicht der größte Teil dieser Wertpapiere landete in den Portfolios europäischer Banken. In einigen Fällen wurden die Banken direkt von der Krise getroffen, weil sie Tranchen der CDOs und anderer Instrumente besaßen. In anderen Fällen, vor allem bei BNP Paribas und UBS, wurde die Krankheit über die Hedge-Fonds dieser Banken übertragen, die riskante Wetten auf eine Reihe von mit Schrotthypotheken besicherten Wertpapieren abgeschlossen hatten. Als diese Investitionen verfielen, trafen die Verluste früher oder später auch die Bilanzen dieser Banken.

Die Verluste dieser Banken verursachten wiederum erhebliche Kollateralschäden in der europäischen Wirtschaft. Anders als amerikanische Unternehmen, die sich über den Kapitalmarkt finanzieren, beziehen europäische Unternehmen ihre Finanzierung weitgehend über Banken. Als die Subprimekrise renommierte europäischen Banken erfasste, schränkten diese die Kreditvergabe ein und behinderten so die Fähigkeit der Industrie, zu produzieren, zu investieren und Arbeitsplätze zu schaffen. Damit lösten sie die Rezession aus, die in den letzten Monaten der Krise die Region erfasste.

Der Schaden weitete sich aus. Viele europäische Banken unterhielten Tochtergesellschaften in anderen Ländern, vor allem in den neuen Märkten Osteuropas. Diese Tochterbanken hatten erhebliche Kredite in die Ukraine, nach Ungarn, Lettland und in andere Länder gepumpt. Als die Mutterbanken massive Verluste erlitten, wurden sie mit einem Mal risikoscheu, zogen ihre Kredite auf breiter Front zurück und trockneten ihre ausländischen Filialen aus. Die daraus resultierende Kreditklemme trug dazu bei, dass die betroffenen Länder ebenfalls in eine Rezession stürzten.

So breitete sich die Subprimekrise wellenförmig über Finanzbeziehungen von den Vereinigten Staaten in andere Teile der Welt aus. Zunächst traf sie Länder, die zahlreiche Beziehungen mit den Vereinigten Staaten unterhielten, und breitete sich von dort zu Finanzunternehmen in Ländern an der Peripherie der Weltwirtschaft aus. Es handelte sich um einen klassischen Fall der Ansteckung, und das Bankensystem war der Überträger, über den die Subprimeprobleme weitergegeben wurden.

Doch die Banken waren nicht der einzige Teil des Finanzsystems, der die Krise in alle Welt verbreitete. Auch die Aktienmärkte spielten eine wichtige, wenngleich etwas anders gelagerte Rolle. An dramatischen Wendepunkten der Krise brach der amerikanische Aktienmarkt ein, was wiederum Kursstürze an den Börsen von London, Frankfurt, Paris, Shanghai, Tokio und kleineren Handelsplätzen nach sich zog. Diese Ausbreitung hing unter anderem mit der starken gegenseitigen Abhängigkeit der internationalen Aktienmärkte zusammen. In einer Welt, in der Händler in Echtzeit jede Bewegung einer Börse auf der anderen Seite des Erdballs verfolgen können, springen Stimmungen leicht von einem Finanzplatz zum anderen über.

Doch die zunehmende Synchronisierung ist nicht nur eine Folge des klassischen Herdentriebs, der dafür sorgt, dass ein Schock in einer Börse die Händler in einer anderen über die Klippe springen lässt. Als sich die Anzeichen der Krise mehrten, war die Börse vielmehr ein Überträger, über den Investoren ihre zunehmende Risikoscheu weitergaben, als sie sich von riskanten in sicherere Anlagen flüchteten.

Die Ansteckung verbreitete sich vermutlich schneller, umfassender und synchronisierter durch die Aktienmärkte als je zuvor. Doch im Grunde war die Dynamik dieselbe wie vor mehr als 100 Jahren. Die Globalisierung der Finanzmärkte ist nichts Neues.

Schon im Jahr 1875 prägte Baron Karl Mayer von Rothschild angesichts der gleichzeitig einbrechenden Aktienmärkte das Bonmot »Die ganze Welt ist eine Stadt«.[6]

Schon in Rothschilds Tagen ging die Integration weit über die Aktienmärkte hinaus. Der Welthandel war bereits immens vernetzt und anfällig für Finanzkrisen. Daran hat sich leider nichts geändert. Nachdem die Panik im Jahr 2008 die Finanzmärkte austrocknete, verbreitete der Handel die Krise in alle Welt.

Krankheitsüberträger

Im 19. Jahrhundert war das Britische Empire die wirtschaftliche Supermacht, und wenn hier eine Finanzkrise ausbrach, erlitten die Handelspartner Kollateralschäden, weil etwa die Nachfrage nach Rohstoffen und Waren zurückging. Im 20. Jahrhundert traten die Vereinigten Staaten das britische Erbe an. Am Vorabend der Krise erwirtschafteten die Vereinigten Staaten rund ein Viertel des Weltinlandsprodukts. Aufgrund eines Leistungsbilanzdefizits von 700 Milliarden US-Dollar war ihr realer Anteil an der Weltwirtschaft sogar noch größer. Als das Land in eine schwere Rezession rutschte, waren die Auswirkungen in aller Welt zu spüren, von Mexiko über Kanada, China, Japan, Südkorea, Singapur, Malaysia und Thailand bis zu den Philippinen. China war besonders gefährdet, da ein großer Teil seines jüngsten Wachstums von Exporten in die Vereinigten Staaten abhing. Tausende chinesische Fabriken schlossen ihre Tore, und die Arbeitnehmer kehrten von den Städten aufs Land zurück. Sie waren Opfer einer Rezession auf der anderen Seite des Erdballs geworden.

Die Auswirkungen der Krise in China beschränkten sich aber nicht auf die direkten Handelsbeziehungen. Viele Länder in Asien produzierten beispielsweise Computerchips und exportierten sie nach China, wo sie in Computer und Unterhaltungselektronik eingebaut und in die Vereinigten Staaten verkauft wurden. Als die

Krise in den Vereinigten Staaten begann, traf sie nicht nur China, sondern sämtliche Länder der Lieferkette. Eine »Entkopplung« war undenkbar: Die Volkswirtschaften Asiens hingen von einer Vielzahl direkter und indirekter Handelsbeziehungen zu den Vereinigten Staaten ab.

Nach dem Konkurs von Lehman Brothers war die Entkopplung vollends unmöglich geworden. Zu einem der ersten Opfer gehörte die ansonsten recht langweilige Welt der Handelskredite. In der Regel geben Banken sogenannte »Akkreditive« aus, um zu garantieren, dass Güter, die sich beispielsweise auf dem Transport von China in die Vereinigten Staaten befinden, bei Ankunft bezahlt werden. Nachdem der Kreditmarkt in Folge der Lehman-Pleite austrocknete, stellten die Banken dieses Instrument nicht mehr zur Verfügung. Der Welthandel kam nahezu zum Erliegen, und zuvor weitgehend unbekannte Handelsindizes wie der Baltic Dry Index – ein Maß für die Frachtpreise – brachen um fast 90 Prozent ein. Kurz nach dem Konkurs von Lehman Brothers meinte ein Handelsexperte: »In den Häfen stapelt sich alles mögliche Zeug, das nicht ausgeliefert werden kann, weil die Leute keine Akkreditive bekommen.«[7]

Der Zusammenbruch des Welthandels, der mit der amerikanischen Rezession begann und sich mit der Lehman-Pleite verstärkte, war ohnegleichen und lässt sich nur mit der Weltwirtschaftskrise vergleichen.[8] Auf seinem Höhepunkt Anfang 2009 fielen die Exporte Chinas und Deutschlands im Vorjahresvergleich um 30 Prozent, und in Singapur und Japan sogar um 37 beziehungsweise 45 Prozent. Mit Ausnahme Chinas stürzten alle diese Länder in eine tiefe Rezession, und selbst China verzeichnete erhebliche Rückgänge seines Wirtschaftswachstums. Im Laufe der Krise ging das jährliche Wachstum von 13 auf rund 7 Prozent zurück und fiel damit unter das Niveau, das für China als tragbar gilt.

Dies alles ereignete sich mit einer Geschwindigkeit, die viele Beobachter schockierte. »Die große Synchronisierung«, wie zwei Wirtschaftswissenschaftler der Organisation für Wirtschaftliche

Zusammenarbeit und Entwicklung (OECD) den Zusammenbruch des Handels nannten,[9] war eindeutig eine Folge der weltweiten Kreditklemme, doch diese Erklärung allein reicht nicht aus. Als sich die Lage zuspitzte, verhängten viele Länder trotz aller gegenteiligen Beteuerungen Einfuhrzölle und andere Handelsbarrieren, beispielsweise Auflagen, die Unternehmen dazu zwangen, bei staatlichen Projekten ausschließlich heimische Produkte zu verwenden. Diese Art der Handelskriege lähmte den Welthandel bereits zu Zeiten der Weltwirtschaftskrise, und obwohl sie in der jüngsten Finanzkrise schwächer ausfielen, verhinderten sie eine Erholung des Welthandels.

Schließlich verbreitete sich die Krise nicht nur auf Handels-, sondern auch auf Migrationsrouten. Als die Vereinigten Staaten und andere Industrienationen in die Rezession stürzten, schickten ausgewanderte Arbeitnehmer kein Geld mehr in ihre Heimatländer. Betroffen waren unter anderem Mexiko, Nicaragua, Guatemala, Kolumbien, Pakistan, Ägypten und die Philippinen, um nur einige wenige zu nennen. Viele Arbeitnehmer aus diesen Ländern hatten während des Immobilienbooms in den Vereinigten Staaten, Spanien oder Dubai Arbeit gefunden, und als die Spekulationsblasen platzten, versiegten auch ihre Überweisungen an die Familien in der Heimat. Dieser Rückgang der Geldsendungen ist nicht zu unterschätzen: In einigen zentralamerikanischen Ländern stammen bis zu 10 Prozent des nationalen Einkommens von den im Ausland arbeitenden Bürgern.[10] Auf diese Weise traf die Krise auch Länder, die nichts mit den verantwortungslosen Finanzpraktiken zu tun hatten.

Zwar haben Handels- und Arbeitsbeziehungen oft eine Rolle bei der grenzüberschreitenden Ansteckung gespielt, doch noch wichtiger sind Rohstoffe und Währungen. Der Grund ist einfach: Die Preise für Rohstoffe und Währungen werden von den Weltmärkten bestimmt. Wenn der Preis für Öl oder Kupfer oder der Dollarkurs an einem Ort steigt, dann steigt er überall; und wenn er fällt, dann fällt er überall. Aus diesem Grund können plötzliche Veränderungen der Rohstoffpreise und Wechselkurse eine weltweite Instabilität verursachen.

Diese Integration reicht mindestens zwei Jahrhunderte zurück. Als beispielsweise im Jahr 1836 der Baumwollpreis in New Orleans in die Höhe schoss und mit der Panik des Jahres 1837 wieder abstürzte, waren die Folgen nicht nur in den Vereinigten Staaten, sondern in baumwollexportierenden Nationen in aller Welt zu spüren. Und als nach dem Börsencrash des Jahres 1929 die Preise für eine Reihe von Gütern um die Hälfte fielen, waren alle exportorientierten Volkswirtschaften betroffen. Als die Preise für Rohstoffe – von Kaffee über Baumwolle und Gummi bis zu Seide – einbrachen, beeinträchtigte dies die Volkswirtschaften Brasiliens, Kolumbiens, Niederländisch Ostindiens, Argentiniens und Australiens. Selbst die japanische Wirtschaft litt unter dem Zusammenbruch des Marktes für Rohseide. Die Finanzen dieser Länder gerieten unter Druck, und die Währungen verfielen, weil die Preise der ausgeführten Güter einbrachen.[11]

Auch in der jüngsten Krise spielten die Rohstoffpreise eine wichtige Rolle – wenngleich auf eine Weise, die sich nicht mit der klassischen Geschichte von Boom und Bust erklären lässt. In den Jahren 2007 und 2008 schnellten die Preise für Erdöl, Nahrungsmittel und andere Rohstoffe in die Höhe. Im Sommer 2008 erreichte der Ölpreis bei 145 US-Dollar pro Barrel seinen Höchststand (zum Vergleich: Im Vorjahr hatte er noch 80 Dollar gekostet). Die Preissteigerung ließ sich nicht durch wirtschaftliche Grundwerte rechtfertigen, sondern war ein Ergebnis der Spekulation durch Hedge-Fonds, Stiftungsfonds, Investmentbanken und verschiedene Fonds, die einen Teil ihrer Portfolios in Rohstoffe investiert hatten. Während Erdölexporteure profitierten, wurden Importnationen wie die Vereinigten Staaten, die Eurozone, Japan, China, Indien und andere schwer getroffen. Viele dieser Länder wankten bereits unter den Folgen der Finanzkrise, und der Ölpreisschock trieb sie vermutlich weiter in die Rezession.

Als jedoch die chinesische und amerikanische Nachfrage nach

Erdöl und anderen Exportgütern wegbrach, wurden auch die Nationen getroffen, die von der Finanzkrise verschont geblieben waren. Als im zweiten Halbjahr 2008 die Nachfrage nach Erdöl, Energie, Nahrungsmitteln und Rohstoffen weiter zurückging, hatte dies Auswirkungen, die mit der Weltwirtschaftskrise vergleichbar sind: Die Volkswirtschaften von Exportnationen in Afrika, Asien und Lateinamerika taumelten. Besonders die erdölexportierenden Länder litten unter dieser Entwicklung: Der Preis für ein Barrel Rohöl fiel von seinem Hoch auf 30 US-Dollar im ersten Quartal des Jahres 2009. Betroffen waren auch andere Rohstoffe: So traf der Verfall der Kupferpreise beispielsweise die chilenische Wirtschaft und löste dort eine Rezession aus.[12]

In jedem dieser Fälle spielten Rohstoffe eine zweischneidige Rolle. Zu Beginn der Krise verschärften sie die weltweite Rezession unter den Importnationen, doch im weiteren Verlauf traf der Preisverfall die Exportnationen.

Währungsschwankungen entwickelten eine ähnliche fatale Dynamik. Im Jahr 2007 sorgten der wirtschaftliche Abschwung in den Vereinigten Staaten und die damit einhergehenden Zinssenkungen für einen Kursverlust des Dollars. Dies traf besonders Länder wie Großbritannien, Japan und die Länder der Eurozone, die vom Export in die Vereinigten Staaten abhingen. Da sich ihre Währungen gegenüber dem Dollar verteuerten, verteuerten sich auch ihre Exportgüter auf dem amerikanischen Markt. Damit waren diese Länder weniger konkurrenzfähig, was sie wiederum anfälliger für die Rezession machte.

Mit dem Fortschreiten der Krise kehrte sich dieser Prozess um. Die Angst, die die Finanzmärkte im Jahr 2008 erfasste, veranlasste Investoren, sich in sichere Anlagen zu flüchten.[13] Eine davon war paradoxerweise der Dollar. Obwohl die Vereinigten Staaten das Epizentrum der Krise waren, schienen sie immer noch sicherer als viele der Schwellenländer. Als sich Investoren auf den Dollar und die Währungen anderer entwickelter Nationen stürzten, stießen sie Aktien und Anleihen aus den verschiedenen Schwellenländern ab und vergrößerten damit die Schere zwischen den Währungen dieser Länder und den vermeintlich sicheren Währungen der entwickelten Nationen nur noch.

Die Auswirkungen waren fatal. Vor der Krise hatten viele osteuropäische Haushalte und Unternehmen im Westen Kredite aufgenommen, da die Zinsen des Euro, des Schweizer Franken und des japanischen Yen niedriger waren als in ihren Heimatländern. Auch in Russland, Korea und Mexiko liehen sich Unternehmen nach dieser Strategie Geld. Als die Krise zuschlug und sich Investoren aus den Währungen der Schwellenländer in sicherere Währungen wie den Euro, den Dollar oder den Yen flüchteten, gingen die Kosten dieser Kredite durch die Decke und stellten eine zusätzliche Belastung für diese Länder dar.

Die Ereignisse folgten einem Muster, das aus der Vergangenheit bestens bekannt ist.[14] Wie das internationale Finanzsystem und weltweite Handelsbeziehungen dienten Rohstoffe und Währungen als Kanäle, über die sich die Finanzkrise eines Landes zu einer Wirtschaftskrise von globalen Ausmaßen ausweiten konnte.

Doch das Bild der Ansteckung erklärt längst nicht alles. Es würde bedeuten, dass ein krankes Land, in diesem Fall die Vereinigten Staaten, einen furchtbaren Schnupfen auf den Rest der Welt überträgt. So tröstlich diese Theorie klingt, so falsch ist sie auch. Neben den Vereinigten Staaten unterhielten viele Länder ihre eigene Spekulationsblase und verfolgten eine Politik, die keinen Deut weniger verantwortungslos und dumm war. Ihr Immunsystem war geschwächt, weil sie sich selbst anfällig gemacht hatten.

Geteiltes Leid

Im Jahr 1837 versuchte Martin Van Buren, der neugewählte amerikanische Präsident, zu erklären, warum die Vereinigten Staaten und Großbritannien, »die beiden wichtigsten Handelsnationen der Welt, die bis vor kurzem ein Höchstmaß an Wohlstand genossen, plötzlich in derartige Verlegenheiten und Not geraten konnten«. Er bezog sich auf die Panik des Jahres 1837, die ihren Höhepunkt erreicht hatte, und während Beobachter wechselweise den Vereinigten Staaten und Großbritannien die Schuld gaben, erkannte Van Buren, dass die Wahrheit komplizierter war: »In beiden Ländern konnten wir denselben Überfluss an Papiergeld und anderen Kreditmöglichkeiten und denselben Spekulationsgeist, denselben Teilerfolg, dieselben Schwierigkeiten und Rückschläge und schließlich annähernd dieselbe allumfassende Katastrophe beobachten.«[15] Van Buren hatte mit seiner Einschätzung nicht Unrecht. Die Vereinigten Staaten trugen zwar mit ihrer ungezügelten Begeisterung für riskante Bankgeschäfte und Immobilienspekulation in den 1830er Jahren die größere Schuld. Doch die Briten hatten gleichzeitig eine ähnliche Begeisterung für die Zulassung von Banken entwickelt und über die, wie ein Zeitgenosse sagte, »verantwortungslose Vergabe von Krediten und wilde Spekulation« in Textilien und Eisenbahnen eine ähnliche Blase geschaffen.[16] Als die amerikanische Wirtschaft taumelte, geriet auch die britische Wirtschaft ins Wanken. Grund waren nicht nur ihre engen Beziehungen zur amerikanischen Wirtschaft, sondern auch die eigenen Schwächen, die sich in den Jahren des Booms angesammelt hatten. Die Krise sprang nicht von einem kranken auf ein gesundes Land über, sondern traf zwei kranke Länder nahezu gleichzeitig.

Dieses Muster wiederholt sich immer wieder. Wenn die Wirtschaft eines Landes implodiert, brechen auch andere Länder mit ähnlichen Schwächen zusammen. Im Jahr 1720 platzte die South Sea Bubble etwa zur selben Zeit wie John Laws spekulative Mississippi Company. Anderthalb Jahrhunderte später begann die Krise des Jahres 1873 als Folge gleichzeitiger Spekulationsblasen in Deutschland, Mitteleuropa und den Vereinigten Staaten. Diese zerplatzten schließlich mit lautem Knall, erst in Österreich-Ungarn, dann in den Vereinigten Staaten und danach im übrigen Europa. Wieder etwas mehr als ein Jahrhundert später platzten in rascher Folge die Spekulationsblasen in den asiatischen Tigerstaaten

Südkorea, Thailand, Indonesien und Malaysia, die durch ausländische Spekulationen angeheizt worden waren. Wieder handelte es sich eher um eine Frage der ähnlichen Schwächen und weniger um eine Frage der Ansteckung.

Viele Volkswirtschaften, die in der jüngsten Krise kollabierten, wiesen erwartungsgemäß ähnliche Schwächen auf wie die amerikanische. Die Vereinigten Staaten waren beispielsweise längst nicht das einzige Land mit einer Immobilienblase. Auch in Dubai, Australien, Irland, Neuseeland, Spanien, Island, Vietnam, Estland, Lettland, Litauen, Thailand, China, Südafrika und Singapur waren in den Jahren vor der Krise die Preise auf dem privaten Immobilienmarkt sprunghaft gestiegen. Im Jahr 2005 schätzte der *Economist*, dass sich der Gesamtwert der privaten Immobilien in den Industrienationen zwischen 2000 und 2005 verdoppelt hatte. Dieser Zuwachs, erstaunliche 40 Billionen US-Dollar, entsprach dem Bruttoinlandsprodukt aller dieser Länder zusammengenommen. »Es könnte sich um die größte Blase der Geschichte handeln«, meinte das Magazin.[17]

Einige Steigerungsraten waren atemberaubend. Während der *Economist* festhielt, dass sich die privaten Eigenheime in den Vereinigten Staaten zwischen 1997 und 2005 um 73 Prozent verteuert hatten, stiegen die Preise in Australien in demselben Zeitraum um 114 und in Spanien um 145 Prozent. In Dubai, wo eine massive Immobilienblase entstand, verteuerten sich die Villen nach Angaben der Immobilienberatung Colliers International allein zwischen 2003 und 2007 um 226 Prozent. Die Zahlen aus Asien und Osteuropa sind weniger zuverlässig, doch es weist alles darauf hin, dass diese Region einen ähnlichen Boom erlebte. Die Situation in den Vereinigten Staaten war bedrohlich, doch sie waren kaum die schlimmsten Sünder, auch wenn sie mehr Eigenheimkredite vergaben als jedes andere Land.

Die Gründe für die Immobilienblase waren überall dieselben. Die meisten Länder verfolgten eine Politik des billigen Geldes und sorgten dafür, dass die Kreditkosten auf ein Rekordniveau sanken.

Dieser Trend wurde durch die weltweite Sparschwemme nur noch verstärkt. Im Jahr 2006 bewegten sich die Hypothekenzinsen in allen Industrienationen und Schwellenländern erstmals in der Geschichte im einstelligen Bereich. Wie die Vereinigten Staaten unternahmen sie wenig zur Regulierung des Hypotheken- und Finanzmarktes. Das Ergebnis war überall dasselbe: Mit den Immobilienpreisen stieg der gefühlte Wohlstand der Haushalte, weshalb sie weniger sparten und mehr ausgaben. Der nachfolgende Boom auf dem privaten Immobilienmarkt beflügelte das Bruttoinlandsprodukt dieser Länder.

Dahinter verbarg sich jedoch wie in den Vereinigten Staaten ein tiefgreifendes Problem. Niedrige Spar- und hohe Investitionsquoten ließen darauf schließen, dass die Leistungsbilanz – das Verhältnis zwischen den gesamten Ersparnissen und Investitionen eines Landes – aus dem Gleichgewicht geriet. Länder mit einem Leistungsbilanzüberschuss haben einen Überhang von Ersparnissen, die sie im Ausland investieren. Länder mit einem Leistungsbilanzdefizit benötigen dagegen Ersparnisse aus dem Ausland, um ihre Investitionen zu finanzieren. Dies war auch die Situation der Vereinigten Staaten und der übrigen Länder mit einer Immobilienblase: Sie wurden zunehmend von ausländischem Kapital abhängig. Dadurch blähten sich ihre Währungen auf, und die Leistungsbilanz verschlechterte sich weiter.

Als die Immobilienblase in den Vereinigten Staaten platzte, machten andere Länder in vergleichbaren Situationen ähnliche, oft noch schlimmere Entwicklungen durch. Entgegen einer verbreiteten Ansicht handelte es sich dabei nicht um eine direkte Folge der amerikanischen Subprimekrise. Diese könnte als Katalysator gedient haben, doch sie war nicht die Ursache, denn die meisten Länder mit einem überhitzten Immobilienmarkt warteten nur auf den Zusammenbruch. Sie benötigten lediglich einen kleinen Stoß, und den erhielten sie, als die Weltwirtschaft im Jahr 2008 in eine Rezession stürzte.

Die Vereinigten Staaten befanden sich nicht nur mit ihrem Immobilienboom in bester Gesellschaft, sondern auch auf einer ganzen Reihe anderer Gebiete. Nehmen wir beispielsweise das Problem des Fremdkapitals und der Risikofreudigkeit. In punkto Verantwortungslosigkeit standen die Banken und Finanzunternehmen anderer Länder den amerikanischen in nichts nach. Im Juni 2008 erreichte der Fremdkapitalanteil europäischer Banken neue Höhen.[18] Die ehrwürdige Credit Suisse hatte Fremdkapital in einem Verhältnis von 33:1 aufgenommen, und ING mit 49:1. Die Deutsche Bank steckte mit einem Fremdkapitalanteil von 53:1 bis zum Hals in Schulden, und am schlimmsten stand Barclays mit 61:1 da. Zum Vergleich: Lehman Brothers arbeitete lediglich mit einem bescheidenen Fremdkapitalanteil von 31:1 und die Bank of America sogar nur mit einem von 11:1.

Viele der europäischen Banken hatten sich begeistert am boomenden Geschäft mit der Finanzierung und Verbriefung amerikanischer Hypotheken und Kredite beteiligt. So kamen sie in den Besitz der explosiven hypothekenbesicherten Wertpapiere und CDOs, die mit dem Beginn der Immobilienkrise rapide an Wert verloren. Als der Markt für diese Wertpapiere zum Erliegen kam, mussten die europäischen Banken mitansehen, wie ihre potenziellen Verluste auf ein neues und erschreckendes Niveau stiegen. Ende 2009 schätzte die Europäische Zentralbank die Abschreibungen auf 550 Milliarden Euro und korrigierte frühere Schätzungen damit nach oben.[19]

Nicht alle diese Anlagen stammten aus den Vereinigten Staaten. Viele der europäischen Banken hatten ihre eigene Verbriefungsorgie gestartet und die Hypotheken europäischer Hausbesitzer, vor allem in Großbritannien, Spanien und den Niederlanden, in Form von Wertpapieren weiterverkauft. Allein im Jahr 2007 wurden Kredite im Wert von 496,7 Milliarden Euro auf diese Weise in forderungsbesicherte Wertpapiere verpackt.[20] Damit verblasst der europäische Markt zwar neben dem amerikanischen, doch die Standards dort waren ähnlich locker. Schlimmer noch, die Banken hatten einen großen Teil der Anleihen und Wertpapiere in Zweckgesellschaften zwischengelagert. Als die Krise zuschlug, mussten auch die europäischen Banken diese Papiere in ihre Bilanz aufnehmen.

Außerdem hatten viele Banken riskante Kredite in osteuropäischen Ländern vergeben, vor allem in Litauen, Ungarn, der Ukraine und Bulgarien. Mit Beginn der Krise waren viele dieser Währungen plötzlich mit Verlusten behaftet, und die Rückzahlungen gerieten ins Stocken. Plötzlich verzeichneten die Banken vor allem in Österreich, Italien, Belgien, Schweden und Deutschland massive Verluste in ihren Kreditportfolios. Wie ein dänischer Analyst Anfang 2009 meinte: »Die Märkte sind zu dem Schluss gekommen, dass Osteuropa jetzt die Subprimeregion Europas ist, und alle ziehen sich zurück.«[21] Die Krise war eine andere als in den Vereinigten Staaten, doch die Ursache war die dieselbe: zu viele riskante Kredite.

Dies erklärt, warum die Wirtschaft der Vereinigten Staaten nicht als einzige von der Krise getroffen wurde. Viele europäische Einrichtungen gerieten schon vor ihren amerikanischen Pendants in Schwierigkeiten. Die französische Bank BNP Paribas war eine der Ersten und stellte im Sommer 2007 einige Hedge-Fonds ein. Etwa zur gleichen Zeit wurde die IKB Deutsche Industriebank ein Opfer ihrer strukturierten Finanzprodukte. Kurze Zeit später musste mit der Sachsen LB eine weitere deutsche Bank gerettet werden. Und das war erst der Anfang: Später brach das gesamte isländische Bankwesen zusammen, und die meisten britischen Banken wurden praktisch verstaatlicht. Ähnliche Probleme trafen auch Irland, Spanien und eine ganze Reihe anderer europäischer Länder. Und als die Immobilienblase in Dubai zerplatzte, war das Regierungsunternehmen Dubai World, das die meisten der riskanten Investitionen getätigt hatte, praktisch zahlungsunfähig und zwang seine Gläubiger, die Rückzahlung seiner Schulden neu zu verhandeln.

In jedem dieser Fälle nahm die Krise einen vertrauten Verlauf. Viele Volkswirtschaften, vor allem in Westeuropa, konnten der Krise nicht entgehen, da auch sie unter denselben Schwächen litten: Immobilienblasen, eine übergroße Abhängigkeit von billigem Geld und Fremdkapital und bat im Dezember 2009 Abu Dhabi um Hilfe aus der Not.

Aus alledem lässt sich eine wichtige Erkenntnis für die Krisenökonomie ableiten: Ähnliche Krisen treten scheinbar synchron an unterschiedlichen Orten auf, weil sie von gemeinsamen Schwächen ausgelöst werden.[22] Beobachter sprechen gern von Epidemien und vergleichen das Phänomen mit einer Krankheit. Sie übersehen dabei eine entscheidende Tatsache: Krankheiten verbreiten sich vor allem unter denen, deren Immunsystem bereits geschwächt ist. In der jüngsten Krise zeigten viele europäische Volkswirtschaften dieselben Schwächen wie die amerikanische. Daher ist es kein Wunder, dass, als die Vereinigten Staaten niesten, die Welt einen Schnupfen bekam – oder vielleicht besser eine Grippe.

Doch nicht alle steckten sich an, und auch das ist wirklich aufschlussreich. Ein Beispiel ist Indien. Trotz einiger Rückschläge erwies sich die indische Wirtschaft als erstaunlich resistent.[23] Die konservative Zentralbank des Landes hatte in den vorhergehenden Jahren einen anderen Weg eingeschlagen als der Rest der Welt. Indische Politiker hatten sich einer Deregulierung des Finanzsystems widersetzt und die Banken gezwungen, erhebliche Rücklagen zu bilden. Während andere Nationen das Mantra der Marktwirtschaft beteten, deckelte Indien sein Finanzsystem. Daher war es weitgehend immun gegen die Krankheit.

Dies lässt sich bedauerlicherweise von den anderen Schwellenländern nicht sagen. Vor allem in Mittel- und Osteuropa erlebten viele der neuen Märkte dieselbe Blase und denselben Absturz. Doch ihr Schicksal war nicht nur einer gemeinsamen Schwäche geschuldet, sondern vor allem dem unseligen Verhältnis, das entwickelte und weniger entwickelte Volkswirtschaften oft zu beiderseitigem Schaden eingehen.

Neue Märkte, alte Probleme

Schwellenländer hängen oft vom Kapital der entwickelten Nationen ab. In guten Zeiten kann diese Abhängigkeit für beide Seiten ein Vorteil sein, aber in schlechten Zeiten erinnert sie häufig eher an einen Selbstmordpakt. Ein frühes Beispiel ist die Krise des Jahres 1825, als britische Investoren nach Mexiko und andere lateinamerikanische Staaten strömten, die sich kurz zuvor von der spanischen Herrschaft befreit hatten.[24] In den ersten Jahren der Unabhängigkeit flossen 150 Millionen Pfund in die Region, und die Spekulanten stürzten sich vor allem auf den Gold- und Silberbergbau in der Region. Dank der neuen Investitionen erlebten diese Länder eine wirtschaftliche Blüte – genau wie die Spekulanten, als die Aktien der Bergbaugesellschaften und die Staatsanleihen dieser Nationen in die Höhe schossen. Leider scheiterten viele der Vorhaben oder erwiesen sich als Betrug, weshalb schließlich der Markt zusammenbrach. Investoren warfen ihre Aktien auf den Markt und zogen ihre Investitionen aus Ländern wie Peru, Kolumbien und Chile zurück. Die lateinamerikanischen Staaten waren nicht in der Lage, ihre Schulden zu bezahlen. Im Jahr 1826 war Peru bankrott, andere Länder folgten. An der Londoner Börse brach Panik aus.[25]

Das Schwellenland, das im 19. Jahrhundert am stärksten von Krisen gebeutelt wurde, waren die Vereinigten Staaten. Investoren aus Europa, vor allem aus Großbritannien, butterten riesige Mengen Kapital in das Land und horteten Staatsanleihen, Kanalpapiere, Eisenbahnaktien und eine ganze Reihe anderer Anlagen. Dieser Geldstrom finanzierte Phasen des Aufschwungs und Spekulationsblasen in Europa. Die meisten Blasen platzten schließlich, was dazu führte, dass sich die ausländischen Investoren panisch ihrer »riskanten« amerikanischen Anleihen entledigten.

Das Ergebnis war jedes Mal absehbar: Auf beiden Seiten des Atlantiks schlug der Boom in eine Krise um. Viele amerikanische Banken und Unternehmen, die direkt oder indirekt von dem Überfluss an ausländischem Kapital profitiert hatten, brachen zusammen, genau wie ihre europäischen Pendants. Infolge der Panik von 1837 flohen Investoren in Scharen aus dem Land. Hunderte amerikanische Banken schlossen ihre Tore, ein Viertel der Bundesstaaten stellte die Rückzahlung ihrer Anleihen teilweise ein, und an der Londoner Börse brach Panik aus.[26] Eine ähnliche Flucht setzte 1857 ein.[27] Danach behauptete ein Beobachter mit gewisser Übertreibung, dass das »von fast allen Ausländern empfundene Misstrauen in Bezug auf die Zukunft der Vereinigten Staaten so groß war, dass der größere Teil amerikanischer Wertpapiere ... die im Ausland gehalten wurden, quasi um jeden Preis auf den Markt geworfen wurde.« Und die Geschichte wiederholte sich gleich 1873, als das abrupte Ende des Eisenbahnbooms die europäischen Investoren erneut in die Flucht schlug.

Anderen Schwellenländern erging es nicht anders. In den 1990er Jahren wurde beispielsweise eine ganze Generation von neuen Märkten in aller Welt von Krisen erschüttert: Mexiko 1994, Südkorea, Thailand, Indonesien und Malaysia 1997, Russland, Brasilien, Ecuador, Pakistan und die Ukraine 1998 und 1999 und die Türkei und Argentinien 2001. Nachdem ausländische Investoren diese Länder erst mit ihrem Kapital überschwemmt hatten, bekamen sie es irgendwann mit der Angst zu tun, flüchteten scharenweise und verursachten Währungskrisen, Pleitewellen und Staatsbankrotte. Nur das rechtzeitige Einschreiten des Internationalen Währungsfonds und der verschiedenen Notenbanken verhinderte ein weltweites wirtschaftliches Desaster.[28]

Probleme der Schwellenländer spielten auch in der gegenwärtigen Krise eine Rolle, jedoch weniger ausgeprägt und in anderer Form als in der Vergangenheit. Betroffen waren unter anderem die Volkswirtschaften des »neuen Europas«, die rund 20 Nationen des früheren Sowjetblocks. Wie ihre Vorgänger hatten sie vor allem eines gemeinsam: große Leistungsbilanzdefizite. In einigen Fällen wurden diese Defizite durch einen Immobilienboom und gewaltige Zuwächse des privaten Konsums sowie einen Rückgang der Sparquote verursacht, in anderen durch die Verschuldung des Staates und der Unternehmen. Was auch immer der Grund für die Defizite war, diese Länder liehen sich in großem Umfang Geld von Investoren und Banken der entwickelten Welt. Die Summen waren gewaltig: Zwischen 2002 und 2006 stieg die Neuverschuldung jährlich um 60 Prozent. Hinzu kam, dass diese Schulden in Fremdwährungen ausgestellt waren; dies erwies sich als fatal, als die jeweiligen Landeswährungen im Laufe der Krise an Wert verloren.

Die Krise traf auch Rumänien, Bulgarien, Kroatien und Russland, doch die baltischen Staaten Estland, Lettland und Litauen sowie Ungarn und die Ukraine wurden besonders gebeutelt. In diesen Ländern kehrte sich der Kapitalfluss mit einem Schlag um, als nervöse Investoren aus den »riskanten« Märkten – also den Schwellenländern – flohen und sich in vermeintlich sicherere Häfen flüchteten. Das Resultat war vorhersehbar und brutal. Ungarn, Island, Weißrussland, die Ukraine und Lettland traten Hand in Hand vor den Internationalen Währungsfonds und baten um finanzielle Hilfe. In den drei Ländern des Baltikums taumelte der Bankensektor. Die baltischen Staaten traf es am härtesten. Ihre Arbeitslosenzahlen bewegten sich im Frühjahr 2009 im zweistelligen Bereich. In Lettland kam es zu Unruhen, die Regierung trat zurück, und das Land verlor seine Kreditwürdigkeit.

Dies entspricht dem klassischen Muster von Schwellenländern, die mit dem Zustrom von ausländischem Kapital einen Aufschwung erleben und zusammenbrechen, wenn die Investoren ihr Geld abziehen. Auf eine andere Gruppe von Schwellenländern, die ebenfalls von der Krise in Mitleidenschaft gezogen wurden, trifft dieses Muster jedoch nicht zu. Anders als viele Schwellenländer in der Vergangenheit oder in Osteuropa verzeichneten diese Länder einen Leistungsbilanzüberschuss. Neben China gehörten auch Brasilien und einige kleinere Länder im Nahen Osten, in Asien und Lateinamerika zu dieser Gruppe.

Länder mit einem Leistungsbilanzüberschuss verzeichnen in der Regel steigende Währungskurse. Dies war in den Jahren vor der Krise jedoch nicht der Fall. Die Regierungen dieser Länder intervenierten aggressiv auf dem internationalen Markt, um ihre Währungen niedrig zu halten und mit ihren Exporten auf dem Weltmarkt konkurrieren zu können. Damit wuchsen jedoch die

Reserven in Dollar und anderen ausländischen Währungen im Inland und vergrößerten das Geldangebot.

Die negativen Folgen blieben nicht aus. Der Überfluss an billigem Geld kurbelte die Inflation an und förderte die Entstehung von Spekulationsblasen vor allem auf dem heimischen Aktienmarkt. Auf dem Höhepunkt Ende 2007 lagen die Aktienpreise in China und Indien 40- oder 50-mal über dem Ausgabepreis, und die Papiere waren damit weit überbewertet. Viele dieser Volkswirtschaften waren schon vor der amerikanischen Finanzkrise überhitzt und damit ausgesprochen anfällig für plötzliche Schocks. Diese Schwächen und der nachfolgende Absturz hingen nur zum Teil mit den Vereinigten Staaten zusammen; sie waren vielmehr eine Folge der eigenen Politik. Diese Länder wurden zwar Opfer der weltweiten Krise, doch für ihre Probleme waren sie zu einem Gutteil selbst verantwortlich.

Das Ende der Entkopplung

Als die Krise Anfang 2008 an Fahrt gewann, handelten die Politiker außerhalb der Vereinigten Staaten unentschlossen, obwohl alles darauf hinwies, dass eine globale Epidemie bevorstand. Dennoch klammerten sich viele an die Vorstellung von der Entkopplung und machten sich Sorgen, ihre Volkswirtschaften könnten sich überhitzen und in eine Inflationsspirale geraten. Da hoben viele Notenbanken in den Schwellenländern die Zinsen an, um die Zügel der Geldpolitik anzuziehen. Die Notenbanken der Industrienationen folgten, darunter die Europäische Zentralbank, die Mitte 2008 eine unglückliche Erhöhung der Leitzinsen forcierte.

Schlimmer noch, die europäischen Politiker weigerten sich, aggressive Konjunkturprogramme aufzulegen. Diejenigen europäischen Nationen, die sich ein solches Investitionsprogramm am ehesten hätten leisten können – allen voran Deutschland –, taten zunächst wenig, und denjenigen Ländern, die es am nötigsten hatten – Spanien, Portugal, Italien und Griechenland –, fehlte das Geld. Die Länder des sogenannten »Club Med« hatten aufgrund ihrer hohen Haushaltsdefizite und ihres größeren Verschuldungsgrades kaum Handlungsspielräume.

Aufgrund dieser politischen Fehlentscheidungen waren die Industrienationen und Schwellenländer nur sehr unzureichend auf die Krise vorbereitet. Die Politiker wurden auf dem falschen Fuß erwischt, und es ist zum Teil ihren Fehleinschätzungen zu verdanken, dass die Weltwirtschaft in die schlimmste Rezession seit den dreißiger Jahren stürzte. Im vierten Quartal des Jahres 2008 und im ersten Quartal des Jahres 2009 schrumpfte die Weltwirtschaft in einem Umfang und auf einer Breite, wie es nur mit den Anfangsjahren der Weltwirtschaftskrise, 1929 bis 1931, vergleichbar ist.[29]

Statt sich zu entkoppeln, litt der Rest der Welt in diesem Winter mehr als die Vereinigten Staaten. Während die amerikanische Wirtschaft in diesen beiden Quartalen gegenüber dem Vorjahr um 6 Prozent schrumpfte, fielen die Rückgänge andernorts deutlich heftiger aus. Länder, die sich eigentlich entkoppeln sollten, taten das Gegenteil.[30] Im letzten Quartal des Jahres 2008 schrumpfte die japanische Wirtschaft, die angeblich immun gegen die Krise war, um 12,7 Prozent gegenüber dem Vorjahr und die südkoreanische sogar um 13,2 Prozent. China verhinderte eine Rezession, doch das Wirtschaftswachstum fiel unter das erforderliche Niveau. Der Rest der Welt hatte weniger Glück. Als die Suche nach den Schuldigen begann, zeigten viele Beobachter auf den Konkurs von Lehman Brothers, den sie für die Ursache allen Übels hielten. Diese Ansicht ist bis heute verbreitet.

Diese Interpretation klingt zwar tröstlich, doch sie ist falsch. Zum Zeitpunkt des Lehman-Bankrotts, im September 2008, befanden sich die Vereinigten Staaten bereits seit zehn Monaten in einer Rezession, und viele Länder saßen in demselben Boot. Die Kreditklemme hatte mehr als ein Jahr zuvor begonnen, ebenso wie die Probleme auf den Kapitalmärkten. Die Krise in den Vereinigten

Staaten, die mehr als anderthalb Jahre vor der Lehman-Pleite begann, hatte den Rest der Welt bereits über eine Reihe von Kanälen erreicht: über das Finanzsystem, die Handelsbeziehungen sowie über Rohstoffe und Währungen.

Die anderen Länder wurden nicht durch puren Zufall infiziert. Seit Jahren waren ihre Volkswirtschaften durch Immobilien-, Spekulations- und Kreditblasen, Schuldenprobleme, Risikoverhalten und Überhitzung gekennzeichnet. Ihre Schwächen hatten sich über Jahre hinweg entwickelt, und selbst Länder, die vorsichtiger vorgegangen waren – etwa China und der Rest Asiens –, hingen stärker vom Export ab, als gut für sie war. Auch sie waren verwundbar, wenn auch aus anderen Gründen: Ihr Wohlstand hing von Blasen auf der anderen Seite des Erdballs ab, und diese waren bereits vor der Lehman-Pleite geplatzt.

Doch der spektakuläre Zusammenbruch der angesehenen Investmentbank diente immerhin dazu, den Politikern das Risiko einer neuen Weltwirtschaftskrise deutlich vor Augen zu führen. Ende 2008 blickten Politiker in aller Welt in den Abgrund und wurden gläubig. Sie fuhren ihr gesamtes Arsenal an Rettungsmaßnahmen auf. Einige Strategien, beispielsweise Zinssenkungen, stammten aus dem klassischen Repertoire der Wirtschaftspolitik. Andere schienen jedoch aus einer anderen Welt und vor allem aus einer anderen Zeit zu stammen. Plötzlich hantierten Politiker mit Begriffen wie »quantitative Lockerung«, »Kapitalspritzen«, »Notenbank-Swaps« und anderen unorthodoxen Werkzeugen. Einiges davon war erprobt, anderes nicht. Einiges funktionierte, anderes scheiterte.

In der Summe verhinderten die Maßnahmen vermutlich, dass sich die globale Rezession zur neuen Weltwirtschaftskrise auswuchs. Doch ob die Medizin nicht gefährlicher ist als die Krankheit, steht auf einem ganz anderen Blatt. Dieser Frage sowie dem Schaden und Nutzen unkonventioneller politischer Maßnahmen bei der Bekämpfung von Finanzkrisen wollen wir uns jetzt zuwenden.

KAPITEL 6

DIE LETZTE RETTUNG

Als die Vereinigten Staaten im Jahr 2007 von der schlimmsten Finanzkrise seit Generationen heimgesucht wurden, war Ben Bernanke gerade zum Chef der amerikanischen Notenbank ernannt worden – ein bemerkenswerter Zufall, denn Bernanke war einer der führenden Experten für die Weltwirtschaftskrise der dreißiger Jahre. Er wusste über die komplexe Dynamik hinter diesem weltverändernden Ereignis so viel wie kaum ein anderer Wirtschaftswissenschaftler der Gegenwart. Während seiner akademischen Laufbahn hatte er wegweisende Artikel über die Ursachen und Auswirkungen der schlimmsten Wirtschaftskrise in der Geschichte der Vereinigten Staaten verfasst.

Bernanke bezog sich dabei auf die Pionierarbeit der Monetaristen Milton Friedman und Anna Jacobson Schwartz. Wie wir in Kapitel 2 gesehen haben, hatten die beiden Vordenker mit früheren Auslegungen der Weltwirtschaftskrise gebrochen und behauptet, die Geldpolitik – mit freundlicher Empfehlung der Notenbank – sei für das Debakel verantwortlich gewesen. Nach ihrer Interpretation hatte es die Notenbank durch Untätigkeit und Unfähigkeit nicht nur versäumt, die Katastrophe zu verhindern, sondern sogar zu ihrer Entstehung beigetragen. Diese These griff Bernanke auf und entwickelte sie weiter. Er legte dar, wie der Kollaps des Finanzsystems Sand ins Getriebe der Wirtschaft geworfen und die Nation in eine schwere Krise gestürzt habe.[1]

Bernankes kritische Beurteilung der historischen Rolle, die die Notenbank während der großen Krise gespielt hatte, und seine Verehrung für Friedman wurden im Jahr 2002 auf der Feier zum neunzigsten Geburtstag des betagten Wirtschaftswissenschaftlers deutlich. Damals gehörte Bernanke bereits dem Notenbankrat an. In seiner Ansprache wandte er sich mit folgender Bemerkung an die beiden Veteranen der Wirtschaftswissenschaft: »Sie hatten Recht, wir waren schuld [an der Weltwirtschaftskrise]. Wir bedauern das sehr. Aber Ihnen ist es zu verdanken, dass es nicht wieder dazu kommen wird.«[2]

Dieser Mann war also für die Geldpolitik zuständig, als die Krise begann. Es ist daher nicht weiter verwunderlich, dass er die Ereignisse durch die Brille der knapp 80 Jahre zurückliegenden Geschehnisse betrachtete und entsprechend handelte. Er brach Regeln und erprobte neue Instrumente. Die Geschichte durfte sich nicht wiederholen. Wie Bernanke im Sommer 2009 zu einem Journalisten sagte: »Ich wollte nicht der Notenbankchef werden, in dessen Amtszeit die zweite Weltwirtschaftskrise fällt.«[3]

Zu diesem Zweck revolutionierte Bernanke die Geldpolitik mit einer atemberaubenden Reihe von Eingriffen in das Finanzsystem, die bis heute nur wenige durchschauen. Manche dieser Schritte hatte Bernanke bereits in petto, andere erfand er im Lauf der Monate, als die Gefahr einer Deflation und einer umfassenden Wirtschaftskrise zunahm. Er zog alle Register, von der konventionellen Währungspolitik wie der Nullzinspolitik bis hin zu beispiellosen Maßnahmen, die in vielerlei Hinsicht eine massive Ausweitung der wirtschaftspolitischen Befugnisse der Notenbank darstellten.

Diese Interventionen trugen vermutlich zur Abwendung einer neuen Weltwirtschaftskrise bei, warfen aber eine ganze Reihe beunruhigender Probleme auf. Neben der Frage, wie sich diese Schritte wieder zurücknehmen ließen, wenn sie erst einmal getan waren, barg Bernankes Politik die Gefahr, das leichtfertige Risikoverhalten der Manager im großen Stil zu fördern. In ihrem Eifer, das Finanzsystem zu stützen, rettete die Notenbank nicht nur nicht liquide, sondern auch zahlungsunfähige Finanzinstitute. Dies hatte eine Präzedenzwirkung, die schwer rückgängig zu machen sein wird und langfristig die Disziplin des Marktes aushöhlen könnte. Dies wiederum könnte den Boden für größere Blasen und verheerendere Krisen bereiten.

Nicht minder problematisch ist, dass manche der währungspolitischen Strategien Bernankes einen Eingriff in die traditionellen finanzpolitischen Rechte der Regierung, vor allem in der Ausgabenpolitik, darstellen. In der jüngsten Krise schöpfte die Federal Reserve den gesetzlichen Rahmen voll aus und nutzte ihre Befugnisse unter anderem dazu, sichere Staatsanleihen gegen Giftpapiere einzutauschen oder, noch radikaler, diese Anlagen aufzukaufen und in die eigene Bilanz zu nehmen. Solche Maßnahmen mögen ihren Zweck erfüllen, doch sie umgehen den demokratischen Prozess.

Die Maßnahmen Bernankes und anderer Zentralbanken vermitteln einen ersten Eindruck davon, wie unorthodox Währungspolitik im Namen des Krisenmanagements eingesetzt und vielleicht auch missbraucht werden kann.

Das Gespenst der Deflation

In der Nachkriegszeit folgte der Konjunkturzyklus in den Vereinigten Staaten einem weitgehend vorhersehbaren Muster. Die Volkswirtschaft erhob sich aus der Rezession, wuchs und erlebte schließlich einen Boom. An diesem Punkt brachte die Notenbank den Zyklus zum Abschluss, indem sie die Zinsen anhob, um die Inflation einzudämmen und eine Überhitzung der Konjunktur zu vermeiden. Daraufhin schrumpfte die Wirtschaft, und es folgte eine neue Rezession.

In manchen Fällen, vor allem in den Jahren 1973, 1979 und 1990, wurde die Rezession unter anderem von einem Phänomen ausgelöst, das Wirtschaftsfachleute als »exogenen negativen Angebotsschock« bezeichnen. In diesen drei Jahren wurden die Ölpreise durch eine geopolitische Krise im Nahen Osten in die Höhe getrieben und die Inflation stieg. Als die Notenbank die Zinsen anhob, um den Preisanstieg zu bremsen, schrumpfte die Wirtschaft wie gewohnt.

Was auch immer die Ursachen des Abschwungs waren, die Inflation sank in jedem Fall wieder, wenn auch nie auf null. Auf den Einbruch beim Output oder dem Bruttoinlandsprodukt – in der Regel um ein oder zwei Prozentpunkte – folgten ein unerfreulicher, aber verkraftbarer Anstieg der Arbeitslosigkeit und die üblichen negativen Begleiterscheinungen einer Rezession.

Mitunter begann die Wirtschaft aus eigenem Antrieb wieder zu wachsen. Andernfalls kurbelte die Politik den Aufschwung an, indem sie auf bewährte Instrumente zurückgriff. Zum einen wurden die Leitzinsen gesenkt, was dazu führte, dass Haushalte und Unternehmen günstigere Kredite aufnehmen konnten. Dies wiederum beflügelte die Nachfrage nach allen möglichen Gütern, vom Eigenheim bis zur Fabrikanlage. Zinssenkungen hatten oft den Nebeneffekt, dass der Dollar an Wert verlor. Das machte Exporte attraktiv und verteuerte Importe, wodurch die Nachfrage nach einheimischen Waren stieg – was wiederum zur wirtschaftlichen Erholung beitrug. Dazu kamen konjunkturpolitische Maßnahmen, die aus dem Haushalt finanziert werden.

Die ersten zehn Rezessionen im Nachkriegsamerika hielten sich weitgehend an dieses Drehbuch. Mit Ausnahme einer besonders hartnäckigen Rezession nach dem Ölpreisschock von 1973 waren die meisten nach weniger als zwölf Monaten beendet. Ein weiterer Ausreißer war die Rezession nach dem zweiten Ölpreisschock von 1979. Um die Inflation zu bekämpfen, entschied sich die Notenbank zu einer Hochzinspolitik, die diese Rezession schwerer ausfallen ließ. Dieses Vorgehen war brutal, aber erfolgreich, und bereitete den Boden für den gefeierten »langen Aufschwung«. Infolgedessen dauerten die Rezessionen von 1991 und 2001 nur je acht Monate. Natürlich gab es Heulen und Zähneklappern, doch die Einbrüche mündeten stets in neuerliches Wachstum und Optimismus, was in unterschiedlichem Maße den währungspolitischen Lockerungen, Investitionsanreizen und Steuersenkungen zu verdanken war.

Die zwölfte Nachkriegsrezession, die im Kielwasser der jüngsten Finanzkrise einsetzte, nahm einen anderen Verlauf. Die Preise stagnierten nicht nur, sondern sanken in manchen Fällen zum ersten Mal seit 50 oder 60 Jahren. Das waren Anzeichen einer Deflation – einer Erscheinung, die Politiker jeglicher Couleur nervös werden ließ. Ihre Wiederkehr »jagt den Wirtschaftswissenschaftlern kalte Schauer über den Rücken«, berichtete die *New York Times* im Herbst 2008.[4] Im folgenden Frühjahr stieß Notenbankchef Bernanke in dasselbe Horn, als er erklärte: »Wir gehen derzeit sehr aggressiv vor, weil wir eine Deflation vermeiden wollen.«

Den Uneingeweihten war die ganze Aufregung suspekt. Sinkende Preise waren doch gut, oder etwa nicht? Wenn alles weniger kostete, konnten die Menschen schließlich mit jedem Dollar, den sie in der Tasche hatten, mehr einkaufen. Was sollte daran schlecht sein? Es gab tatsächlich vereinzelt Episoden mit geringen, konstanten Deflationsraten, die mit einem robusten Wirtschaftswachstum einhergingen.[5] Das war allerdings meist dem technischen Fortschritt zu verdanken, der Waren verbilligte. So trugen der Ausbau der Eisenbahnlinien und die Entwicklung neuer Produktionsmethoden von 1869 bis 1896 zu einem Rückgang der Preise um 2,9 Prozent pro Jahr bei. Gleichzeitig wuchs die Wirtschaft trotz wiederkehrender Krisen im Durchschnitt um jährlich 4,6 Prozent.

Diese Phase ist für die Wirtschaftshistoriker eine Kuriosität, denn Deflation verträgt sich in der Regel nicht mit Wirtschaftswachstum. Das liegt daran, dass der Preisverfall meist nicht durch technische Neuerungen verursacht wird, sondern durch einen Einbruch der Gesamtnachfrage im Verhältnis zum Warenangebot und zur Produktionskapazität einer Volkswirtschaft.

Diese verbreitetere Art der Deflation kann im Wirtschaftsalltag die merkwürdigsten Konsequenzen haben. So kann sie etwa Verbraucher von größeren Anschaffungen abhalten. Wer sich heute ein Auto oder ein Haus kauft, greift leicht in ein fallendes Messer. Das Gleiche gilt für Fabriken, die größere Investitionen planen. In beiden Fällen kann es besser sein, so lange abzuwarten, bis die Preise nicht weiter fallen. Doch aufgeschobene Ausgaben tragen leider nicht dazu bei, das Wirtschaftswachstum anzuregen. Ganz im Gegenteil.

Deflationsschübe durch Finanzkrisen sind dagegen ganz anderer Natur und unter Umständen weitaus gefährlicher. Diese Art der Deflation war im Nachgang der wiederkehrenden Krisen des 19. Jahrhunderts relativ häufig, kam aber im 20. Jahrhundert viel seltener vor. Sie trat zwar in der Weltwirtschaftskrise der dreißiger Jahre in Erscheinung, verschwand danach aber weitgehend von der Bildfläche. Erst in den neunziger Jahren tauchte sie wieder auf – zunächst nach dem Platzen der Spekulationsblase in Japan und dann gegen Ende des Jahrzehnts im Gefolge der Rezession in Argentinien.

Es war die Aussicht auf eine solche Deflation, die den Wirtschaftsexperten in der jüngsten Krise »kalte Schauer« über den Rücken jagte. Wie sie nur zu gut wussten, konnte diese Deflation sich auf die gesamte Wirtschaft auswirken. Selbst wenn sich eine ausgewachsene Wirtschaftskrise vermeiden lässt, kann die Deflation das Wachstum auf Jahre hinaus lähmen und einen Zustand herbeiführen, der sich am besten als »Stag-Deflation« bezeichnen lässt, einer Mischung aus wirtschaftlicher Stagnation oder gar Rezession und Deflation. Wenn es dazu kommt, versagen die üblichen Werkzeuge der Geldpolitik.

Irving Fisher war einer der Ersten, der die Dynamik der Deflation durchschaute. Fisher ist bis heute dafür bekannt, dass er kurz vor dem Börsencrash von 1929 behauptete, die Aktienkurse hätten sich auf einem »dauerhaft hohen Niveau« eingependelt. Er rehabilitierte sich jedoch später durch die Formulierung einer überzeugenden Theorie über den Zusammenhang zwischen Finanzkrisen,

Deflation und Wirtschaftskrisen – kurz dem, was er als »die Schulden-Deflationstheorie großer Wirtschaftskrisen« bezeichnete. Einfach ausgedrückt sah Fisher zwei Ursachen für die Eskalation von Wirtschaftskrisen: eine zu hohe Verschuldung vor der Krise und ein zu starker Preisverfall danach.[6]

Fisher erkannte, dass den schlimmsten Rezessionen der Vereinigten Staaten – den Krisen der Jahre 1837, 1857, 1893 und 1929 – eine starke Verschuldung der Gesamtwirtschaft vorausgegangen war. Kam es dann zu einem Schock wie dem Börsencrash des Jahres 1929, forderten Banken ausstehende Verbindlichkeiten ein. Nach Fishers Ansicht waren der nachfolgende überstürzte Verkauf von Schuldtiteln und der Aufbau liquider Reserven zwar nachvollziehbar, schadeten jedoch der Gesundheit der Gesamtwirtschaft. Wie er 1933 erläuterte, »wächst die Schuldenlast Einzelner allein schon durch deren Bestrebungen, sie zu reduzieren, weil der Exodus aus Schuldtiteln eine Massenwirkung ausübt ... je mehr die Schuldner zahlen, desto mehr schulden sie«.[7] Er ermittelte, dass die Schuldner zwar von Oktober 1929 bis März 1933 rund 20 Prozent des Nennwerts ihrer Schulden getilgt hatten, dass die Deflation die Restschuld de facto jedoch um 40 Prozent ansteigen ließ.

Wie kann das sein? Fisher argumentierte, im Zuge des hektischen Ausverkaufs von Anlagen verfielen die Preise für nahezu alles, von Wertpapieren bis zu Rohstoffen. Das Angebot übertreffe die Nachfrage, und die Preise fielen. Gleichzeitig würden die Guthaben bei Banken angezapft, um Schulden abzuzahlen, oder sie würden aus Angst vor Bankpleiten gleich ganz abgehoben. Das wiederum führe zu einem Rückgang der von Wirtschaftswissenschaftlern als »Buchgeld« bezeichneten Größe und am Ende zu einer Kontraktion der gesamten Geldmenge. Dadurch gerieten die Preise weiter unter Druck. Der Preisverfall erfasse sämtliche Anlagen, wodurch das Nettovermögen der Banken und Unternehmen abschmelze, die eben jene Anlagen besitzen. Das wiederum führe zu neuen Notverkäufen, einem weiteren Preisverfall und einer Beeinträchtigung der Marktliquidität. Düsterkeit und Pessimismus verbreiteten sich, Bargeld werde gehortet, und der Ausverkauf gehe weiter.

Diese Deflationsspirale habe unheilvolle Konsequenzen. Wenn jeder um Rückzahlung seiner Schulden bemüht sei (und die Gesamtnachfrage nach Gütern in einer schweren Rezession einknicke), steigere der nachfolgende Preisverfall bei Waren und Dienstleistungen paradoxerweise die Kaufkraft einer Währung und damit die eigentliche Belastung durch die verbleibenden Schulden. Anders ausgedrückt erhöhe die Deflation den realen Wert nominaler Verbindlichkeiten. Statt Schulden abzubauen, standen die Menschen also noch tiefer in der Kreide als zuvor. Daher sprach Fisher vom »großen Paradoxon«. Je mehr jemand abzahle, desto schwerer werde seine Schuldenlast.[8]

Das also ist die Schuldendeflation. Verständlicher wird dieses Phänomen, wenn wir das Gegenteil, die Schuldeninflation, betrachten. Stellen Sie sich zum Beispiel vor, Sie nehmen als Haushalt oder Unternehmen ein Darlehen über 100 000 US-Dollar mit zehn Jahren Laufzeit zu einem Zinssatz von 5 Prozent auf. Zum Zeitpunkt der Kreditaufnahme liegt die bei 3 Prozent. Bleibt die Inflation in dieser Höhe, zahlen Sie in Wirklichkeit nur 2 Prozent Zinsen pro Jahr – so viel nämlich, wie nach Abzug der Inflation vom ursprünglichen Nominalzins übrig bleibt. Steigt die Inflation auf 5 Prozent pro Jahr, entspricht das einem zinslosen Kredit. Die Teuerung zehrt effektiv den gesamten Zins auf. Gerät die Inflation außer Kontrolle und erreicht 10 Prozent, haben Sie nicht nur einen zinslosen Kredit, sondern müssen überdies weniger tilgen. Dies sind Beispiele für die Berechnung des sogenannten »Effektivzinses«, der Differenz zwischen dem Nominalzins und der Inflationsrate.

Sie finden das verwirrend? Vielleicht wird es an einem extremeren Beispiel anschaulicher. Stellen Sie sich vor, Sie haben den erwähnten Kredit über 100 000 US-Dollar aufgenommen, und die Inflation galoppiert ungezügelt davon. Preise, Löhne und Gehälter schnellen in astronomische Höhen. Für einen Laib Brot, der früher einen Dollar kostete, zahlen Sie jetzt 1 000 Dollar. Der Mindestlohn, der vordem kaum der Rede wert war, beträgt neuerdings mehrere Millionen Dollar pro Jahr, während eine ordentlich bezahlte Arbeit Hunderte Millionen einbringt. Was passiert jetzt mit Ihrem 100 000-Dollar-Darlehen? Das lautet nach wie vor auf jene früheren, wertvolleren Dollar. Der Kapitalbetrag ändert sich durch die Inflation nicht. Trotzdem ist es viel einfacher geworden, den Kredit zu tilgen. Das kostet Sie gerade mal so viel wie Ihre Lebenshaltungskosten für einen Monat.

Die Erklärung: Sie zahlen Schulden in Dollar zurück, die weniger wert sind als zu der Zeit, als Sie Ihren Kredit aufgenommen haben. Aus diesem Grund ist die Inflation der Freund des Kreditnehmers. Sie vernichtet effektiv den Wert des ursprünglich geschuldeten Betrages.

Deflation ist dagegen der Feind des Kreditnehmers. Kommen wir zurück zu unserem Kredit mit zehn Jahren Laufzeit und 5 Prozent Zinsen. Nehmen wir an, dass die Preise nicht wie erwartet steigen, sondern um 2 Prozent fallen. Das bedeutet, dass Sie in Wirklichkeit effektiv 7 Prozent Zinsen pro Jahr bezahlen. Erreicht die Deflation 5 Prozent, verdoppeln sich ihre effektiven Kreditkosten auf 10 Prozent im Jahr. Sie versuchen also, Schulden mit Dollars zurückzuzahlen, die einen höheren Wert haben als zum Zeitpunkt der Kreditaufnahme. Obwohl jeder Dollar jetzt mehr wert ist, haben Sie leider weniger zur Verfügung, weil Ihr Gehalt gesunken ist.

Das Ende vom Lied der Schuldendeflation ist, dass die Kreditkosten der Haushalte, Unternehmen oder Banken weit über die erwartete Höhe hinausschießen. Wenn nun noch die weiteren typischen Merkmale einer schweren Finanzkrise hinzukommen – wie steigende Arbeitslosigkeit, wachsende Panik und generell mangelnde Bereitschaft zur Kreditvergabe –, wird es für Kreditnehmer schwer, ihren Verpflichtungen nachzukommen oder sie alternativ zu besseren Konditionen zu refinanzieren. Investoren meiden sämtliche riskanten Anlagen und greifen nach liquiden, sicheren Investitionen wie Barguthaben oder Staatsanleihen. Das verschärft die Kreditklemme, da alle auf ihrem Geld sitzen und niemand Kredite vergeben will. Trocknet der Kreditmarkt aus, werden mehr und mehr Akteure zahlungsunfähig, was dem ursprünglichen Zyklus von Deflation, Schuldendeflation und weiteren Ausfällen neue Nahrung gibt.

Das Ergebnis ist eine schwere Wirtschaftskrise, in deren Verlauf die Volkswirtschaft eines Landes um 10 Prozent oder mehr schrumpft. Einen Kollaps wie die Weltwirtschaftskrise der dreißiger Jahre, die Irving Fisher ebenso traumatisierte wie inspirierte, hatte es zuvor noch nie gegeben. Von seinem Höchst- bis zum Tiefststand verlor der Aktienmarkt 90 Prozent seines Wertes, die Wirtschaft schrumpfte um mehr als 30 Prozent, und 40 Prozent aller Banken des Landes brachen zusammen. Die Arbeitslosigkeit stieg auf fast 25 Prozent an. Und die Deflation? Es kam zu einem Preissturz. Für ein Dutzend Eier, das 1929 noch 53 US-Cent gekostet hatte, zahlte man 1933 nur noch 29 Cent und damit ganze 45 Prozent weniger. Bei Löhnen oder Gaspreisen waren ähnliche Rückgänge zu verzeichnen.[9]

Kein Wunder also, dass Fishers Vision so düster war. Wie er mitten in der Krise 1933 schrieb: »Wenn der Rückgang des Preisniveaus nicht durch einen gegenläufigen Effekt aufgehalten wird, setzt sich eine solche Wirtschaftskrise jahrelang fort und wird in einer verhängnisvollen Spirale immer schlimmer. Das Boot schaukelt unablässig weiter, bis es kentert.« Fisher räumte zwar ein, dass sich die Dinge am Ende stabilisieren könnten – nach einem »nahezu universellen Bankrott« –, doch er hielt dies für »unnötig und grausam«. Stattdessen empfahl er, die Politik solle die Preise auf den Stand vor der Krise »reflationieren«: »Wenn die Schulden-Deflations-Theorie großer Wirtschaftskrisen korrekt ist, bekommt die Frage nach der Kontrolle des Preisniveaus eine ganz neue Bedeutung und diejenigen, die am Ruder sitzen – die Notenbank und der Finanzminister – tragen künftig eine ganz andere Verantwortung.«[10]

Diese Worte gingen Notenbankchef Benjamin Bernanke, Finanzminister Henry Paulson und seinem Nachfolger Timothy Geithner vermutlich durch den Kopf, als sie sich mit Ereignissen konfrontiert sahen, die an eine Neuauflage der Weltwirtschaftskrise erinnerten. Doch wie fast alles in der Finanzkrise ist auch die Reflation – oder, um es klarer zu formulieren, die Herbeiführung der Inflation –, einfacher gesagt als getan. Wenn eine deflationäre Spirale erst einmal in Gang gekommen ist, greift die konventionelle Geldpolitik in der Regel nicht mehr. Auch gegen viele andere negative Begleiterscheinungen von Finanzkrisen ist sie wirkungslos. Es müssen andere Instrumente entwickelt und zum Einsatz gebracht werden.

Die Liquiditätsfalle

Wenn Wirtschaftswissenschaftler von einem Versagen der konventionellen Geldpolitik sprechen, fällt häufig der Begriff »Liquiditätsfalle«. Um zu verstehen, warum die politischen Entscheider diesen Zustand so fürchten, wollen wir uns ansehen, wie Zentralbanken Geldmenge, Zinsen und Inflation kontrollieren.[11]

In den Vereinigten Staaten steuert die Federal Reserve die Geldmenge vor allem über sogenannte »Offenmarktgeschäfte«. Das bedeutet, dass die Zentralbank die Möglichkeit hat, kurzfristige Staatsanleihen am offenen Markt zu kaufen oder zu verkaufen und damit dem Bankensystem Geld zuzuführen oder zu entziehen. Dadurch wiederum verändert sich die Federal Funds Rate, die oft als Leitzins bezeichnet wird. Zu diesem Leitzins verleihen amerikanische Banken untereinander das Tagesgeld der Notenbank weiter. Er gibt unter normalen Umständen die Kreditkosten auf den verschiedensten Ebenen der Wirtschaft wieder und ist eines der effektivsten Steuerungsinstrumente der Notenbank.

Und das funktioniert so: Nehmen wir an, die Notenbank befürchtet eine Überhitzung der Konjunktur und einen Anstieg der

Inflation. Um dies zu verhindern, verkauft sie kurzfristige Staatsanleihen im Wert von 10 Milliarden US-Dollar. Auf diese Weise entzieht sie dem Bankensystem effektiv Geld: Die Käufer der Anleihen stellen Schecks auf ihre jeweilige Hausbank aus, welche die Notenbank einlöst. Das Geld behält sie und nimmt damit 10 Milliarden US-Dollar aus dem Umlauf. Da Banken jedoch mit jedem bei ihnen angelegten Dollar weit größere Beträge weiterverleihen, hat sich das verfügbare Geld in Wirklichkeit um ein Vielfaches reduziert, sagen wir, um 25 bis 30 Milliarden US-Dollar.

Somit hat die Notenbank die Geldmenge verknappt und die Kreditaufnahme effektiv erschwert, oder genauer gesagt hat sie die Kreditkosten erhöht. Geld gehorcht wie jede andere Handelsware den Gesetzen von Angebot und Nachfrage. Ist das Angebot geringer, kostet es mehr, sich Geld zu leihen. Die Zinsen steigen also, weil die Kreditgeber höhere Sätze verlangen können. Nichts anderes ist gemeint, wenn es in den Medien heißt, die Notenbank habe die Leitzinsen angehoben. In Wirklichkeit hat sie die Sätze nicht aktiv heraufgesetzt, sondern durch Offenmarktgeschäfte einen höheren »Zielsatz« angepeilt.

Nehmen wir nun an, die Inflationsgefahr ist gebannt, und die Notenbank befürchtet nun, dass die Wirtschaft auf eine Rezession zusteuert. Also setzt sie ein niedrigeres Ziel für den Leitzins fest und pumpt wieder Geld in die Wirtschaft, indem sie kurzfristige Staatsanleihen aufkauft. Das Geld dazu nimmt sie buchstäblich aus der Luft. Die Notenbank stellt praktisch einen Scheck über 10 Milliarden US-Dollar aus und gibt ihn den Verkäufern der Staatspapiere. Die zahlen dieses Geld bei verschiedenen Banken ein, und diese wiederum verwenden es, um ein Mehrfaches an Krediten zu vergeben. Plötzlich ist wieder mehr und billigeres Geld verfügbar. Wenn der Wirtschaft Geld zugeführt wird, hat dies den Effekt, dass die Leitzinsen und damit die Zinsen ganz allgemein sinken.

So weit der Normalfall. An einer Liquiditätsfalle ist jedoch nichts normal. Dazu kommt es, wenn die Notenbank ihre Möglichkeiten zu Offenmarktgeschäften erschöpft hat. Dieser gefürchtete

Moment tritt ein, wenn die Notenbank den Leitzins auf null gedrückt hat. Normalerweise sollte dann jede Menge leicht verfügbares Geld in die Wirtschaft fließen und das Wachstum ankurbeln. Doch nach einer Finanzkrise reicht es womöglich nicht aus, die Zinsen einfach auf null zu senken. Die Notenbank tut das, um das Vertrauen wiederherzustellen; sie möchte die Banken dazu bewegen, sich gegenseitig Geld zu leihen. Stattdessen sind die Banken so um ihren Liquiditätsbedarf besorgt und trauen einander so wenig, dass sie das Geld lieber horten, als es zu verleihen. Obwohl der Leitzins auf null steht, verleihen die Banken in einem solchen Klima der Angst ihr Geld zu erheblich höheren Zinssätzen, was die Kreditaufnahme enorm verteuert. Weil es unmöglich ist, die Leitzinsen unter null zu drücken – keine Bank vergibt Kredite, wenn sie selbst dafür bezahlen muss –, befinden sich die politischen Entscheider in einer Zwickmühle: der gefürchteten Liquiditätsfalle.

In genau dieser Lage befanden sich die Zentralbanken in aller Welt in der jüngsten Krise. Als sich die Krise in den Jahren 2008 und 2009 verschärfte, senkten die Währungshüter in den Vereinigten Staaten, Großbritannien, Japan, der Schweiz, Israel, Kanada und der Eurozone die Zinsen. Im Vergleich zu früheren Finanzkrisen agierten die Geldpolitiker ungewöhnlich schnell und konzertiert. Doch angesichts der Unsicherheit waren die Banken trotzdem nicht bereit, Kredite zu vergeben, und behielten ihre hohen Zinsen bei, weshalb der Verbrauch sowie die Investitionen im Unternehmenssektor zum Erliegen kamen. Auch der Beginn der Deflationsspirale ließ sich mit den Zinssenkungen nicht verhindern. Die konventionelle Geldpolitik hatte ihre Macht über die Märkte verloren. Es war, als versuchten die Geldpolitiker, Zahnpasta in die Tube zurückzudrücken – ein müßiges Unterfangen.

Das Versagen der Maßnahmen ist einfach zu erklären. Die Herabsetzung der Leitzinsen hatte keine Auswirkungen auf das Finanzsystem. Die Banken hatten zwar Geld, doch sie weigerten sich, es zu verleihen. Die Krise, die Ungewissheit und die Sorge vor einem Ausfall ihrer bestehenden Kredite und Investitionen machten sie risikoscheu. Eine verbreitete Redensart bringt die Situation auf den Punkt: Man kann das Pferd zwar zur Tränke führen, aber man kann es nicht zum Trinken zwingen. Die Notenbank konnte den Banken so viel Geld zur Verfügung stellen, wie sie wollte, doch sie konnte sie nicht zwingen, es weiterzuverleihen. Wenn sie mit den überschüssigen liquiden Mitteln überhaupt etwas anfingen, investierten sie sie in Instrumente, die fast so liquide sind wie Bargeld: risikolose Staatsanleihen.

Das Ausmaß der Liquiditätsfalle ließ ein Blick auf den sogenannten »Spread« erkennen – den Abstand zwischen den Zinsen für sichere und riskantere Anlagen. Dafür gibt es zahlreiche Indizes. Der »TED-Spread« etwa ist die Differenz zwischen dem Zinssatz für kurzfristige Staatsanleihen und dem LIBOR für dreimonatige Interbankkredite. Normalerweise bewegt sich der TED-Spread bei rund 30 Basispunkten, weil der Markt Darlehen an andere Banken für kaum weniger riskant hält als Darlehen an die Regierung.

Auf dem Höhepunkt der Krise stand der TED-Spread bei 465 Basispunkten. Die Banken vertrauten einander nicht mehr genug, um sich für drei Monate Geld zu leihen – es sei denn, zu exorbitanten Zinsen. Gleichzeitig flohen risikoscheue Anleger in die sichersten Anlagen überhaupt, in die Staatsanleihen. Zusammen trieben diese beiden Faktoren die Kreditkosten für Banken in die Höhe, während die Regierung der Vereinigten Staaten immer billiger Geld aufnehmen konnte. Der wachsende Abstand war ein Ergebnis dieser Dynamik und ein Gradmesser für den Druck, dem die Märkte ausgesetzt waren. Während die Leitzinsen fast auf null absackten, blieb der LIBOR-Satz, zu dem sich die Banken untereinander Geld liehen, hoch. Dass sich auch Kredite für private Haushalte und Unternehmen verteuerten, weil die Sätze vieler kurzfristiger Darlehen und variabelverzinslicher Hypotheken teilweise an den LIBOR gekoppelt sind, kam erschwerend hinzu.

Messgrößen wie der TED-Spread haben eine gewisse Ähnlichkeit mit Blutdruckwerten: Sie zeigen die Gesundheit der Wirtschaft an. Sie verraten, ob das Geld störungsfrei durch die Wirtschaft zirkuliert und wie liquide die Märkte sind. Im Normalfall sind die Märkte relativ liquide, und es herrscht Vertrauen. Die Akteure leihen einander bedenkenlos Geld, und die Kreditkosten halten sich auf dem üblichen Niveau. In Krisenzeiten, wenn der Patient wirklich krank ist, fließt das Lebenselixier des Systems nicht mehr, obwohl außergewöhnliche Maßnahmen getroffen wurden, um den Patienten gesund zu erhalten. Die Deflation wird zu einer realen Möglichkeit.

Wie geht man nun mit diesem Problem um? Als Bernanke im Jahr 2002 auf die Gefahren der Deflation hinwies, sprach er eine Reihe möglicher Gegenmaßnahmen an. Schon damals stellte er fest, dass diese experimentellen Schritte angesichts der, wie er sagte, »relativ geringen Erfahrung mit solchen Maßnahmen« mit erheblichen Risiken verbunden waren.[12] Obwohl die Japaner in den neunziger Jahren die eine oder andere Strategie erprobt hatten, waren diese nach wie vor umstritten. Doch mit Beginn der Krise leitete Bernanke eine Reihe von Maßnahmen ein, um die Spannen zwischen kurzfristigen (und später auch langfristigen) Marktzinsen und den Leitzinsen zu verringern.

Dazu richtete die Notenbank einige neue »Liquiditätshilfen« ein, um illiquiden Banken zinsgünstige Kredite zur Verfügung zu stellen.[13] De facto betätigte sich die Regierung damit auf dem Markt und versorgte in Not geratene Finanzunternehmen direkt mit Krediten. Damit ging sie weit über die gängigen Mechanismen zur Liquiditätssteigerung hinaus und wurde zum Inbegriff des letztinstanzlichen Kreditgebers, indem sie einem immer größeren Teil des Finanzsystems Geld zur Verfügung stellte.

Anfänglich beschränkten sich diese Maßnahmen auf Banken, Sparkassen oder Genossenschaftsbanken, die einen gesetzlichen Anspruch auf direkte Kredite der Zentralbank hatten. Diese Geldinstitute hatten das Recht, über das Diskontfenster der Notenbank kurzfristig Geld aufzunehmen (der Begriff »Diskontfenster« stammt aus einer Zeit, als die Banken buchstäblich an einem Schalter der Notenbank Schlange standen). Diese Möglichkeit wurde selten genutzt, weil die Kredite mit einem Strafzins versehen waren. Das Diskontfenster war ursprünglich eingerichtet worden, um kleine Notkredite zu gewähren, es war nicht für den Krisenfall gedacht. Als sich die Lage verschlimmerte, senkte die Notenbank den Strafzins und gewährte Banken auch langfristige Kredite. Im März 2008 konnten sich Banken bereits für bis zu 90 Tage am Diskontfenster bedienen – fast ohne Strafe.

Als sich die Krise weiter verschärfte, richtete die Notenbank weitere Liquiditätsmöglichkeiten ein. Die erste war die sogenannte »Term Auction Facility« (TAF), über die Banken, Sparkassen und Genossenschaftsbanken langfristigere Kredite aufnehmen konnten. Doch auch diese Maßnahme beseitigte die Kreditklemme nicht, und der Teufelskreis von Ausverkauf, Zwangsverkäufen und fallenden Vermögenspreisen, den Fisher vorhergesagt hatte, setzte sich fort. Es wurden weitere Werkzeuge benötigt, und zwar für Finanzunternehmen, die bislang keinen Zugang zu Krediten der Zentralbank hatten.

Also richtete die Notenbank die »Primary Dealer Credit Facility« (PCDF) ein, die Kredite an »Primärhändler« vergab, also an die Banken und Wertpapierhändler, mit denen die Federal Reserve ihre Offenmarktgeschäfte durchführt. Während die PCDF Tageskredite zur Verfügung stellte, vergab eine weitere Einrichtung, die »Term Securities Lending Facility« (TSLF) Kredite mit mittlerer Laufzeit und nahm dafür nicht liquide Wertpapiere entgegen. Somit nutzte die Notenbank erstmals seit der Weltwirtschaftskrise ihre Notstandsbefugnisse, um auch dem Schattenbankwesen Kredite zur Verfügung zu stellen. Danach explodierte die Zahl der neuen Einrichtungen, und es hagelte Akronyme wie zuvor höchstens während der Reformen des New Deal. Da gab es die Commercial Paper Funding Facility oder CPFF, die Money Market Investor Funding Facility oder MMIFF und die gänzlich unaussprechliche Asset-Backed Commercial Paper Money Market Mutual Fund Liquidity Fund Facility oder ABCPMMMFLF, besser bekannt unter dem einfacheren Kürzel AMLF.

Diese neuen Krediteinrichtungen funktionierten auf unterschiedliche Weise und hatten unterschiedliche Ziele. Einige ermöglichten es den Finanzunternehmen, direkt von der Notenbank Geld aufzunehmen. In anderen konnten die Institute nicht liquide Anlagen, beispielsweise höherwertige forderungsbesicherte Wertpapiere, Unternehmensanleihen oder kurzfristige Schuldtitel, gegen sichere und liquide Staatspapiere eintauschen. Wieder andere finanzierten direkt oder indirekt den Kauf nicht liquider kurzfristiger Schuldtitel. Bei allen Unterschieden war die Absicht dieselbe: den von der Krise betroffenen Märkten Liquidität zuzuführen. Diese beispiellose Intervention erfolgte allerdings nicht ganz so wahllos, wie es vielleicht den Anschein hat. Die Notenbank akzeptierte weder Schrottanleihen noch andere schlecht bewertete Anlagen als Sicherheiten, sondern nur solche, die zumindest theoretisch höherwertig waren.

Die Bemühungen trugen schließlich Früchte. Nachdem die Notenbanken der Vereinigten Staaten und anderer Länder nach der Lehman-Pleite die Finanzmärkte buchstäblich mit Hunderten Milliarden US-Dollar überschwemmt hatten, verringerte sich der Spread zwischen LIBOR und den sicheren Staatsanleihen schließlich Ende 2008. So radikal diese Maßnahmen waren, sie bewirkten doch, dass den kurzfristigen Kreditmärkten zumindest ein gewisses Maß an Liquidität zugeführt wurde. Doch es war ein Pyrrhussieg: Die internationalen Notenbanken waren nicht mehr nur letztinstanzliche Kreditgeber, sondern Geldgeber erster, letzter und einziger Instanz. Sie überschritten den sprichwörtlichen Rubikon, und zwar nicht ein- oder zweimal, sondern gleich viele Male.

In normalen Zeiten gibt es einen Kreditgeber letzter Instanz, der einzelnen Banken mit Liquiditätsproblemen unter die Arme greift. Doch in dieser Krise stützten die Zentralbanken am Ende praktisch jede Bank, und zwar nicht nur in Form der üblichen Tagesgelder. Die Liquiditätsklemme war so ernst, dass die Notenbank Geld über Wochen oder gar Monate zur Verfügung stellte. Außerdem vergab sie es an Finanzunternehmen, die nie zuvor staatliche

Hilfen erhalten hatten: Investmentbanken und Geldmarktfonds. Darüber hinaus vergab die Notenbank sogar Kredite an Unternehmen. Und schließlich rettete sie eine ganze Reihe von Unternehmen wie AIG, Fannie Mae, Freddie Mac und die Citigroup, die angeblich zu groß für einen Konkurs waren, mit »Liquiditätshilfen« in Form besonderer kostengünstiger Kredite. Die europäischen Zentralbanken gingen kaum anders vor.

Diese Maßnahmen waren einzigartig in der Geschichte der Zentralbanken und liefen auf eine massive Ausweitung der staatlichen Unterstützung des Finanzsystems hinaus. Doch sie waren erst der Anfang.

Der letzte aufrechte Zahler

Wenn sich eine Krise verschärft, kommt es üblicherweise zu einem Ansturm auf die Banken oder andere Finanzunternehmen eines Landes. Mexikanische Einleger fordern ihre Pesos zurück, japanische Investoren wollen die Yen wiederhaben, die sie einer Bank geliehen haben. Kein schönes Szenario, doch die Notenbank jedes dieser Länder kann das verhindern, indem sie Geld druckt, um den Forderungen nachzukommen, denn diese werden in der Landeswährung verlangt.

Schwieriger wird es, wenn die Verbindlichkeiten eines Geldinstituts, Unternehmens, Privathaushalts oder gar der Regierung auf fremde Währungen lauten. In den Volkswirtschaften von Schwellenländern, die mitunter einen Großteil ihrer Kredite von ausländischen Banken erhalten, ist dies nicht unüblich. Bei der fraglichen Fremdwährung handelt es sich meist um den US-Dollar, seltener um den Euro oder andere Währungen.

Wenn sich die Gläubiger von Schwellenländern entschließen, die Kredite bei Fälligkeit nicht zu verlängern, muss der Kreditnehmer seine Dollarschulden auch in Dollar zurückzahlen. Damit sitzt er in der Klemme. Er hat nämlich keine Dollars. Er kann sich zwar an die Zentralbank wenden, doch dass diese umfangreiche Devisenbestände angehäuft hat, ist eher unwahrscheinlich, sodass sie ihm vermutlich auch nicht weiterhelfen kann. Er kann auch keine Dollars drucken, denn dann wäre er ein Geldfälscher. Solche Schuldner sind daher in einer besonders heiklen Position. Dieses Dilemma hat in den letzten Jahren immer für Krisen in Schwellenländern gesorgt: in Mexiko 1994, in Ostasien 1997 und 1998, in Russland und Brasilien 1998 und in der Türkei und Argentinien 2001.[14]

An dieser Stelle kommt der Internationale Währungsfonds ins Spiel, der nach dem Zweiten Weltkrieg gegründet wurde. Eine seiner Hauptaufgaben besteht darin, als internationaler Kreditgeber letzter Instanz für Regierungen und Zentralbanken einzuspringen. In den neunziger Jahren war der IWF vielbeschäftigt, doch in den letzten Jahren hatte er als Krisenmanager wenig zu tun – bis zum Beginn der aktuellen Krise, als er für viele Schwellenländer erneut zur letzten Anlaufstelle für Kredite wurde.

Seine Hilfe nahm zwei Formen an.[15] Vierzehn Länder, allen voran Ungarn, die Ukraine und Pakistan, erhielten die eher traditionelle Unterstützung durch einen sogenannten Standby-Kredit. Wie schon in den neunziger Jahren machte der IWF die Vergabe von Darlehen davon abhängig, dass die Empfängerländer Wirtschaftsreformen umsetzten, die sie künftig stabiler aufstellen sollten. Solidere Länder wie Mexiko, Polen und Kolumbien, die in der Vergangenheit erfolgreich Finanzreformen durchgeführt hatten, erhielten flexible Kreditlinien ohne Auflagen. Anders als die Standby-Kredite sollten diese präventive Wirkung haben: Der IWF sagte zwar konkret Hilfe zu, schüttete aber nicht unmittelbar Geld aus.

Der IWF stellte gewaltige Summen bereit. Im Sommer 2009 hatte er bereits mehr als 50 Milliarden US-Dollar über Standby-Kredite und mehr als 78 Milliarden US-Dollar über flexible Kreditlinien bewilligt. Viele dieser Notfallhilfen stellten die zehn Jahre zuvor geschnürten Rettungspakete weit in den Schatten. In der Asienkrise des Jahres 1997 erhielt Südkorea beispielsweise ein Darlehen von knapp zehn Milliarden US-Dollar. Die Ukraine dagegen, deren Volkswirtschaft nur einen Bruchteil der südkoreanischen ausmacht, erhielt im Jahr 2008 schwindelerregende 16,4 Milliarden US-Dollar.

Doch der IWF war nicht der einzige letztinstanzliche Kreditgeber. Die amerikanische Notenbank betätigte sich nämlich nicht nur im In-, sondern auch im Ausland. Über sogenannte »Swap-Linien« verkaufte die Federal Reserve anderen Zentralbanken Dollars gegen ihre jeweilige Landeswährung.[16] Diese Zentralbanken verliehen die Dollars dann bei Bedarf im eigenen Land weiter. So aktivierte beispielsweise Mexiko im April 2009 eine Swap-Linie über 30 Milliarden US-Dollar. Der Geldstrom führte dem Dollarmarkt Liquidität zu und kam all jenen zugute, die Dollars benötigten, um Schulden zurückzuzahlen oder Kredite zu verlängern.

Das allein war schon ungewöhnlich. Noch ungewöhnlicher war jedoch, dass selbst stabile Industrienationen eine ähnliche Liquiditätskrise erlebten wie die Schwellenmärkte. Viele europäische Finanzunternehmen etwa hatten in Dollar gewaltige Kredite mit kurzen Laufzeiten aufgenommen und zur Übernahme spekulativer Emissionen eingesetzt. Als der Interbankenmarkt auf dem Höhepunkt der Krise austrocknete, konnten sie ihre auf Dollar lautenden Verbindlichkeiten nicht verlängern. Alle benötigten Dollars, weshalb der Wert des Dollars in die Höhe schoss. Es war eine bittere Ironie: Die Währung des Landes, von dem die Finanzkrise ausgegangen war, legte 2008 an Wert zu.

Um dieses Problem zu lösen, bediente sich Bernanke eines weiteren Kunstgriffs. Die amerikanische Notenbank kann keine direkten Kredite an ausländische Finanzunternehmen vergeben. Sie kann jedoch ausländischen Zentralbanken Dollars leihen, die sie wiederum an die in Not geratenen Finanzinstitute weiterreichen können. Im Gegenzug erhält die Notenbank einen entsprechenden Betrag in der Währung der betreffenden Zentralbank. Auf diese Weise flossen gewaltige Dollarbeträge von der Federal Reserve an die Europäische Zentralbank, die Schweizerische Nationalbank, die Bank von England und die Zentralbanken Schwedens, Dänemarks und Norwegens. Die Federal Reserve übernahm ihrerseits entsprechende Beträge in Euro, Pfund, Franken oder anderen Währungen. Ende 2008 beliefen sich diese Swap-Linien auf insgesamt eine halbe Billion US-Dollar. Erst im Frühjahr 2009 gingen sie langsam zurück.

Dass sich die Krise allmählich abschwächte, ist auf diese und viele andere außergewöhnliche Initiativen zur Wiederherstellung der Liquidität und wirtschaftlichen Stabilität zurückzuführen. Doch die Politik musste erkennen, dass es eine Sache war, die unmittelbare und dramatische Krise im kurzfristigen Kreditgeschäft zu stoppen, aber eine ganz andere, die Banken dazu zu bringen, der Deflation Einhalt zu gebieten.

Politische Sprengsätze

Eines der bemerkenswertesten Instrumente, mit denen die Federal Reserve und andere Zentralbanken die Krise bekämpften, war die »quantitative Lockerung«.[17] Ben Bernanke legte Wert darauf, dass es sich bei diesen Maßnahmen um eine Form der Kreditlockerung handelte. Der Nobelpreisträger Paul Krugman meint dagegen, der Ansatz müsste eigentlich als »qualitative Lockerung« bezeichnet werden. Wie man sie auch nennen will, eine bescheidene Variante dieser Strategie war zuvor bereits in Japan in den neunziger Jahren erprobt worden. Die Grundidee ist einfach. Die Zentralbank soll auf den Märkten für langfristige Anleihen genauso eingreifen wie auf den kurzfristigen Kreditmärkten.

Der Grund nach dieser Forderung ist unschwer erkennbar: Die bislang eingesetzten Maßnahmen wirkten nicht. Dank der Senkung des Tagesgeldsatzes durch die Notenbank hatten die Banken immerhin Zugang zu beträchtlicher Liquidität. Infolge der Vielzahl neuer Krediteinrichtungen erhielten nun Finanzunternehmen aller Art liquide Mittel, was die Kredite im Interbankenhandel schließlich wieder verbilligte. Trotzdem waren die Banken nicht bereit, Firmen und Unternehmen längerfristige Kredite zu geben. Eine Bank konnte zwar bei der Notenbank einen zinslosen Kredit aufnehmen, doch sie gab das Geld nach wie vor nur zu extrem hohen Zinsen an alle übrigen Marktteilnehmer weiter. Die Finanzunternehmen horteten Bargeld in Erwartung künftiger Verluste oder investierten es in die sichersten Anlagen: Staatsanleihen oder Anleihen halbstaatlicher Unternehmen, wie etwa die Schuldverschreibungen von Fannie Mae und Freddie Mac.

Die Neigung der Banken, Geld in staatlichen oder quasistaatlichen Papieren zu parken, vor allem solchen mit langen Laufzeiten, war nur zu verständlich. Wenn sich eine Bank von der Federal Reserve praktisch umsonst Geld leihen und es in Bundesschatzbriefe mit zehn- oder dreißigjähriger Laufzeit stecken konnte, die 3 bis 4 Prozent brachten, erzielte sie damit einen verlässlichen Gewinn und konnte sich von allen risikobehafteten Kreditnehmern fernhalten, die dringend Fremdkapital benötigten. Das trug zwar nicht zur Beseitigung der Kreditklemme bei, war jedoch im Hinblick auf das eigene Überleben ausgesprochen sinnvoll.

Mit der quantitativen Lockerung wollte die Notenbank das Problem an verschiedenen Fronten anpacken. Zum einen wollte sie in das Finanzsystem eingreifen und mit dem Rückkauf langfristiger Staatsanleihen beginnen: Bundesschatzbriefen mit zehn- und dreißigjähriger Laufzeit. Der unmittelbare Effekt wäre, dass riesige Mengen Liquidität auf den Markt fließen würden, denn die Notenbank würde die Papiere mit frischem Geld bezahlen. Und wenn sie Anleihen im Wert von Hunderten Milliarden US-Dollar aufkaufte, würden diese Summen an die Banken fließen, die sie abstießen. Auf diese Weise hätten die Banken noch mehr Geld zur Verfügung und könnten eher geneigt sein, es zu verleihen.

Doch diese Maßnahme der Notenbank sollte noch weitere positive Konsequenzen haben. Erstens würden die Staatsanleihen in Zukunft ein weniger attraktives Anlageinstrument werden. Kurse und Renditen von Anleihen entwickeln sich gegenläufig: Wenn die

Kurse steigen, fallen die Renditen. Wenn die Regierung durch den Aufkauf solcher Anleihen für Nachfrage sorgte, würden die Preise steigen und die Renditen zurückgehen. Für die Banken wären sie damit als Parkplatz für ihr Geld weniger attraktiv. Folglich würden sich diese Banken nach anderen Anlagemöglichkeiten umsehen und es eher an kredithungrige Kunden verleihen.

Diese im März 2009 angekündigte Politik ging mit dem Ankauf anderer Anlagen einher. An dem Tag, an dem der Aufkauf langfristiger Staatsanleihen im Wert von mehr als 300 Milliarden US-Dollar angekündigt wurde, gab die Notenbank bekannt, dass sie auch hypothekenbesicherte Wertpapiere im Wert von einer Billion sowie quasistaatliche Schuldtitel im Wert von 55 Milliarden US-Dollar erwerben werde. Auf diesen Märkten hatte sich die Notenbank bereits Ende des Vorjahres betätigt. Doch das Ausmaß der neuen Interventionen, vor allem auf dem Markt für hypothekenbesicherte Wertpapiere, erreichte eine neue Dimension. Schließlich kündigte die Notenbank an, sie werde über eine Einrichtung namens Term Asset-Backed Securities Lending Facility (TALF) mit Kreditkartenforderungen und Autokrediten besicherte Wertpapiere im Wert von einer Billion US-Dollar aufkaufen.

Mit solchen Aktionen sollten verschiedene Märkte für langfristige Schuldtitel gestützt werden. Das TALF-Programm war ein eher bescheidener Versuch, den Verbriefungsmarkt wiederzubeleben. Mit dem Vorstoß auf den Immobilienmarkt verfolgte die Notenbank dagegen ehrgeizigere Ziele. Durch den Aufkauf hypothekenbesicherter Wertpapiere erhielten Fannie Mae und Freddie Mac neuen Spielraum zur Ausgabe von Hypotheken und deren Verbriefung. Dasselbe Ziel verfolgte die Notenbank mit der angepeilten Zinssenkung bei zehn- und dreißigjährigen Staatsanleihen. Weil sich langfristige Zinsen in der Regel im Gleichschritt bewegen, würden dadurch auch die Hypothekenzinsen sinken, und der Hypothekenmarkt würde neue Impulse erhalten. Außerdem würden sich die Kreditkosten der Unternehmen verringern.

Mit diesen Maßnahmen stand die amerikanische Notenbank nicht alleine da. Um der Liquiditätsfalle zu entgehen, hatte die Bank von England ihre Leitzinsen fast auf null und damit auf den tiefsten Stand seit ihrer Gründung im Jahr 1694 gedrückt und ähnliche Liquiditätseinrichtungen gegründet wie die Federal Reserve. Da die Gefahr der Schuldendeflation damit noch nicht gebannt war, sagte die Bank von England im März 2009 zu, Staats- und Unternehmensanleihen im Wert von rund 150 Milliarden Pfund zu kaufen. Die Europäische Zentralbank folgte diesem Beispiel zwei Monate später und kündigte an, forderungsbesicherte Wertpapiere und Pfandbriefe im Wert von 60 Milliarden Euro aufzukaufen.

Durch diese Eingriffe veränderte sich die Rolle der Zentralbanken grundlegend. In früheren Krisen hatten sie sich darauf beschränkt, als letztinstanzliche Kreditgeber aufzutreten. Schritt für Schritt übernahmen sie nun eine neue Funktion: die des letztinstanzlichen Investors. Der erste Schritt waren die Liquiditätseinrichtungen, über die Finanzunternehmen ihre Giftpapiere gegen sichere Staatsanleihen eintauschen konnten. Dadurch wurde ein künstlicher Markt für unerwünschte Anlagen geschaffen. Gleichzeitig akzeptierten die Zentralbanken bei der Kreditvergabe eine beachtliche Palette von Sicherheiten, von Unternehmensanleihen über gewerbliche Hypothekendarlehen bis hin zu kurzfristigen Schuldtiteln. Damit wurde nebenbei der Wert einer breiten Vielfalt von Anlagen gestützt.

Die von den Notenbanken eingeschlagene Politik der quantitativen Lockerung, also des Aufkaufs langfristiger Schuldtitel auf dem Markt, war der Höhepunkt dieses Prozesses. In der Folge veränderten sich die Bilanzen der Zentralbanken grundlegend. Im Jahr 2007 etwa hielt die Federal Reserve Aktiva im Wert von rund 900 Milliarden US-Dollar, fast ausschließlich Verbindlichkeiten der amerikanischen Regierung. Im Sommer 2009 hatte sich die Bilanz der Notenbank auf rund 2,5 Billionen US-Dollar aufgebläht und bestand nun überwiegend aus Vermögenswerten, die im Zuge der Krise erworben worden waren. Einige dieser Papiere, etwa die Schuldtitel von Fannie Mae oder Freddie Mac, waren sicher, andere Neuerwerbungen der Federal Reserve, vor allem mit Eigenheimhypotheken, Kreditkartenforderungen und Autokrediten besicherte Wertpapiere, dagegen nicht.

Die zwielichtigsten Papiere waren jedoch die CDOs und andere explosive Anlagen, wie sie die Notenbank im Zuge der Rettung von Bear Stearns und AIG übernommen hatte. Diese Papiere stellen, wie Mitarbeiter der Notenbank im Februar 2009 meinten, »die esoterischsten Posten in der Bilanz der Notenbank«[18] dar. Das war eine glatte Untertreibung. Anders als im Fall der meisten anderen Aktiva »besitzt« die amerikanische Notenbank diese Papiere über drei Gesellschaften mit beschränkter Haftung namens Maiden Lane I, II und III. Diese werden von BlackRock Financial Management privatwirtschaftlich geführt. Dieses unorthodoxe und in der Geschichte der Notenbank beispiellose Arrangement provozierte beträchtliche Kritik und Skepsis.

In der Summe waren diese konventionellen und unkonventionellen Maßnahmen ein massiver und beispielloser Eingriff der Notenbank in das Finanzsystem. In der Bekämpfung der Finanzkrise brachten Bernanke und in geringerem Umfang auch andere Zentralbanker drei unterschiedliche Werkzeuge zum Einsatz. Das traditionellste war die Bereitstellung von Liquidität und die Unterstützung der Finanzunternehmen und ausländischen Zentralbanken durch Kredite. Weniger konventionell war die Gründung von Sondereinrichtungen zum Kauf bestimmter kurzfristiger Schuldtitel wie Geldmarktpapiere, wodurch die Notenbank zum letztinstanzlichen Investor wurde. Die radikalste aller Maßnahmen war jedoch die Intervention der Federal Reserve auf den Märkten für forderungsbesicherte Wertpapiere, langfristige Staatsanleihen und andere langfristige Schuldtitel.

So sehr diese Maßnahmen die Vorstellungskraft strapazieren, sie waren längst nicht so durchgeknallt wie einige andere, die während der Krise erörtert wurden. So hätte die Notenbank zum

Beispiel direkt auf den Aktienmärkten intervenieren können, um Aktien zu kaufen, die keiner haben wollte. Diese Taktik war während der Asienkrise 1998 zum Einsatz gekommen, als die Währungshüter in Hongkong 5 Prozent der an der Börse gehandelten Aktien aufkauften.[19] Diese Maßnahme wurde damals vielfach kritisiert, konnte jedoch eine Währungskrise verhindern. Die Versuche mancher großer Hedge-Fonds, mit Short-Positionen in der Währung und am Aktienmarkt ein sogenanntes »Double Play« zu spielen, wurden vereitelt. Tatsächlich erwirtschaftete die Regierung mit ihrem Engagement einen ordentlichen Gewinn. Eine ähnliche Strategie verfolgte die japanische Zentralbank im Jahr 2002, wobei es anders als in Hongkong lediglich darum ging, die Kurse bestimmter Bankaktien und dadurch die Banken selbst zu stützen. Im Jahr 2009 ergriff sie diese Maßnahmen ein zweites Mal aus denselben Gründen.

Diesen Kurs schlug die Notenbank nicht ein, und zwar aus gutem Grund. Diese Maßnahmen hätten berechtigten Anlass zu der Befürchtung gegeben, dass die Märkte der größten Volkswirtschaft der Welt vom Staat manipuliert würden. Die bereits angeschlagene Glaubwürdigkeit hätte noch mehr gelitten. Aufgrund ähnlicher Bedenken erlegte sich die Federal Reserve bei anderweitigen Interventionen Beschränkungen auf. So akzeptierte sie nur erstklassige Anlagen als Sicherheiten für Darlehen und kaufte keine zweifelhaften Schuldtitel. Auch die Federal Reserve hatte ihre Grenzen.

Auch andere kontroverse Instrumente brachte die Notenbank nicht zum Einsatz. Dazu gehörten quantitative Lockerungen in weit größerem Umfang, wie eine künstliche Schwächung des Dollars oder die Verteilung frisch gedruckter Dollarscheine per Hubschrauber, wie sie Milton Friedman einst halb im Scherz vorgeschlagen hatte.[20] Natürlich hatte Friedman damit nicht gemeint, die Politik solle tatsächlich Geld wie Manna vom Himmel regnen lassen. Doch es gab Maßnahmen, die ganz ähnlich wirkten. So hätte man beispielsweise Steuererleichterungen gewähren und diese durch die Druckerpresse finanzieren können. Diese Idee sprach Bernanke zwar im Jahr 2002 an, doch er setzte sie in der Krise nicht um.[21]

Das ändert nichts daran, dass die Maßnahmen, die Bernanke und andere Zentralbanker zur Eindämmung der Krise ergriffen, alles andere als konventionell waren. Doch leider hat jede radikale Medizin ihre unerwünschten Nebenwirkungen. Zum einen signalisierte die amerikanische Notenbank den Finanzmärkten eines unmissverständlich: Sie wird fast alles unternehmen, um zu verhindern, dass eine Finanzkrise außer Kontrolle gerät. Das wirkt zwar beruhigend, verleitet jedoch zu einer umfassenden Sorglosigkeit. Es wäre nur zu verständlich, wenn Banken und andere Finanzunternehmen in der nächsten Krise davon ausgehen, dass die Notenbank erneut in die Bresche springt. Nun, da es einen Präzedenzfall für die Gründung von Liquiditätseinrichtungen und die Ausweitung der Unterstützung auf weite Teile des globalen Finanzsystems gibt, dürfen die Unternehmen auch künftig erwarten, dass beim kleinsten Anzeichen eines aufziehenden Unwetters erneut die Rettungsanker ausgeworfen werden.

Das ist ein Problem. Wie Frank Borman, Chef von Eastern Airlines, seinerzeit in den 1980er Jahren anmerkte, »ist Kapitalismus ohne Konkurse wie ein Christentum ohne Hölle«.[22] Leider wurden mit den Interventionen der Notenbank auch insolvente Unternehmen am Leben erhalten. Nur ganz wenige Großbanken und namhafte Finanzunternehmen meldeten Konkurs an. Finanzinstitute, die auch durch noch so hohe Liquiditätsspritzen oder regulatorischen Langmut nicht zu retten sind, dürfen überleben. Wie die berüchtigten japanischen Zombiebanken müssen solche Unternehmen aber Bankrott gehen, und zwar je früher, desto besser.

Doch das wird sehr stark davon abhängen, ob und wann die verschiedenen Sondereinrichtungen, welche die Notenbank in der Krise bereitgestellt hat, wieder aufgelöst werden. Bereits im Januar 2009 sprach Bernanke selbstbewusst von der »Exitstrategie« der Federal Reserve.[23] Er ist offenbar überzeugt, dass die Abhängigkeit des Finanzsystems von billigem Geld zurückgehen wird, wenn sich die Lage am Kreditmarkt bessert. Vielleicht hat er damit sogar Recht. Doch da es eine Rettungsaktion in dieser Größenordnung zuvor noch nie gegeben hat, ist sie mit einer großen Zahl von Unbekannten verbunden. Es ist ausgesprochen schwer zu sagen, wie sich der Versuch, einen Bereich des Finanzsektors von billigem Geld zu entwöhnen, auf die anderen Teile des Systems auswirkt. Bernanke hat besorgten Abgeordneten versichert, er habe einen Plan, doch wir dürfen nicht vergessen, dass wir uns in vollkommen unbekannten Gewässern bewegen.

Das wird in einem anderen, weniger augenfälligen Aspekt der währungspolitischen Pionierarbeit Bernankes deutlich. Bei vielen Maßnahmen geht es streng genommen nicht mehr um das Management der Geldmenge. Die Federal Reserve hat vielmehr in das Finanzsystem eingegriffen und praktisch dessen Betrieb subventioniert. Etwaige Verluste trägt am Ende der Steuerzahler. Anders gesagt kommen geldpolitische Maßnahmen zum Einsatz, die unmerklich die staatliche Steuer- und Ausgabenpolitik aushöhlen. Finanzpolitik ist das Vorrecht der Legislative, doch in dieser Krise hat Bernanke die Grenzen verwischt. Seine Befugnis, Geld zu verleihen, lief im Prinzip darauf hinaus, Geld für das Finanzsystem auszugeben. Das reicht von direkten Subventionen bis hin zum Aufkauf potenziell riskanter Wertpapiere. Selbst der Aufkauf langfristiger Staatsanleihen könnte am Ende Geld kosten: Es steht zu vermuten, dass die Notenbank diese Papiere mit Verlust verkauft.

Diese Übergriffe auf das Terrain der Finanzpolitik waren möglicherweise nicht zu vermeiden. Immerhin gab es enormen politischen Widerstand dagegen, Steuergelder zur Rettung des Finanzsystems heranzuziehen. Beleg dafür war zum Beispiel die anfängliche Weigerung der Abgeordneten, Geld für Auffangprogramme zu bewilligen, von den vehementen Protesten gegen ein Konjunkturprogramm im Frühjahr 2009 ganz zu schweigen. Vom Beginn der Krise an gab es erhebliche Opposition gegen finanzpolitische Gegenmaßnahmen.

Das ist bedauerlich. Die Steuer- und Ausgabenpolitik der Regierung zeigt zwar nicht unbedingt sofort Wirkung, sie gehört aber zu den effektivsten Werkzeugen der Krisenökonomie. Ihr Einsatz birgt jedoch ernst zu nehmende Risiken. Das trifft insbesondere im Falle der jüngsten Krise zu, in der die Regierung Steuergelder nicht nur für den Haushalt ausgegeben hat, sondern auch zur Unterstützung und Rettung von Finanzunternehmen, Autoherstellern und Eigenheimbesitzern, die diese Krise überhaupt erst heraufbeschworen haben.

KAPITEL 7

AUSGABEN RAUF, STEUERN RUNTER?

Als der amerikanische Präsident Herbert Hoover 1930 seine Rede zur Lage der Nation hielt, hatten die Vereinigten Staaten das erste Jahr einer gewaltigen wirtschaftlichen Katastrophe hinter sich. Das hinderte den Präsidenten jedoch nicht daran, mit Nachdruck zu erklären, dass »einer Wirtschaftskrise nicht durch Maßnahmen der Legislative oder Ankündigungen der Exekutive beizukommen ist« und dass »wirtschaftliche Wunden durch die Zellen des wirtschaftlichen Organismus geheilt werden müssen, also durch Produzenten und Verbraucher.« Hoover riet, jeder solle »Vertrauen und Mut bewahren« und »weiterhin auf sich selbst zählen«.[1]

Äußerungen wie diesen hat es Hoover zu verdanken, dass er bis heute als Inbegriff staatlicher Apathie und Untätigkeit gilt. Die Wahrheit ist komplizierter und vor allem spannender. In derselben Rede stellte Hoover fest, dass Ausgaben für öffentliche Bauvorhaben im Konjunkturabschwung in der Regel auf der Strecke blieben. Diesmal, vermeldete er stolz, hätten Bund, Staaten und Kommunen jedoch bewusst Geld für die Verbesserung der Infrastruktur ausgegeben, um der Depression etwas entgegenzusetzen. Tatsächlich brüstete er sich damit, dass »die Regierung der Vereinigten Staaten das größte Programm zum Ausbau von Wasserwegen, Häfen, Hochwasserschutz, öffentlichen Gebäuden, Autobahnen und Luftverkehr in der Geschichte des Landes in Angriff genommen hat«. Unter eben diesem »untätigen« Präsidenten hatte die amerikanische Regierung ihre Ausgaben für solche Projekte praktisch verdoppelt.

Obwohl Hoover der Ansicht war, dass noch mehr Geld in solche Projekte gesteckt werden sollte, glaubte er an Maßhaltung. »Ich kann gar nicht genug betonen, dass es unbedingt notwendig ist, alle weiteren Pläne zur Steigerung der Staatsausgaben aufzuschieben«, erklärte er. Nur durch »strikte Sparsamkeit« sei ein ausgeglichener Staatshaushalt zu erreichen. Die Botschaft war klar: Kreditfinanzierte Staatsausgaben würde es unter seiner Führung nicht geben.

Hoover hatte das Pech, in einer Zeit zu leben, die einen Wendepunkt in der Geschichte der Krisenökonomie darstellte. Seine Rede zeigt einen Mann, der zwischen zwei widersprüchlichen Paradigmen gefangen war. Ein rückwärtsgewandtes verordnete Geduld und ausgeglichene Haushalte. Ein neues, zukunftsorientiertes setzte auf Staatsverschuldung und massive öffentliche Investitionen. Hoover erkannte die Zeichen der Zeit, blieb jedoch der Vergangenheit verhaftet. Er wollte äußerst widersprüchliche Ziele unter einen Hut bringen: Selbstverantwortung, staatliche Hilfe in Krisenzeiten und Haushaltsdisziplin. Das war nicht möglich.

Sechs Jahre nach Hoovers Auftritt vor dem Kongress formulierte John Maynard Keynes eine Theorie, die zum neuen Dogma werden sollte. In künftigen Krisen würde die Regierung den Staatshaushalt nutzen, um die Wirtschaft zu schützen, die Nachfrage nach Waren und Dienstleistungen anzukurbeln und den kapitalistischen Instinkt wiederzubeleben, der für die wirtschaftliche Erholung nötig war. Anders ausgedrückt, die Regierung würde aggressiv Geld ausgeben, in geringerem Maße Steuern senken und diese Maßnahmen über die Staatsverschuldung finanzieren. Auf die Selbstheilungskräfte der Wirtschaft zu vertrauen, war nun gleichbedeutend damit, den Patienten leiden zu lassen. In den folgenden Jahrzehnten war die Haushaltspolitik das Mittel der Wahl im Umgang mit Konjunkturtiefs, ob sie nun durch Krisen verursacht worden waren oder nicht.

Genau wie Hoover stehen auch wir an einem Scheideweg der Haushaltspolitik. Aus Keynes' Instrumentarium mit seinen wenigen bewährten Werkzeugen ist ein verwirrendes Sammelsurium von Mechanismen geworden, die der Staat einsetzt, um in die Wirtschaft einzugreifen. Die Regierungen der Vereinigten Staaten und vieler anderer Länder haben nicht nur öffentliche Investitionen getätigt, sondern auch für andere Zwecke Geld locker gemacht – um zum Beispiel Kredite, Verbindlichkeiten oder Einlagen zu garantieren oder sogar, um beträchtliche Anteile an Industriekonzernen und Großbanken zu übernehmen. Genau wie sich die Geldpolitik auf schwer durchschaubare und komplexe Weise entwickelt hat, ist auch die Finanzpolitik zu einer wohlgefüllten und teuren Trickkiste geworden.

Die politischen Entscheider von heute sehen sich in einer ähnlichen Zwickmühle wie Hoover. Einerseits würden sie gern Steuern senken und Geld für Konjunkturprogramme ausgeben, andererseits schieben sie oft gewaltige Haushaltsdefizite und eine untragbare Staatsverschuldung vor sich her. Einerseits würden sie gern Hoovers »Produzenten und Verbraucher« zwingen, sich selbst zu helfen, doch andererseits springen sie mit immer kostspieligeren Rettungsaktionen in die Bresche. Einerseits wollen sie verantwortungsloses Risikoverhalten vermeiden, und andererseits liefern sie den privaten Haushalten, Geldinstituten und Unternehmen immer neue Anreize, genau das Verhalten an den Tag zu legen, das die Krise heraufbeschworen hat.

Kurz, die Haushaltspolitik des 21. Jahrhunderts zeichnet sich durch geballte Widersprüchen aus. Unser Dilemma mag nicht so groß sein wie das Hooversche, doch auch wir stehen an einer Zeitenwende, an der die alten Methoden nicht länger mit den neuen Realitäten vereinbar sind.

Das Steuerinstrument der Haushaltspolitik

John Maynard Keynes gilt als einer der Ersten, der Regierungen dazu aufforderte, mithilfe ihrer Steuer- und Ausgabenpolitik wirtschaftliche Probleme zu lindern. Seine Denkweise war einfach und klar: Im Konjunkturabschwung sinke die Gesamtnachfrage nach Gütern und Dienstleistungen weit unter das Angebot, was einen Rückgang der Produktion und einen Anstieg der Arbeitslosigkeit zur Folge habe. Keynes, dessen Schriften im Schatten der Weltwirtschaftskrise verfasst wurden, kam zu dem Schluss, dass dieser Zyklus ein Eigenleben entwickle, wenn dem nicht entgegengesteuert werde. Wenn die Krise schwer genug sei, verlöre die Wirtschaft ihren kapitalistischen Instinkt, und nervöse Unternehmer und Verbraucher reduzierten ihre Ausgaben stärker, als es die rückläufigen Einkommen und die schlechte Wirtschaftslage eigentlich erforderten. Trotz des Überangebots an Arbeitskräften und des Leerlaufs in den Fabriken würde die Wirtschaft in einen dauerhaften Zustand der Stagnation abgleiten, wenn ein Teufelskreis aus stetig sinkender Nachfrage, Beschäftigung, Produktion und Preisen die Wirtschaft in eine Deflationsspirale treibe.

Keynes glaubte, dass die Wirtschaft eine solche Flaute nicht aus eigener Kraft überwinden konnte. Nur wenn die Regierung in die Bresche springe und direkt oder indirekt für einen Ausgleich zwischen der schwachen Nachfrage und dem Überangebot sorge, könne sich die Wirtschaft stabilisieren und zum Wachstum zurückfinden. Solche Ausgaben müssten über die Staatsverschuldung finanziert werden, doch laut Keynes sei es besser, Geld auszugeben, um eine schlimmere Katastrophe zu verhindern. Der Haushalt könne nach Beendigung der Krise wieder ausgeglichen werden. Keynes war sogar überzeugt, dass eine verfrühte Rückkehr zur Haushaltsdisziplin eine aufkommende Erholung abwürgen würde.

Obwohl Keynes seine Ideen erstmals 1936 veröffentlichte, nahmen viele Regierungen der dreißiger Jahre seine Vorschläge bereits vorweg. In Hoovers frühen Experimenten und vor allem in Roosevelts »New Deal« fanden Menschen durch große und kleine öffentliche Bauvorhaben Arbeit, und die Nachfrage nach Waren und Dienstleistungen wurde gestärkt. Wie viel damals gebaut wurde, beeindruckt bis heute. Unter der Federführung neuer staatlicher Behörden – der Public Works Administration PWA, der Works Progress Administration WPA und freiwilligen Arbeitsdiensten – wurden über 38 000 Kilometer Abwasserleitungen, 480 Flughäfen, 78 000 Brücken, 780 Krankenhäuser, 915 000 Kilometer Landstraßen und über 15 000 Schulen, Gerichtsgebäude und andere öffentliche Gebäude gebaut.[2]

Das alles vollbrachte zwar keine Wunder, doch die Ergebnisse waren imposant: Die Arbeitslosenquote sank zwischen 1933 und 1937 von rund 25 Prozent auf knapp 15 Prozent.[3] Die neuerliche Haushaltsdisziplin im Jahr 1937 ließ die Wirtschaft ein Jahr lang in die Rezession zurückfallen, weshalb die Roosevelt-Regierung ihre Strategie wiederaufnahm, den New Deal durch Staatsverschuldung zu finanzieren. Der Ausbruch des Zweiten Weltkriegs, der Staatsausgaben in noch größerer Höhe erforderte, half den Vereinigten Staaten, die hartnäckigen Nachwirkungen der Weltwirtschaftskrise zu überwinden, und sorgte für eine nachhaltigere Erholung des Wachstums.

Keynes war der Wirtschaftstheoretiker der Nachkriegszeit, und seine Rezepte wurden schnell zur Standardlösung – nicht nur im Krisenfall, sondern für jeden größeren und kleineren Abschwung. In den siebziger Jahren fiel Keynes in Ungnade, doch in den neunziger Jahren, als die japanische Wirtschaft nach dem Ende des Immobilien- und Aktienbooms ins Trudeln geriet, griff die japanische Regierung seine Ideen wieder auf.[4] Im folgenden Jahrzehnt verabschiedete sie ganze zehn gesonderte Konjunkturprogramme in einem Umfang von mehr als einer Billion US-Dollar und trieb das Haushaltsdefizit auf Rekordhöhe. Die Programme hinterließen ein zweischneidiges Erbe: Die Infrastruktur wurde zweifelsohne verbessert, doch gerade auf dem Land entstanden zahlreiche überflüssige Projekte. Die Wirtschaftswissenschaftler sind sich nach wie vor uneins darüber, wie sinnvoll diese Projekte wirklich waren. Obwohl sie diese Politik für gescheitert erklären, halten viele von ihnen die öffentlichen Bauvorhaben nach wie vor für richtig und kritisieren lediglich die Auswahl der Projekte. Andere sind der Ansicht, die Regierung habe nicht genug Geld ausgegeben oder sei zu schnell zurückgerudert.[5]

Konjunkturprogramme und direkte staatliche Investitionen sind jedoch nur eine von mehreren Möglichkeiten, die der Politik zur Verfügung stehen. Eine weitere sind Steuersenkungen und -rückzahlungen, die auf der Erwartung basieren, dass die Verbraucher ihr zusätzliches Einkommen ausgeben. Zumindest theoretisch soll auf diese Weise der private Verbrauch angeregt werden. Diese Möglichkeit stand in den dreißiger Jahren nicht zur Debatte. Hoover und Roosevelt hoben die Steuern an, auch wenn die Belastung mehrheitlich die Reichen und die Mittelschicht traf.[6] Doch in der Nachkriegszeit wurden diverse Steuersenkungen und -geschenke fester Bestandteil der politischen Reaktion auf Rezessionen und Krisen. Auch in Japan wurden im Kampf gegen die Krise die Steuern gesenkt.

Eine dritte Möglichkeit sind schließlich die sogenannten »Transferleistungen«, mit denen der Staat besonders bedürftige Gruppen wie Arme oder Arbeitslose und in Not geratene Bundesstaaten und Kommunen erreicht. Diese Leistungen sind seit den dreißiger Jahren und dem New Deal fester Bestandteil der amerikanischen Haushaltspolitik. Wie Steuersenkungen gehören sie zum Standardrepertoire im Umgang mit Rezessionen und Wirtschaftskrisen. Die Arbeitslosenunterstützung ist vielleicht die einfachste Form der Transferleistung, doch es gibt sie in unzähligen Formen. Lebensmittelmarken sind genauso eine Transferleistung wie Maßnahmen zur Weiterbildung und Umschulung.

In der jüngsten Krise wurden diese haushaltspolitischen Strategien eifrig eingesetzt. Im Januar 2008 verabschiedete der Kongress ein erstes, 152 Milliarden US-Dollar schweres Paket mit Steuererleichterungen für Arbeitnehmer und Unternehmen.[7] Dieses Konjunkturförderungsgesetz wurde ein Jahr später von einem neuen Konjunkturprogramm noch in den Schatten gestellt. Mit einem Umfang von schwindelerregenden 787 Milliarden US-Dollar sollten alle drei haushaltspolitischen Ziele gefördert werden. Ein großer Teil entfiel auf direkte staatliche Investitionen, allein 140 Milliarden US-Dollar flossen in Infrastruktur- und Energieprojekte. Weitere Milliarden kamen einer bunten Mischung von Investitionsprojekten in allen möglichen Bereichen zugute – angefangen von der Fischerei über Hochwasserschutz bis zu Energiesparmaßnahmen.

Daneben wurden große Summen für Steuererleichterungen und Transferleistungen bereitgestellt. Den Löwenanteil des Pakets machten Steuerrückzahlungen aus. Die privaten Steuerzahler erhielten insgesamt 237 Milliarden US-Dollar, die zum Teil unmittelbar in Form von Gutschriften ausgezahlt wurden. Dazu kamen Steuererleichterungen für Erstkäufer von Eigenheimen oder für den Kauf neuer sparsamer Autos (im Zuge des Abwrackprogramms »Cash-for-Clunkers«), mit denen bestimmte Teilbereiche der Wirtschaft gefördert werden sollten. Außerdem wies das Gesetz Arbeitslosen, Rentnern und anderen benachteiligten Bevölkerungsgruppen direkte Unterstützung in Milliardenhöhe zu. Weitere Milliarden gingen an Bundesstaaten und Kommunen.

Regierungen in aller Welt verabschiedeten ähnliche, wenn auch weniger ehrgeizige Konjunkturprogramme. Das im Herbst 2008 eingeleitete europäische Konjunkturprogramm stellte rund 200 Milliarden Euro für eine Vielzahl von Projekten bereit. Einzelne Regierungen schlossen sich mit eigenen, bescheideneren Programmen an. Japans ursprünglich geplantes massives Konjunkturpaket scheiterte an der Politik, weshalb am Ende nur eine abgespeckte Mischung aus Steuersenkungen und Investitionen umgesetzt wurde. China billigte ein weit anspruchsvolleres Vorhaben im Umfang von 586 Milliarden US-Dollar, die vor allem auf öffentliche Bauprojekte wie Eisenbahnen, Straßen, Bewässerungssysteme und Flughäfen verwendet wurden. Ein Teil der Mittel kam auch der erdbebengeschädigten Region Sichuan zugute. Kleinere Länder wie Südkorea und Australien führten ebenfalls Konjunkturprogramme ein.

Diese haushaltspolitischen Interventionen konnten zwar möglicherweise eine Wirtschaftskrise verhindern, trotzdem sind ein paar Worte zur Vorsicht angezeigt. Zum einen ist der Staatshaushalt kein Selbstbedienungsladen: Wenn eine Regierung Ausgaben erhöht und Steuern senkt – und das in einer Rezession, in der die Steuereinnahmen ohnehin zurückgehen –, steigt das Haushaltsdefizit sprunghaft an. Das bedeutet in der Regel die Ausgabe neuer Staatsanleihen, die irgendwann zurückgezahlt werden müssen. Geschieht das nicht und die Defizite schwellen jedes Jahr weiter an, müssen die Investoren mit höheren Zinsen gelockt werden, um mehr Staatsanleihen zu kaufen. Steigen die Erträge auf Staatsanleihen, treten sie in Konkurrenz zu anderen Anlageformen wie Hypotheken, Verbraucherkredite, Unternehmensanleihen und Autokredite, was dazu führen kann, dass die Kredite auf breiter Front teurer werden. Das wiederum drückt auf die Investitionen von Unternehmen und den Verbrauch der Privathaushalte.

Am Ende machen die Schulden eine Regierung handlungsunfähig. Wenn die Furcht vor einer möglichen Zahlungsunfähigkeit wächst, steigen die Zinsen ins Extreme. An diesem Punkt sind die Möglichkeiten einer Regierung begrenzt. Wenn die Schulden der öffentlichen Hand auf Landeswährung lauten, kann sie zum Beispiel »mogeln« und Geld drucken, um ihren Verbindlichkeiten nachzukommen. Diese Taktik wird als Monetisierung des Defizits bezeichnet. Im Prinzip ist dieser Mechanismus derselbe wie im Falle der quantitativen Lockerung, nur dass der Aufkauf von Schuldtiteln nicht der Deflationsbekämpfung dient, sondern der Verringerung der Außenstände. Die unweigerliche Folge ist Inflation, da mehr Geld zum Kauf von Waren zur Verfügung steht, was die Preise in die Höhe treibt. Das bedeutet, dass die Zinsen flächendeckend weiter anziehen und noch mehr private Mittel in die Stützung des öffentlichen Sektors fließen.

Die Steuerzahler sind sich dieser Risiken sehr wohl bewusst. In Ländern, die in der Vergangenheit Erfahrungen mit Konjunkturprogrammen gemacht haben, erkannten die Verbraucher, dass solche Maßnahmen zwar eventuell kurzfristig Vorteile bringen, aber früher oder später Steuererhöhungen nach sich ziehen. Für diese Eventualität muss man Rücklagen schaffen. Das Ende vom Lied war, dass die Verbraucher zu sparen anfingen, während der Staat gleichzeitig sein Konjunkturprogramm auflegte. Damit nahmen sie die langfristigen Kosten der kurzfristigen Investitionen vorweg und machten dadurch einen Teil ihrer positiven Wirkung zunichte.

Aber auch Steuersenkungen, das zweite wichtige Instrument der Haushaltspolitik, können auf Widerstände stoßen. So steht es den Privathaushalten frei, das durch Steuersenkungen oder einmalige Rückzahlungen zusätzlich vorhandene Geld zu sparen oder zur Tilgung eigener Schulden zu nutzen, statt es auszugeben. So geschehen in den Jahren 2008 und 2009, als zwei Nachlassrunden bei der Einkommensteuer praktisch keinerlei Auswirkungen auf den privaten Verbrauch hatten, weil die Bürger von jedem Dollar, den sie vom Staat erhielten, nur 25 oder 30 Cent ausgaben.[8] Den Rest steckten sie in die Sanierung ihrer eigenen Finanzen. Das ist zwar grundsätzlich umsichtig und richtig, doch die Nachfrage wird dadurch nicht angekurbelt. Außerdem wurden so die Schulden lediglich von einem Teil der Wirtschaft auf einen anderen verlagert. Die private Verschuldung ging zurück, die Staatsverschuldung nahm zu. Diese Maßnahme war also in Wirklichkeit eher Augenwischerei.

Aber es kann noch schlimmer kommen: So können beispielsweise bestimmte politische Maßnahmen die Nachfrage in der gegenwärtigen Situation zwar anheizen, aber das geht oft auf Kosten der künftigen Nachfrage. Viele gezielte Steuersenkungen oder Subventionen, die bestimmte Ausgaben ankurbeln sollen – etwa für Autos, Eigenheime oder die Kapitalausstattung in der Privatwirtschaft –, bewirken nur, dass die Nachfrage zunächst über das normale Maß steigt und dann darunter sackt, sobald die Subventionen wegfallen. Mit anderen Worten: Die Nachfrage wird schlicht vorgezogen. So war es allem Anschein nach bei den verschiedenen Abwrackprämien vieler Länder. Der Autoabsatz schoss zunächst in die Höhe, nur um dann noch weiter einzubrechen.

Die Vorstellung vom perfekten Konjunkturanreiz ohne Nebenwirkungen ist ein schöner Traum – zumindest in den meisten Demokratien. Anders als die Geldpolitik, die unabhängig vom Wählerdruck einfach von einer Zentralbank umgesetzt werden kann, benötigen haushaltspolitische Maßnahmen Zeit und münden oft in sinnlosen, populistischen und verschwenderischen Projekten. Das perfekte Konjunkturpaket würde enorme Wirkung entfalten, die marode Infrastruktur eines Landes sanieren und künftiges Wirtschaftswachstum fördern. Doch wie die japanischen Erfahrungen und die fragwürdigeren Projekte des amerikanischen Konjunkturprogramms zeigen, ist dies leichter gesagt als getan. Aufschlussreich ist möglicherweise, dass das autoritäre China nach der jüngsten Krise ein vergleichsweise effektives Konjunkturpaket umgesetzt hat. Weitgehend frei von politischen Zwängen, hat die Regierung einfach ihre laufende und erfolgreiche Kampagne zur Modernisierung der Infrastruktur aufgestockt. Doch selbst in diesem Fall wird sich womöglich herausstellen, dass Mittel verschwendet oder ineffizient verwendet wurden.

Nach der herkömmlichen Haushaltsphilosophie nutzt die Regierung ihre Steuer- und Ausgabenpolitik, um der Wirtschaft aus der Krise zu helfen. Doch Steuererleichterungen und öffentliche Investitionen sind lediglich ein erster Schritt. Die Regierung hat noch zahlreiche andere, subtilere, aber auch kostspieligere Möglichkeiten.

Auf zur Rettung

Der Staat kann selbst Geld ausgeben, er kann aber auch für das Geld anderer bürgen. Weil diese Bürgschaften im Endeffekt häufig

Steuergelder kosten, sind auch sie haushaltspolitische Maßnahmen im weiteren Sinne. Zur Bekämpfung der jüngsten Krise wurden auch Bürgschaften in alter und neuer Form eingesetzt.

Die gängigste staatliche Bürgschaft schützt die Einlagen von Privatanlegern vor dem Run auf eine Bank. Diese Idee geht auf das 19. Jahrhundert zurück, obwohl es in den Vereinigten Staaten erst seit 1933 eine staatliche Einlagensicherung gibt. Dem gingen einige gescheiterte Versuche voran. Von 1866 bis 1933 erörterte der Kongress rund 150 Gesetzesvorschläge zur Einlagensicherung.[9] Manche sahen vor, dass Banken Garantieerklärungen, also eine Art Versicherung durch Dritte, erwarben. In anderen sollte die amerikanische Regierung direkt für die Einlagen bürgen. Wieder andere forderten einen gemeinsamen Sicherungsfonds, der die Ansprüche der Sparer befriedigen würde.

In der Weltwirtschaftskrise führten die Vereinigten Staaten schließlich eine Einlagensicherung ein, die eine Mischung aus einem Sicherungsfonds und einer staatlichen Bürgschaft darstellte. Die Versicherung wurde in den ersten Wochen des New-Deal-Programms erdacht und gegründet. Die Federal Deposit Insurance Corporation (FDIC) war eine Bundesbehörde, die Einlagensicherungsfonds von Geschäftsbanken und Spar- und Darlehenskassen verwaltete und als solche nicht von Steuergeldern abhängig. Stattdessen lebte sie von den Beiträgen der Geschäftsbanken. Diese flossen in einen Fonds, der Sparer einer bankrotten Bank schadlos hielt. Die Regierung stellte die Mitarbeiter und verwaltete die Behörde, die auch über die Gesundheit der Banken wachte und zahlungsunfähige Institute abwickelte oder ihre Übernahme durch besser kapitalisierte Banken arrangierte. Eine ähnliche Einrichtung – die Federal Savings and Loan Insurance Corporation (FSLIC) – wurde 1934 als Einlagensicherungsfonds für Sparkassen gegründet.

Beide Stellen arbeiteten ohne Probleme, bis die FSLIC in den achtziger Jahren durch den Zusammenbruch von über tausend Spar- und Darlehenskassen überfordert war.[10] Sie wurde selbst zahlungsunfähig, von der FDIC übernommen und mit Steuergeldern in Höhe von 153 Milliarden US-Dollar rekapitalisiert. Wie dieser Zwischenfall demonstriert, kann eine systemische Krise die Reserven, die für die Pleite eines einzelnen Geldinstituts zurückgelegt wurden, leicht übersteigen. Die US-Regierung hätte natürlich auch untätig zusehen können, wie die Einleger ihr Geld verloren. Sie entschied sich aber dagegen, weil sich die Regierung inoffiziell für die Integrität dieser Fonds verbürgt hatte und ein Run auf die Sparkassen solvente wie insolvente Geldinstitute in den Ruin hätte treiben können.

Diese Episode beschwor das Schreckgespenst des Moral Hazard herauf. Als der Staat den Sparkassen aus der Patsche half, signalisierte er, dass er bei Bedarf auch künftig eingreifen würde. Die Bankmanager mussten also keinen Ansturm zorniger Sparer fürchten, und diese mussten sich keine Sorgen um ihr Geld machen. Solange eine Bank über die FDIC versichert war, waren die Einlagen sicher. Nichts anderes sagte die FDIC, als sie verkündete, dass die unter ihrem Schutz stehenden Einlagen »durch die uneingeschränkte Kreditwürdigkeit und Steuerhoheit der Regierung der Vereinigten Staaten gestützt« würden.[11]

Diese Garantie wurde 2008 und 2009 erneut zum Thema. Vor der Krise waren bei der FDIC Einlagen bis zu 100 000 US-Dollar versichert. Ähnliche Garantien gab es auch in anderen Ländern, wobei die Obergrenze variierte. Leider waren nicht alle Einlagen durch diese Programme abgedeckt, denn die Guthaben vieler Kunden überschritten den Höchstbetrag. Allein in den Vereinigten Staaten waren über 40 Prozent der Einlagen nicht versichert und damit gefährdet – eine Tatsache, die durch den Ansturm auf Banken wie Countrywide, IndyMac und Washington Mutual deutlich vor Augen geführt wurde.[12]

Die Gefahr weiterer Runs veranlasste Regierungen in aller Welt dazu, eine neue Bürgschaftsrunde einzuläuten.[13] Im September musste Irland seine Einlagensicherung zunächst auf 100 000 Euro aufstocken und im Anschluss eine umfassende Garantie für die Einlagen seiner sechs größten Banken abgeben. In den Vereinigten

Staaten war es nicht weniger schwierig, dem Moral Hazard entgegenzuwirken. Kurz nachdem Irland seine umfassende Bürgschaft abgegeben hatte, hob die FDIC die Obergrenze für die Sicherung von Bankeinlagen auf 250 000 US-Dollar an. Zwei Tage später garantierte Deutschland sämtliche Privatkonten. Am nächsten Tag erhöhte Schweden den gesicherten Einlagenbetrag auf 500 000 Kronen. Wieder einen Tag später zog Großbritannien mit einer Anhebung des Deckelbetrags auf 50 000 Pfund nach. Eine Woche darauf kündigte Italien an, dass keine Bankpleiten zugelassen würden und kein Sparkunde Verluste befürchten müsse. Im Folgemonat setzte die Schweiz ihren Höchstbetrag für die Einlagensicherung herauf. Andere Länder legten mit ähnlichen Bürgschaften nach.

Diese Dynamik erinnerte an ein Wettrüsten. Nachdem Irland seine Blankogarantie angekündigt hatte, sahen sich andere Länder zu ähnlichen Schritten gezwungen. Dafür gibt es einen einfachen Grund: Die Kunden hätten ihr Geld problemlos aus Ländern mit begrenzten Garantien abziehen und in sicherere Häfen transferieren können. Folglich konnten die Regierungen keine harte Linie gegen den Moral Hazard fahren.

Auch andere Einlagen kamen unter den Schirm der staatlichen Sicherungsprogramme. In den Vereinigten Staaten übernahm die Zulassungs- und Aufsichtsbehörde für die Genossenschaftsbanken, die National Credit Union Administration (NCUA), die auch für die Einlagensicherung dieser Banken zuständig war, zwei in Schwierigkeiten geratene Mitglieder und sagte weitere 80 Milliarden US-Dollar zu, um die Verluste aller Einlagen bei Genossenschaftsbanken im ganzen Land zu decken.[14]

Doch die Einlagensicherung war nur der erste Schritt. Viele Banken in den Vereinigten Staaten und Europa liehen sich hohe Summen, indem sie unbesicherte Anleihen ausgaben. Als diese auf dem Höhepunkt der Finanzkrise fällig wurden, war es praktisch unmöglich, sie zu verlängern – schon gar nicht nach dem Zusammenbruch von Lehman Brothers. Die mangelnden Umschuldungsmöglichkeiten hätten Banken ebenso sicher in den Untergang getrieben wie ein Run auf ihre Einlagen. Aus diesem Grund garantierte die Europäische Union im Oktober 2008 die Anleihen ihrer Banken.[15] Im folgenden Monat entschloss sich die FDIC, Kapital und Zinszahlungen der Anleihen von Banken und Bankholdings bis zu einem Gesamtwert von 1,5 Billionen US-Dollar zu verbürgen.

Diese Bürgschaften waren jedoch nicht umsonst zu haben. So geriet die FDIC im dritten Quartal 2009 ins Minus, weil ihre Rücklagen nicht ausreichten. Genau wie nach der Spar- und Darlehenskrise trägt die Kosten dieser Rettungsaktionen schließlich der Steuerzahler. Es gab zwar in der Vergangenheit eine ganze Reihe von Präzedenzfällen für diese Hilfen, doch über die Maßnahmen in der jüngsten Krise wurden Steuergelder in nie dagewesener Höhe zugesichert.

Diese ausufernden Rettungsaktionen begannen mit den Hypothekenriesen Fannie Mae und Freddie Mac. Um die beiden Institute der staatlichen Verwaltung zu unterstellen, musste das amerikanische Finanzministerium 400 Milliarden US-Dollar zusagen. Nachforderungen sind nicht ausgeschlossen. Mit diesem verhängnisvollen Schritt hat die Regierung offiziell bestätigt, was stets stillschweigend vorausgesetzt wurde: Die Schulden dieser beiden staatlich subventionierten Unternehmen wurden durch die »uneingeschränkte Kreditwürdigkeit und Steuerhoheit« der amerikanischen Regierung garantiert.

Wie viel die Rettung von Fannie Mae und Freddie Mac wirklich gekostet hat, wird erst in einigen Jahren feststehen. Indem sie die beiden Institute unter Zwangsverwaltung stellte, bürgt die Regierung für Schuldverschreibungen im Wert von rund fünf Billionen US-Dollar, die sich im Besitz dieser Einrichtungen befinden, sowie für weitere Schuldtitel über 1,5 Billionen US-Dollar, die sie ausgegeben haben. Natürlich wird die Regierung nicht für annähernd diese Summen den Kopf hinhalten müssen. Doch wenn die Immobilienpreise weiter fallen und Hypotheken zwangsvollstreckt werden, könnte der Staat unterm Strich empfindliche Verluste erleiden.

Das Gleiche gilt im Prinzip auch für die Bemühungen, den privaten Immobilienmarkt zu stützen. Das im Juli 2008 verabschiedete Gesetz für die Wiederbelebung des Bausektors und der Wirtschaft (Housing and Economic Recovery Act) versprach zahlungsunfähigen Eigenheimbesitzern Hilfen in Höhe von rund 320 Milliarden US-Dollar zur Umschuldung der Hypotheken. Das Programm war ein Flop, doch Präsident Obama bediente sich aus diesem Topf, als er sein eigenes, 75 Milliarden US-Dollar schweres Programm zur Verhinderung von Zwangsvollstreckungen ankündigte. Dass all diese Programme noch nicht abgeschlossen sind, muss wohl nicht eigens erwähnt werden. Eines steht jedoch fest: Sie werden den Steuerzahler Milliarden kosten.

Die größte Rettungsaktion ist aber ein Bündel aus Hilfen und Bürgschaften, die vom Troubled Asset Relief Program (TARP) finanziert werden.[16] Ursprünglich stellte der Kongress 700 Milliarden US-Dollar zum Aufkauf dieser Giftpapiere zur Verfügung. Schließlich wurden mit diesem Geld Scharen von Bittstellern unterstützt, darunter auch die Automobilhersteller General Motors und Chrysler sowie ihre hauseigenen Leasingbanken. Die Rettung der Autoindustrie kostete insgesamt 80 Milliarden US-Dollar. Dieses Geld wurde zum Teil in Darlehensform ausgeschüttet, mit dem Rest erwarb die Regierung Beteiligungen an diesen Unternehmen.

Die Automobilindustrie war leider erst der Anfang. Ein beträchtlicher Teil der TARP-Mittel – rund 340 Milliarden US-Dollar – kam fast 700 verschiedenen Finanzinstituten zugute. Dazu gehörten Branchenriesen wie die Citigroup, die Bank of America und AIG, aber auch zahllose kleinere Banken. Bei dem Geld, das diesen kriselnden Instituten zugeschanzt wurde, handelte es sich vor allem um mysteriöse »Kapitalspritzen« in Form von Vorzugsaktien, die den Staat zum Miteigentümer machen und ihm Dividendenzahlungen einbringen. Was wie eine einfache staatliche Investition wirkt, stellt in Wirklichkeit einen radikalen Schritt dar, der die

Haushaltspolitik in eine neue und möglicherweise gefährliche Richtung lenkt.

Ein kapitaler Bock?

Ins Bankgeschäft wird viel hineingeheimnist. Nur wenige Menschen wissen wirklich, wie Banken und andere Finanzinstitute arbeiten, vor allem weil sie nicht verstehen, wie die Bilanz einer Bank funktioniert. Deshalb bleiben die Stützungsmaßnahmen – abgesehen von der Einlagensicherung oder der direkten Kreditvergabe der Notenbank an Banken – für die meisten verwirrend. Und aus diesem Grund wollen wir uns genauer ansehen, wie eine Bank funktioniert.

Beginnen wir bei der Bilanz einer hypothetischen Bank. Auf der rechten Seite stehen die sogenannten »Passiva«, auf der linken die »Aktiva«. Was sind die Passiva einer Bank? Vereinfacht gesagt entstehen Passiva, wenn die Bank sich Geld leiht, um ihr Geschäft zu führen. Dieses Geld stammt aus zwei möglichen Quellen. Die erste ist die Ausgabe von Aktien, die Anleger erwerben. Die Bank muss den Aktionären ihr Geld nicht zurückzahlen, sie schuldet ihnen aber einen Anteil am Gewinn. Aktienkapital zählt deshalb zu den Passiva, weil die Aktionäre Eigentumsansprüche an die Bank haben.

Passiva entstehen aber auch, wenn sich die Bank Geld leiht, etwa von Privatpersonen, Banken oder anderen Finanzinstituten. Wenn Sie etwa Geld auf ein Konto einzahlen, dann leihen Sie der Bank dieses Geld. Für die Bank stellt das eine Verbindlichkeit dar. Sie können Ihr Geld jederzeit zurückverlangen, und die Bank muss es Ihnen auszahlen. Auch Darlehen von anderen Banken gehören zu den Passiva der Bank. Aber Banken können auch noch auf andere Weise Geld aufnehmen, etwa durch die Ausgabe von Anleihen. Auch diese stellen für die Bank Passiva oder Verbindlichkeiten dar. Die meisten dieser Verbindlichkeiten verursachen der Bank Kosten, etwa in Form von Guthabenzinsen oder Zinsen für Anleihen.

Was aber macht die Bank mit dem ganzen Geld, das sie sich von Aktionären und Kreditgebern beschafft hat? Indem sie diese Mittel einsetzt, entsteht die andere Seite der Bilanz, die Aktivseite. So kann die Bank zum Beispiel anderen Banken, Unternehmen oder Immobilienkäufern Kredite geben. Diese Kredite gelten als Aktiva, weil sie Anlagen darstellen, mit denen die Bank auf lange Sicht Gewinne erwirtschaftet. Die Bank kann auch in Staatsanleihen oder andere Wertpapiere investieren. Diese haben einen Wert, genau wie die übrigen Aktiva der Bank: das Bargeld im Tresor, das Gebäude, in dem die Bank untergebracht ist, oder andere materielle Vermögenswerte. Doch diese diversen Posten stellen nur einen kleinen Teil der gesamten Aktiva der Bank dar. Außerdem sind sie inaktiv, das heißt, die Bank verdient kaum an ihnen.

So oder so ähnlich funktioniert also eine Bank. Sie beschafft sich Kapital durch die Ausgabe von Aktien und durch die Aufnahme von Fremdmitteln bei diversen Kreditgebern. Diese Passiva verleiht sie weiter und schafft so Aktivposten. Über diese Geldbewegungen macht sie Gewinn, weil der Zinssatz, zu dem sie sich das Geld leiht, niedriger ist als der, zu dem sie es weiterverleiht. Das ist genau so einfach, wie es klingt, obwohl die Banker uns gerne weismachen wollen, ihr Geschäft sei eine Wissenschaft.

Doch jetzt kommt der entscheidende Teil. Wie viel ist die Bank wert? Auch das ist ganz einfach. Ihr Wert ist die Differenz zwischen dem Wert der Aktiva und dem Wert der Passiva. Anders formuliert ist es der Betrag, um den die Vermögenswerte der Bank ihre Verbindlichkeiten übersteigen. Im Bankjargon bezeichnet man diesen Unterschied als das Reinvermögen der Bank, ihr »Kapital« oder ihr »Eigenkapital«. Dieses Kapital gehört aber jemandem: den Eigentümern der Bank nämlich, also den Aktionären, die ja noch einen Anspruch auf die Vermögenswerte der Bank haben. Das ist nur recht und billig, denn schließlich verdankt die Bank ihre Existenz nicht zuletzt diesen Aktionären, die bei ihrer Gründung Geld investiert oder sich bei der Ausgabe weiterer Aktien an der Bank beteiligt haben. In Form von Dividenden erhalten sie einen Anteil an allen Gewinnen der Bank und profitieren, wenn der Kurs ihrer Aktien steigt.

Wie könnte eine solche Bank in einer Finanzkrise in Schwierigkeiten geraten? Bislang haben wir uns vor allem mit dem beschäftigt, was auf der Passivseite der Bankbilanz schief gehen kann, wenn Banken kein Geld mehr aufnehmen können oder nur zu exorbitanten Zinsen Kredit bekommen. Das passiert, wenn Einleger Angst bekommen und ihr Geld abziehen, wenn andere Banken ihre Kredite nicht verlängern wollen oder wenn niemand die Anleihen der Bank kaufen will. In der jüngsten Krise hat die Notenbank ausgeklügelte Methoden entwickelt, mit denen sich Banken Geld leihen und ihren Gläubigern versichern können, dass dieses Geld nicht verloren ist. Die Regierung sicherte den größten Teil der Passivseite der Bilanz: Sie sicherte Eigentumsansprüche durch Kapitalspritzen, garantierte in großem Umfang die Verbindlichkeiten aus Einlagen und verbürgerte unbesicherte Bankanleihen.

Doch was ist mit der Aktivseite der Bankbilanz? Die Notenbank könnte es den Banken noch so leicht macht, Geld aufzunehmen – wenn ihre Aktiva Tag für Tag an Wert verlieren, schwindet auch das Kapital beziehungsweise das Reinvermögen der Banken. Wenn die Verbindlichkeiten einer Bank ihre Vermögenswerte übersteigen, fällt das Reinvermögen der Bank auf null. Sie ist insolvent oder bankrott.

Als sich die jüngste Finanzkrise verschlimmerte, verloren auch die Aktivposten in den Bankbilanzen an Wert. Bei diesen Aktiva handelte es sich um schlechte Kredite oder forderungsbesicherte Wertpapiere und andere Darlehen. Wenn Hauseigentümer ihre Hypotheken nicht bedienen konnten, trafen die Verluste das gesamte System, angefangen von Krediten für Bauunternehmen bis hin zu komplexen forderungsbesicherten Wertpapieren. Mit dem Wertverfall dieser Aktivposten schrumpfte auch das verbleibende Kapital.

Aus diesem Grund mussten sich die Banken in den Vereinigten Staaten und Europa mehr Geld beziehungsweise Kapital beschaffen. Der erste Weg führte sie dabei mit dem Hut in der Hand zu staatlichen Investitionsfonds, die neue »Vorzugsaktien« erwarben. Trotz ihres wohlklingenden Namens sind diese Aktien nicht mit Stimmrechten für ihre Inhaber verbunden. Sie verschaffen ihnen lediglich Anspruch auf einen bestimmten Teil der aktuellen und künftigen Gewinne des Unternehmens. Aber es floss Geld in die Kassen der Banken, sodass diese vorübergehend wieder auf festeren Füßen standen. Doch der Wert ihrer Aktiva gab weiter nach. Die Banken mussten mehr Kapital bei Kapitalbeteiligungsgesellschaften aufnehmen und auch an sie Aktien ausgeben. Doch das reichte noch immer nicht. Im Herbst 2008 verloren die Aktiva der Banken weiter an Wert, und niemand wollte mehr zusätzliches Kapital in die Banken pumpen.

An diesem Punkt hatte die Politik mehrere Optionen. Sie hätte zulassen können, dass die Banken und Schattenbanken pleite gingen. Dann wären sie gerichtlich, außergerichtlich oder im Zuge des FDIC-Zwangsverwaltungsverfahrens für Banken, Spar- und Darlehenskassen umstrukturiert worden. In diesem Fall erklären sich in der Regel manche der Inhaber unbesicherter Verbindlichkeiten – beispielsweise Anleiheinhaber – bereit, einen Teil des Geldes, das die Bank ihnen schuldet, in Form von Aktien oder Eigenkapital der Bank entgegenzunehmen. Das bezeichnet man als Aktientausch. Für die Gläubiger der Bank ist das nicht unbedingt ein gutes Geschäft, aber immerhin besser als gar nichts. Wer der Bank Geld geliehen hat, erhält einen Anteil an der Bank, sobald diese ihren Betrieb wieder aufnimmt. Das funktioniert, weil die Gläubiger der Bank auf einen Teil ihrer Ansprüche verzichten und die Verbindlichkeiten der Bank im Verhältnis zu ihren Vermögenswerten schrumpfen. Et voilà! Schon hat die Bank wieder Kapital und kann erneut Kredite vergeben.

Dieser Ansatz überlässt es dem Markt, die Dinge in Ordnung zu bringen. Schlechte Banken gehen pleite, werden umstrukturiert und entstehen neu. Dasselbe hätte man erreicht, wenn die amerikanische Regierung bestimmte Banken einseitig für zahlungsunfähig erklärt, übernommen und unter die Verwaltung staatlich bestellter Treuhänder gestellt hätte. Diese hätten die »guten« Vermögenswerte verkauft, die »schlechten« ausgesondert und die Bank neu aufgestellt. Das war die Option der Verstaatlichung, die Schweden in seiner Bankenkrise Anfang der neunziger Jahre wählte und für die sich im Grunde auch die Vereinigten Staaten entschieden, als sie die Großbank Continental Illinois übernahmen, die im Vorfeld der Spar- und Darlehenskrise zusammenbrach.

Doch keiner dieser Ansätze wurde diesmal ernsthaft in Betracht gezogen, und nach dem Konkurs von Lehman Brothers hatte auch die Idee, dass Aktionäre und Anleiheinhaber die Verluste schultern sollten, ihren Reiz verloren. Stattdessen entschied sich das amerikanische Finanzministerium dafür, mit einem Teil der im Rahmen des TARP-Gesetzes zur Verfügung gestellten 700 Milliarden US-Dollar Anteile an Banken zu erwerben und ihnen auf diese Weise Kapital zuzuführen. Davon profitierten vor allem Branchenriesen wie die Bank of America, die Citigroup, JPMorgan Chase, Goldman Sachs und AIG, die alle zig Milliarden US-Dollar erhielten. Daneben standen noch Hunderte weiterer kleinerer Banken um staatliche Unterstützung an. So wurde der Staat und damit am Ende der amerikanische Steuerzahler praktisch Eigentümer großer Teile des Banksystems.

Das war im Grunde nichts anderes als eine schleichende Teilverstaatlichung des Finanzsystems. Wie bei allen anderen Rettungsaktionen sind die langfristigen Kosten auch hier praktisch unkalkulierbar. Die meisten der Bankgiganten haben die TARP-Mittel mittlerweile zurückgezahlt, und die Regierung hat sich aus diesen Instituten zurückgezogen. Andere, darunter viele der kleineren Regionalbanken, bleiben von TARP-Geldern abhängig und werden das Geld vielleicht nie zurückerstatten können. Damit kommen auf den Steuerzahler künftig beträchtliche Kosten zu.

Die Banken, die das Geld noch nicht zurückgezahlt haben, stehen weiterhin vor demselben Kernproblem: Notleidende Anlagen verlieren an Wert und verdüstern ihre finanzielle Zukunft. Der Staat könnte seine Beteiligung an diesen Unternehmen weiter ausbauen, doch da ein fundamentaler Umbau der Vermögensbasis dieser Banken nicht stattfindet, würde er damit womöglich schlechtem Geld gutes hinterherwerfen.

Giftmüll

Die Frage, was aus den Giftpapieren der Banken werden soll, steht seit Beginn der Krise drohend im Raum. Solange immer mehr Kredite faul wurden und die darauf basierenden Wertpapiere nachgaben, konnten und wollten die Banken keine Kredite vergeben. Statt die Banken weiter unter diesen Giftpapieren ächzen zu lassen, präsentierten die politischen Entscheider eine Fülle von Vorschlägen, die alle darauf abzielten, die kritischen Posten aus der Bilanz herauszunehmen und zu entsorgen, damit die Banken ihr Geschäft wieder aufnehmen konnten.

Das kann auf verschiedene Weisen geschehen. Am besten wäre den belasteten Banken mit einer Radikaloperation geholfen. Dazu müsste man solche Institute in zwei Banken aufspalten, eine »gute«, in der alle soliden Vermögenswerte zusammengefasst werden, und eine »schlechte« – eine sogenannte »Bad Bank« – für alles Übrige. Die gute Bank kann dann weiterhin Kredite vergeben, Geld und Kapital einwerben und ihre Geschäftstätigkeit fortführen. Zum Ausgleich dafür, dass sie vom Giftmüll befreit wurden, übernehmen die Aktionäre und Inhaber unbesicherter Schuldtitel einen Verlust entsprechend den in die Bad Bank ausgegliederten Anlagen. Die schlechte Bank wiederum wird von privaten Investoren in der Hoffnung geführt, von der ordentlichen Abwicklung ihrer Vermögenswerte zu profitieren.

Eine solche Operation wurde 1988 durchgeführt, als die ehrwürdige Mellon Bank in Zahlungsschwierigkeiten geriet, weil etliche Immobilien- und Industriekredite ausfielen.[17] Finanziert durch eine Investmentbank, lagerte Mellon fragwürdige Vermögenswerte aus und deponierte sie in der Grant Street National Bank. Risikobereite private Investoren statteten dieses neue Institut mit Kapital aus. Dessen Mitarbeiter machten sich anschließend daran, ausstehende faule Kredite einzutreiben, Anlagen zu veräußern und den Ertrag der heiklen Investitionen zu maximieren. Von der Last der faulen Anlagen befreit, rappelte sich die runderneuerte Mellon Bank schnell wieder hoch, warb Kapital ein und reichte wieder Kredite heraus. Die Grant Street National Bank beendete ihre Tätigkeit 1995 und wurde geschlossen.

Das ist wohl der effektivste Weg, dieses Problems Herr zu werden. Eine andere, weniger attraktive Option liegt der ursprünglichen Version des Troubled Asset Relief Program zugrunde. Dabei sollte der Staat den Banken die Giftpapiere abnehmen. Der dafür zu zahlende Preis würde mittels eines Verfahrens festgelegt, das man als Rückwärtsauktion bezeichnet. Dabei »bieten« die Verkäufer der Anlagen, indem sie den potenziell niedrigsten Preis angeben, den sie für die Abnahme eines bestimmten Vermögenswerts zu akzeptieren bereit wären. Das erinnert an die öffentlichen Ausschreibungen staatlicher Projekte: Theoretisch drückt der Wettbewerb zwischen den Bietern den Preis.

Eine interessante Idee. Ob die Papiere im Zuge dieses Verfahrens allerdings angemessen bewertet werden, ist fraglich. Die an der Auktion beteiligten Banken hätten allen Grund, ein zu starkes Absacken der Preise zu verhindern. So könnten sie zum Beispiel geheime Absprachen treffen, um dafür zu sorgen, dass das nicht passiert. Außerdem sind viele der betroffenen Anlagen, vor allem strukturierte Finanzprodukte, sehr spezifisch und werden nur von einer Hand voll Banken gehalten. Damit wäre der Wettbewerb bei einer Rückwärtsauktion ernsthaft gefährdet. Aus diesen Gründen ist die Wahrscheinlichkeit groß, dass der Staat für die Anlagen am Ende zu viel bezahlen und mit diesen Investitionen beträchtliche

Verluste einfahren würde. Ein solches Programm liefe praktisch auf eine Rettungsaktion für die Bank und eine staatliche Subventionierung ihrer schlechten Anlageentscheidungen hinaus.

Eine weitere Option sieht vor, dass der Staat eine Art Versicherungspartnerschaft mit der in Schwierigkeiten geratenen Bank eingeht. Nehmen wir beispielsweise an, eine Bank hält Giftpapiere mit einem Ausgangswert von rund 50 Milliarden US-Dollar. Die Bank würde sich in diesem Fall zur Zahlung einer Selbstbeteiligung bereit erklären und, sagen wir, die ersten 3 Milliarden Verluste selbst übernehmen, und der Staat alle weiteren. Als Gegenleistung für die Garantie, dass sie nur mit 3 Milliarden US-Dollar im Risiko stünde, würde die Bank der Regierung eine Versicherungsprämie zahlen. Alternativ könnte der Staat auch eine Beteiligung an der Bank in Höhe etwaiger Verluste erhalten, die über diese ersten 3 Milliarden hinausgehen.

Eine Variante dieses Ansatzes wurde in Großbritannien auf breiter Front praktiziert, und auch in den Vereinigten Staaten leistete die Regierung Bürgschaften für kriselnde Anlagen der Bank of America und der Citigroup im Wert von mehreren Hundert Milliarden US-Dollar. In der Praxis läuft das so: Im Fall der Bank of America belief sich der Pool notleidender Anlagen auf insgesamt 118 Milliarden US-Dollar. Der »Selbstbehalt« betrug zehn Milliarden US-Dollar. Nachdem die Bank of America diesen Verlust auf sich genommen hatte, war sie vom Haken. Sie musste allerdings eine Art »Mitversicherung« für 10 Prozent aller weitergehenden Verluste übernehmen. Die übrigen 90 Prozent deckte der Staat. Im Gegenzug erhielt dieser ein dickes Aktienpaket und beteiligte sich damit maßgeblich an der Bank.[18]

Dieser Ansatz ist zwar besser als eine Rückwärtsauktion, er birgt aber das Risiko, dass der Staat am Ende die Verluste eines Privatunternehmens subventioniert. Bei der Bank of America ging die Regierung davon aus, dass sie keine Verluste »versichern« musste, die weit über den Anteil hinausgingen, den die Bank of America selbst übernahm. Doch wenn die Kosten für die Versicherung solcher Verluste die Einnahmen übersteigen, die der Staat aus der Transaktion bezieht, steht die Regierung am Ende mit schlechten und überteuerten Investitionen da. Sie verbrennt bei diesem Geschäft Geld und finanziert die Fehlentscheidungen privatwirtschaftlicher Banker. Die Zeche zahlt der Steuerzahler.

Ein anderer Ansatz gilt heute offenbar als *die* Lösung für das Problem der unliebsamen Anlagen. Der Grundgedanke dabei ist, dass die Regierung finanzielle Unterstützung an private Investoren vergibt, die den kriselnden Banken die toxischen Anlagen abkaufen. Dieses Konzept liegt dem Public-Private Investment Program (PPIP) zugrunde, das 2009 gestartet wurde und wohl eine der schlechtesten der zur Auswahl stehenden Ideen sein muss.[19] Im Rahmen des billionenschweren Programms erhalten private Investoren zinsgünstige Kredite, um sich an Auktionen zu beteiligen, auf denen Banken ihre Giftpapiere veräußern. Der Staat versüßt dieses Geschäft obendrein mit dem Angebot, den beteiligten Geldinstituten Kapitalspritzen zu gewähren.

Diese zinsgünstigen Regierungsdarlehen sind leider rückgriffsfrei, was bedeutet, dass die Investoren nicht haften, wenn etwas schief läuft. In der Praxis heißt das, dass die Investoren jeden Anreiz haben, überhöhte Gebote abzugeben. Immerhin subventioniert der Staat den Kauf der Papiere ja. Und sollte sich herausstellen, dass es sich dabei um eine schlechte Investition handelt, bleibt der Staat am Ende darauf sitzen. So streicht der private Sektor mögliche Gewinn ein, wenn alles gut geht, und der Staat beziehungsweise der Steuerzahler trägt die Verluste, wenn es schief geht.

Bislang interessieren sich nur wenige Investoren für das PPIP, weil die Regierung die Banken zurzeit noch auf andere Weise subventioniert. Sie hat Regelungen abgeschafft, welche die Banken gezwungen hätten, ihre Giftpapiere zu ihrem realen Marktwert zu bewerten. Dank dieser Intervention konnten die Banken so tun, als wären ihre Schrottpapiere mehr wert, als eine vernünftige Bewertung vermuten ließe. Das ist natürlich reine Makulatur, aber solange Banken ihre Anlagen in der Bilanz mit überhöhten Werten ausweisen können, haben sie wenig Interesse daran, diese Papiere loszuwerden.

Keiner dieser Ansätze ist vollkommen, doch manche sind besser als andere – allen voran die Idee, Schrottpapiere abzustoßen. Dieser Ansatz kommt den Staat günstiger, weil er das Problem in privaten Händen belässt. Außerdem beugt er dem verantwortungslosen Risikoverhalten vor und gibt den neu aufgestellten Banken allen Grund, wieder Kredite zu vergeben. Voraussetzung ist aber, dass die Investoren einen Verlust tragen, der sich sofort schmerzhaft bemerkbar macht. Leider fehlt zurzeit die Bereitschaft, den Stier bei den Hörnern zu packen. Das ist bedauerlich, denn wenn wir unbequeme Entscheidungen aufschieben, riskieren wir, dass die Banken ins finanzielle Koma fallen und zu Zombies werden, die am Tropf des Staates hängen und nicht in der Lage sind, neue Kredite zu vergeben.

Diese Abhängigkeit erreichte ein erstaunliches Maß. Die Regierungen starteten eine Rettungsaktion nach der anderen. Mit Geldspritzen stockten sie die Einlagesicherungen auf und bürgten schließlich sogar für die Schulden der Banken, um zu verhindern, dass die Gläubiger in Mitleidenschaft gezogen wurden. Dazu kam das erstaunliche Angebot der Notenbanken, nicht liquide Anlagen aufzukaufen oder gegen sichere Staatsanleihen einzutauschen. Die Regierung der Vereinigten Staaten ging so weit, Bürgschaften für die Giftpapiere einiger Geldinstitute zu übernehmen und kaufte diese schließlich sogar. Das Ergebnis war eine beispiellose Intervention in das Finanzsystem. Bei allen Schwierigkeiten, mit denen die Politik zu kämpfen hatte, waren diese Rettungsaktionen leider einfacher als ein echter Neuanfang.

Die Folgen der Rettung

Anfang der 1930er verursachte eine Finanzkrise einen unbarmherzigen Teufelskreis aus Deflation und Wirtschaftskrise. In den

Vereinigten Staaten gingen Tausende Banken pleite, drei Viertel aller Haushalte konnten ihre Hypotheken nicht mehr bedienen, die Arbeitslosigkeit stieg auf Rekordhöhe. Die Hilfe in Form der Reformpolitik Franklin D. Roosevelts kam zu spät, und die Wirtschaft stagnierte während der gesamten dreißiger Jahre. Vielen anderen Ländern erging es ähnlich. Sie quälten sich durch ein Jahrzehnt, bis der Krieg manchen den schnellen Aufschwung brachte und anderen die totale Zerstörung.

Diesmal ließen die Regierungen nicht zu, dass die Situation außer Kontrolle geriet, sondern starteten Schockprogramme gegen die Krise. Viele der Verantwortlichen hatten sich gründlich mit der Weltwirtschaftskrise auseinandergesetzt. Die Fehler ihrer Vorgänger prägten ihre entschlossenen Reaktionen. Sie zogen alle Register, um des Problems Herr zu werden, nahmen Anleihen bei der Vergangenheit und brachten neue, nie erprobte Strategien zum Einsatz.

Zunächst griff die Politik auf konventionelle geld- und haushaltspolitische Maßnahmen zurück. Sie fuhren alle bekannten Instrumente auf, angefangen bei Steuererleichterungen bis zu Zinssenkungen. Als dies nichts brachte und die Deflation und eine umfassende Wirtschaftskrise immer wahrscheinlicher erschienen, leitete die Notenbank in ihrer historischen Rolle als letztinstanzlicher Kreditgeber lebenserhaltende Liquiditätsmaßnahmen für eine Gattung von Finanzunternehmen nach der anderen ein und vergab schließlich auch Kredite an ganz normale Unternehmen, die ihre kurzfristigen Verbindlichkeiten refinanzieren mussten. Andere Zentralbanken folgten diesem Beispiel und legten ihre gesetzlichen Befugnisse dabei großzügig bis radikal aus.

Das Ausmaß der Rettungsinitiativen war beispiellos. Sie gingen sogar über Staatsgrenzen hinaus. Nicht nur der Internationale Währungsfonds trat in den Ring, auch die amerikanische Notenbank vergab Kredite an andere Zentralbanken und leitete dringend benötigte US-Dollar zu kriselnden Banken und Unternehmen in aller Welt. Es war die größte finanzwirtschaftliche Rettungsaktion der Gegenwart, wenn nicht die größte überhaupt.

Doch das war erst der Anfang. Der Staat beteiligte sich an zahlreichen Unternehmen, kaufte Aktien und verabreichte im Tausch gegen Eigentumsanteile Kapitalspritzen. Der Staat gab Bürgschaften für Einlagen, Geldmarktfonds und sogar für Inhaber von Bankanleihen. Als wäre das noch nicht genug, übernahm er in spektakulären Fällen auch potenzielle Verluste der Investoren und organisierte direkte Rettungsaktionen für einzelne Banken, Eigenheimbesitzer und andere. Er bot sogar an, den Kauf von Giftpapieren zu subventionieren – in der Hoffnung, so das Vertrauen wieder herzustellen.

Doch auch das war noch nicht genug. Es war eine Sache, Kredite und Bürgschaften zu vergeben und Verluste zu decken. Das Vertrauen auf den Märkten wiederherzustellen, war eine ganz andere Sache. Die Notenbanken der Vereinigten Staaten und anderer Länder wurden am Ende zur letzten Zuflucht für Kreditnehmer und intervenierten auf den Märkten für Staatsanleihen, um dem System durch quantitative Lockerung noch mehr Liquidität zuzuführen. Mit den drastischsten Eingriffen überhaupt versuchten die Zentralbanken, für Nachfrage zu sorgen, wo es praktisch keine mehr gab, indem sie hypothekenbesicherte Wertpapiere und andere strukturierte Finanzprodukte kauften, denen alle möglichen Forderungen zugrunde lagen, vom Auto- bis zum Ausbildungskredit.

Auch die Abgeordneten in den Vereinigten Staaten und anderen Ländern taten das Ihre. Sie gaben die Mittel frei, um diese Aktionen zu finanzieren, und boten in Not geratenen Eigenheimbesitzern Hilfen an. Vor allem aber stimmten sie dafür, Kredite in Billionenhöhe aufzunehmen, um damit haushaltspolitische Anreize zum Ausbau der Infrastruktur zu finanzieren und allen zu helfen, die in der Krise in Schwierigkeiten gerieten, von Kommunen bis zu Arbeitslosen.

All diese haushalts- und finanzpolitischen Aktionen wurden über einen Zeitraum von zwei Jahren durchgeführt – ungleichmäßig, unvollkommen und begleitet von enormen Kontroversen und gewaltiger Skepsis. Die Reaktion auf die Finanzkrise erinnerte in ihrer Anmut und Schönheit an den ungeordneten Rückzug von einem Schlachtfeld, doch am Ende verfehlte sie ihre Wirkung nicht. Der Kapitalismus überlebte. Die Welt wurde von dem Schicksal verschont, das besonders stark in Mitleidenschaft gezogene Länder wie Island traf. Die von den Notenbanken, Regierungen und Parlamenten getroffenen Maßnahmen sorgten tatsächlich dafür, dass sich ein Ende der Krise abzeichnete. So etwas wie Ruhe kehrte auf die Finanzmärkte zurück, und die Volkswirtschaften vieler Länder waren zwar angeschlagen, hatten sich Ende 2009 aber besser erholt als erwartet. Während es im Jahr zuvor noch so ausgesehen hatte, als ob die Welt untergehen würde, schien es jetzt so, als sei man mit knapper Not noch einmal davongekommen.

Das ist die gute Nachricht. Die schlechte ist, dass diese Stabilität zu exorbitanten Kosten erkauft wurde. Dank all der Rettungsaktionen, Bürgschaften, Konjunkturprogramme und anderen Aufwendungen wird sich die Verschuldung der Vereinigten Staaten gemessen am Bruttoinlandsprodukt praktisch verdoppeln, und die Defizite dürften im kommenden Jahrzehnt neun Billionen US-Dollar oder mehr betragen. Die Keynesianer reden diese Risiken gern klein und betonen, dass die Vereinigten Staaten auch während des New Deal und des Zweiten Weltkriegs riesige Defizite vor sich her geschoben hatten und problemlos tilgen konnten. Ihr Allzeithoch erreichte die Staatsverschuldung im Jahr 1946, als sie 122 Prozent des Bruttoinlandsprodukts ausmachte.[20] Die aktuellen Projektionen weisen dagegen auf einen Schuldenstand von 90 Prozent des Bruttoinlandsprodukts in naher Zukunft hin, der jedoch noch steigen könnte.

Dieser Vergleich mag beruhigend wirken, hinkt aber stark. Im Jahr 1946 standen die Vereinigten Staaten auf dem Gipfel ihrer Macht. Alle Welt beneidete sie um ihre vom Krieg unversehrte Produktionsbasis, und künftige Konkurrenten wie Japan und Deutschland lagen in Trümmern. Die Vereinigten Staaten waren der größte Gläubiger weltweit und durch Leistungsbilanzüberschüsse Nettokreditgeber. Der Dollar hatte sich gerade zur globalen Reservewährung entwickelt. Kein Wunder also, dass die Vereinigten Staaten ihre Schulden ohne Weiteres zurückzahlen konnten. Ob das auch heute noch so ist, steht zu bezweifeln. Große Teile der Produktionsbasis des Landes haben keine Zukunft. Die Vereinigten Staaten sind zum größten Schuldner der Welt und dank ihres hohen Leistungsbilanzdefizits zum Nettokreditnehmer geworden, was nicht zuletzt den Darlehen aus China zu verdanken ist, dem Rivalen des 21. Jahrhunderts. Die Vereinigten Staaten sind heute nicht mehr dasselbe Land wie 1946, und es wäre naiv zu glauben, dass man allein durch kreditfinanzierte Ausgaben den Fängen der Krise entrinnen könnte.

Die durch das Krisenmanagement verursachte Haushaltsbelastung ist nur eines von vielen Problemen. An vielen entscheidenden Punkten der Krise haben sich Regierungen fürs Abwarten und für Rettungsaktionen entschieden, statt für nachhaltigere Lösungen. Die Vereinigten Staaten haben problematische Banken nicht verstaatlicht, sondern ihnen billiges Geld verschafft, ihre Verluste gedeckt und sie anderweitig am Leben erhalten. Viele dieser Banken sind und waren insolvent, doch bei ihrer Rettung wurde nicht zwischen Spreu und Weizen unterschieden. Es ging um die Stabilisierung des Finanzsystems.

Dies trifft auch auf die Programme zur Rettung von Häuslebauern, Automobilherstellern und vielen anderen zu, die in der Krise von der Großzügigkeit des Staates profitierten. Bislang konnten wir herzlich wenig von der »kreativen Zerstörung« sehen, die für Schumpeter ein wesentlicher Faktor für die langfristige Gesundheit des Kapitalismus war. Dass solche notwendigen Anpassungen durch Steuersenkungen, Abwrackprämien und Programme zur Stützung des privaten Immobilienmarktes verhindert wurden, wird die unvermeidliche Abrechnung nur hinausschieben. Das soll nicht heißen, dass der Höhepunkt einer Finanzkrise der ideale Zeitpunkt für eine Gesundschrumpfung ist. Eine solche hätte die Krise womöglich noch verschärft. Doch irgendwann muss sie kommen. Schulden müssen erlassen werden, Banken müssen untergehen, Automobilhersteller müssen Fabriken schließen, und Hausbesitzer müssen ausziehen, wenn sie sich ihre Immobilien nicht leisten können.

In gewisser Hinsicht unterscheidet sich unsere Reaktion auf die Krisensituation gar nicht so sehr von der Herbert Hoovers. Wir haben ein unkontrolliertes Ausufern der Krise zwar unendlich effektiver verhindert, doch auch wir streben unvereinbare Ziele an. Wir können nicht alle retten, die vor der Krise falsche Entscheidungen getroffen haben, und gleichzeitig unserer kapitalistischen Wirtschaft zur alten Stärke zurückverhelfen. Das ist eine unbequeme Wahrheit, der wir in unserem hektischen Eifer, alle und jeden vor den Auswirkungen der Krise zu bewahren, nicht ins Auge gesehen haben.

Auch das wachsende Problem des verantwortungslosen Risikoverhaltens wird dieser undifferenzierte Ansatz nicht lösen. In den letzten Jahrzehnten haben Zentralbanker energisch versucht, potenzielle Krisen einzudämmen. Der Erste war Alan Greenspan, der nach dem Börsencrash des Jahres 1987, in der Spar- und Darlehenskrise und nach dem 11. September 2001 auf den Märkten intervenierte. Diese Strategie wurde als »Greenspan-Put« (oder »Bernanke-Put«) zum festen Begriff und bringt die Überzeugung zum Ausdruck, dass die Notenbank das Finanzsystem nie im Stich lassen wird. In der jüngsten Krise wurde diese Überzeugung mehr als einmal auf die Probe gestellt – am augenfälligsten mit der Entscheidung, Lehman Brothers untergehen zu lassen. In den meisten Fällen hat sich der Glaube an die Allmacht der Zentralbanken und Regierungen jedoch bestätigt. Offenbar waren die Regierungen bereit, buchstäblich alles zu tun, um das Finanzsystem zu retten.

Abgesehen davon gibt es aber auch ein paar Silberstreifen am Horizont. So waren viele der Länder, deren Bilanzen durch das Krisenmanagement schwer belastet wurden, im historischen Vergleich gering verschuldet und konnten Mittel zum Krisenmanagement bereitstellen. Darüber hinaus wären die langfristigen

Kosten der Passivität, beispielsweise durch Steuerausfälle, Arbeitslosengelder und Sozialhilfe, vermutlich höher gewesen als die Kosten der Konjunkturprogramme. Die jüngsten politischen Maßnahmen könnten die Haushalte vieler Länder in den kommenden Jahren zwar belasten, doch in den meisten entwickelten Industrienationen hat die Schuldenlast den kritischen Punkt noch nicht erreicht – selbst wenn die Frage nach der Stabilität öffentlicher Anleihen und die Furcht vor Refinanzierungskrisen oder gar regelrechten Ausfällen die Finanzmärkte ernsthaft beunruhigt.

Das umfassende Problem der Rettungsaktionen und des Moral Hazard ist etwas komplexer. Wenn allen geholfen wird, die leichtsinnig Kredite vergeben und aufgenommen haben, steht zu vermuten, dass sie sich künftig noch verantwortungsloser verhalten. Das wiederum kann weitere Spekulationsblasen und Krisen auslösen. Doch wir müssen die Dinge aus der richtigen Perspektive betrachten. Wer mitten in der Krise versucht, Fehlverhalten vorzubeugen, kann damit enorme Kollateralschäden verursachen. Das lässt sich leicht an einem Beispiel illustrieren: Stellen Sie sich vor, der Mieter eines Wohnblocks verhält sich extrem verantwortungslos und dumm und raucht im Bett. Seine Wohnung gerät in Brand. Sollte die Feuerwehr ausrücken und ihn retten? Kommt sie nicht, könnte das ganze Gebäude in Flammen aufgehen. Dann trifft es nicht nur den Brandstifter, sondern unter Umständen Hunderte Unschuldige.

Das ist das eigentliche Dilemma von Zentralbanken und Regierungen in einer Krise. Hat es eine Investmentbank oder Versicherungsgesellschaft, die die Weltwirtschaft in Brand gesetzt hat, verdient, unterzugehen? Keine Frage. Doch wenn der daraus entstehende Flächenbrand das gesamte Finanzsystem erfasst, von den Opfern unter den ganz normalen Arbeitnehmern in aller Welt ganz zu schweigen, könnte die erteilte Lehre im nachfolgenden Chaos einfach verloren gehen. Einige Maßnahmen waren sicher schädlich, einige Rettungsaktionen nicht gerechtfertigt, doch die Konjunkturprogramme und Bürgschaften verhinderten, dass sich der Einbruch beim privaten Konsum zu einer neuen Weltwirtschaftskrise auswuchs.

Die richtige Zeit, um sich mit dem verantwortungslosen Risikoverhalten und anderen Schwächen des Finanzsystems auseinanderzusetzen, kommt erst, wenn die unmittelbare Krise überstanden ist. Die Möglichkeiten, die eine solche Finanzkrise bietet, dürfen nicht ungenutzt bleiben. Sie eröffnet, wenn auch nur flüchtig, die Aussicht auf eine echte, nachhaltige Reform des globalen Finanzsystems. So wie die Weltwirtschaftskrise die hooversche Unentschlossenheit beiseite gefegt und durch keynesianische Konsequenz ersetzt hat, verspricht die große Rezession neue Erkenntnisse über die Entstehung und vor allem über die Verhinderung von Krisen. Dieses drängende Thema ist Gegenstand des folgenden Kapitels.

KAPITEL 8

ERSTE SCHRITTE

Dass auf Krisen Regulierungen und Reformen des Finanzsystems folgen, ist eine Binsenweisheit. Die Nahtoderfahrung einer Finanzkrise regt viele Überlegungen an, was eine Regierung unternehmen kann und wie sich weitere Katastrophen abwenden lassen. Wie Harvard-Ökonom Jeffrey Frankel auf dem Höhepunkt der jüngsten Krise trocken anmerkte: »›Im Schützengraben gibt es keine Atheisten‹, sagt man. Vielleicht mangelt es ja aus demselben Grund in der Krise an libertären Denkern.«[1]

Wie so vieles in der Krisenökonomie ist auch das ein wiederkehrendes Thema. Nachdem in Großbritannien 1825 eine Spekulationsblase geplatzt war, die viele Banken in den Ruin getrieben hatte, verabschiedete das Parlament im folgenden Jahr ein Gesetz zur Reform des gesamten Bankwesens. In den Vereinigten Staaten forderten Abgeordnete nach der Panik des Jahres 1907 eine Zentralbank, die schließlich wenige Jahre später gegründet wurde.

Die Mutter aller Finanzkrisen – die Verkettung katastrophaler Entwicklungen, die als Weltwirtschaftskrise bezeichnet wird – löste in aller Welt eine radikale Umgestaltung des Finanzsystems aus.[2] In den Vereinigten Staaten wurde mit dem Glass-Steagall Act die Einlagensicherung eingeführt. Das Gesetz gab der Federal Reserve außerdem die Befugnis, die Bankreserven zu regulieren, und errichtete eine Brandmauer zwischen Geschäfts- und Investmentbanken. Auch der Aktienmarkt wurde neu geordnet. Das

Wertpapiergesetz von 1933 verlangte von jedem Wertpapieremittenten, sich registrieren zu lassen und einen Prospekt herauszugeben. Die Investmentbanken übernahmen die Emissionen und konnten für Fehler oder irreführende Angaben in den Prospekten strafrechtlich belangt werden. Im Jahr darauf wurde mit der Securities and Exchange Commission die amerikanische Börsenaufsicht ins Leben gerufen, die bis heute den Wertpapierhandel reguliert. Andere Länder führten ähnliche Maßnahmen ein, doch in den Vereinigten Staaten waren die Reformen vermutlich am umfassendsten.

Aus historischer Sicht wäre also durchaus zu erwarten, dass die Vereinigten Staaten bei der Reform des Finanzwesens auch diesmal eine Vorreiterrolle übernehmen würden. Die Turbulenzen enthüllten fundamentale operative Schwächen der amerikanischen und europäischen Finanzmärkte, aber auch schwerwiegende Mängel des bestehenden Aufsichts- und Regulierungssystems. Dennoch verhallten die dringenden Rufe nach Reformen im Laufe des Jahres 2010, und eine Neuordnung der Finanzaufsicht steht noch aus. So schnell, wie der Soldat im Schützengraben seinen Schwur vergisst, ein besseres Leben zu führen, sobald das Feuer eingestellt wird, so schnell arrangiert sich offenbar auch die Politik mit dem Status quo.

Das ist schon alles sehr ironisch. Wenn die Politiker bei dem Versuch, die Lage unter Kontrolle zu bekommen, genauso gescheitert wären wie die Politiker Anfang der dreißiger Jahre, dann wäre das Geschrei nach Reformen jetzt ohrenbetäubend. Nichts hilft der Politik so sehr auf die Sprünge wie allgegenwärtige Schlangen vor Suppenküchen und Arbeitslosenquoten von 25 Prozent. Doch weil die Katastrophe dieses Mal geschickter abgebogen wurde, blieb auch der Antrieb zu einer umfassenden Strukturreform des Finanzsystems auf der Strecke. Stattdessen schütten die überlebenden Banken ihren Managern Rekordprämien aus – ungeachtet der Tatsache, dass sie ihre Existenz der Großzügigkeit des Steuerzahlers verdanken.

Diese Reformmüdigkeit ist zutiefst bedauerlich. Wir leben in gefährlichen Zeiten, in denen die Strukturprobleme, die in die Krise führten, weiter fortbestehen, während noch immer Länder und Volkswirtschaften in aller Welt von den Nachbeben erschüttert werden. Dank drastischer Eingriffe in das Finanzsystem konnte ein gewisses Vertrauen wiederhergestellt werden. Die Umbauten, die nötig sind, um dieses Vertrauen zu erhalten und einen Rückfall in die Krise zu verhindern, stehen jedoch noch aus. So stellt sich die Frage, welche Reformen sinnvoll wären. Vorschläge liegen ja genug auf dem Tisch. Sie stammen von Organisationen aus aller Welt: vom Forum für Finanzstabilität, von der amerikanischen Notenbank, vom amerikanischen Finanzministerium, von den G7-Staaten, von der britischen Finanzaufsichtsbehörde Financial Services Authority (FSA) und anderen politischen Organen aus Großbritannien, von der Bank für internationalen Zahlungsausgleich, vom Internationalen Währungsfonds – ganz zu schweigen von den zahllosen Anregungen von Think Tanks, Arbeitsgruppen und Universitäten.

Statt über die spezifischen Vorzüge der einzelnen Initiativen zu diskutieren, wäre es sinnvoller, die grundlegenden Schwächen und Verzerrungen aufzuzeigen, die das Finanzwesen weltweit belasten, und pragmatische Lösungen zu entwickeln. Die Betonung liegt dabei auf dem Wort »grundlegend«. Es liegt vieles im Argen, doch nicht alle Probleme sind existenzgefährdend. Viele sind lediglich das Ergebnis einer tieferen Fäulnis.

Leider ist grundlegend nicht immer gleichbedeutend mit einfach. Einige der Themen, die wir im Folgenden behandeln, wie Derivate oder Eigenkapitalanforderungen, mögen vielen abstrus erscheinen. Das stimmt, doch wenn wir zu den Wurzeln des Problems vordringen wollen, müssen wir uns auch mit diesen exotischen Konzepten beschäftigen. Wie die Krise gezeigt hat, steckt der Teufel im Detail, und die folgenden Ausführungen sollen dem Leser ein echtes Verständnis der komplexen, aber entscheidenden Themen vermitteln, die wir angehen müssen, wenn wir künftige Krisen vermeiden wollen.

Das rote Tuch der Managementgehälter

Sobald es um die Gehälter der Banker an der Wall Street geht, weicht ruhige Überlegung oft spontaner Wut. Aber so gerne wir sofort mit Fackeln und Mistgabeln losziehen wollen – es ist sicherlich ratsamer, unsere Möglichkeiten sachlich zu betrachten.

Entgegen der landläufigen Meinung ist das größte Problem bei der Vergütung nämlich weniger die Höhe als die Strukturierung und die Form dieser Zahlungen. Die Forschung zur Unternehmensführung belegt, dass jedes Unternehmensumfeld anfällig ist für das Phänomen des sogenannten Prinzipal-Agent-Problems, das wir in Kapitel 3 angesprochen haben. Erinnern wir uns: Dieser Fachbegriff bezeichnet den Umstand, dass moderne Unternehmen nicht von den Aktionären (also den Prinzipalen) geführt werden, sondern von Managern (den Agenten). Diese beiden Gruppen haben unterschiedliche Interessen: Die Aktionäre wollen langfristig die Renditen ihrer Unternehmensanteile maximieren, die Manager dagegen kurzfristig ihre Bezüge, Prämien und andere Vergütungen.

Die Welt wäre wohl in Ordnung, wenn die Aktionäre die Manager überwachen könnten. Das ist in jedem Unternehmen schwierig, aber in den Banken und anderen Finanzunternehmen geradezu unmöglich. Das liegt vereinfacht ausgedrückt daran, dass Händler und Banker weit mehr vom Geschäft verstehen als die Aktionäre, in deren Auftrag sie handeln. Jeder Händler macht seine Gewinne und Verluste und verfolgt auf dem Markt seine eigenen Gewinnstrategien. Für Außenstehende wie Aktionäre oder Verwaltungsräte ist es kaum nachvollziehbar, was sich in einer einzelnen dieser kleinen Zellen abspielt, geschweige denn in mehreren Tausend, wie im Falle einer Großbank oder eines Finanzkonzerns. Dieses Dilemma wird in Unternehmensführungskreisen als das »Problem der asymmetrischen Informationsverteilung« bezeichnet. Will heißen: Eine Partei weiß mehr als die andere.

Ein weiteres Problem ist der gefürchtete Interessenkonflikt der »Doppelagenten«. In vielen Finanzunternehmen sind die Aktionäre (Prinzipale) in ein eigenes Prinzipal-Agent-Problem verstrickt. Ihre Beteiligungen laufen über große institutionelle Investoren wie etwa Pensionsfonds. Die Manager dieser Fonds sind ihre Agenten. Wenn sich die Aktionäre schon schwer damit tun, den Händlern auf die Finger zu schauen, so tun sie sich noch schwerer damit, das Vorgehen ihrer bevollmächtigten Vertreter zu verfolgen. Schlimmer noch, es sind häufig eben diese institutionellen Investoren und nicht die eigentlichen Aktionäre, die am Ende im Verwaltungsrat von Unternehmen sitzen.

Wen das an ein Spiegelkabinett erinnert, der liegt gar nicht so falsch. Das gesamte Finanzsystem war – und ist – förmlich mit solchen Problemen gespickt, bei denen eine Gruppe Zuständigkeiten an eine andere Gruppe delegiert, welche diese wiederum auf eine weitere Gruppe überträgt. Kein Wunder also, dass niemand wusste – oder sich dafür interessierte –, was wirklich auf dem Parkett vor sich ging.

Das Fazit: Ohne eine direkte oder indirekte Aufsicht durch die Aktionäre haben die Händler und Banker jeden Anlass, verrückte Geschäfte zu machen, die ihnen kurzfristige Gewinne und Bonuszahlungen bescheren (etwa die Anhäufung von CDOs in den Bilanzen einer Bank).[3] Wenn die Bank hochgeht, haben die Händler und Banker ihr Geld längst für schnelle Autos und Villen am Meer ausgegeben. Heute ist es leichter, sich Geld von dem Milliardenbetrüger Bernie Madoff zurückzuholen als einen Bonus von einem Händler.

In einer perfekten Welt wären sich die Aktionäre und ihre Vertreter dieser Problematik bewusst und würden ein Vergütungssystem entwickeln, das Händler davon abhält, allzu sehr auf Fremdkapital und Risiko zu setzen. Die Interessen der Händler und Aktionäre kämen zur Deckung, und alle würden sich für das langfristige Wohl der Bank einsetzen. Man könnte zum Beispiel Händler in Form von Aktien des Finanzunternehmens entlohnen. Diese Aktien müssten mit einer Sperrfrist versehen werden, das heißt, sie dürften erst nach einem festgelegten Zeitraum verkauft werden. Auf diese Weise hätten Händler ein Interesse am langfristigen Wohl des Unternehmens.

Doch ganz so einfach ist es leider nicht. Im Fall von Bear Stearns und Lehman Brothers hielten Mitarbeiter über 30 Prozent der Aktien. Dennoch verfolgten beide Unternehmen selbstmörderische Strategien. Das wirft die beunruhigende Frage auf, ob das Problem nicht möglicherweise über eine Hand voll verantwortungsloser Händler hinausgeht, die gegen die Interessen der Aktionäre handeln. Dahinter steht eine bittere Wahrheit: Es gibt Zeiten, in denen Aktionäre und Händler bei der Zerstörung des Unternehmens gemeinsame Sache machen.

Mitunter sehen es die Aktionäre sehr gern, wenn Händler mit Fremdkapital jonglieren und große Risiken eingehen. Sie lassen sie gewähren, weil sie persönlich nicht allzu viel zu verlieren haben. Ihnen gehört zwar ein Teil des Bankenkapitals, doch das ist keine große Sache. Sie würden ungern ihr letztes Hemd verlieren, aber sie drücken gern ein Auge zu, wenn sich die Händler auf Glücksspiele einlassen. Tatsächlich ist das meiste Geld, mit dem die Händler spekulieren, geliehenes Geld, das anderen gehört. Zahlt sich das Börsenroulette aus, gewinnen auch die Aktionäre. Verlieren die Händler, zahlen diejenigen die Zeche, die dumm genug waren, der Bank Geld zu leihen – und, nicht zu vergessen, der Staat. Der Schaden für die Aktionäre hält sich in Grenzen.

Das gilt in guten wie in schlechten Zeiten. In Boomzeiten stehen die Banken unter dem Druck, astronomische Renditen zu erzielen, um die Pensionsfonds, Vermögensverwalter und andere Investoren zufriedenzustellen. Selbst wenn Manager und Aktionäre bestimmte Strategien für riskant halten, wissen sie genau, dass ihre Kunden zu anderen Banken abwandern, wenn diese höhere Renditen versprechen. Diesen Umstand brachte Charles Prince, ehemaliger CEO der Citigroup, treffend auf den Punkt, als er kurz vor der Krise feststellte: »Solange die Musik spielt, muss man auch tanzen.«[4]

Doch selbst wenn es schon abwärts geht, lassen Händler und Aktionäre nicht immer die Finger von riskanten Geschäften. Stattdessen sind sie mitunter bereit, in einer »Alles oder Nichts«-Strategie alles aufs Spiel zu setzen, um das sinkende Schiff zu retten.[5] Das klappt zwar manchmal, ändert jedoch nichts an der Kultur des verantwortungslosen Risikoverhaltens. Es wird im Gegenteil noch befeuert durch die Annahme, dass der Staat schon einspringen wird, wenn alles den Bach hinuntergeht – eine Überzeugung, die zwar in der jüngsten Krise in Einzelfällen auf die Probe gestellt wurde, die sich aber immer wieder bewahrheitet hat.

An diesem Punkt wäre es durchaus verzeihlich, wenn der eine oder andere Leser das Finanzsystem am liebsten in Brand stecken möchte. Wenn die Aktionäre von Finanzunternehmen anständig und am langfristigen Wohl der Firma interessiert sind, haben sie keine Möglichkeit, die Händler zu kontrollieren. Sind sie es nicht, weil für sie nicht genug auf dem Spiel steht oder sie schlicht auf hohe Gewinne aus sind, dann unternehmen sie ebenfalls nichts, um die Händler zu stoppen. So oder so sind Finanzunternehmen in der Lage, durch ihr Verhalten das globale Finanzsystem aus den Angeln zu heben.

Was ist dagegen zu tun? Für ein derart komplexes Problem gibt es keine Patentrezepte.[6] Es gibt allerdings ein paar sehr einfache und vernünftige Ansätze, mit denen sich das Problem bei der Wurzel packen lässt. Ansatzpunkt dafür ist die Vergütung, die dem Problem zugrunde liegt und die deshalb auch im Mittelpunkt der Lösung stehen sollte.

Wenn Mitarbeiter von Finanzunternehmen unter anderem in Form von Aktien vergütet werden, sollten sie diese länger behalten müssen als derzeit üblich. Heute ist die Verkaufssperre oft auf wenige Jahre begrenzt. Sinnvoller wäre es, wenn Mitarbeiter die Aktien erst im Ruhestand oder zumindest erst nach deutlich mehr als zehn Jahren verkaufen dürften.

Das wäre ein geeigneter, wenn auch kleiner erster Schritt. Das ungleich größere Problem ist die sogenannte »Bonuskultur« der Wall Street, die Mitarbeiter zwar dafür belohnt, wenn sich ihre Wetten auszahlen, sie aber nicht dafür bestraft, wenn diese Wetten nach hinten losgehen. Dieses System hat eine Risikokultur geschaffen, die kurzfristig zu überhöhten »Alphaerträgen« führt, doch langfristige Folgen nur unzureichend einkalkuliert.

Dieser Missstand ließe sich beispielsweise durch die Einrichtung von Prämienpools beheben, die nicht auf der Grundlage kurzfristiger Erträge berechnet werden, sondern auf einem längeren Zeithorizont, beispielsweise von drei Jahren, basieren. Ein Unternehmen würde seine Mitarbeiter also nicht für besonders geschickte Wetten honorieren, sondern die Leistung über mehrere Jahre ermitteln. Nehmen wir einmal an, dass ein Händler in einem Jahr mit riskanten Geschäften sagenhafte Erträge erwirtschaftet, im nächsten Jahr aber Verluste in ähnlicher Höhe. Im heutigen System erhält dieser Händler im ersten Jahr eine satte Prämie und im zweiten keine. Vor einem längeren Zeithorizont würden die Verluste die Gewinne ausgleichen, und der betreffende Händler ginge leer aus.

Der Wirtschaftswissenschaftler Raghuram Rajan hat eine ähnliche Variante vorgeschlagen. Demnach sollten Händler für hohe Erträge zwar belohnt werden, die Prämien jedoch über mehrere Jahre auf ein Sperrkonto fließen. Erzielt ein Händler in den Folgejahren Verluste, werden diese von seinem Prämienkonto abgezogen. Nach diesem »Bonus-Malus-System« können Prämien – je nachdem, wie sich die Hochs und Tiefs der langfristigen Leistung eines Händlers entwickeln – auch zurückgeholt werden. Je länger die Bonuszahlungen auf Sperrkonten ruhen, umso wahrscheinlicher ist es, dass sich ein Händler gut überlegen wird, welche Risiken er auf Kosten seiner langfristigen Bezüge eingeht.[7]

Ein solches System funktioniert am besten auf individueller Ebene. Bonuszahlungen werden jedoch leider oft auf der Ebene des Gesamtunternehmens berechnet, sodass alle am Erlös beteiligt sind, wenn sich eine Wette auszahlt. Banker und Händler bekommen die Folgen falscher Entscheidungen nicht mehr unmittelbar zu spüren, da diese vom gesamten Pool getragen werden. Doch auch die Rückholung kollektiver Prämien könnte die Händler zu größerer Vorsicht veranlassen.

Es gibt aber eine noch raffiniertere Lösung. Warum sollte man Banker und Händler überhaupt mit Geld oder Aktien honorieren? Warum nicht in der Währung, in der sie ihre Geschäfte tätigen, also den esoterischen Wertpapieren, die sie in ihren Giftküchen zusammenrühren? Die Händler würden zwar Bonuszahlungen erhalten, aber nur in Form von Anteilen an den CDOs, die sie erfunden haben. Wenn Händler also Giftpapiere ausgeben, werden sie auch damit bezahlt. Händler, die wissen, dass ihre faulen Eier in ihren eigenen Bonuskörbchen landen, könnten dadurch veranlasst werden, bei der Strukturierung von Wertpapieren mehr Umsicht walten zu lassen.

Eine Spielart dieses Konzepts wird bereits praktiziert. Ende 2008 kündigte Credit Suisse an, sie würde toxische Anlagen im Wert von rund fünf Milliarden US-Dollar aus der Bilanz nehmen und in einen Sonderfonds umbuchen. Aus diesem Fonds wollte die Bank künftig die Prämien ihrer Mitarbeiter bezahlen. Die übliche Vergütung in Form von Aktien wurde also durch Anteile an diesem Fonds ersetzt. Das führte zu Protesten, denn schließlich hatten viele Mitarbeiter nichts mit den faulen Wetten zu tun.[8] So unvollkommen diese Lösung auch ist, sie ist doch ein guter Anfang.

Bei der Vergütung wäre auch eine Kombination der verschiedenen Vorschläge denkbar. Statt Banker und Händler etwa rückwirkend mit den Konsequenzen ihrer Fehlspekulationen zu belasten (wie im Falle der Credit Suisse), könnte man von vornherein klar machen, dass Mitarbeiter ihre Prämien in den Wertpapieren erhalten, die sie aufgesetzt haben. Besser noch, man könnte diese Bonuszahlungen in Form von Wertpapieren über mehrere Jahre hinweg treuhänderisch verwalten, damit genügend Zeit verstreicht, um festzustellen, wie gefährlich sie wirklich sind. Schließlich müsste man den Mitarbeitern dann noch untersagen, sich gegen potenzielle Verluste aus diesen künftigen Bonuszahlungen abzusichern.[9] (Immerhin haben wir es hier mit Händlern zu tun, und wenn sie etwas wirklich gut können, dann Geld verdienen, egal wie sich der Markt entwickelt.)

Wie die Vergütung am Ende auch immer reformiert wird, freiwillig wird dies auf keinen Fall geschehen. Wenn ein großes Finanzunternehmen im Alleingang mit einem Bonus-Malus-System vorprescht, werden die Mitarbeiter dieses umsichtigeren Instituts vermutlich in Scharen zur weniger soliden Konkurrenz überlaufen, weil sie dort Aussichten auf höhere Bezüge haben.

Hier ist also der Staat gefordert. In den Vereinigten Staaten hat nur die Regierung die Macht, eine flächendeckende Reform des Vergütungssystems durchzuführen. Und sie hat jede Veranlassung dazu. Der Staat beziehungsweise der Steuerzahler hat de facto das gesamte Finanzwesen gerettet. Er will nun folgerichtig sicherstellen, dass sich dies nicht wiederholt. Außerdem ist angesichts der komplexen Prinzipal-Agent-Problematik auszuschließen, dass eine Vergütungsreform von den Aktionären ausgeht. Doch die Regierung könnte per Gesetz eine Reform nach dem beschriebenen Muster vornehmen, die für alle gilt.

Nur damit keine Missverständnisse aufkommen: Wir wollen nicht, dass der Staat die Vergütung deckelt, obwohl er dazu sicherlich befugt wäre – vor allem bei Banken, deren Überleben weiterhin von seiner Unterstützung abhängt. Wir schlagen etwas anderes und in gewisser Hinsicht sogar noch Radikaleres vor: Die Vergütung soll auf ganzer Linie umstrukturiert werden, um riskantes Verhalten einzudämmen und so die Wahrscheinlichkeit eines umfassenden Zusammenbruchs, wie er dem globalen Finanzsystem vor kurzem drohte, zu verringern.

Ganz abgesehen davon steht jedoch fest, dass die Bezüge durch den Wegfall der kurzfristigen Risikoanreize und durch mögliche Rückforderungen vermutlich niedriger ausfallen werden. Das wäre allerdings kein Schaden. In den letzten Jahren hat die Finanzbranche – und mit ihr die Bezüge ihrer Mitarbeiter – ein exorbitantes und gänzlich ungerechtfertigtes Wachstum erlebt, angeheizt durch die Liberalisierung der Finanzmärkte, neue Finanzprodukte, die Abschaffung von Kapitalkontrollen und die Globalisierung der Finanzwelt.[10]

Im Zuge dieser Entwicklung ist der »Beitrag« – wenn man es denn so nennen kann – des Finanzsektors zum Bruttoinlandsprodukt der Vereinigten Staaten von 2,5 Prozent im Jahr 1974 auf 4,4 Prozent im Jahr 1977 und auf 7,7 Prozent im Jahr 2005 gestiegen. Damals entfielen mehr als 40 Prozent der von S&P 500-Unternehmen* erwirtschafteten Erträge auf Finanzunternehmen. Noch erstaunlicher war, dass die 25 erfolgreichsten Hedge-Fonds-Manager des Landes zusammen mehr verdienten als die CEOs aller im S&P 500 notierten Unternehmen. Im Jahr 2008 floss in den Vereinigten Staaten jeder dreizehnte Gehaltsdollar an Mitarbeiter der Finanzbranche; nach dem Zweiten Weltkrieg war es lediglich jeder vierzigste gewesen.

Das exzessive Wachstum des Finanzsystems schuf wenig Mehrwert für Investoren. Hedge-Fonds, Investmentbanken, Vermögensverwalter und andere Anlagefonds versprachen Toprenditen, die sich in der Regel als Floprenditen erwiesen. Nur die Fondsmanager sahnten wirklich ab, die Gewinne der Anleger wurden von den horrenden Gebühren aufgefressen, die Manager für ihre vermeintlichen Spitzendienstleistungen kassierten.

Die Finanzmanager waren kreativ, wenn es darum ging, die Anleger zu erleichtern. Zum Beispiel bei der Verbriefung: Bei jedem einzelnen Schritt kassierte irgendjemand – der Hypothekenhändler, die ausgebende Bank, der Immobilienschätzer, der Investmentbanker, der Wertpapierversicherer und die Ratingagentur – saftige Gebühren für seine Dienstleistungen. Vor allem die Oligarchen der Investmentbanken verdienten an diesem Geschäft und nutzten die mangelnde Transparenz, um den leichtgläubigen Investoren das Geld aus der Tasche zu ziehen. Das meiste davon landete nicht bei den Aktionären, sondern bei den Mitarbeitern der Banken.

Das krebsartige Wuchern der Finanzbranche verursachte zudem erhebliche gesellschaftliche Kosten, da innovative und kreative

---

* Der Aktienidex von Standard & Poor's umfasst die Aktien von 500 der größten börsennotierten Unternehmen der Vereinigten Staaten.

Köpfe aus der Produktion und anderen traditionellen Branchen an die Wall Street abwanderten. Tatsächlich hat der Finanzsektor nach Ermittlungen unseres Kollegen Thomas Phillipon seit den siebziger Jahren eine stetig wachsende Zahl hochqualifizierter Arbeitnehmer angezogen. Während die Bezüge explodierten, fanden immer mehr Absolventen von Eliteuniversitäten den Weg an die Wall Street. Tatsächlich wollten im Jahr 2007 ganze 58 Prozent der männlichen Harvard-Absolventen in der Finanz- und Beratungsbranche anfangen. Die Folge davon ist, dass es in den Vereinigten Staaten zu viele Finanztechniker gibt, aber nicht genug Maschinenbauingenieure oder Informatiker.

Es ist sicherlich kein Zufall, dass ein vergleichbares Wachstum im Finanzsektor in den Vereinigten Staaten zuletzt in den Jahren vor 1929 zu verzeichnen war. In den dreißiger Jahren setzte ein Rückgang der im Finanzsektor gezahlten Gehälter ein – eine Folge der Regulierungsmaßnahmen, die aus dem Bankwesen ein langweiliges, wenn auch respektableres Geschäft machten. Eine Reform der bestehenden krankhaften Vergütungsstruktur ist ein notwendiger erster Schritt dahin, das Bankgeschäft wieder etwas langweiliger zu gestalten.

Wie man eine bessere Wurst macht

Die Vergütung ist längst nicht das einzige Problem, das nach Reformen schreit. Das ausgeklügelte Verbriefungssystem, das zur Entstehung der jüngsten Krise beitrug, muss ebenfalls überarbeitet werden.[11] Dabei handelte es sich um die sogenannte KVV-Strategie (Kreieren, Verbriefen, Verkaufen, das in Kapitel 3 beschriebene *Originate-and-Distribute-Model*) der Verbriefung, bei dem eine potenziell riskante Anlage – beispielsweise Schrotthypotheken – mit anderen ähnlichen Anlagen zusammengelegt und in Wertpapiere verwandelt wird. Diese werden wiederum an Investoren verkauft, die das Risiko besser verkraften können und wagemutiger sind.

Das System hatte eine offensichtliche Schwachstelle: Für alle Beteiligten schwand der Anreiz, die Kreditwürdigkeit der Kreditnehmer zu überprüfen. Die einzelnen Teilnehmer der Verbriefungskette strichen vielmehr ihre Gebühren ein und gaben die Risiken ganz oder teilweise an andere weiter. Alle waren Komplizen: die Hypothekenmakler, die das ursprüngliche Darlehen ausgaben; die Immobiliensachverständigen, die allen Grund hatten, ihre Schätzungen überhöht anzusetzen; die Bank, die die Hypothek verbriefte und daraus hypothekenbesicherte Wertpapiere machte; die Investmentbank, die diese Papiere in CDOs und esoterischere Anlagen umverpackte; die Ratingagenturen, die großzügig die begehrte Note AAA vergaben und schließlich die Wertpapierversicherer, die diese Giftpapiere versicherten.

Eine Lösung des Problems muss die verschiedenen Akteure zu einem größeren Risikobewusstsein zwingen. Das heißt, jeder Beteiligte muss irgendwie dazu gebracht werden, auf die Qualität der zugrundeliegenden Darlehen zu achten. Man könnte zum Beispiel die Vermittler – die verbriefende Bank und die Investmentbanken – dazu zwingen, einen Teil der betreffenden Wertpapiere selbst zu behalten. Dieser Zwang sollte die Vermittler dazu bringen, die Kreditwürdigkeit der ursprünglichen Kreditnehmer gründlicher zu überprüfen (oder zumindest Druck auf die Hypothekenmakler auszuüben, die das erste Glied in der Kette darstellen).

Es gibt eine Reihe von Vorschlägen zur Umsetzung dieser Vorstellung. Einige wurden in internationalen Gremien wie Arbeitsgruppen der G20 erdacht. Andere entstanden in den Vereinigten Staaten, wie ein Gesetz mit dem Namen »Credit Risk Retention Act«, das im Dezember 2009 vom Repräsentantenhaus verabschiedet wurde.[12] Beide Initiativen haben ein Ziel: Alle Banken, die an der Ausgabe jeglicher Art von forderungsbesicherten Wertpapieren beteiligt sind, würden dazu gezwungen, 5 Prozent dieser Papiere zu behalten. Eine Senatsinitiative fordert sogar, diesen Anteil auf 10 Prozent zu erhöhen. In jedem Fall soll den Banken sinnvollerweise untersagt werden, die durch den Rückbehalt dieser Wertpapiere eingegangenen Risiken abzusichern oder zu übertragen.

Leider könnten sich die verbleibenden Risiken in dieser Größenordnung als unzureichend erweisen, um eine Verhaltensänderung zu bewirken. Während der jüngsten Krise engagierten sich viele Banken in beträchtlicher Höhe in den von ihnen ausgegebenen Wertpapieren. So wurden etwa die AAA-Tranchen von CDOs nach Möglichkeit nicht an Investoren verkauft, sondern selbst gehalten. Rund 34 Prozent aller Vermögenswerte von amerikanischen Großbanken hingen zum Zeitpunkt der Krise von Immobilien ab. Bei kleineren Banken lag dieser Anteil sogar bei rund 44 Prozent.[13] Durch die KVV-Strategie wurde zwar ein Teil der Risiken weitergegeben, doch längst nicht alles. Die meisten Finanzinstitute hatten noch einen Teil in den eigenen Büchern, sonst hätten sie kaum derartige Verluste erlitten.

Banken behielten dieses Risiko in ihren Büchern, weil die Händler daran verdienten. Daher stellt sich die Frage, inwieweit sich die Verbriefung durch zurückbehaltene Risiken wirklich sicherer machen lässt. Dieser Ansatz mag zwar eine nützliche Ergänzung sein und wird Finanzunternehmen sicherlich veranlassen, die Risiken der betreffenden Positionen genauer zu prüfen, doch ein Allheilmittel ist er kaum. Die Händler nehmen das Risiko gern auf sich, vor allem wenn sie dadurch einen dickeren Bonus bekommen. Aber der ist kein Stabilitätsgarant.

Außerdem ist dies keine Lösung für ein noch dringenderes Problem, die Tatsache nämlich, dass der Verbriefungsmarkt trotz staatlicher Stützungsmaßnahmen noch immer vor sich hin vegetiert. Der Grund dafür ist vor allem die Ungewissheit. Bis heute ist nicht bekannt, welche Zutaten in den Wertpapiereintopf gewandert sind, der dem Boom Nahrung gab. Tatsächlich erinnerte die Verbriefung in den wilden Jahren entfernt an die Wurstproduktion vor der Gründung der Lebensmittelaufsicht. Niemand wusste, was in die Wurst hineinkam oder welche Qualität das verwendete Fleisch hatte. In der Finanzbranche können die Banken ihre »Wurst« weiterhin produzieren, doch da die Investoren jetzt wissen, welche Zutaten verwendet werden (und welche nicht), ist ihnen verständlicherweise der Appetit vergangen.

Viele meinen, man sollte die Verbriefung vollständig abschaffen. Doch das ist zu kurz gedacht. Wenn die Verbriefung ordentlich reformiert wird, kann sie die Risiken für das System reduzieren, statt sie zu verschärfen. Dazu muss sie allerdings erheblich transparenter und einheitlicher gestaltet werden, als dies heute der Fall ist. Andernfalls ist es unmöglich, diese Wertpapiere exakt zu bepreisen, geschweige denn, den Verbriefungsmarkt wiederzubeleben. Daher benötigen wir Reformen, die uns dieselbe Sicherheit geben, wie sie die Gründung der Lebensmittelaufsicht einst den Wurstkonsumenten verschaffte.

Das erste Thema ist die Standardisierung. Derzeit gibt es kaum einheitliche Standards für die Ausgabe forderungsbesicherter Wertpapiere. Die sogenannte Strukturierung einer Transaktion – das Kleingedruckte – kann von Papier zu Papier sehr unterschiedlich aussehen. Monatsberichte über Transaktionen unterscheiden sich in Bezug auf die gebotene Detailliertheit ebenfalls beträchtlich. Diese Informationen sollten vereinheitlicht werden und an einem Ort zusammenlaufen. Das könnte über private Kanäle erfolgen, noch besser aber unter den Fittichen der Regierung. So könnte etwa die Börsenaufsicht von Emittenten forderungsbesicherter Wertpapiere verlangen, Informationen über verschiedene Aspekte offenzulegen – angefangen von den Daten zu den Anlagen oder ursprünglichen Darlehen bis zu dem Betrag, der an Personen oder Institute gezahlt wurde, die das Wertpapier ursprünglich verbrieften.

Das genaue Prozedere ist nebensächlich – Hauptsache, es passiert überhaupt etwas. Es muss ein Weg gefunden werden, die unterschiedlichen Wertpapiertypen vergleichbar zu machen, um sie korrekt bewertet zu können. Zurzeit vergleichen wir immer noch Äpfel mit Birnen. Es gibt keine Standardisierung, weshalb jeder einigermaßen aussagekräftige Vergleich unmöglich ist. Das heißt, innerhalb des gegenwärtigen Systems gibt es keine Möglichkeit zur Quantifizierung von Risiken, da zu viele Unsicherheitsfaktoren eine Rolle spielen.

Eine Vereinheitlichung würde den Markt für diese Wertpapiere zwangsläufig liquider und transparenter machen. Trotzdem bleiben ein paar Einwände. Es ist zwar relativ einfach, herkömmliche forderungsbesicherte Wertpapiere transparenter zu machen. Weitaus schwieriger ist dies jedoch bei Wertpapieren von absurder Komplexität wie CDO oder so phantastischen Gebilden wie CDO^2 und CDO^3.

Sehen wir uns einen typischen CDO^2 an. Ausgangspunkt sind tausenderlei Kredite, ob gewerbliche Hypotheken, Baudarlehen, Autokredite, Kreditkartenforderungen, Darlehen für kleine Unternehmen oder Ausbildungskredite. Diese werden in einem forderungsbesicherten Wertpapier gebündelt. Das entstandene Wertpapier wird mit 99 anderen Papieren zu einem CDO zusammengeschnürt. Nun nehmen wir dieses CDO und kombinieren es wiederum mit 99 anderen CDOs, von denen sich jedes aus einer eigenen Mischung von hypothekenbesicherten Wertpapieren zusammensetzt. Der Rest ist Mathematik: Theoretisch muss der Käufer eines solchen CDO^2 durchschauen können, wie solide die zehn Millionen zugrundeliegenden Darlehen sind – eine unmögliche Aufgabe.

Daher müssen Papiere wie CDOs – scherzhaft auch Chernobyl Death Obligations (Tschernobyl-Todesobligationen) genannt – stark reguliert oder verboten werden. In ihrer jetzigen Form sind sie von den Vermögenswerten, von denen sie ihren Wert ableiten, zu weit entfernt und nahezu unmöglich zu standardisieren. Aufgrund ihrer individuellen Komplexität verbergen sie Risiken eher, als sie zu übertragen, und das alles geschieht unter dem Deckmantel undurchsichtiger und irreführender Strategien des Risikomanagements.

Der seltsame Werdegang von CDOs und anderen Giftpapieren ruft unwillkürlich ein anderes Akronym ins Gedächtnis: GIGO oder »Garbage in, Garbage out« – wo Müll reinkommt, kommt auch Müll raus. Oder, um noch einmal das Bild von der Wurstherstellung zu bemühen: Wer seine Wurst mit Ratten- und Gammelfleisch füllt und diese zusammen mit anderen Würsten aus ähnlich unappetitlichen Zutaten abpackt, der hat das Problem nicht gelöst. Seine Wurst ist nach wie vor ungenießbar.

Das bringt uns zum wichtigsten Aspekt der Verbriefungsreform: der Qualität der Zutaten. Letztendlich besteht das Problem bei der Verbriefung gar nicht so sehr darin, dass die Zutaten bis zur Unkenntlichkeit geschnitten und gehäckselt wurden. Es geht vielmehr darum, dass diese Zutaten von Anfang an nichts taugten. Das Problem der KVV-Strategie liegt also weniger beim Vertrieb als bei der Herstellung. Dabei spielt die Kreditwürdigkeit der zu Anfang ausgereichten Darlehen die größte Rolle.

Daher sollte die Reform zunächst die Darlehensvergabe selbst betreffen. Den erforderlichen Aufsichtsapparat gibt es bereits. In den Vereinigten Staaten sind das zum Beispiel die Notenbank, der Einlagensicherungsfonds und die verschiedenen Aufsichtsbehörden für Sparkassen, Banken und Genossenschaftsbanken. Sie alle haben Befugnisse zur Überwachung und Regulierung der Darlehen, die schließlich zu forderungsbesicherten Wertpapieren verbrieft werden. Die bestehenden Vorschriften und Richtlinien müssen lediglich eingehalten und verstärkt werden. Die Papiertiger müssen Zähne bekommen, um zu verhindern, dass nichts Unverdauliches in die Wertpapier-Wurst gelangt.

Die Notenbank hat bereits erste Schritte in diese Richtung unternommen, indem sie eine Verschärfung der »Kreditwahrheit« (auch »Regulation Z« genannt) forderte.[14] Mithilfe dieser Bestimmungen könnten potenzielle Kreditnehmer die tatsächlichen Kosten ihrer Hypothek sehr viel besser überblicken, und die Kreditinstitute selbst würden neuen Beschränkungen unterliegen. Die Vergütung von Hypothekenmaklern und Kreditsachbearbeitern würde nicht länger an den Kreditzins und andere Konditionen gekoppelt. Desgleichen wäre es Hypothekenmaklern und Kreditsachbearbeitern ausdrücklich untersagt, ihren Kunden höhere und teurere Darlehen schmackhaft zu machen, nur um die eigenen Bezüge in die Höhe zu treiben.

All dies ist durchaus vernünftig. Doch wenn die Politik in der Wurstküche der Verbriefung aufräumen will, benötigt sie eine »Fleischbeschau«, Instanzen also, die solche Produkte benoten. Das sind die Ratingagenturen, und wie ihre Kollegen aus der Lebensmittelbranche sind auch sie ihren Aufgaben nicht immer nachgekommen.

Reform der Ratingagenturen

In den Vereinigten Staaten haben mit Standard & Poor's, Moody's Investors Service und Fitch Rating drei große private Ratingagenturen erhebliche Macht. Sie vergeben Noten für alles – von Hypotheken über Unternehmensanleihen bis hin zu den Staatsschulden ganzer Nationen. Diese Noten, die die Wahrscheinlichkeit eines Zahlungsausfalls angeben, spielen eine entscheidende Rolle für die Risikobewertung auf den Finanzmärkten. Im Grunde stellen die Ratings eine Möglichkeit dar, die gebotene Sorgfalt bei der Prüfung auf andere abzuwälzen. Wenn Moody's eine CDO-Tranche als sicher bezeichnet und mit »AAA« bewertet, kann sich jeder andere die Mühe sparen, das Wertpapier auf Herz und Nieren zu prüfen.

Der Aufstieg der Ratingagenturen begann in den 1930er Jahren.[15] Ihre Vorläufer vergaben Ratings, mit denen die Regulierungsbehörden die Qualität der von Banken gehaltenen Anleihen bewerteten. Mit der offiziellen staatlichen Billigung zementierten diese Organisationen ihren Einfluss. In der unmittelbaren Nachkriegszeit verloren sie zwar an Bedeutung, erstarkten aber in den siebziger Jahren wieder, als die Ausfallquoten bei Anleihen stiegen und Ratings für die Risikobewertung eine immer größere Rolle spielten.

Im Jahr 1975 zertifizierte die Börsenaufsicht der Vereinigten Staaten landesweit anerkannte Ratingorganisationen. Das bedeutete, dass sich jeder, der Schuldtitel verkaufen wollte, von einer dieser Agenturen bewerten lassen musste. Fitch, Standard & Poor's und Moody's gehörten zu den Glücklichen, die die begehrte Zulassung erhielten. Die Börsenaufsicht ließ zunächst sieben Agenturen zu, doch durch Fusionen blieben nur diese drei übrig. In jüngster Zeit hat die Börsenaufsicht allerdings einige neue Unternehmen zugelassen.

Im Lauf der Zeit haben sich die Ratingagenturen drastisch gewandelt. In den Anfangsjahren wurden sie von den Investoren finanziert, die einzelne Anlagen bewerten lassen wollten. Mit der Zeit veränderte sich dieses Einnahmenmodell, auch weil sich manche Investoren umsonst Bewertungen beschafften, indem sie einfach die Ratingbücher von Freunden kopierten. Um dieses Problem zu umgehen, stellten die Ratingagenturen auf ein neues Geschäftsmodell um. Sie boten ihre Dienstleistungen nicht mehr den Investoren an, sondern den Ausgebern der Schuldtitel. Das neue Geschäftsmodell entsprach den Reformen der Börsenaufsicht, die es dem Emittenten auferlegten, ein Rating zu beschaffen. In den achtziger Jahren war die Umstellung abgeschlossen. Nunmehr zahlten die Emittenten von Anleihen für die Ratings.

Dadurch entstand ein erheblicher Interessenkonflikt. Die Banken, die Wertpapiere auf den Markt bringen wollten, konnten sich bei den Agenturen nach dem besten Rating »umschauen« und Angebote vergleichen. Eine Ratingagentur konnte eine geplante Emission zwar als Schrott bewerten, doch damit riskierte sie, den Kunden zu verlieren. Es lag also immer mehr im Interesse der Ratingagenturen, den Kunden das zu geben, was sie verlangten. Wenn sie ein AAA-Rating für ein mit minderwertigen Hypotheken besichertes Wertpapier haben wollten, dann bekamen sie es auch.

Obendrein begannen die Ratingagenturen, Einnahmen aus anderen, nicht minder fragwürdigen Quellen zu beziehen. So wandten sich Banken bei der Zusammenstellung ihrer strukturierten

Finanzprodukte an eine der Ratingagenturen und ließen sich beraten, wie sie diese Produkte so gestalten konnten, dass sie von derselben Agentur möglichst hoch bewertet würden. Die Agentur kassierte für die Beratung und Bewertung. Solche Dienstleistungen wurden als »Beratung« oder »Modellentwicklung« bezeichnet. Vielleicht waren sie das ja wirklich. Vielleicht war es aber auch so, als würde ein Professor Geld dafür nehmen, dass er seinen Studenten sagt, was sie lernen sollen, um in der Prüfung die besten Noten zu bekommen. Koscher ist das nicht.

Wie aber lassen sich die Ratingagenturen reformieren? Auf jeden Fall muss es den Agenturen untersagt werden, Beratungsleistungen anzubieten. Agenturen dürften nur die eine Aufgabe haben, Schuldtitel zu bewerten. Alles andere führt zu potenziellen Interessenkonflikten. Nach den neuen Vorschriften der Börsenaufsicht ist es den Ratingagenturen zwar untersagt, die von ihnen bewerteten Unternehmen zu beraten, doch diese Regeln lassen sich nur schwer umsetzen. Stattdessen sollte die Behörde den Ratingagenturen die Beratungstätigkeit ganz verbieten.

Auch eine Verbesserung des Wettbewerbs in diesem privilegierten Segment wäre sinnvoll. Vor zehn Jahren, als der Ruf der großen Drei noch unbeschädigt war, wäre diese Forderung vermutlich kaum zu rechtfertigen gewesen. Heute gibt es dafür genügend Argumente. Leider macht es die Börsenaufsicht neuen Anwärtern sehr schwer, das begehrte Prädikat zu erhalten. Anwärter müssen bereits mehrere Jahre im Geschäft sein und viele große Kunden haben. Doch es ist nicht leicht, namhafte Kunden zu akquirieren, solange man nicht in den erlauchten Kreis aufgenommen wurde. Die Behörde müsste ihre Zugangsbarrieren senken, um in dieser so wichtigen Branche für mehr Konkurrenz zu sorgen.

Noch radikaler wäre es, den Ratingagenturen die halboffizielle Rolle zu entziehen, die sie derzeit genießen. In allen Richtlinien, von den Bestimmungen der Börsenaufsicht bis zu den Eigenkapitalvorschriften von Basel II, werden die Agenturen offiziell als einzige Ratinginstanz anerkannt. Damit wird ihnen unverhältnismäßig viel Macht zugebilligt. Die Beschneidung dieser Macht wäre ein weiterer Weg zur Öffnung für den Wettbewerb.

Eine umfassendere Reform wäre eine Rückkehr zum ursprünglichen Geschäftsmodell der Ratingagenturen. Demnach sollten nicht mehr die Ausgeber von Anleihen, sondern wieder die Investoren für die Ratings zahlen. Das ist allerdings leichter gesagt als getan. Da ist zunächst das »Schnorrer«-Problem: Sobald eine Investorengruppe für ein Rating gezahlt und ihre Entscheidung darauf gestützt hat, können andere Investoren das Rating in Erfahrung bringen und sich daran orientieren, ohne dafür zu zahlen.

Dem ließe sich abhelfen, wenn alle institutionellen Investoren in einen gemeinsamen und von der Regulierungsbehörde verwalteten »Pool« einbezahlen müssten. Dazu gehören alle Akteure des Finanzsystems, auch weniger streng regulierte wie Hedge-Fonds. Aus diesem Pool würden die Investoren die Ratings neuer Anlagen finanzieren.

Dadurch würde das Wirtschaftsmodell der Ratingagenturen auf den Kopf gestellt, und genau das ist das Ziel. Es ist abwegig, dass die Ausgeber von Anleihen für ihre eigenen Ratings bezahlen – das wäre so, als würden Studenten ihren Professor für ihre Noten bezahlen. Wenn mehrere Professoren zur Auswahl stehen, würden diejenigen, die nur Einser verteilen, bald beliebter sein, und sie würden mehr verdienen als ihre strengeren Kollegen. Doch die guten Noten wären genauso zweifelhaft wie die AAA-Ratings, die auf dem Höhepunkt der Immobilienblase vergeben wurden.

Bitte verstehen Sie das nicht falsch: Die Reform der Ratingagenturen ist keine leichte Aufgabe. Sie nehmen am Finanzhimmel eine Sonderstellung ein. Doch ohne Reformen wie den beschriebenen lassen sich diese gegenwärtigen Interessenkonflikte kaum beseitigen.

Aber angenommen, die Konflikte lassen sich aus der Welt schaffen und die Ratingagenturen bewerten Instrumente wie hypothekenbesicherte Wertpapiere korrekt. Dann gibt es leider immer noch Papiere, mit denen sich die Ratingagenturen gar nicht befassen. Es handelt sich um die undurchsichtigen, geheimnisvollen und oftmals unergründlichen Instrumente, die wir als Derivate bezeichnen.

Der Umgang mit Derivaten

Im Jahr 2002 verschickte Warren Buffett einen inzwischen legendären Jahresbericht an die Investoren von Berkshire Hathaway. Er beklagte den zunehmenden Einsatz von Derivaten, die er unheilsschwanger als »Zeitbomben, für die beteiligten Parteien ebenso wie für das gesamte Wirtschaftssystem«, bezeichnete. Buffett nahm kein Blatt vor den Mund. Derivate seien »finanzielle Massenvernichtungswaffen«, erklärte er und warnte vor ihren Gefahren, »die heute noch latent, doch potenziell fatal« sein können. In größter Vorausahnung gab er zu bedenken, dass »der Geist der Derivate längst aus der Flasche entwichen ist. Diese Instrumente werden weiter an Vielfalt und Zahl zunehmen, bis ein Ereignis zeigt, wie explosiv sie sind.«[16]

Buffett behielt Recht, doch die Geschichte ist komplizierter. Derivate gibt es bereits seit Jahrhunderten, doch erst in jüngerer Zeit haben sie die Formen angenommen, die eine erhebliche Gefahr für das globale Finanzsystem darstellen. Im Grunde sind Derivate nichts anderes als Wetten auf den Ausgang eines künftigen Ereignisses. Das kann die Entwicklung der Zinsen, des Ölpreises, der Maispreise, der Wechselkurse oder einer beliebigen Anzahl anderer Variablen sein. Sie laufen unter verschiedenen Bezeichnungen, wie Swaps, Optionen oder Terminkontrakte, und haben jahrzehntelang einwandfrei funktioniert und Menschen die Möglichkeit gegeben, sich gegen Risiken abzusichern. Ursprünglich konnten sich Bauern damit vor der Ernte gegen Schwankungen der Getreidepreise absichern und auf diese Weise einen ruhigen Schlaf erkaufen.

Doch in den letzten Jahren haben Derivate ganz andere Formen angenommen. Die bekannteste war die Kreditausfallversicherung (kurz CDS). Dieses Instrument war tatsächlich etwas vollkommen Neues und sollte den Käufer vor möglichen Zahlungsausfällen schützen. Konnte ein Schuldner seinen Kredit nicht bedienen, musste das Institut, das die »Versicherung« verkauft hatte, einspringen. Doch anders als bei einer Versicherungspolice musste der Käufer eines CDS den versicherten Vermögenswert gar nicht besitzen. Schlimmer noch, wer auf die Pleite eines bestimmten Unternehmens gewettet hatte, der hatte jedes Interesse daran, dass diese tatsächlich eintrat. Das ist so, als würde man eine Brandschutzversicherung auf das Haus des Nachbarn abschließen und es dann in Brand stecken.

Der Handel mit Kreditausfallversicherungen erreichte in kürzester Zeit erstaunliche Dimensionen. Im Jahr 2008 befand sich der Nominalwert der Kreditausfallversicherungen mit 60 Billionen US-Dollar auf seinem Höchststand. Der kometenhafte Aufstieg des CDS-Markts hat viele Gründe. Einen großen Teil des Verdienstes – oder der Schuld – trägt Phil Gramm, der eifrige Befürworter der freien Marktwirtschaft, der von 1995 bis 2000 den Bankenausschuss des amerikanischen Senats leitete. In seinem letzten Amtsjahr gelang es ihm, in dem Gesetz zur Modernisierung des Warenterminhandels einen Passus unterzubringen, der Kreditausfallversicherungen und andere sogenannte Freiverkehrsderivate von der Regulierung durch die Aufsichtsbehörde für den Warenterminhandel ausnahm.[17]

Das Schlüsselwort ist hier »Freiverkehr« – englisch »over the counter«, also »über den Ladentisch«, oder kurz OTC. Das klingt wie das Gegenteil von »unter der Hand«, obwohl eine OTC-Transaktion damit besser beschrieben wäre. Bei OTC-Transaktionen wird ein Derivatekontrakt von zwei privaten Parteien unterzeichnet – so kommt ein sogenannter bilateraler Vertrag zustande, in den kein Dritter eingeweiht ist. Damit fehlt jegliche Transparenz. Niemand weiß genau, wo oder mit welchen Summen sich jemand engagiert hat. Die Finanzunternehmen, die diese Instrumente entwickelten, hielten die Details nur allzu gern unter Verschluss. Immerhin waren ihre Tradingstrategien ja vertrauliche Unternehmensinterna, und die Gebühren waren astronomisch. Doch diese Geheimniskrämerei erwies sich in der Krise als zersetzend für das Anlegervertrauen.

Nicht minder besorgniserregend war das »Kontrahentenrisiko«, also die Möglichkeit, dass die Ausgeber der »Versicherung« nicht in der Lage waren, ihre Zusagen einzuhalten, vor allem nicht während einer systemischen Finanzkrise. Genau das trat ein, als die jüngste Krise an Fahrt gewann. In der Annahme, dass sie ohnehin nie zahlen müssten, hatten große Finanzinstitute keine ausreichenden Rücklagen geschaffen. Vor allem im Fall AIG war dies eine Gefahr für das gesamte Finanzsystem. AIG hatte über Kreditausfallversicherungen toxische CDO-Tranchen im Wert von über einer halben Billion US-Dollar versichert. In der Krise war der Versicherungskonzern nicht in der Lage, die mit diesen Tranchen erlittenen Verluste auszugleichen. Weil der Konkurs von AIG andere Unternehmen mit in den Abgrund gerissen hätte, deren Anlagen dort versichert waren, schritt schließlich die Regierung ein und rettete das Unternehmen. Durch das Kontrahentenrisiko entstand ein Finanzsystem, das nicht nur zu groß, sondern auch zu verflochten für eine Pleite war.

Derivate standen im Zusammenhang mit etlichen weiteren berüchtigten Episoden finanzwirtschaftlicher Probleme und Krisen.[18] So wurde zum Beispiel eine Portfolioversicherung mit dem Börsencrash von 1987 in Verbindung gebracht. Im Jahr 1994 trieben Verluste mit Derivaten den kalifornischen Bezirk Orange County an den Rand des Bankrotts. Derivate spielten eine wesentliche Rolle beim LTCM-Fiasko im Jahr 1998 und verschärften in den Jahren 2008 und 2009 den Boom-und-Bust-Zyklus der Ölpreise. Derivate können aber auch noch andere verheerende Auswirkungen haben. Sie verbergen Schulden, umgehen Steuern, vereiteln Umschuldungsversuche und dienen sogar der bewussten Herbeiführung der Zahlungsunfähigkeit von Banken, Unternehmen oder Staaten.

Angesichts eines solchen Vorstrafenregisters erscheint ein Verbot von Derivaten vernünftig. Doch das ist es nicht. Die meisten Derivate funktionieren nämlich ohne schädliche Nebenwirkungen. Einzig die Auswüchse, die bestimmte Derivate verursachen können, müssen unter Kontrolle gebracht werden. Doch wie so oft in dieser Misere ist das leichter gesagt als getan. Ein Allheilmittel gibt es nicht, wohl aber verschiedene sinnvolle Maßnahmen, die umgehend ergriffen werden sollten.[19]

Eines der dringendsten Probleme ist die Transparenz. Es stimmt, dass manche Derivate, wie standardmäßige Zins- oder Währungsswaps, lange problemlos im Freiverkehr gehandelt wurden. Das kann durchaus so bleiben. Kreditderivate stehen jedoch auf einem ganz anderen Blatt. Sie müssen öffentlich gemacht und einer strengen Regulierung durch die Börsenaufsicht und die Aufsichtsbehörde für den Warenterminhandel unterworfen werden. Die Regierung Obama hat bereits entsprechende Schritte eingeleitet. Es liegen mehrere Vorschläge zur Umsetzung solcher Regelungen auf dem Tisch.

Manche Experten fordern einen zentralen Handelsplatz für Kreditderivate, wie wir ihn für einfachere Derivate bereits kennen. Dieser Vorschlag scheint sinnvoll, denn an einer Börse würden die Papiere in aller Transparenz gehandelt. Die Börse könnte auch sicherstellen, dass die Versicherer die notwendigen Sicherheiten haben, um im Versicherungsfall zahlen zu können. Nun können zwar manche der existierenden Kreditderivate standardisiert und an einer solchen Zentralbörse gehandelt werden, doch leider gilt das nicht für alle. Viele der OTC-Derivate sind schlicht nicht zu vereinheitlichen und werden auch nicht in ausreichender Zahl gehandelt. Ihre Preise lassen sich nicht beständig quantifizieren wie die einer Aktie, einer Anleihe oder eines herkömmlichen Derivats.

Diese esoterischen Derivate könnten bei einer zentralen Clearingstelle registriert werden. Solche Stellen gibt es für einfachere Derivate bereits, etwa die Options Clearing Corporation (OCC), über die eine Fülle von Aktien- und Rohstoffderivaten läuft. Es handelt sich zwar um eine privatwirtschaftliche Organisation, sie arbeitet jedoch mit dem Segen der Aufsichtsbehörden. Unter anderem sorgt sie dafür, dass die an einem Derivatekontrakt beteiligten Parteien ausreichende Sicherheiten stellen, um ihre Zusagen im Bedarfsfall auch einhalten zu können. (Das heißt, dass kein Finanzunternehmen Ausfallversichrungen anbieten könnte, ohne die nötigen Sicherheiten vorzuweisen). Im Gegenzug würde die Clearingstelle bei einem Ausfall des Kontrahenten die Lasten des Vertrags auf sich nehmen. Dadurch wird das Problem des Kontrahentenrisikos aus der Welt geschafft.

Das hört sich gut an, hat aber auch ein paar Haken. Im Falle eines systemischen Zusammenbruchs der Märkte könnte auch die Clearingstelle außerstande sein, in alle Verträge einzutreten, und ebenfalls zahlungsunfähig werden. Dieses Risiko ließe sich ein Stück weit durch die Anhebung der Einschusserfordernisse verringern. Trotzdem werden Strukturrisiken allzu leicht unterschätzt, wie die jüngsten Ereignisse deutlich gemacht haben. Eine solche Clearingstelle müsste auf jeden Fall der strengen Aufsicht von Regulierungsbehörden unterliegen, die sicherstellen müsste, dass sie über die nötigen Rücklagen verfügt, um auch größere Turbulenzen zu überstehen.

Problematischer ist die Gefahr der Regulierungsarbitrage – die Fähigkeit von Bankern und Händlern, Regelungen geschickt zu umgehen. Wenn die Clearingstelle nur standardmäßige Kreditderivate betrifft, dürften findige Finanzspezialisten gezielt exotische Derivate entwickeln, mit denen die Clearingstelle überfordert ist, um sich auf diese Weise der Regulierung zu entziehen. Deshalb ist es auf jeden Fall besser, wenn alle Derivate über die Clearingstelle laufen.

Dies könnte mit weiteren Reformen zur Verbesserung der Transparenz einhergehen. So könnte etwa der Handel mit Kreditausfallversicherungen in einer zentralen, öffentlich zugänglichen Datenbank erfasst werden. Wie unsere Kollegen von der New York University vorgeschlagen haben, könnte sich diese Datenerfassung an einem System namens TRACE (Trade Reporting and Compliance Engine) orientieren, einer von der Finanzmarktaufsicht verwalteten Datenbank. Die Transparenz würde außerdem für mehr Konkurrenz sorgen und verhindern, dass Unternehmen höhere Preise verlangen, als es der Markt hergibt.

In einigen Fällen wäre auch ein Verbot oder zumindest eine starke Einschränkung von Derivaten sinnvoll. CDS-Verträge sollten beispielsweise ganz verboten werden. Eine der Grundregeln des Versicherungsgeschäfts besagt, dass der Versicherungsnehmer ein »versicherbares Gut« besitzt und damit ein direktes Interesse am Ergebnis hat. Bei den meisten CDS-Verträgen ist dies nicht der Fall. Daher hatte die Wall Street »allen Grund, Ihr Haus anzuzünden«, wie ein Autor der *Financial Times* schrieb.

Wenn CDS-Verträge nicht verboten werden können, sollten zumindest Versicherungsunternehmen nicht mit ihnen handeln dürfen. Der Handel mit diesen Papieren müsste auf Hedge-Fonds und andere Risikoplayer beschränkt werden. Außerdem sollte die Clearingstelle streng darauf achten, dass die erforderlichen Sicherheiten vorhanden sind. Wenn ein Hedge-Fonds im Versicherungsgeschäft aktiv wird, muss er zweifelsfrei nachweisen können, dass er im Versicherungsfall seinen Verpflichtungen nachkommen kann.

Eine letzte Maßnahme zur Regulierung der Derivate wäre eine neue Aufgabenverteilung der Aufsichtsbehörden von Börsen- und Warenterminhandel. Beide Stellen regulieren unterschiedliche Segmente des Derivatemarktes, wodurch die Regulierungskompetenzen de facto aufgeteilt werden. Vielleicht wäre es sinnvoller, die Überwachung der Derivate von einer einzigen Behörde durchführen zu lassen. Dadurch wäre ein umfassender Ansatz zur Regulierung und Überwachung von Derivaten möglich.

Mit diesen Reformen ließen sich mehrere Fliegen mit einer Klappe schlagen: Das Kontrahentenrisiko, die mangelnde Transparenz und sogar die horrenden Gebühren, wie sie im mysteriösen Handel mit Freihandelsderivaten üblich sind und mit denen Insider Investoren rupfen.

Trotzdem sind diese Vorschläge kein Allheilmittel. Derivate gehören zu den am schwierigsten zu kontrollierenden Finanzprodukten, und ihr explosives Wachstum der letzten zehn Jahre macht die Aufgabe nicht leichter. Von einem Versicherungsinstrument haben sie sich zu einem reinen Spekulationsinstrument gewandelt, das für die oftmals naiven Investoren – zum Beispiel die Manager von Rentenfonds – ein gewaltiges Risiko darstellt. Da sie für Laien immer exotischer und undurchsichtiger werden, stellen sie eine ernste Gefahr für das gesamte Finanzsystem dar, die durch die eben beschriebenen Reformen allein nicht gebannt wird.

Daher müssen neue Generationen von Derivaten einer sehr viel systematischeren und unnachsichtigeren Aufsicht unterstellt werden. Hier müssen die Aufsichtsbehörden keine Sorge haben, mit ihrer Strenge das Wirtschaftswachstum zu gefährden. Im Gegenteil: Die Existenz dieser Finanzprodukte stellt eine große Gefahr für die Stabilität der Weltwirtschaft dar, und je eher Politiker und Aufseher dies verstehen, umso besser.

Leider muss diese Stabilität auf globaler Ebene verbessert werden. Das bedeutet, dass wir uns nochmals mit einigen der globalen Richtlinien zur Gestaltung des Bankgeschäfts auseinandersetzen müssen.

Die Zukunft von Basel

Das idyllische Städtchen Basel ist aus vielen Gründen berühmt: Dort befindet sich nicht nur die älteste Universität der Schweiz, sondern auch der erste Zoo und neuerdings das höchste Gebäude. Basels Schulen und Universitäten haben große Geister wie Friedrich Nietzsche beherbergt, und seine namhaften Chemie- und Pharmaunternehmen haben der Welt alles Mögliche geschenkt – von Valium bis LSD. Seine Bankenlandschaft hat der Welt etwas weniger Aufregendes, doch nicht minder Wichtiges beschert: den Basler Ausschuss für Bankenaufsicht.

Diese 1974 gegründete, oft falsch verstandene Einrichtung setzt sich aus Mitgliedern der Zentralbanken aus den zehn wichtigsten Industrienationen (G10) zusammen.[20] Ihr Auftrag ist die Entwicklung einer besseren Regulierung und Aufsicht von Banken und anderen Finanzunternehmen. Diese Empfehlungen sind nicht bindend, doch sie haben großes Gewicht, und die Struktur des Finanzsystems vor der Krise ging weitgehend auf die Richtlinien des Basler Gremiums zurück.

Diese Richtlinien (auch Basler Akkorde genannt) haben sich mit den Jahren weiterentwickelt. Die erste Vereinbarung unter der Bezeichnung »Basel I« verlangte von den Banken, zwischen den verschiedenen Klassen ihrer Aktiva zu unterscheiden, um die relativen Risiken besser einschätzen zu können. Danach wiederum richtete sich die Höhe des von einer Bank zu haltenden Eigenkapitals aus.

Nehmen wir beispielsweise an, zwei hypothetische Banken investieren jeweils eine Milliarde US-Dollar, die sie sich woanders leihen. Eine legt sie in sichere amerikanische Staatsanleihen an, die andere in hochriskante, minderwertige Unternehmensanleihen. Nach den Basel-I-Richtlinien würden die beiden Banken diesen unterschiedlichen Aktiva verschiedene Risikofaktoren zuordnen. Danach würde sich wiederum richten, wie viel Eigenkapital sie im Verhältnis zu diesen Risiken halten müssten. In der Praxis bedeutete das, dass die Eigenkapitalausstattung der Bank mit den sicheren Staatsanleihen niedriger ausfallen konnte als die der Bank mit den spekulativen Papieren.

Basel I enthielt auch noch ein paar andere Forderungen. Banken, die in verschiedenen Ländern tätig waren, mussten Kapital in Höhe von 8 Prozent ihrer risikogewichteten Anlagen halten. Zusätzlich legten die Richtlinien fest, welche Form dieses Eigenkapital haben durfte: Stammaktien, Vorzugsaktien und andere hochwertige Kapitalinstrumente (Tier-I- oder Kernkapital) und dann alles Übrige (Tier-II- oder Ergänzungskapital).

Der erste Akkord trat in den achtziger Jahren in Kraft, und bis zum Jahr 1992 hatten die meisten G10-Staaten die Empfehlungen angenommen. Auch viele Schwellenländer hielten sich freiwillig an diese Vorgaben. Das galt als Beleg für Finanzstabilität und Umsicht, sollte sich aber leider für die Schwellenländer als ausgesprochen nachteilig erweisen: Wie sich zeigte, waren die auf fortschrittliche industrialisierte Volkswirtschaften zugeschnittenen Standards für Schwellenländer kaum einzuhalten, schon gar nicht in Krisenzeiten.

Aber es gab noch andere Belastungen: Die Banker hatten Möglichkeiten gefunden, gewisse Risiken zu verstecken, die Basel I nicht vorhergesehen hatte – etwa durch die Verbriefung von Vermögenswerten. Solche Taschenspielertricks gaben Bankbilanzen den Anschein einer Stabilität, die sie in Wirklichkeit nicht hatten. Die Banker hielten sich zwar an die Buchstaben der Richtlinien, aber nicht an ihren Geist.

Diese Mängel führten zu Basel II. Im Gegensatz zu seinem Vorgänger, der nur 37 Seiten umfasste, war der neue Akkord fast zehnmal so umfangreich. Er enthielt weitaus genauere technische Richtlinien zur Gewichtung der relativen Risiken unterschiedlicher Aktiva, machte Vorschläge zur Rechnungsmethodik, erweiterte die Risikodefinition auf Gefahren wie die Wahrscheinlichkeit eines Wertverlustes der Aktiva auf dem offenen Markt, verschloss Schlupflöcher für versteckte Risiken, drängte die Regulierungsbehörden, die Einhaltung der Eigenkapitalanforderungen strenger zu überwachen, und formulierte Bedingungen, unter denen Banken ihre Finanzlage öffentlich machen sollten. Obwohl viele europäische Nationen Basel II auf alle Banken anwenden wollten, setzten die Vereinigten Staaten, Kanada und Großbritannien durch, dass die Vereinbarungen nur für große internationale Banken gelten sollten.

Im Jahr 2006 arbeiteten die G10-Staaten die Schlussfassung von Basel II aus und betrauten die einzelnen Staaten mit deren Umsetzung – ein Prozess, der noch im Gange war, als die Krise einsetzte. Prompt wurde klar, dass Basel II trotz aller Präzision schwerwiegende Mängel aufwies. Obwohl viele Korrekturen eine Reaktion auf die Krisen in den neunziger Jahren waren, schützte Basel II die Großbanken nicht vor den Störungen, die mit einer bedeutenden Finanzkrise einhergehen. Vereinfacht gesagt hielt Basel II das globale Finanzsystem für stabiler, als es in Wirklichkeit war – ein fataler Fehler.

Die Krise brachte mehrere Realitäten schmerzlich zu Bewusstsein. Erstens benötigten die Banken mehr und besseres Kapital. Zweitens reichte der »Kapitalpuffer«, den viele Banken eingerichtet hatten, nicht annähernd aus, um sie gegen Schocks zu schützen, wie sie das Platzen der Immobilienblase und die Kreditkrise auslösten. Drittens konnte sich die Qualität des als Kern- und Ergänzungskapital definierten Kapitals (Tier I bzw. Tier II) in Krisenzeiten erheblich verschlechtern.

Eine Reform von Basel II wird Jahre in Anspruch nehmen, doch einige Punkte drängen sich förmlich auf. Zunächst sollte die Definition und Bewertung des Bankkapitals verändert werden. Statt sich auf die Tier-I-Definition zu verlassen, wäre zu überlegen, ob Bankkapital nicht nach einem enger gefassten Maßstab berechnet werden sollte, der auch als materielles Eigenkapital (Tangible Common Equity oder TCE) bezeichnet wird. Bei der Berechnung des TCE werden ausschließlich Stammaktien berücksichtigt. Kernkapital im Basler Sinn beinhaltet dagegen Stamm- und Vorzugsaktien. TCE ist daher eine konservativere Schätzung des Kapitals, das einer Bank zur Verfügung steht, und könnte in einer Krise eine realistischere Methode zur Einschätzung der Gesundheit einer Bank bieten.

Doch die Struktur von Basel II birgt ein grundlegenderes Problem. Die zur Berechnung des Kapitals eingesetzten Methoden führten dazu, dass die Kapitalausstattung im Aufschwung zu hoch angesetzt wurde und im Abschwung zu niedrig. Daher versuchten Banken mit Beginn der Krise, ihr Risiko auf übertriebene und schädliche Weise zu senken. Das lag daran, dass die Preise der von den Banken gehaltenen Anlagen während des Booms stiegen, was wiederum zu einer Reduzierung des Kapitalbedarfs führte und die Banken dazu animierte, größere Risiken einzugehen. In der Krise kehrte sich dieser Prozess um. Die Preise gaben nach, und plötzlich brauchten die Banken mehr Kapital – exakt zu dem Zeitpunkt, an dem es am schwersten zu bekommen war.

In der Wirtschaftswissenschaft nennt man das »Prozyklikalität«. Dieser sperrige Terminus beschreibt einen einfachen Selbstverstärkungseffekt, zum Beispiel einen Boom-und-Bust-Zyklus. Im Falle des Kapitals ist das ganz offensichtlich ein Problem, denn wenn überhaupt, sollte ja das Gegenteil erreicht und die Banken vor Konjunkturschwankungen geschützt werden. Einen Ausweg bietet eine alternative Berechnungsmethode für das Kapital, die »dynamische Risikovorsorge«.[21] Statt die Banken zu zwingen, jederzeit Kapital in einer festen Höhe bereitzuhalten – wie die vom Basler Akkord festgelegten 8 Prozent –, wäre ein dynamisches System flexibel. In Boomjahren würden die Kapitalanforderungen steigen, in schlechten Zeiten sinken. Eine solche Methode wurde von spanischen Banken bereits eingesetzt. Sie schafft zwar nicht alle Probleme aus der Welt, doch ihre flächendeckende Einführung im Rahmen eines neuen Basler Systems wäre einen Versuch wert.

Eine weitere Möglichkeit, das Problem der Prozyklikalität zu lösen, ist das Konzept des bedingten Kapitals.[22] Diese Idee, die immer mehr Anhänger gewinnt, ist bei all ihren Schwächen ebenfalls eine Diskussion wert. Das Ganze funktioniert folgendermaßen: In guten Zeiten gibt die Bank neuartige Wandelanleihen heraus, die sogenannten Contingent Convertible Bonds oder Cocos. Diese Schuldtitel unterscheiden sich insofern von herkömmlichen Titeln, als dass sie in Aktien oder Eigenkapital der Bank umgewandelt werden, wenn die Bilanzsumme der Bank unter einen bestimmten Punkt sinkt.

Das hat gleich mehrere Vorteile. Erstens verfügt die Bank im Bedarfsfall über mehr Kapital und kann so im Geschäft bleiben. Sie überlebt, wenn auch zu einem gewissen Preis: Die vormaligen Anleiheinhaber verlieren ihr Geld und sind nun in beträchtlicher Höhe an einer notleidenden Bank beteiligt. Dieser plötzliche Zustrom an neuen Aktionären reduziert den Einfluss der ursprünglichen Aktionäre.

Das ist weder im Interesse der ursprünglichen Anleiheinhaber noch der Aktionäre, weshalb beide Gruppen einen Anreiz haben, der Bank genauer auf die Finger zu schauen und dafür zu sorgen, dass es gar nicht erst so weit kommt. Theoretisch werden die Anleiheinhaber durch höhere Kreditkosten für Marktdisziplin sorgen, wenn sie glauben, dass die Bank auf dem falschen Weg ist. Ebenso werden die Aktionäre riskante Geschäfte eindämmen, die die Bank in die Krise bringen könnten.

Dieses Konzept funktioniert auf dem Papier womöglich besser als in der Praxis. Damit es greift, müssten die Banken zunächst genügend Cocos ausgeben. Andernfalls wäre die angestrebte Selbstdisziplin genauso unzureichend wie das Kapital, das bereitgestellt werden soll. Trotzdem ist es einer der besseren derzeit diskutierten Vorschläge und könnte eine der größten Schwachstellen von Basel II beheben. Wenn schon Regulierungsbehörden, Aktionäre und Manager risikofreudiges Verhalten nicht unterbinden konnten, so der Grundgedanke, dann könnte man stattdessen vielleicht die Gläubiger der Bank dazu bringen. Der Hintergedanke war, dass die Käufer der Bankanleihen für »Marktdisziplin« sorgen würden, indem sie die Kreditkosten für allzu risikofreudige Banken in die Höhe trieben.

Mit der Krise offenbarte sich leider zweierlei: Erstens gab es nicht genügend nachrangige Schuldtitel, um die Marktdisziplin spürbar zu verbessern. Und selbst wenn es sie gegeben hätte, traten zweitens die Regierungen in aller Welt die Marktdisziplin mit Füßen, als sie Bürgschaften für alle Schuldtitel übernahmen und den Banken die weitere Kreditaufnahme erleichterten. Dieses Problem kann vielleicht durch das Konzept des bedingten Kapitals umgangen werden. Es stellt sicher, dass Schuldtitel in Eigenkapital umgewandelt werden, statt sie zu garantieren. Das könnte vielleicht zu einer Verringerung des verantwortungslosen Risikoverhaltens beitragen.

Ein weiteres Problem, das die Basler Weisen bedenken müssen, ist die Gefahr, die mit einer Liquiditätsknappheit einhergeht. Wie sich in der jüngsten Krise vielfach zeigte, sind viele traditionelle und Schattenbanken extrem anfällig für eine Liquiditätsklemme. In der Vergangenheit hat der Basler Ausschuss diesem Problem wenig Aufmerksamkeit geschenkt. Das muss sich ändern. Wie wir in den vorangegangenen Kapiteln festgestellt haben, war das jüngste Desaster eine Bankenkrise im großen Stil. Finanzunternehmen jeder Couleur liehen sich kurzfristig liquide Mittel und investierten diese in langfristige nicht liquide Anlagen. Als die Panik einsetzte, konnten sie ihre kurzfristigen Darlehen nicht verlängern. Ihnen ging das Geld aus.

Daher sollte die künftige Regulierung des Finanzsystems einen Schwerpunkt auf das Management von Liquiditätsrisiken legen. Das ließe sich zum Beispiel über Auflagen erreichen, die kurzfristige Kreditaufnahmen verringern. Das heißt, Banken sollten die Laufzeiten ihrer Verbindlichkeiten deutlich verlängern. Eine Bank, die ihre Kredite einmal im Jahr verlängern muss, bekommt nicht so schnell Liquiditätsprobleme wie ein Institut mit täglicher Prolongation. Auch damit sind nicht alle Probleme aus der Welt. Wie die jüngste Krise gezeigt hat, können auch Geldinstitute wie Geldmarktfonds, die fast ausschließlich mit liquiden Anlagen handeln, in Schwierigkeiten geraten, wenn sie nur einen kleinen Teil ihres Geldes in weniger liquide Instrumente investieren.

Ein weiterer Schwachpunkt der bestehenden Basler Ordnung ist, dass sie den Finanzunternehmen zu viel Ermessensspielraum gewährt, etwa durch den Einsatz eigener Modelle zur Risikobewertung. Dazu gehören das Value-at-Risk-Modell oder VaR – eine mathematische Formel, mit der die Verlustwahrscheinlichkeit bestimmter Anlagen ermittelt werden soll – oder statistische Werkzeuge wie die Gauß-Copula, die zur Bepreisung esoterischer Anlagen wie CDO herangezogen wird. Keines der beiden Modelle berücksichtigt die Möglichkeit einer Krise oder einer sonstigen Störung, weshalb die Banken beim Eintreten der Krise schlecht gerüstet waren. Leider besteht die Lösung nicht einfach in einer besseren mathematischen Formel. Modelle sind immer nur so gut wie die Menschen, die sie einsetzen. Und wenn der Anreiz gegeben ist, Risiken zu ignorieren, um kurzfristige Erträge zu erzielen, dann lässt sich jede Formel so manipulieren, dass sie die erwünschte Antwort ausspuckt.

Das heißt, wir müssen uns andere Möglichkeiten zur Minimierung des Risikos einfallen lassen. Dazu sollten wir als Erstes überdenken, wie das Risikomanagement in Finanzunternehmen gehandhabt wird. Derzeit herrscht der »Silo«-Ansatz vor: Jeder Geschäftsbereich ermittelt seine Risiken isoliert, ohne jede Rücksicht darauf, wie die eigenen Geschäfte mit denen anderer Bereiche zusammenspielen. Das klassische Beispiel war AIG. Eine kleine Londoner Niederlassung mit nur 375 Mitarbeitern brachte es fertig, so viele toxische CDOs zu versichern, dass ein Unternehmen mit über 100 000 Angestellten ins Wanken geriet.

Nicht minder bedenklich ist die Marginalisierung vieler Risikomanager. Immerhin stehen sie größeren Gewinnen im Wege. Das macht es ihnen schwerer, die Händler, mit denen sie zusammenarbeiten, effektiv zu kontrollieren. Aus diesem Grund sollte sich das Risikomanagement künftig vom »Silo«-Modell verabschieden und sich stattdessen darum bemühen, die organisationsweiten Risiken aus der Vogelperspektive zu erfassen. Dazu ist ein leitender Risikomanager mit größeren Kompetenzen erforderlich, der dem CEO und dem Verwaltungsrat direkt unterstellt ist. Ebenso nötig ist ein Risikomanagementteam, das die Aktivitäten in den vielen verschiedenen Bereichen einer Bank überwacht und, noch wichtiger, effektiv gegen riskantes Verhalten vorgeht.

Die nächste Krise

Finanzkrisen haben die eigentümliche Angewohnheit, radikale Reformen plötzlich vernünftig erscheinen zu lassen. Viele der in diesem Kapitel vorgeschlagenen Schritte hätten vor der Krise übertrieben und unnötig gewirkt. Das ist heute anders.

Die hier umrissenen Reformen würden viel dazu beitragen, das Finanzsystem verantwortlicher und transparenter zu machen, indem sie Vergütungssysteme reformieren, die Verbriefung regulieren, Derivate öffentlich kontrollieren und die vorgeblichen Wachhunde des Systems – die Ratingagenturen – an die kurze Leine nehmen würden. Diese Reformen würden außerdem bewirken, dass Banken und andere Finanzunternehmen ausreichend Kapital und vor allem genügend Liquidität zu Verfügung hätten, um größere Finanzkrisen zu stemmen.

Diese Reformen würden auch dem Missbrauch Einhalt gebieten, der sich fast zwangsläufig einstellt, wenn eine kleine Clique von Banken und Investmentbanken einen großen Teil des Finanzsystems beherrscht. Wenn Derivate und andere Finanzprodukte transparenter wären, könnten die Geldinstitute keine derart astronomischen Gebühren verlangen. Natürlich haben diese Unternehmen wenig Interesse daran, den Handel mit Derivaten in Börsen zu verlagern, weil sie dort natürlich nicht mehr von der mangelnden Transparenz profitieren würden. Heute können sie horrende Gebühren verlangen, da die Preise nicht transparent sind, und sie können die Informationen über die Aktivitäten ihrer Klienten für den Eigenhandel nutzen. Dies wird durch größere Transparenz verhindert.

Skeptiker könnten argumentieren, es sei ihre eigene Entscheidung, wenn Investoren Unsummen für vermeintliche Top- oder besser Floprenditen bezahlen wollen. Doch der Aufstieg einer Clique mächtiger, undurchsichtiger Finanzunternehmen hat ein sehr viel bedrohlicheres Problem geschaffen. Diese Geldinstitute übernehmen heute eine erstaunliche Vielfalt von Funktionen: Ausgabe und Versicherung von Wertpapieren, Quotierung und Handel, Eigenhandel, Kapitalbeteiligungsgesellschaften, Hedge-Fonds, Vermögensverwaltung und das ganz normale Bankgeschäft. Die Vermischung dieser Funktionen und die engen Beziehungen zwischen den wenigen überlebenden Geldinstituten haben ein extrem risikoanfälliges System geschaffen.

Die Verlagerung der Derivategeschäfte an die Börse würde den Verzerrungen bei den Gebühren ein Ende bereiten und vor allem das Kontrahentenrisiko verringern, dessentwegen die Finanzunternehmen zu verflochten für eine Pleite sind. Je mehr Derivate in Börsen gehandelt werden, desto geringer das Kontrahentenrisiko und damit die Verflechtungen. Wir müssen Finanzunternehmen nicht nur verkleinern, sondern auch entflechten, damit eine mögliche Pleite keinen Dominoeffekt auslöst. An einer Börse würden die Investmentbanken nur die Geschäfte ihrer Kunden abwickeln, und nicht gleichzeitig quotieren und handeln, was Interessenkonflikten, Intransparenz und Kontrahentenrisiko Tür und Tor öffnet. Wir brauchen also einen neuen Glass-Steagall Act und ein Finanzsystem, in dem Unternehmen und ihre Aktivitäten entwirrt werden, um dafür zu sorgen, dass sie weder zu groß noch zu verflochten sind für eine Pleite.

Die Konzentration der Finanzmacht hat ein System geschaffen, das derart verflochten ist, dass es eine Gefahr für die ganze Wirtschaft darstellt. Die Vorschläge in diesem Kapitel zeigen erste Schritte zu einer Lösung dieses Problems auf. Doch wenn das Finanzsystem in den nächsten Jahren auch nur annähernd stabil sein soll, sind radikalere Reformen nötig.

KAPITEL 9

EIN RADIKALER SCHNITT

Anfang Januar 2010 verteidigte Ben Bernanke den Umgang der Federal Reserve mit der jüngsten Finanzkrise. Die Lehre, die er daraus zog, war einfach und klar: Bessere Regulierung hätte die Krise verhindern können. Er formulierte es so: »Ich habe aus der Krise nicht gelernt, dass Regulierung und Aufsicht nicht zur Kontrolle der Risiken geeignet sind, sondern dass sie besser und intelligenter ausgeführt werden müssen.«[1]

Das stimmt. Doch wie genau könnten diese Behörden ihre Aufgaben »besser und intelligenter« ausführen? In diesem Kapitel beschäftigen wir uns mit einigen der durchaus ernstzunehmenden Hindernisse, die diesem ehrgeizigen Unterfangen im Wege stehen. Zu den Problemen gehören die bewusste Umgehung behördlicher Aufsicht, das alte Dilemma von den vielen Köchen, die den Brei verderben (wenn nämlich zu viele nicht ausreichend koordinierte Regulierungsstellen eine effektive Überwachung des Finanzsystems unmöglich machen), und nicht zuletzt der bekannte Konflikt, dass eine Regulierung immer nur so gut ist wie die Akteure, die sie umsetzen. Das jüngste Kapitel in der Geschichte der Regulierung zeigt, dass diese Problematik auch die strengsten und ausgeklügeltsten Regeln und Vorschriften torpedieren kann, weshalb sich Reformer mit diesen Fragen auseinandersetzen müssen, wenn sie erfolgreich sein wollen.

Zusammen mit den Empfehlungen, die wir im vorangegangenen

Kapitel ausgesprochen haben, ist dies ein Anfang. Doch manchmal reicht es nicht, den Status quo einfach neu zu ordnen. Manchmal ist auch ein wenig »kreative Zerstörung« angezeigt. In diesem Kapitel greifen wir daher ein paar der radikaleren Einschnitte auf, die in den kommenden Jahren vorgenommen werden könnten und sollten, einschließlich der Zerschlagung von Großbanken und der Errichtung neuer Brandschutzwände im Finanzsystem.

Abschließend erwägen wir noch ein ganz anderes, nicht minder radikales Konzept. Es betrifft den Einsatz geldpolitischer Instrumente zur Vereitelung von Spekulationsblasen. Diese Idee ist im Grunde ganz einfach, gilt jedoch bei den meisten Wirtschaftsexperten und Politikern als ketzerisch und gefährlich. Bernanke hat sie in seinem Obduktionsbericht ausdrücklich ausgeschlossen. Er meinte, bessere Regulierung und Überwachung böten einen »chirurgischeren« Ansatz zur Bewältigung des Problems.

Wir sind da, mit Verlaub, anderer Ansicht. Richtig eingesetzt, gehört die Geldpolitik zu den wirkungsvollsten Methoden zum Umgang mit Spekulationsblasen und den Krisen, die sie auslösen. Sie ist kein chirurgischer Eingriff, doch genau darin liegt ihr Vorteil. Die Geldpolitik kann einen breiten, systemübergreifenden Einfluss auf das spekulative Klima nehmen, in dem sich Spekulationsblasen entwickeln. Sie ist daher ein nützliches Werkzeug, das sich die Politik nicht nehmen lassen sollte.

Es folgt ein kurzer Ausblick auf die mögliche Zukunft des Finanzsektors. Diese steht und fällt jedoch damit, ob Entscheider und Politiker erkennen, dass Krisenmanagement einen Blick auf das große Ganze und radikale Reformen erfordert. Alles andere wäre Zeitverschwendung.

Die Unterwanderung der Aufsicht

Wer an eine Neuregulierung des Finanzsektors denkt, stellt sich in der Regel konkrete Vorschriften, Richtlinien und Gesetze vor, durch die dem verantwortungslosen Verhalten ein Ende bereitet, die Stabilität gefördert und Krisen auf andere Weise verhindert werden sollen. Das ist ja schön und gut, doch Banker und Händler haben ein außergewöhnliches Talent dafür, auch die ausgefeiltesten Regelungen zu unterlaufen. Dieses Problem, das auch als »Regulierungsarbitrage« bezeichnet wird, muss die Politik in den Griff bekommen, wenn Reformen Wirkung zeigen sollen.

In den Jahren vor der Krise war die Umgehung der Regulierung Alltag. Herkömmliche Banken unterstanden einer vernünftigen Aufsicht und erhielten im Gegenzug ein staatliches Sicherheitsnetz in Form von Einlagensicherungen und Krediten der Notenbank. Doch dieses Korsett war den Bankern zu eng. Sie wollten die Freiheit haben, größere Risiken einzugehen. Daher übertrugen sie ihre Geschäfte vermehrt auf »Schattenbanken«, die zwar rein äußerlich wie Banken aussahen, aber nicht derselben Regulierung unterlagen. Damit umgingen sie die Regulierung und verlagerten finanzwirtschaftliche Aktivitäten gezielt auf weniger regulierte Schauplätze.

Heute besteht Einigkeit darüber, dass diese Schattenbanken derselben Regulierung unterworfen werden müssen wie normale Banken. Die meisten Kreditinstitute haben Staatshilfen in beispielloser Höhe erhalten. Nun müssen sie das Ihre tun und sich schärferen Regelungen unterordnen. Außerdem hat die jüngste Krise gezeigt, dass viele dieser Firmen systemrelevant sind. Ihr Bankrott kann das ganze Finanzsystem erschüttern – umso mehr Grund, sie zu regulieren.

Das klingt doch gut, oder? Leider ziehen manche Politiker die falschen Lehren aus der Geschichte. Sie sehen monströse Schattenbanken wie AIG und gelangen zu dem Schluss, dass man nur die dicken Fische regulieren sollte. Dieser Gedanke steckt auch hinter den Reformplänen der Regierung Obama.

Eine derart selektive Anwendung der Vorschriften wäre jedoch ein gravierender Fehler. Dadurch würde nur einer weiteren Regulierungsarbitrage Tür und Tor geöffnet. Finanzunternehmen würden sich nicht mehr an die größeren, stärker überwachten Institute wenden, sondern an ihre unscheinbareren Mitbewerber. Trotz ihrer geringen Größe wären diese lockerer regulierten Unternehmen zunehmend bedeutsam für das Funktionieren des Systems. Während der Spar- und Darlehenskrise gingen rund 1400 Institute pleite. Keines von ihnen war für sich genommen relevant für das System, alle zusammen konnten ihm jedoch durch ihr kollektiv schlechtes Kreditgeschäft und Verlustaufkommen beträchtlichen Schaden zufügen.

Aus diesem Grund muss eine neue Regulierung flächendeckend für alle Institute gelten, nicht nur für einige ausgewählte. Dieselben Vorschriften müssen alles regeln, von den Rücklagen und der Liquidität bis zu Unternehmenskodizes und Informationsstandards. Diese Vorschriften sollten für alle gleichermaßen gelten, auch wenn systemrelevante Institute angesichts ihrer potenziellen Tragweite strenger reguliert werden sollten als kleinere. Es darf keine Schlupflöcher für Finanztrickser geben. Die staatliche Aufsicht darf nicht auf bestimmte Bereiche beschränkt bleiben. Andernfalls wird der Missbrauch zunehmen, und mit ihm die Zahl der Krisen.

In aller Fairness muss gesagt werden, dass es in den letzten Jahren zu einfach war, die Regulierung zu umgehen – und zwar dank einer Gepflogenheit, die beschönigend als »Selbstregulierung« bezeichnet wird. Das bedeutete, dass die Regulierungsbehörden lediglich allgemeine »Grundsätze« festlegten, während die genaue Umsetzung den Finanzunternehmen überlassen blieb. Diese Politik der leichten Hand lud geradezu zum Missbrauch ein. Da die Unternehmen ihr Risikomanagement nach ihren eigenen Vorstellungen gestalten konnten, setzten sie ihre Notfallreserven in der Regel viel zu niedrig an.

Die Behörden sollten nun allerdings nicht in den gegenteiligen Fehler verfallen und reihenweise konkrete Vorschriften beispielsweise für sämtliche strukturierten Finanzprodukte herausgeben. Dieser Schuss könnte nach hinten losgehen und würde die Finanzjongleure nur dazu motivieren, neue Produkte auszutüfteln, mit denen sie die Vorschriften umgehen können.

Allzu detaillierte Regelungen führen auch in anderer Hinsicht nicht zum gewünschten Ergebnis. Die finanzielle Innovation hat bereits ein schwindelerregendes Ausmaß erreicht, wie das unaufhaltsame Anwachsen eines branchenüblichen Derivatekatalogs zeigt. Bei seiner ersten Ausgabe im Jahr 1989 hatte dieser nur 700 Seiten, die letzte 2006 erschienene Ausgabe war knapp 5 000 Seiten stark.[2] Es ist unglaublich schwierig, mit den neuen Finanzprodukten Schritt zu halten.

Das bedeutet aber nicht, dass die Regulierungsstellen einfach kapitulieren, zur Selbstregulierung zurückkehren und sich darauf verlassen können, dass sich die braven Händler schon daran halten werden. Es ist vielmehr ein Argument für ein einfaches und robustes Regelwerk, das die wichtigsten Merkmale des Finanzsystems reguliert. So sollten etwa klare Obergrenzen für den Fremdkapitalanteil festgelegt werden, und zwar nicht für den risikobereinigten, sondern für den absoluten. Ebenso eindeutig sollten Eigenkapitalanforderungen und Liquiditätspuffer geregelt werden. Auch diese können und müssen absolut und pauschal auf alle Finanzunternehmen angewandt werden, auf große wie kleine. Etwaige Ermessensspielräume sollten nicht wie bisher den Bankern eingeräumt werden, sondern den Regulierungsbehörden.

Das wirft jedoch ein weiteres verzwicktes Problem auf, das über ein spezifisches Reformprogramm hinausgeht. Wie sind solche Regelungen anzuwenden? Welche Behörden sollen dabei die Führung übernehmen? Und wie sollen diese ihre Anstrengungen koordinieren?

Wie man Reformen umsetzt

In den Vereinigten Staaten teilt sich eine verwirrende Vielzahl von Regulierungsorganen auf Ebene des Bundes und der Bundesstaaten die Zuständigkeit für das Finanzsystem.[3] Diese haben sich über einen Zeitraum von mehr als hundert Jahren planlos entwickelt.

Beginnen wir auf der Ebene der Bundesstaaten. Im Laufe des 19. und 20. Jahrhunderts haben alle 50 Bundesstaaten eigene Banken- und Versicherungskommissionen gegründet. Jede arbeitet anders und hat unterschiedliche Erfahrungen in der Überwachung der regionalen und landesweit zugelassenen Finanzunternehmen in ihrem Zuständigkeitsgebiet. Manche Bundesstaaten haben sogar eine eigene Börsenaufsicht sowie Regulierungsstellen für Genossenschaftsbanken. All diese Behörden unterscheiden sich erheblich hinsichtlich ihrer Finanzierung, ihrer Erfahrung und der Vorschriften, die sie umsetzen sollen.

Den Überbau dieser dezentralen Struktur bildet die bundesweite Regulierung, die manchmal eine übergeordnete Stellung einnimmt und in anderen Fällen die Verantwortung mit den bundesstaatlichen Organen teilt. Die Anzahl nationaler Regulierungsstellen ist überwältigend. Dazu gehören unter anderem die Bankenaufsicht, die Federal Reserve, die Warenterminhandelskommission und viele andere mehr, deren Verantwortungsbereiche sich häufig überschneiden. Als wäre die Verwirrung noch nicht groß genug, gibt es obendrein noch mehrere staatlich zugelassene private Aufsichtsorgane, die staatliche Stellen beraten, Vorschriften für Finanzunternehmen festlegen und ihre Mitglieder überwachen. Ein Beispiel dafür ist das für die Formulierung von Bilanzierungsstandards zuständige Financial Accounting Standards Board (FASB).

Wozu dieser Flickenteppich? Ein Teil ist dem Föderalismus der Vereinigten Staaten geschuldet, der Befugnisse zwischen den Bundesstaaten und der Landesregierung aufteilt. Ein Teil geht noch auf den New Deal zurück, der die Aufgaben des Staates radikal ausweitete und auf Unmengen verschiedener Institutionen verteilte. Die Lücken und Mängel dieses Systems haben mit der Entstehung neuer Finanzunternehmen und -instrumente nur noch zugenommen. Verschiedene »Reformen« zur Deregulierung des Finanzsystems haben in den letzten Jahren neue Lücken gerissen.

Dessen ungeachtet sprechen sich viele Politiker für dieses mehrschichtige Regulierungssystem aus. Dahinter steht der Gedanke, dass durch diesen »Wettbewerb« zwischen Regulierungsorganen die bestmögliche Regulierung entwickelt würde.[4] Nur sind die Finanzunternehmen bedauerlicherweise nicht an der bestmöglichen Regulierung interessiert. Sie wollen möglichst wenig reguliert werden oder möglichst so, dass ihr Kerngeschäft nicht eingeschränkt wird.

Das wäre weiter kein Problem, wenn die Banken es sich nicht aussuchen könnten, vom wem sie reguliert werden wollen. Doch im Rahmen des bestehenden Systems haben sie die Wahl, denn es steht jeder Bank frei, wo und wie sie ihre Zulassung beantragt. Nehmen wir zum Beispiel eine Geschäftsbank: Sie kann sich zwischen der Zulassung nach nationalen Bestimmungen oder nach den Gesetzen eines bestimmten Bundesstaates entscheiden. Anschließend kann sie selbst bestimmen, ob sie Mitglied des amerikanischen Notenbanksystems werden möchte. Danach richtet sich, ob sie unter den regulatorischen Schirm der Bankenaufsicht, der Notenbank und des Einlagensicherungsfonds fällt, von bestimmten bundesstaatlichen Organen ganz zu schweigen.

Solche Entscheidungen werden wohlüberlegt getroffen. Wenn Geschäftsbanken größere Risiken eingehen wollen, wechseln sie beispielsweise in die Zuständigkeit anderer Aufsichtsorgane. Das ist nicht weiter verwunderlich, denn Banken streben nach der Maximierung ihrer Erträge und unterwerfen sich nicht freiwillig einer Regelung, die für sie einen Wettbewerbsnachteil darstellt. Infolgedessen findet ein regelrechter Wettlauf statt, da sich Finanzunternehmen natürlich die Behörde mit den großzügigsten Bestimmungen suchen.

Die Behörden selbst haben das Problem in den letzten Jahren noch verschärft. Der Grund: Wenn sich Banken ihre Aufseher selbst aussuchen und die Stellen mit den lockersten Vorschriften wählen, müssen strengere Behörden hilflos zusehen, wie ihr Zuständigkeitsbereich ausgehöhlt wird. Aber ein Regulierer, der nichts reguliert, verliert seine Daseinsberechtigung. Das bedeutet, dass Regulierungsstellen allen Grund zur Nachsicht haben, um mehr Finanzunternehmen unter ihre Fittiche zu bekommen. Auch hier findet ein Wettlauf statt.[5] Durch die freie Auswahl können Finanzunternehmen um die lockersten Regelungen feilschen.[6]

Im Jahr 2009 schlug die Regierung Obama eine umfassende Neuordnung der Finanzaufsicht vor.[7] Dazu gehörte unter anderem die Einrichtung von drei neuen, landesweiten Regulierungsbehörden. Der Financial Services Oversight Council, ein beim Finanzministerium angesiedeltes Aufsichtsgremium für Finanzdienstleister, sollte als übergeordnete Instanz fungieren, die Regulierung behördenübergreifend koordinieren, Lücken schließen und zur Ermittlung von Finanzunternehmen beitragen, die ein systemisches Risiko für das Finanzsystem darstellen. Daneben sollte es eine landesweite Bankenaufsicht geben (National Bank Supervisor) sowie ein Versicherungsamt (Office of National Insurance), das für die Regulierung von Versicherungsgesellschaften zuständig wäre.

Das ist so weit in Ordnung und wird vielleicht in der einen oder anderen Form 2010 vom Kongress verabschiedet werden. Besorgniserregend ist aber, dass die Vorschläge das Kompetenzgewirr zwischen nationalen und bundesstaatlichen Behörden nicht lösen. Es würden zwar zusätzliche Regulierungsstellen eingerichtet und andere gestärkt, doch das aberwitzige Flickwerk bliebe erhalten, auch wenn es nun von einem neuen übergeordneten Gremium beaufsichtigt würde.

Sie können sicher sein, dass dies sehr im Interesse der Finanzunternehmen läge. Wenn wir (und die Finanzbranche) in den letzten Jahrzehnten etwas gelernt haben, dann dass diese Firmen in den Lücken der Regulierung besonders gut gedeihen. Entsprechend groß ist ihr Interesse, den Status quo mit seinen vielen Schlupflöchern zu erhalten.

Reformer sollten sich das Modell der britischen Finanzaufsicht (Financial Services Authority oder FSA) ansehen. Diese Organisation wurde 1997 gegründet und hat eine Fülle von Aufgaben effektiv unter einem Dach vereint. Die FSA ist für die Regulierung von Banken, Versicherungen, Wertpapieren, Derivaten und sogar Hypotheken zuständig. Die Aufseher der verschiedenen Abteilungen unterstehen derselben Führung, und diese Zentralisierung verhindert die Arbitrage und »Rosinenpickerei«, wie sie mit einem stärker fragmentierten, dezentralen System wie dem amerikanischen einhergeht.

Doch auch in dieser Suppe schwimmt ein Haar. Mit ihren derart weitreichenden Befugnissen hat die FSA der Bank von England die Zuständigkeit für die Regulierung von Banken entzogen. Dies könnte zu Problemen führen. Dank ihrer Funktion als letztinstanzlicher Kreditgeber regulierten Zentralbanken in der Vergangenheit die Banken und andere »systemrelevante« Finanzunternehmen. Geben die Zentralbanken diese Macht gemäß dem FSA-Modell ab, müssen die Zentralbank und die Regulierungsbehörde ihre Aktivitäten koordinieren und für einen angemessenen Informationsaustausch sorgen.

Trotzdem ist die FSA jedem Modell überlegen, in dem die Regulierungsbefugnisse auf zahlreiche konkurrierende Einrichtungen verteilt sind. Es ist zwar unwahrscheinlich, dass in den Vereinigten Staaten in näherer Zukunft etwas Ähnliches umgesetzt wird – dem steht schon der eingefleischte Föderalismus entgegen –, doch eine spürbare Zentralisierung wäre wünschenswert und nötig. Dadurch wird Regulierungsarbitrage, die zur jüngsten Krise beitrug, zwar nicht komplett verhindert, doch zumindest deutlich erschwert.

Leider gibt es aber für Finanzunternehmen noch andere Möglichkeiten, sich der Regulierung zu entziehen, und zwar über die zuständige Gerichtsbarkeit. Finanzunternehmen suchen sich einfach neue Standorte, an denen die Aufsicht und die Auflagen weniger streng sind. Im Zeitalter der finanzwirtschaftlichen Globalisierung, der Freizügigkeit des Kapitals und eines Mangels an Kapitalkontrollen ist dies für Unternehmen verhältnismäßig einfach. Umso besser, könnte man meinen. Sollen doch die verantwortungslosen Unternehmen, die für die jüngste Krise verantwortlich waren, ruhig in andere, freundlichere Gefilde abwandern. Doch künftige Katastrophen dürften dadurch kaum zu verhindern sein.

Aus diesem Grund müssen die Reformen international abgestimmt werden. Wiederum leichter gesagt als getan: Die nötige Infrastruktur ist sogar noch schwächer entwickelt als die zur Bekämpfung anderer globaler Probleme wie Terrorismus oder Klimawandel. Durch die mangelnde Koordination frustriert, haben manche Staatschefs für die Einrichtung einer »globalen Superbehörde« plädiert, die nach Ansicht des ehemaligen deutschen Finanzministers Peer Steinbrück als »internationale Behörde« fungieren sollte, »die die Verkehrsregeln für die Finanzmärkte festlegt«.[8]

Diese Idee klingt attraktiv, ist aber mit enormen Problemen verbunden. Es ist eine Sache, wenn ein internationales Gremium wie der Basler Ausschuss Empfehlungen gibt, die von nationalen Regulierungsbehörden umgesetzt werden. Doch sämtliche Behörden und die nationalen Gesetzgeber dazu zu bringen, einen Teil ihrer Souveränität einer einzigen, internationalen Finanzaufsicht zu übertragen, ist eine ganz andere Sache. Bescheidenere Varianten dieses Konzepts sind bereits im Sande verlaufen. Selbst Versuche, die Europäische Zentralbank zur übergeordneten Regulierungsbehörde für die Mitgliedstaaten der Europäischen Union zu machen, sind nie richtig in Gang gekommen. Bislang jedenfalls liegt die Zuständigkeit für die Regulierung europäischer Banken nach wie vor bei den Zentralbanken der Einzelstaaten.

Selbst wenn die führenden Industrienationen sich auf die Einrichtung einer globalen Superbehörde verständigen könnten, wäre das vermutlich keine so grandiose Idee. Das in den Vereinigten Staaten bestehende System mit seinen zahlreichen Regulierungsstellen ist zwar nicht ideal, doch das andere Extrem ist ebenfalls nicht ohne Risiken. Es wäre gefährlich, alles auf ein Pferd zu setzen, zumal niemand weiß, ob die internationalen Regulierer die anstehende Aufgabe wirklich bewältigen könnten.

Das wirft ein letztes Problem auf: Auch die beste, schlüssigste und umfassendste Regulierung muss scheitern, wenn sie nicht richtig durchgesetzt wird. Die Regulierung ist immer nur so gut wie die Behörden, die sie umsetzen. Was bedeutet das im Klartext?

Wer kontrolliert die Kontrolleure?

Eine alte lateinische Redensart beschreibt ein modernes Dilemma sehr treffend: »Quis custodiet ipsos custodes?«[9], frei übersetzt: Wer kontrolliert die Kontrolleure? Wer stellt sicher, dass diejenigen, die unsere Gesellschaft überwachen, ihren Pflichten effektiv und uneigennützig nachkommen?

Das Problem ist nicht neu. Platon hat dieses Dilemma in seinem Dialog *Der Staat* dargelegt, wenn er auch nicht die Finanzaufsicht meinte, sondern die Hüter einer Gesellschaft ganz allgemein (Derivate waren damals noch kein Thema). Platons Lösung war faszinierend: Man solle Wächtern und Allgemeinheit eine »edle Lüge« vorsetzen und ihnen erklären, die Wächter seien tugendhafter als andere Menschen. Von ihrer Anständigkeit überzeugt, würden sie den eigenen Vorteil verschmähen und das Wohl des Staates im Auge behalten. Diese Illusion der Tugend hätte ihren eigenen Lohn.[10]

Diese Vorstellung wird heute gern belächelt, unterstreicht jedoch eine beunruhigende Wahrheit. Bedenken Sie, was passiert, wenn man den Wächtern oder Regulierern diese Illusion nimmt und ihnen erzählt, sie seien inkompetent und korrupt. Das ist ebenfalls eine Lüge, und zwar eine in unserer Zeit sehr verbreitete. Bis vor kurzem mussten sich die Mitarbeiter der Finanzbehörden noch erzählen lassen, wie dumm sie doch seien, weil sie nicht in die Privatwirtschaft wechselten. Dass sie Pappnasen seien, die mit den Finanzgenies der Wall Street nicht mithalten könnten. Schlimmer noch: Man sagte ihnen, dass sie für die schöne neue Welt der Finanzinnovation hinderlich und lästig seien.

Dieser Lüge, die von fanatischen Verfechtern des Laissez-faire-Kapitalismus verbreitet wird, muss widersprochen werden. Infrage gestellt wurde sie ja bereits, und zwar in den 1930er Jahren, als die neu gegründete amerikanische Börsenaufsicht und andere Regulierungsbehörden viele kluge und fähige Idealisten anlockten, die zu anderen Zeiten vielleicht an der Wall Street gelandet wären. Stattdessen beaufsichtigten sie diese nun, und es war kein Zufall, dass in den folgenden Jahrzehnten das Finanzsystem so stabil war wie nie zuvor und die Wirtschaft solide wuchs.

Das könnte wieder so sein. Voraussetzung wäre aber, dass Regulierer und Regulierung ein neues Image bekommen. Das ist keine leichte Aufgabe, könnte jedoch bei der Art und Weise beginnen, wie die Regierung das erforderliche Personal rekrutiert. Die Aufseher haben die Macht und die Pflicht, eine weitere Finanzkrise zu verhindern. Das ist eine enorme Verantwortung, die sich in der Stellenbeschreibung niederschlagen und den Bewerbern entsprechend schmackhaft gemacht werden sollte. Und wenn es sich dabei um eine »edle Lüge« handelt? Dann ist es eben so. Wenn sich an der Wahrnehmung der Regulierung nichts ändert, wird es schwer werden, qualifizierte Kandidaten für solche Positionen zu finden.

Regulierer haben außerdem Anspruch auf eine bessere Bezahlung. Hier sind wir anderer Meinung als Platon, aber wir sind ja schließlich auch Wirtschaftswissenschaftler und keine Philosophen. Aber betrachten wir nur einmal die Fakten: Bis vor kurzem gehörte die Börsenaufsicht der Vereinigten Staaten zu den am schlechtesten bezahlten Behörden.[11] Noch heute verdient kaum ein Mitarbeiter mehr als 100 000 US-Dollar pro Jahr. Es gibt natürlich Grenzen für eine Anhebung der Bezüge (schließlich verdient auch der Finanzminister nur rund 200 000 US-Dollar pro Jahr). Doch es ist durchaus angemessen zu verlangen, dass Beamte, die für die Stabilität des globalen Finanzsystems verantwortlich sind, mehr verdienen sollten als eine Empfangssekretärin bei Goldman Sachs.

Um dieses Problem zu lösen, haben Reformer verschiedentlich vorgeschlagen, die Vergütung der Regulierer an ihre Leistung zu knüpfen. Das heißt, je mehr Geldbußen sie verhängen und je mehr insolvente Banken sie schließen, desto mehr sollten sie verdienen. Das mag gut gemeint sein, doch das Missbrauchspotenzial wäre einfach zu groß. Stellen Sie sich nur vor, wie gut eine Polizei funktionieren würde, wenn die Beamten nach der Zahl der Verhaftungen oder der verteilten Strafzettel bezahlt würden. Dass die Gesetze dann strenger ausgelegt würden, ist keine Frage. Ob es dabei aber auch gerecht und ehrlich zugehen würde, steht auf einem anderen Blatt.

Es gibt sicher bessere Wege, das Personalproblem zu lösen. So sollte unbedingt in die Waagschale geworfen werden, dass der Staat etwas bietet, das die Wall Street nicht toppen kann: Arbeitsplatzsicherheit. Angesichts der großen Zahl neuerdings arbeitsloser Banker und Händler sollte ein sicheres Arbeitsverhältnis vielleicht gerade in den Jahren nach der Krise seine Reize haben. Das gilt vor allem für erfahrene Händler, die vielleicht schon auf den Ruhestand zusteuern. Sie haben bereits alles erlebt, und nicht wenige leben jetzt von Sozialhilfe. Warum sollen sie ihre Laufbahn nicht in der Börsenaufsicht oder einer anderen Regulierungsbehörde beschließen?

Damit wollen wir keinesfalls eine Fortsetzung des Bäumchen-wechsel-dich-Spiels anregen, das auf höherer Ebene stattfindet und diverse Finanzkonzerne mit dem Establishment der Regulierungsbehörden in Washington verquickt hat. Für diese Praxis ist vor allem Goldman Sachs berüchtigt: Drei der letzten CEOs des Unternehmens und zahlreiche Mitarbeiter wechselten in Regierungsämter. Dadurch entstand eine Fülle von Interessenkonflikten, denn die ehemaligen Führungskräfte waren eher Verbündete als Aufseher ihres früheren Arbeitgebers. Viele kehrten anschließend wieder in den privaten Sektor zurück und nutzten ihre Beziehungen, um sich für eine Lockerung der Regulierung einzusetzen.[12]

Das Problem der engen Verschmelzung von Kontrolleuren und Kontrollierten ist so akut wie eh und je. Im Herbst 2009 präsentierte die amerikanische Börsenaufsicht beispielsweise einen neuen Leiter für ihre unlängst geschaffene Enforcement-Sparte, der natürlich auch Großunternehmen wie Goldman Sachs kontrollieren sollte. Der neue Mann war 29 Jahre alt und konnte als einzige Berufserfahrung vorweisen, dass er bei Goldman Sachs bereits eine Führungsposition bekleidet hatte.[13]

Es gibt aber Möglichkeiten, solche Interessenkonflikte zu vermeiden. Zum einen sollten die Lobbyistenaktivitäten ehemaliger, vor allem hochrangiger Regierungsbeamter stark eingeschränkt werden. Dank der von Präsident Obama Anfang 2009 eingeleiteten Reformen dürfen sich frühere Staatsdiener zwei Jahre lang nicht als Lobbyisten betätigen.[14] Das ist ein erster Schritt, doch die Frist sollte auf vier oder fünf oder sogar mehr Jahre ausgedehnt werden.

Außerdem muss die Lobbytätigkeit der Finanzindustrie beschnitten werden. Das wird nicht einfach, denn Politiker schmarotzen im Finanzsektor aus dem einfachen Grund, den schon Bankräuber Willie Sutton einst anführte: »Weil dort das Geld ist.« Sie schirmen das Finanzsystem vor der staatlichen Aufsicht ab und verweigern den Behörden die nötigen Steuermittel, die diese brauchen, um Vorschriften durchzusetzen. Im Gegenzug schießen die Finanzunternehmen politischen Kandidaten enorme Summen zu, allein 2008 rund 311 Millionen US-Dollar.[15]

Das zu unterbinden erfordert einen politischen Willen, der kaum vorhanden ist, wie man an den Geschehnissen des Jahres 2009 leicht erkennen kann. Im Verlauf des Jahres gaben viele der mit staatlichen Mitteln geretteten Finanzunternehmen zig Millionen US-Dollar aus, um sich im Kongress gegen eine Deckelung der Managerbezüge und eine schärfere Regulierung des Finanzsektors zu wehren. Über den Kongress übten sie außerdem Druck auf die Bilanzaufsicht aus, die daraufhin die sogenannten Bilanzierungsrichtlinien zur Ermittlung des Marktwerts außer Kraft setzte. Dies ermöglichte den Banken eine magische Gesundung, zumindest auf dem Papier. Außerdem konnten sie so mit der Rückzahlung der staatlichen Mittel beginnen, allerdings nicht ohne zuvor im Kongress eine Senkung der Strafzinsen zu bewirken.

Solange diese inzestuöse Beziehung zwischen der Finanzwelt und der Politik bestehen bleibt, wird sich der perverse Austausch von Gefälligkeiten fortsetzen, der Deregulierung, Spekulationsblasen, Krisen, Rettungsaktionen und verantwortungsloses Risikoverhalten fördert. Nur eine spürbare Einschränkung dieser Beziehungen zwischen Politik und Finanzwelt kann dieses für beide Seiten fatale Verhältnis beenden. Die Politik hat schließlich großen Einfluss auf das Ausmaß der Regulierung und die Regulierer selbst. Das ist keine gute Sache, denn sie hat die Hand auf dem Geld, und Behörden, die sich nicht nach ihren Vorgaben richten, können für ihre Eigenmächtigkeit belangt werden.

Eine Lösung wäre eine größere Autonomie der Regulierer.[16] Die Behörden könnten zum Beispiel mehr Spielraum für die Umsetzung gesetzlicher Vorgaben erhalten. Alternativ können sie politisch oder sogar finanziell unabhängig gestellt werden.

Dafür gibt es mehrere Möglichkeiten. Die amerikanische Notenbank ist beispielsweise Teil der Exekutive, sie finanziert sich weitgehend selbst und ist dem Parlament nur in geringem Maße Rechenschaft schuldig. Eine Übertragung von Regulierungsaufgaben auf die Notenbank würde die Aufseher theoretisch unabhängiger machen. Ein anderes Modell bietet die britische Behörde FSA. Sie untersteht zwar formell der Regierung, ist aber operativ unabhängig. Wie eine Zentralbank finanziert sie sich nicht aus Steuermitteln, sondern über die Gebühren, die sie den von ihr überwachten Finanzunternehmen in Rechnung stellt.

Wie so viele umfassende Lösungen hat auch diese ihre Nachteile. Eine politische Autonomie der Regulierung ist allein noch kein Garant für eine bessere Regulierung. Die FSA hat beispielsweise die jüngste Krise offenbar nicht vorhergesehen oder gar abgeblockt. In den Vereinigten Staaten war die formell unabhängige

Notenbank zwar für die Regulierung von Banken und Hypotheken zuständig, hat ihre Befugnisse aber ungenutzt gelassen. Dafür musste sie dann in beispiellosem Umfang als letztinstanzlicher Kreditgeber herhalten.

Das Problem der Selbstbedienungsmentalität verschwindet nicht, nur weil eine Behörde dem Gesetzgeber gegenüber nicht länger rechenschaftspflichtig ist. So werden zum Beispiel maßgebliche Machtzentren innerhalb der amerikanischen Notenbank, allen voran die Notenbank von New York, in Wirklichkeit von den Banken der Wall Street kontrolliert. Politische Autonomie übersetzt sich nicht automatisch in regulatorische Unabhängigkeit. Dieser Punkt muss bei Überlegungen zu weiterreichenden strukturellen Reformen berücksichtigt werden.

Angesichts solcher Schwachstellen ist es vermutlich besser, das korrupte Geflecht von Finanzwelt und Politik aus einer ganz anderen Richtung anzugehen. Es gibt einen sehr einfachen Weg, die Macht der Großkonzerne zu beschneiden, die zur Entstehung der Krise beigetragen haben: Man muss sie zerschlagen.

Wie man einen Konzern zerschlägt

In der jüngsten Krise war immer wieder zu hören, bestimmte Unternehmen seien zu groß für einen Bankrott. Die Lehman-Pleite und der nachfolgende Infarkt des globalen Finanzsystems zeigten, dass viele Finanzinstitute mittlerweile so groß, so fremdkapitallastig und so vernetzt sind, dass ihr Kollaps das ganze System erschütterte.

Wenn in den Vereinigten Staaten eine Wald- und Wiesenbank pleite macht, übernimmt im nachfolgenden Konkursverfahren der Einlagensicherungsfonds die Kontrolle. Unter den Banken, die zu groß für einen Bankrott sind – und die den sogenannten »Too big to fail«-Club bilden –, sind nur wenige solche traditionellen Institute. Die meisten dieser Unternehmen gehören einer anderen Spezies an. Es sind große Investmentbanken wie Morgan Stanley und Goldman Sachs, gigantische Versicherungsriesen wie AIG, Unternehmen mit rechtlichem Sonderstatus wie Fannie Mae oder Freddie Mac und Hedge-Fonds wie Long-Term Capital Management.

Die Krise hat zwar wenige dieser Unternehmen ungeschoren gelassen, doch sie sind dank der Konsolidierungswellen nach der Panik inzwischen oft größer als zuvor. JP Morgan Chase hat erst Bear Stearns und dann Washington Mutual übernommen, die Bank of America hat Countrywide und anschließend Merrill Lynch geschluckt, und Wells Fargo und Citigroup haben sich um Wachovia gebalgt, eine zwar enorm große, doch trotzdem insolvente Bank. Wozu bloß? Zyniker könnten meinen, beide Unternehmen hätten erkannt, dass der Sieger des Übernahmestreits (übrigens Wells Fargo) als noch größere Gefahr für das Finanzsystem wahrgenommen werde und daher auf noch mehr staatliche Hilfen und Nachsicht hoffen durfte.

Wir befinden uns heute in der schlimmsten aller Welten, in der die geretteten Riesenkonzerne auch in künftigen Krisen wieder staatliche Hilfen erwarten. Sie sind noch nicht von den Aufsichtsbehörden unter die Lupe genommen worden, und es fehlt ein System, solche Unternehmen nötigenfalls einfach in den Konkurs gehen zu lassen. Schlimmer noch, viele dieser Unternehmen, allen voran Goldman Sachs und JP Morgan, verfolgen bereits wieder sogenannte »Eigenhandelsstrategien«, also komplizierte Wetten auf Aktien, Anleihen, Rohstoffe und Derivate, die sich nach komplexen und von den Händlern selbst entwickelten Algorithmen richten. Manche dieser Strategien sind hochriskant. Das hindert diese Unternehmen jedoch nicht daran, sie wieder aufzunehmen, während sie noch unter dem Schutzschirm eines von Dutzenden staatlicher Hilfsprogramme stehen.

Die Politik geht das »Too big to fail«-Problem auf unterschiedliche Weise an. Sie versucht zum Beispiel dafür zu sorgen, dass die Schockwellen des Zusammenbruchs eines dieser Unternehmen den Rest des Finanzsystems weniger hart treffen. Um Kollateralschäden zu vermeiden, griff sie in der jüngsten Krise angesichts eines drohenden Konkurses zu zwei gleichermaßen problematischen Maßnahmen: Eine Auszahlung aller Gläubiger großer Finanzunternehmen (wie im Falle von Bear Stearns und AIG) und ein ungeordneter Bankrott (wie im Falle von Lehman). Wir benötigen einen dritten Weg: Eine Regierung muss die Befugnis erhalten, diese Unternehmen geordnet abzuwickeln.

Zum Beispiel könnten diese Unternehmen eine Art »Patientenverfügung« unterzeichnen, die in Kraft tritt, wenn sie handlungsunfähig werden.[17] Die Regierung würde dann wie ein Arzt auftreten, der die Wünsche eines Sterbenden befolgt und den Todeskampf des Unternehmens so glimpflich, schmerzfrei und kostengünstig wie möglich gestaltet. Auf diese Weise hätte der Untergang eines Unternehmens nicht die katastrophalen Auswirkungen der Lehman-Pleite. Es wäre ein würdevoller Tod.

Eine ähnliche Lösung wäre ein eigenes Konkursverfahren für diese Unternehmen, das weniger Schaden anrichtet als das herkömmliche Verfahren nach Chapter 11. Zum Beispiel wäre eine Art Treuhandgesellschaft denkbar, wie sie die Regierung im Falle von Fannie Mae und Freddie Mac eingerichtet hat.[18] Alternativ könnte eine Bundesbehörde analog zur FDIC diese Aufgabe übernehmen. In beiden Fällen würde ein ungeordneter Bankrott vermieden und die Abwicklung von den Gerichten in eine staatliche Einrichtung verlagert. Diese hätte größere Befugnisse als ein Konkursverwalter und könnte verhindern, dass ein Konkurs allzu großen Schaden anrichtet.

Beide Vorschläge haben ihre Schwächen. Kritiker der »Patientenverfügung« weisen darauf hin, dass keineswegs klar ist, ob alle betroffenen Parteien mit einem würdevollen Tod einverstanden wären. Wie ein aufgebrachtes Familienmitglied, das sich weigert, der Einstellung von lebensverlängernden Maßnahmen zuzustimmen, könnten Bankmanager und Politiker, die ein Interesse am Überleben der fraglichen Bank haben, die Abwicklung verhindern wollen. Immerhin stehen unter Umständen im Wahlbezirk eines

Kongressabgeordneten zigtausend Arbeitsplätze auf dem Spiel, von großzügigen Wahlkampfspenden ganz zu schweigen.

Diese Vorschläge sind auch deshalb problematisch, weil damit die Entscheidung, wie viel Geld die Gläubiger im Konkurs erhalten, dem Staat zufällt. Der könnte zu viel zahlen und den Märkten das Signal geben, dass verantwortungsloses Risikoverhalten auch noch belohnt wird. Zahlt er dagegen weniger, als der Markt erwartet, könnte dies die Panik im Finanzsystem verstärken. Schließlich handelt es sich dabei nicht um Kleinunternehmen: Verluste der Gläubiger wirken sich auf das ganze System aus. In diesem Fall könnte selbst das am besten durchdachte Abwicklungsprotokoll scheitern und den Weg des geringsten Widerstands attraktiv erscheinen lassen: die Auszahlung aller Gläubiger in einer umfassenden Rettungsaktion.

Andere Politiker fordern einen konzertierten internationalen Ansatz zur Überwachung dieser »Too big to fail«-Institute. Dazu könnte ein internationales Gremium zur Kontrolle global tätiger Unternehmen gehören. Die Mitglieder würden sich zum Status der Megakonzerne beraten und diese im Auge behalten.[19] Ein hübscher Gedanke, gegen den wir keine Einwände haben. Ob eine solche Beaufsichtigung allerdings eine Krise verhindern könnte, ist fraglich. Es fällt den Aktionären und Managern schon schwer genug, folgenschwere Schwächen in ihren Unternehmen zu erkennen, und für eine kleine Gruppe von Aufsichtsbeamten wäre diese Aufgabe sicher nicht leichter.

Solche Lösungen gehen am Kern der Sache vorbei. Die Unternehmen sind nämlich nicht nur zu groß für einen Bankrott, sondern auch zu groß, um zu existieren und zu komplex, um ordentlich gemanagt zu werden. Im Grunde genommen sollte es sie gar nicht geben, oder sie sollten zur Selbstzerschlagung gezwungen werden. Das wäre zum Beispiel durch die Verordnung höherer »Kapitaladäquanz-Kennzahlen« zu erreichen. Das bedeutet, die Finanzkonzerne müssen so viel Kapital vorhalten, wie es die Risiken sämtlicher Teilbereiche erfordern. Dadurch verringert sich der

Fremdkapitalanteil und damit auch der Gewinn. Im Idealfall wird klar, dass größer nicht unbedingt besser ist, was die Unternehmen veranlassen könnte, sich selbst zu zergliedern.

Dazu müssten die Eigenkapitalanteile, wie sie etwa von Basel II vorgesehen sind, deutlich angehoben werden. Wie hoch genau, ist schwer zu sagen. Um das »Too big to fail«-Problem in den Griff zu bekommen, hat die Schweiz zum Beispiel kürzlich für zwei ihrer größten Unternehmen, UBS und Credit Suisse, die Basler Kapitalquote von 8 auf 16 Prozent verdoppelt.[20] Beiden Unternehmen ist es bislang gelungen, den Anteil anzuheben, ohne Unternehmensteile abzustoßen. Das lässt vermuten, dass der Eigenkapitalanteil noch stärker angehoben werden muss, vielleicht auf 20 Prozent oder mehr. Nur solche drakonischen Maßnahmen können die Konzerne zwingen, sich in kleinere, weniger gefährliche Einheiten zu zerlegen. Das hoffen wir jedenfalls.

Derart aggressive Schritte würden bei den »Too big to fail«-Unternehmen natürlich auf vehemente Proteste stoßen, denn schließlich halten sie sich für den täglichen Ablauf der Weltwirtschaft für unentbehrlich. Aufgrund ihrer Größe, so behaupten sie, verfügten sie über »Synergien«, »Effizienzen« und andere Vorteile. »Ohne uns funktioniert die Weltwirtschaft nicht«, behaupten sie – und dass es die globale Wirtschaft schmerzhaft zu spüren bekommen würde, wenn es keine Finanzsupermärkte wie die Citigroup mehr gäbe, die alle Leistungen aus einer Hand bieten.

Das ist vermessen. Zum einen ist die Idee des Finanzsupermarktes gescheitert. Institute wie die Citigroup wuchsen sich unter der Führung von »Imperiengestaltern« wie Sanford Weill zu monströsen Gebilden aus. Kein CEO, und mag er noch so fähig und visionär sein, kann ein globales Finanzunternehmen lenken, das Tausende verschiedener Finanzdienstleistungen anbietet. Die Komplexität dieser Unternehmen (von ihren exotischen Finanzinstrumenten ganz zu schweigen) macht es einem CEO, und erst recht den Aktionären oder Verwaltungsräten, unmöglich, die Vorgänge in den einzelnen Bereichen und Handelsabteilungen im Blick zu behalten. Das ist in jeder Bank schwierig. In einem Unternehmen wie der Citigroup, die zu ihren Glanzzeiten über 300 000 Mitarbeiter beschäftigte, ist es unmöglich.

Andere argumentieren, dass nur die riesigen Finanzkonzerne alle Leistungen, die moderne Wirtschaftsunternehmen für ihren Betrieb benötigen, aus einer Hand anbieten können. Auch das ist lachhaft. Kein Unternehmen unterhält Beziehungen zu einem einzigen Finanzdienstleister. Unternehmen, die auf dem internationalen Markt Anleihen ausgeben, beauftragen damit in der Regel ein Dutzend oder mehr spezialisierter Banken in mehreren Ländern. Ein globales System kleinerer, stärker spezialisierter Finanzinstitute ist eindeutig besser geeignet, um auch die Bedürfnisse des größten und komplexesten Wirtschaftsunternehmens zu erfüllen.

Gehen wir spaßeshalber davon aus, dass Riesenkonzerne wie die Citigroup, ING und andere Megabanken ihre Dienstleistungen tatsächlich geringfügig effizienter erbringen können als kleinere Unternehmen. Selbst wenn dies stimmen würde (was es nicht tut), würde sich die Frage stellen, ob diese kleinen Effizienzsteigerungen so wertvoll sind, dass man deshalb das globale Finanzsystem jenen Großkonzernen ausliefern sollte, deren Zusammenbruch verheerende Folgen haben kann. Nach dieser Logik müsste man gigantische Atomkraftwerke errichten, die hundertmal so groß sind wie Tschernobyl, um geringe Größenvorteile geltend zu machen. Das geht so lange gut, bis es zur Kernschmelze kommt.

Es gibt einen weiteren Grund, über die Zerschlagung der Finanzkonzerne nachzudenken. Viele gäbe es nämlich längst nicht mehr, wenn die Regierung sie nicht so großzügig unterstützt hätte. Nehmen wir die Citigroup.[21] Im Laufe der letzten 80 Jahre hat sich diese Bank wiederholt viel zu weit aus dem Fenster gelehnt und in den Abgrund geblickt, um sich nur dank der Nachsicht, Unterstützung und Rettung durch die Regierung wieder zu erholen. Das war wohl vier Mal der Fall: während der Weltwirtschaftskrise, nach Ausfällen mexikanischer Verbindlichkeiten Anfang der achtziger Jahre, nach dem Einbruch im gewerblichen Immobiliensektor zehn Jahre später und schließlich in der jüngsten Finanzkrise. Eine Bank, die so viel Hilfe benötigt, dürfte es eigentlich nicht geben. Zwar ist sie derzeit dabei, sich aufzuteilen, doch die entstehenden Konzerne könnten wieder zu groß für einen Bankrott sein.

Doch die Citigroup ist bei Weitem nicht der einzige Kandidat für eine Zerschlagung. Selbst »gesunde« Unternehmen wie Goldman Sachs stellen allein durch ihren Fortbestand eine Bedrohung dar. Den Worten von CEO Lloyd Blankfein ist das allerdings nicht zu entnehmen. Er verteidigte 2010 die Rekordboni für die Manager mit der Feststellung: »Wir sind sehr wichtig. Wir tragen zum Wachstum von Unternehmen bei, indem wir ihnen helfen, sich Kapital zu beschaffen. Unternehmen, die wachsen, sorgen für Wohlstand. Das wiederum gibt Menschen Arbeit, die mehr Wachstum und mehr Wohlstand erwirtschaften. Wir erfüllen eine soziale Aufgabe.« Als wäre das noch nicht genug der Bescheidenheit, behauptete er gar, Goldman vollbringe »Gottes Werk«.[22]

Ach, bitte nicht. Wie andere Investmentbanken blickt auch Goldman Sachs auf eine lange Geschichte waghalsiger Wetten und überhöhten Fremdkapitaleinsatzes zurück.[23] Das Unternehmen stand im Mittelpunkt des Investment-Trust-Debakels, das 1929 die Weltwirtschaftskrise einläutete. Es lernte aus diesem Fehler und verfolgte in den folgenden Jahrzehnten eine kluge Strategie, die nicht auf kurzfristigen Profit abhob und seinen immer reicher werdenden Teilhabern stattdessen langfristige Erträge bescherte.

Die Wende kam in den achtziger Jahren, als Goldman wie andere Investmentbanken an die Börse ging. Das war ein schicksalhafter Schritt. Damit stellte sich Goldman Sachs von einem Ertragsmodell, in dem die Teilhaber ihr eigenes Geld riskierten, auf eines um, in dem die Aktionäre wenig Möglichkeiten oder Anreize hatten, zu überwachen, was in dem renommierten Unternehmen vor sich ging. Von da an trug Goldman aktiv zur Entstehung vieler Spekulationsblasen bei, von Hightech-Aktien über private Immobilien bis hin zum Erdöl. Nachdem die Börsenaufsicht in den Vereinigten

Staaten die Beschränkung des Fremdkapitaleinsatzes für Investmentbanken aufgehoben hatte, erreichte dieser bei Goldman historische Höchststände. Das brachte das Unternehmen in eine äußerst prekäre Situation, als die Krise die Wall Street erreichte. Unter Börsianern wurde Goldman Sachs scherzhaft als Hedge-Fonds bezeichnet, und zwar als der am stärksten verschuldete von allen.

Wie seine Konkurrenten steckte auch Goldman bis zum Hals im riskanten Verbriefungsgeschäft. Zwar sah die Firma die Subprimekrise früher kommen als andere, doch ihr Überleben verdankt sie wohl kaum dem Sachverstand ihrer Händler. Am Ende überstand sie das Debakel nur, weil ihr die amerikanische Regierung wieder und wieder unter die Arme griff. Wie andere Investmentbanken profitierte auch Goldman Sachs von der Rettungsaktion für die Kontrahenten von Bear Stearns im Frühjahr 2008 und von der Entscheidung der Federal Reserve, auch Investmentbanken als letztinstanzlicher Kreditgeber zur Verfügung zu stehen. Mit der Rettung von AIG half der Staat auch Goldman Sachs aus der Patsche und zahlte per Saldo ganze zwölf Milliarden US-Dollar an das Unternehmen. (Goldman war interessanterweise stark in die Diskussion um die Rettung von AIG involviert.) Weitere 10 Milliarden US-Dollar brachte Goldman Sachs die staatliche Bürgschaft für unbesicherte Verbindlichkeiten von Banken und Bankholdings. Dazu kommt die nicht unerhebliche indirekte Unterstützung wie etwa die niedrigen Zinsen, die Goldmans Kreditkosten minimierten, oder die Entscheidung der Notenbank, für 1,8 Billionen US-Dollar Staatsanleihen, hypothekenbesicherte Wertpapiere und andere Instrumente aufzukaufen, um die Kurse zu stützen. All das kam Goldman Sachs sehr zugute. Alles in allem kassierte Goldman vermutlich direkt und indirekt mehr als 60 Milliarden US-Dollar an staatlichen Hilfen – und nach der Umwandlung in eine Bankholding sogar noch mehr, da die Bank damit den Zugang zu weiteren staatlichen Mitteln erhielt.

Ohne diese staatliche Unterstützung wäre Goldman am Ende gewesen. Dass die Investmentbank vermutlich als Letzte untergegangen wäre, weil sie ihre Wetten geschickter platziert hatte als andere, ändert nichts daran. Die Tatsache, dass das Unternehmen dem Schicksal so knapp entronnen ist, hat seine Führungsriege jedoch keinesfalls geläutert. Eigentlich kein Wunder, denn immerhin gehört man jetzt dem »Too big to fail«-Club an und genießt damit offenbar vollständige Narrenfreiheit. Allem Anschein nach gibt es keine Möglichkeit, das zu unterbinden. Durch die Rückzahlung der TARP-Mittel hat sich das Unternehmen allen Einschränkungen in Bezug auf die Managergehälter entzogen. Goldman Sachs ist als weltgrößter Hedge-Fonds wieder im Geschäft und verfolgt seine hochriskanten Eigenhandelsstrategien. Als wäre das nicht schon schlimm genug, bekommt das Unternehmen nun, anders als herkömmliche Hedge-Fonds, auch noch die Kredite der Federal Reserve und genießt den Schutz der staatlichen Einlagensicherung, was ihm einen unangemessenen Wettbewerbsvorteil verschafft. Aus all diesen Gründen muss Goldman zerschlagen werden. Zumindest aber müssen die Investmentaktivitäten von Unternehmensteilen losgelöst werden, die sich mit Eigenhandel, Hedge-Fonds, Kapitalbeteiligungsgesellschaften und anderen riskanten Anlagestrategien beschäftigen.

Aber auch viele andere Großkonzerne müssen zerschlagen werden: Bank of America, UBS, Wells Fargo, ING, Royal Bank of Scotland, Dexia, JP Morgan, BNP Paribas und andere mehr. Doch trotz der enormen Gefahr, die diese Konzerne darstellen, gibt es in Europa und den Vereinigten Staaten heftigen politischen Widerstand gegen ihre Demontage. Der Geist ist nun mal aus der Flasche, so der Grundgedanke, und es gibt keine Möglichkeit, wieder zu einem dezentraleren Bankensystem zurückzukehren. Gigantische, mitunter monopolistische Finanzunternehmen werden uns erhalten bleiben – trotz der damit verbundenen Risiken für das Finanzsystem.

Wenn Sie das glauben, hätten wir Ihnen da ein paar CDOs anzubieten. Schon früher wurden Trusts demontiert. Das geschah viele Male, und für gewöhnlich auf richterliche Anordnung hin.

In den Vereinigten Staaten ist das Kartellrecht definitiv das Mittel der Wahl. Unter den Präsidenten Roosevelt und Taft wurden zu Beginn des 20. Jahrhunderts Standard Oil und andere Kartelle zerschlagen. In jüngerer Zeit sorgte das Justizministerium 1982 erfolgreich für die Zerschlagung von AT&T. Eine ähnliche Kampagne könnte gegen die »Too big to fail«-Unternehmen lanciert werden, die immer größere Teile des Finanzwesens kontrollieren.

Eine noch bessere Lösung wären Gesetze, die den Regulierungsbehörden eine bestimmte Autorität verleihen. Sie könnten so Finanzunternehmen zerschlagen, die so groß, so hoch verschuldet oder so verflochten sind, dass ihr Zusammenbruch das gesamte Finanzsystem gefährden würde. Im Gegensatz zu kartellrechtlichen Maßnahmen würde dieser Ansatz eine Zerschlagung nicht von einer Monopolstellung abhängig machen, sondern davon, ob die betreffende Bank zu groß für einen Konkurs ist. Tatsächlich gibt es viele Unternehmen, die aus kartellrechtlicher Sicht nicht belangt werden können, die aber eine ernsthafte Bedrohung für die Stabilität der Weltwirtschaft darstellen.

Doch auch diese Ansätze werden möglicherweise keinen so weitreichenden Umbau des Finanzsektors bewirken, wie wir ihn benötigen. Manche Unternehmen werden vielleicht zerstückelt, andere könnten solche Versuche erfolgreich abwehren. Das wäre eine halbgare Lösung. Aus diesem Grund wirkt dieser Ansatz vielleicht am besten in Kombination mit einer anderen, ebenso radikalen Strategie: der Zerschlagung der Großbanken. Die Regierung von Präsident Obama zeigte zunächst wenig Interesse an dieser Option. Doch nach einer Intervention von Paul Volcker scheinen einige Regierungsmitglieder über eine Größenbeschränkung potenzieller »Too big to fail«-Banken nachzudenken. Sie könnte der folgende Vorschlag interessieren. Er ist zwar radikal, aber er könnte ein erster Schritt zur Bändigung der Banken-Goliaths sein, die zu groß, zu verflochten und zu wichtig für eine Pleite geworden sind.

Neue Brandmauern

In der harten Zeit nach der jüngsten Krise sprachen sich angesehene Fachleute wie der frühere amerikanische Notenbankchef Paul Volcker für eine Art Rückkehr zum Glass-Steagall Act von 1933 aus, dem Gesetz, das eine Trennlinie zwischen Geschäfts- und Investmentbanken zog. Diese Brandmauer wurde in den achtziger und neunziger Jahren unterlaufen und verschwand mit dem 1999 verabschiedeten Gramm-Leach-Bliley-Gesetz gänzlich. So entstand das derzeitige System, in dem Unternehmen wie die Citigroup oder JP Morgan Chase alle Bereiche unter dem Dach eines Mammutkonzerns vereinen konnten: Geschäftsbank, Investmentbank, Eigenhandel, Versicherung, Vermögensverwalter, Hedge-Fonds und Kapitalbeteiligungsgesellschaften.

Infolgedessen begannen auch Banken mit Anspruch auf Einlagensicherung oder Kredite der Notenbank damit, hochriskante Transaktionen zu tätigen, die mehr mit Glücksspiel zu tun haben als mit dem Bankgeschäft. Das war weder gut für das Finanzsystem, noch für die Wirtschaft. Wie Keynes 1936 so treffend feststellte: »Wenn die Kapitalentwicklung eines Landes zum Nebenprodukt der Aktivitäten eines Spielkasinos wird, wird diese Aufgabe vermutlich schlecht erfüllt.«[24]

Viele Reformer haben aus gutem Grund für eine Rückkehr zum Glass-Steagall Act plädiert, und Anfang 2010 lagen dem Kongress verschiedene Gesetzesentwürfe vor, die in diese Richtung gehen. Dank Volckers Intervention erwägt die Obama-Regierung, Bankholdings wie Goldman Sachs den Eigenhandel sowie die Betätigung als Kapitalbeteiligungsgesellschaften und Hedge-Fonds zu untersagen (die Lobbyarbeit der Branche wird diese Einschränkungen vermutlich verhindern). Diese Vorschläge sind aber noch nicht gut genug. Was wir brauchen, ist eine auf das 21. Jahrhundert zugeschnittene Version dieses historischen Gesetzes, das eine ganze Reihe neuer Brandmauern vorsieht. Eine Rückkehr zur Trennung zwischen dem Kunden- und dem Investmentbankgeschäft reicht nicht aus. Vielmehr muss ein System geschaffen werden, das die vielen verschiedenen bestehenden Arten von Finanzunternehmen erfassen und unterscheiden kann und das die kurzfristige Kreditaufnahme beschränkt, die zu der starken Verflechtung der Finanzunternehmen geführt hat.

In eine Kategorie würden etwa Geschäftsbanken fallen, die Einlagen aufnehmen und Kredite an private Haushalte und Unternehmen vergeben. Eine andere Kategorie wären die Investmentbanken. Um jegliche Verquickung zwischen diesen beiden Gattungen zu vermeiden, dürften Investmentbanken bei versicherten Geschäftsbanken keine Übernachtkredite mehr aufnehmen, die in der jüngsten Krise so viel Schaden angerichtet haben. Somit wären diese Banktypen nicht nur institutionell voneinander getrennt, sondern auch, was ihre Beziehungen angeht.

Das wäre ein Anfang. Da so viele Schattenbanken in Schwierigkeiten geraten sind, weil sie auf liquider, kurzfristiger Basis Geld aufgenommen und diese Mittel in langfristige, illiquide Anlagen gesteckt haben, müsste man solche Möglichkeiten einschränken. Das bedeutet, dass Investmentbanken von jeder kurzfristigen Kreditaufnahme ausgeschlossen werden sollten. Wenn sie sich langfristig in nicht liquiden Anlagen engagieren wollen, müssen sie sich das Geld dafür durch die Ausgabe von Aktien oder langfristigen Anleihen beschaffen. Diese Reform würde das Finanzsystem entflechten und die Gefahr der systemübergreifenden Dominoeffekte verringern, die zu zahlreichen Nachfolgekonkursen führten.

Damit sich das System noch weiter stabilisiert, sollte den Investmentbanken jede Art des riskanten Eigenhandels untersagt werden, und sie sollten sich nicht mehr als Hedge-Fonds und Kapitalbeteiligungsgesellschaften betätigen dürfen. Stattdessen sollten sie sich auf ihr früheres Kerngeschäft beschränken, also auf die Kapitalbeschaffung und die Platzierung von Wertpapieren. Eigenhandel und Hedge-Fonds-Geschäfte, wie sie derzeit von vielen Investmentbanken betrieben werden, sollten stattdessen auf Hedge-Fonds beschränkt werden. Wie die Investmentbanken sollten aber auch die Hedge-Fonds keine kurzfristigen Kredite bei Banken und anderen Finanzunternehmen aufnehmen dürfen. Stattdessen müssten sie sich alternative langfristige Finanzierungsquellen suchen.

Weitere Kategorien wären Versicherungen und Kapitalbeteiligungsgesellschaften. Keinem dieser Unternehmen sollte es gestattet sein, sich auf Aktivitäten jenseits ihres Kerngeschäfts auszudehnen. Versicherungen dürften keinen Eigenhandel betreiben, Geschäftsbanken, Investmentbanken oder Hedge-Fonds keine Versicherungsgeschäfte. Kapitalbeteiligung beschränkt sich auf Kapitalbeteiligungsgesellschaften. Ein Unternehmen, das einer Kategorie angehört, darf sich nicht in Sparten betätigen, die in eine andere Unternehmenskategorie fallen. Auf diese Weise ließen sich die systemgefährdende Verflechtung abbauen und die Interessenkonflikte beseitigen, die unweigerlich entstehen, wenn ein Unternehmen widersprüchliche Ziele verfolgt.

Abschließend gilt: Zur Einlagensicherung und zum staatlichen Sicherheitsnetz dürften ausschließlich Geschäftsbanken Zugang haben. Alle anderen Institute – Investmentbanken, Hedge-Fonds, Versicherungen und Kapitalbeteiligungsgesellschaften – wären auf sich gestellt. Natürlich würden nach wie vor manche von ihnen Bankrott gehen, doch das System wäre dadurch nicht in Gefahr. Schließlich wären sie nicht mehr so groß und auch nicht mehr so stark vernetzt. Und weil sie nicht wie Banken agieren und keine kurzfristigen Mittel aufnehmen und diese langfristig investieren dürften, würde ihr Untergang kaum eine solche Panik auslösen wie die der Schattenbanken auf dem Höhepunkt der jüngsten Krise.

Das Finanzsystem, das wir hier beschreiben, ist sauber parzelliert, keimfrei – und langweilig.

Doch genau das ist das Ziel. Es könnte sogar noch langweiliger werden, wenn man nämlich die Banken dazu zwingen würde, sich auf ihr eigentliches Geschäft zu beschränken, Einlagen entgegenzunehmen und in sichere, liquide, kurzfristige Staatstitel zu investieren. Bei einer derart restriktiven Handhabung käme die Vermittlung von Finanzierungen leider in fragwürdige Hände, und wir wären wieder an dem Punkt, an dem wir vor der Krise waren.

Aus diesem Grund sollten die unterschiedlichen Arten von Finanzunternehmen in ihrer gegenwärtigen Form erhalten bleiben und die Regulierung nach dem Prinzip »teile und herrsche« erfolgen. Eine Trennung der Finanzdienstleitungen, die heute unter einem Dach angeboten werden, macht das System weniger abhängig von systemgefährdend großen und verflochtenen Finanzunternehmen. Mit einer Rückkehr zu einem aufgemotzten Glass-Steagall Act, und mit Reformen, die den Handel vom Hinterzimmer in die Börsen verlagern, schaffen wir ein sichereres und gesünderes Finanzsystem. Und ganz nebenbei verhindern wir, dass Finanzunternehmen mit ahnungslosen Investoren exorbitante Gewinne machen.

Das wird den Finanzunternehmen übel aufstoßen. Doch sei's drum. Sollen sie ruhig lamentieren. Eines steht schließlich unumstößlich fest: Die verantwortungslose Risikobereitschaft dieser Unternehmen hat diese Krise mit ausgelöst und in aller Welt großes Leid verursacht. Diese Unternehmen sind mit schuld an dieser Katastrophe und sollten daher künftig sehr kurz gehalten werden.

Einen letzten Punkt dürfen wir aber nicht vergessen. Die Finanzunternehmen hätten daran gehindert werden können, diesen verhängnisvollen Weg zu beschreiten. Die offensichtliche Alternative wäre eine bessere Regulierung und Aufsicht gewesen. Manchmal reicht jedoch auch das nicht aus, und es ist eine systemübergreifende Lösung gefragt. Man könnte beispielsweise die Befugnisse der Zentralbank nutzen, um die Entstehung von Blasen von vornherein zu unterbinden – das wäre eine Lösung.

Eine Welt ohne Spekulationsblasen[25]

Im Jahr 1996 warnte Alan Greenspan in einer Rede vor den Gefahren des »irrationalen Überschwangs«. Marktbeobachter, die jedes

Wort von Greenspan sofort auf die Goldwaage legten, schlussfolgerten damals, dass er die Zinsen anheben wollte. Prompt brachen weltweit die Aktienmärkte ein. Der geläuterte Greenspan sprach nie wieder öffentlich Warnungen aus – und gleichzeitig nahm die Hightechblase monströse Ausmaße an. Abgesehen von einer symbolischen Zinsanhebung um ein Viertelprozent im Jahr 1997 erhöhte Greenspan die Zinsen erst Mitte 1999. Nach dem Beinahezusammenbruch des Hedge-Fonds Long-Term Capital Management (LTCM) senkte die Notenbank den Leitzins sogar um 75 Basispunkte, wodurch sich die Spekulationsblase noch weiter aufblähte.

Als sie 2001 schließlich platzte, drückte die Notenbank unter Greenspan die Zinsen von 6,5 Prozent im Jahr 2001 auf 1 Prozent im Jahr 2004. Die wachsende Flut billigen Geldes federte die schlimmsten Auswirkungen der geplatzten Spekulationsblase auf dem Hightechmarkt zwar ab, bereitete aber unmittelbar den Boden für eine weitere, noch größere Spekulationsblase auf dem privaten Immobilienmarkt. Auch diesmal sah die Notenbank untätig zu. Obwohl sich die Indizien mehrten, dass der Markt außer Kontrolle geriet, hielten Greenspan und später Bernanke die Zinsen auf niedrigem Niveau und hoben sie erst viel zu spät und viel zu langsam an. Kurz darauf platzte die Blase, und die Folge war das Finanzmarktdesaster der Jahre 2007 und 2008. Dieses löste eine weitere Runde drastischer Zinssenkungen aus, wodurch die Kreditkosten fast auf null sanken.

Hier entwickelt sich ein vertrautes Muster: Die Notenbank sieht zu, während sich Spekulationsblasen bilden und die Vermögenspreise in den Himmel schießen. Gleichzeitig zieht sie alle Register, um nach dem Platzen der Blase die Schäden zu beseitigen. Das geht in die falsche Richtung und ist unwirtschaftlich. Die Zentralbanker glauben offenbar nicht an das alte Sprichwort »Vorsicht ist besser als Nachsicht«. Wie ein Arzt, der seinen Patienten weiter rauchen lässt, um ihn Jahre später wegen Lungenkrebs zu behandeln, haben die Zentralbanken einen halbherzigen, »asymmetrischen« Ansatz zum Umgang mit Spekulationsblasen gewählt.

Eines muss auch gesagt werden: In dem Widerwillen der Zentralbanken gegen die Verhütung von Spekulationsblasen spiegelt sich der Umstand, dass dies in akademischen und politischen Kreisen nach wie vor ein umstrittenes Konzept ist. Die Kontroversen fußen bedauerlicherweise oft auf Schriften von Alan Greenspan und Ben Bernanke[26]. Sie argumentieren – so wie eine Hand voll anderer Wirtschaftswissenschaftler –, die Zentralbanken könnten nicht viel tun, um gegenzusteuern, und sie seien nur in der Lage, hinterher die Scherben zusammenzufegen. Wie Greenspan 2004 in Bezug auf die Hightechblase äußerte: »Statt zu versuchen, eine vermeintliche Spekulationsblase durch drastische und in ihren Folgen weitgehend unvorhersehbare Maßnahmen einzudämmen, entschieden wir uns für Maßnahmen, die im Bedarfsfall die Folgen lindern und hoffentlich den Übergang in die nächste Wachstumsphase erleichtern.«

Das ist eine seltsame Strategie. Zum einen animiert sie auf breiter Front zu verantwortungslosem Risikoverhalten. Investoren, die das Verhalten der Notenbank seit über 20 Jahren beobachten, haben allen Grund zu der Annahme, dass diese nichts unternimmt, um die Entwicklung einer Spekulationsblase zu verhindern – dass sie diese sogar fördert, indem sie die »New Economy« oder die Vorzüge von Eigenheimen bejubelt. Sie wird dann aber, und auch das ist deutlich, alles in ihrer Macht Stehende tun, um die Schäden zu begrenzen. Das ist außerordentlich problematisch. Investoren, die davon ausgehen, dass die Notenbank für sie in die Bresche springt, werden beim nächsten Mal noch größere Risiken eingehen. Ebenso verlassen sie sich darauf, dass die Notenbank, wenn alle Stricke reißen, die Zinsen in den Keller sacken lässt und so Chancen auf Spekulation in noch größerem Stil eröffnet.

Bernanke und andere Verfechter des Status quo halten dagegen, dass die Zentralbanken wegen der »Ungewissheit« nichts gegen steigende Vermögenspreise tun könnten. Das ist blanker Unsinn. Geldpolitische Entscheidungen gehen grundsätzlich mit Ungewissheit einher. Die Ungewissheit hält die Zentralbanker nicht davon ab, Inflationsziele zu setzen. Sie sollte sie auch nicht davon abhalten, gegen Spekulationsblasen vorzugehen. Außerdem stehen der Politik durchaus einige hilfreiche Instrumente zur Verfügung. Sie ermöglichen es ihr zumindest ein Stück weit, zu messen, ob die Vermögenspreise außer Kontrolle geraten. Und eins ist ja wohl klar: Neben den Modellen bleibt uns immer noch unser gesunder Menschenverstand, wenngleich dieser in der Politik zuletzt ein rares Gut war. Ein Zentralbanker, der sieht, wie sich die Kurse von Hightech-Aktien innerhalb weniger Monate verdoppeln und verdreifachen, und trotzdem keine Blase erkennen kann, sollte sich vielleicht einen anderen Job suchen.

Um die Passivität der Zentralbank angesichts von Spekulationsblasen zu rechtfertigen, werden noch andere Argumente vorgeschoben. Dazu gehört die Behauptung, Spekulationsblasen seien ja nicht schlecht für die Wirtschaft, weshalb sich die Zentralbanken aus dieser Sache heraushalten sollten. Diese These ist geradezu lächerlich. Eine Fülle von Indizien aus mehreren Jahrhunderten belegt, dass die Wirtschaft beim Platzen von Spekulationsblasen enorme Kollateralschäden erleidet, die jahrelang nachwirken können.

Ein weiteres Argument behauptet, dass jede Zinserhöhung, die eine Spekulationsblase zum Platzen bringen soll, eine massive Rezession auszulösen droht. Will heißen, die Risiken seien größer als der potenzielle Nutzen. Demnach wäre es besser, die Hände in den Schoß zu legen. Vertreter dieses Standpunkts glauben, dass die Entscheidung der amerikanischen Notenbank, im Jahr 1929 die Zinsen heraufzusetzen, den Crash verursacht habe. Ebenso soll der Versuch der Bank von Japan, die Vermögens- und Immobilienblase in ihrem Land unter Kontrolle zu bringen, den Crash von 1990 ausgelöst haben. Kritiker, die diese und andere Beispiele anführen, übersehen geflissentlich, dass in beiden Fällen die Zentralbank der Spekulation zunächst Vorschub leistete und den sprichwörtlichen Punsch erst abräumte, als die Party schon außer Kontrolle geraten war.

Das soll nicht heißen, dass die Politik drastische Zinssenkungen verfügen sollte, um Spekulationsblasen einzudämmen. Das wäre gefährlich. Doch ein gemäßigter vorbeugender Ansatz ist durchaus angemessen und sicherlich der aktuellen Politik vorzuziehen, die zuerst der Spekulationsblase tatenlos beim Wachsen zusieht und nach deren Platzen in hektischen Aktionismus verfällt. Es ist schade, dass vor allem Greenspan mit dieser Strategie – erst nichts und dann alles tun – assoziiert wird. Als er 1996 seine berüchtigte Rede hielt, fand er die steigenden Aktienkurse eindeutig bedenklich. Über die Gefahren von Spekulationsblasen sagte er, dass »die Bewertung von Verschiebungen in den Bilanzen im Allgemeinen und bei den Vermögenspreisen im Besonderen fester Bestandteil der Gestaltung der Geldpolitik sein muss«. Doch er hielt sich nicht an seine eigenen Worte, vielleicht aus Angst, dass eine Berücksichtigung der Vermögenspreise in der Geldpolitik einen unverhältnismäßigen und destruktiven Effekt auf die Märkte haben könnte.

In Wirklichkeit liegt die Gefahr geldpolitischer Mittel nicht so sehr darin, dass sie zu viel, sondern eher darin, dass sie zu wenig Wirkung zeigen. Hätte die Notenbank zum Beispiel versucht, den »irrationalen Überschwang« der neunziger Jahre durch Anhebung der Zinsen um 100 oder 150 Basispunkte zu bremsen, hätte das in einem Klima, in dem die Investoren eine jährliche Verdoppelung der Aktienkurse erwarteten, allein vermutlich nicht ausgereicht. Auch zehn Jahre später hätten ähnliche Zinsanhebungen vermutlich einen eher begrenzten Effekt auf Eigenheimbesitzer gehabt, die davon ausgingen, dass die Immobilienpreise bis in alle Ewigkeit um 20 Prozent pro Jahr steigen würden.

In solchen Zeiten genügen geldpolitische Maßnahmen nicht, um eine Kredit- oder Anlagenblase zu kontrollieren. Dann müssen die Zentralbanken möglicherweise andere Befugnisse nutzen, die ihnen offenstehen. So hat die Notenbank zum Beispiel gemäß der »Regulation T« das Recht, die sogenannten »Einschusserfordernisse« zu verändern – die Summen also, die sich Investoren leihen dürfen, um Wertpapiere zu kaufen.[27] Obwohl die Federal Reserve diese Größe in ihrer Anfangszeit regelmäßig verändert hat, ließ sie diese seit 1974 stets bei 50 Prozent. Eine Anhebung dieser Vorgaben hätte viel dazu beigetragen, die Hightechblase einzudämmen, während der eine wachsende Zahl von Spekulanten Aktien auf Pump kaufte. Weil das unterblieb, wuchs die Blase weiter.

Es gibt noch andere »kreditpolitische« Werkzeuge, mit der die Federal Reserve das Kreditwachstum und die daraus folgende, stetig wachsende Spekulationsblase steuern kann. »Regulation D« etwa erlaubt es der Notenbank, die Mindestreservequote ihrer Mitgliedsbanken zu verändern. Sie kann also Einfluss darauf nehmen, wie viel Geld eine Bank für bestimmte Arten von Einlagen oder Verbindlichkeiten in Reserve vorhalten muss. Dadurch kann sie das Kreditwachstum begrenzen. Andere gesetzliche Befugnisse geben ihr weitere indirekte Möglichkeiten, die Verfügbarkeit von Krediten und damit eine Spekulationsblase zu kontrollieren.

Das Instrumentarium der Notenbank ließe sich auch noch erweitern. So wird zum Beispiel über einen Vorschlag nachgedacht, den Zentralbanken die Befugnis zur Festlegung von Mindestreserven für Finanzaktiva einzuräumen.[28] Nach einer Variante sollen die Zentralbanken einseitig Mindestreserveanforderungen für bestimmte Aktiva festsetzen können. Hätte die amerikanische Notenbank in den Jahren vor der aktuellen Krise diese Möglichkeit gehabt, hätte sie zum Beispiel die Mindestanforderungen bei immobilienbesicherten Werten anheben können. So könnten zielgenau die Vermögenspreise in einem bestimmten Sektor beeinflusst werden, während andere Bereiche des Finanzsystems davon unberührt blieben.

Doch solche neuen Befugnisse hätten nur dann einen Sinn, wenn sie auch genutzt würden. Die amerikanische Notenbank begegnet Spekulationsblasen seit Jahren mit einem Laissez-faire-Ansatz. Das allein wäre schon schlimm genug, doch sie verhielt sich auch darüber hinaus nicht sonderlich klug. Statt »den Punsch abzuräumen«, goss sie Alkohol nach, pumpte billiges Geld ins System und weigerte sich, ihre Aufsichtsbefugnisse über bestimmte Teile des Finanzsystems, etwa die Hypothekenbranche, wahrzunehmen. Das muss sich ändern. Die amerikanische Notenbank ist nur so effektiv wie die Menschen, die sie leiten. In den kommenden Jahren braucht ihre Führung mehr als nur die Möglichkeit, Spekulationsblasen die Luft abzulassen. Sie muss auch bereit sein, dies wirklich zu tun.

Außerdem muss sie begreifen, dass sie nur noch begrenzte Macht im globalen Finanzsystem hat. Über 60 Jahre lang war die Vorherrschaft der Vereinigten Staaten und des Dollars unangefochten. Diese Zeiten sind vorbei. Wie wir den schwierigen Übergang bewältigen, wird entscheidenden Einfluss darauf haben, wie häufig es in den kommenden Jahren zu Krisen kommt. Das ist das Thema des abschließenden Kapitels.

KAPITEL 10

DIE GEFAHRENZONE

Die Finanzkrise, die Ende 2007 auf dem Wetterradar auftauchte und im Laufe des Jahres 2008 Sturmstärke erreichte, ist vorübergezogen. Wie die Überlebenden eines Wirbelsturms beseitigen wir nun die Schäden und sammeln die Trümmer auf. An diesem Punkt ist die Versuchung groß, anzunehmen, das Gröbste sei überstanden. Die Arbeitslosigkeit wird vielleicht weiter steigen und die Immobilienpreise werden noch einmal ins Rutschen kommen, doch man hört immer wieder, wir hätten das Schlimmste hinter uns.

Dabei brauen sich am Horizont bereits neue Gewitter zusammen, und zwar über Ländern und ihren Währungen. In den Jahren 2007 und 2008 ist zwar kein Staat zahlungsunfähig geworden und keine Währung zusammengebrochen, auch wenn die Kurse auf dem Höhepunkt der Krise heftig schwankten. Nur Island stand am Rande des Staatsbankrotts.

Es könnte in Kürze Gesellschaft bekommen. Früher gingen spekulationsbedingte Boom-und-Bust-Zyklen oft mit einer Welle von Staatspleiten einher. Diesmal konzentriert sich dieses Problem auf die Industriestaaten. Viele von ihnen schieben infolge der Rettungsaktionen und Konjunkturprogramme Haushaltsdefizite in Rekordhöhe vor sich her. Die Gefahr wächst, dass diese Länder – nennen wir sie die »riskanten Reichen« – ihre Defizite nicht länger finanzieren können. Dann besteht die besorgniserregende Möglichkeit, dass sie ihre Staatsanleihen nicht bedienen oder ihre Schulden über eine hohe Inflation tilgen könnten.

Selbst die Vereinigten Staaten sind über diesen Verdacht nicht erhaben. Ihr Haushaltsdefizit explodiert, weil der Staat unkluger-weise Steuern gesenkt und von Banken über Autohersteller bis zu Eigenheimbesitzern alle und jeden aus der Krise gepaukt hat. Während die Vereinigten Staaten sich weiterhin immer mehr Geld im Ausland leihen, äußern ihre Gläubiger hinter vorgehaltener Hand schon das Unvorstellbare: dass die Vereinigten Staaten auf das bewährte Mittel zur Schuldentilgung zurückgreifen, die Druckerpresse anwerfen und die Welt mit abgewerteten Dollars überschwemmen könnten.

Das kann passieren, muss aber nicht. Dass ein solches Szenario überhaupt ernsthaft diskutiert wird, spricht für einen maßgeblichen geopolitischen Wandel. Viele Jahrzehnte lang genossen die Vereinigten Staaten international eine politische und wirtschaftliche Vormachtstellung, unter anderem weil der Dollar die Reservewährung der Welt war. Doch in den letzten 20 Jahren haben die Vereinigten Staaten zunehmend mehr ausgegeben, als sie produziert und eingenommen haben, und sie haben mehr importiert als exportiert. Vom größten Kreditgeber der Welt sind sie zu ihrem größten Kreditnehmer geworden und haben dabei an Macht verloren. Das Gleiche gilt für den Dollar, und es ist durchaus denkbar, dass er eines Tages von einer anderen Währung, zum Beispiel dem chinesischen Renminbi, abgelöst wird.

In diesem Kapitel beleuchten wir den Ursprung dieser beunruhigenden Entwicklungen, über den erstaunlich viele verwirrende und falsche Informationen kursieren. Wir untersuchen, wie sich diese Probleme in den nächsten Jahren lösen lassen könnten, und erwägen Gestaltungsspielräume für den schwierigen Übergang vom amerikanischen Jahrhundert in eine Epoche, die zur Ära der Chinesen werden könnte.

Diese tektonischen Verschiebungen könnten sich durchaus abrupt und ungeordnet vollziehen. Das wird die Zeit weisen. Sollte es zu spontanen Erschütterungen kommen, wird das auf jeden Fall unangenehm. Ein Staatsbankrott und der Zusammenbruch einer Währung sind im Fall eines kleineren Schwellenlandes schon schlimm genug und können einen breiten Ansturm auf die Banken, verheerende Inflation, explodierende Arbeitslosigkeit und politische und soziale Unruhen zur Folge haben. Wenn aber die derzeit größte und mächtigste Volkswirtschaft der Welt, die Vereinigten Staaten von Amerika, einer solchen Krise zum Opfer fällt, sind die Auswirkungen nicht auszudenken. Eine solche Katastrophe würde der Bezeichnung »Too big to fail« eine ganz neue und beängstigende Bedeutung verleihen.

Das Problem der Leistungsbilanz

Um besser zu verstehen, was Länder wie China und die Vereinigten Staaten erwarten könnte, müssen wir uns mit einem grundlegenden Maßstab für die wirtschaftliche Gesundheit eines Landes auseinandersetzen: der »Leistungsbilanz«.

Die Leistungsbilanz ist die »Außenbilanz« eines Landes. Sie gibt an, wie sich die Wirtschaft eines Landes zu einem gegebenen Zeitpunkt zu der anderer Länder verhält. Dabei kann es entweder zu einem Überschuss oder zu einem Defizit der Leistungsbilanz kommen. Theoretisch könnte ein Land zwar eine ausgeglichene Leistungsbilanz haben, doch in der Praxis kommt das nicht vor. Das wäre so, als würde ein Unternehmen weder Gewinne noch Verluste ausweisen.

Abgesehen davon ist ein Land nicht mit einem Unternehmen vergleichbar, denn seine Bilanz ist sehr viel größer und komplexer. Zur Leistungsbilanz gehören unter anderem die Ein- und Ausfuhren des Landes. Aus der Differenz dieser Posten ergibt sich ein negativer oder ein positiver Wert. Manche Länder wie die Vereinigten Staaten verzeichnen ein Außenhandelsdefizit, das heißt, sie importieren mehr Güter und Dienstleistungen, als sie exportieren, und haben damit einen negativen Saldo. Länder wie China oder Japan verbuchen dagegen einen Außenhandelsüberschuss, weil sie mehr Waren und Dienstleistungen ausführen, als sie einführen; sie haben einen positiven Saldo.

Doch das ist nur ein Teil der Leistungsbilanz eines Landes. Daneben gehören zur Leistungsbilanz auch die Aktiva und Verbindlichkeiten eines Landes gegenüber dem Ausland. Beginnen wir mit den Aktiva. Wenn ein Land wie die Vereinigten Staaten Aktien, Anleihen oder Immobilien in einem anderen Land besitzt, generieren diese in der Regel Erträge in Form von Dividenden, Zinsen und Mieten, die in die Vereinigten Staaten fließen. Daraus ergibt sich ein positiver Wert. Wenn amerikanische Unternehmen dagegen Aktien oder Anleihen ausgegeben haben, die in ausländischer Hand sind, oder wenn die Vereinigten Staaten selbst Staatsanleihen ausgegeben haben, die von Ausländern gehalten werden, sind das Verbindlichkeiten. Sie bewirken, dass Geld – in Form von Dividenden oder Zinsen – aus dem Land abfließt. Daraus ergibt sich ein negativer Wert.

In der Leistungsbilanz werden die Differenzen zwischen Exporten und Importen (die Handelsbilanz) und zwischen eingenommenen Erträgen auf ausländische Vermögenswerte und Zahlungen von Verbindlichkeiten gegenüber dem Ausland (was Wirtschaftswissenschaftler als Nettofaktoreinnahmen bezeichnen) zusammengerechnet. Außerdem gehören zur Leistungsbilanz auch die Entwicklungshilfe und andere einseitige Zahlungen über Staatsgrenzen hinweg, etwa Überweisungen von Arbeitsmigranten in ihre Heimat. Abgesehen von einigen Ländern, die hohe Hilfen erhalten (afrikanische Länder südlich der Sahara) oder deren Bürger in großer Zahl im Ausland arbeiten (zum Beispiel die Philippinen und mittelamerikanische Länder), sind diese Zahlungen in der Regel eher unwesentlich, weshalb wir sie für den Moment vernachlässigen wollen. Ist die Summe dieser Beträge negativ, verzeichnet das Land ein Leistungsbilanzdefizit. Ist der Wert positiv, besteht ein Leistungsbilanzüberschuss.

Die Leistungsbilanz ist allerdings nicht unbedingt ein Maßstab für die wirtschaftliche Gesundheit eines Landes. Japan verzeichnet beispielsweise einen Leistungsbilanzüberschuss, was auf den ersten Blick seltsam ist, da die japanische Regierung Staatsanleihen in erstaunlicher Höhe ausgegeben hat. Es liegt dennoch kein Leistungsbilanzdefizit vor, weil Japan weit mehr exportiert, als es importiert. Außerdem wurden die Staatsanleihen überwiegend von japanischen Staatsbürgern gekauft. Daher tauchen sie unter den Verbindlichkeiten gegenüber anderen Ländern nicht auf. So kommt es, dass Japan, das in den letzten Jahren nicht eben für seine Wirtschaftskraft bekannt war, einen Leistungsbilanzüberschuss erzielt.

Betrachten wir daneben die Vereinigten Staaten mit einem beträchtlichen Außenhandelsdefizit und einer Regierung, die immer mehr Anleihen ausgibt, welche dann meistenteils von ausländischen Investoren gekauft werden. Hinzu kommt, dass die amerikanischen Verbraucher noch bis vor kurzem weit mehr ausgegeben als eingenommen haben. Auch dieses Geld kam zum großen Teil aus dem Ausland, wo Wertpapiere auf der Basis amerikanischer Hypotheken und Kreditkartenforderungen regen Absatz fanden. Diese Ungleichgewichte summierten sich zum mittlerweile größten Leistungsbilanzdefizit der Welt.

Auf der anderen Seite steht China mit dem größten Leistungsbilanzüberschuss weltweit. Im Austausch für die Exportgüter fließen riesige Summen ins Land. Die eigene Staatsverschuldung ist vergleichsweise gering und wird nur zu einem kleinen Teil von Ausländern finanziert. Gleichzeitig besitzt China eine Menge ausländischer Anleihen, vor allem Hypothekenpapiere und Staatsanleihen aus den Vereinigten Staaten. So hat der enorme chinesische Leistungsbilanzüberschuss zur Anhäufung gewaltiger ausländischer Vermögenswerte geführt. Auf diesem Weg fließt Geld aus Ländern mit Leistungsbilanzüberschüssen (China) in Länder mit Leistungsbilanzdefiziten (die Vereinigten Staaten).[1]

Die Leistungsbilanz eines Landes bildet auch die Differenz zwischen den »gesamtwirtschaftlichen Ersparnissen« einerseits und den »gesamtwirtschaftlichen Investitionen« andererseits ab. Das ist ein wichtiger Unterschied. Gehen wir zunächst auf die Ersparnisse ein. Sowohl der öffentliche Sektor (der Staat) als auch der private (Haushalte und Unternehmen) erwirtschaften Einkommen, sei es in Form von Steuereinnahmen, Löhnen, Gehältern oder Umsatzerlösen. Diese verschiedenen Wirtschaftssektoren geben dieses Einkommen ganz oder teilweise für Dinge aus, die unter die Kategorie Konsum fallen. Die Regierung kauft militärische Ausrüstung ein, ein Haushalt Lebensmittel, ein Fertigungsbetrieb Rohstoffe. Was nach dem Konsum übrig bleibt, wird als »gesamtwirtschaftliche Ersparnis« bezeichnet. Das ist das Geld, das ein Land als Ganzes »in der Tasche« hat.

Nehmen wir einmal an, der Betrag hat ein positives Vorzeichen. Das ist der Fall, wenn die Regierung Haushaltsüberschüsse verbucht und die Haushalte und Unternehmen nach dem Konsum ebenfalls noch Geld übrig haben. Dieses Geld muss nun irgendwo angelegt werden. Das kann vor Ort geschehen. So könnte beispielsweise der Bau einer neuen Fabrik oder ein anderes größeres Projekt in Auftrag gegeben werden. Die Summe der Investitionen im Inland ist die »gesamtwirtschaftliche Investition.« Wenn nach dieser Geld übrig ist, verzeichnet das betreffende Land einen Leistungsbilanzüberschuss. Die Leistungsbilanz ist die Differenz zwischen nationalen Ersparnissen und nationalen Investitionen, und die ist in diesem Fall positiv. Das bedeutet, dass überschüssige Spargroschen am Ende außer Landes fließen.

Dieses Beispiel ist stark vereinfacht. Schließlich haben die Regierungen in der Regel eher defizitäre Leistungsbilanzen, selbst wenn Haushalte und Unternehmen größere Überschüsse vorweisen können. Doch ein Land mit positiven gesamtwirtschaftlichen Ersparnissen hat nicht unbedingt eine positive Leistungsbilanz. Nehmen wir an, die ganzen Ersparnisse werden in heimische Investitionen gesteckt, doch der Investitionsbedarf ist damit nicht gedeckt. Schwellenländer haben beispielsweise häufig eine Investitionsnachfrage, die durch Ersparnisse im eigenen Land allein nicht befriedigt wird. Ein solches Land wird vermutlich Investitionskapital aus dem Ausland anziehen. In der Folge fließt Geld in das Land. Das wiederum bedeutet, dass das Land am Ende mit einem Leistungsbilanzdefizit dasteht.

Natürlich gibt es verschiedene Betrachtungsweisen für Leistungsbilanzüberschüsse und -defizite gibt. Ein Überschuss oder ein Defizit ist für sich genommen weder gut noch schlecht. Es gibt schlicht eine komplexere Realität wieder, die der Situation zugrunde liegt. Steigen die Haushaltsdefizite eines Staates drastisch an, kann das zu einem Leistungsbilanzdefizit führen, doch ein Investitionsboom hat dasselbe Ergebnis. Ein Rückgang der privaten Ersparnisse, der erfolgt, wenn die Menschen zu viel und vor allem zu viele ausländische Produkte konsumieren, kann ebenfalls ein Leistungsbilanzdefizit bewirken. Das hängt ganz davon ab, wie sich die verschiedenen Faktoren summieren.

Nehmen wir an, ein Land hat ein Leistungsbilanzdefizit mit mehr Ausgaben als Einnahmen, mehr Investitionen als Ersparnissen und mehr Importen als Exporten. Wie finanziert es diese Differenz? Üblicherweise leihen andere Länder dem betreffenden Land Geld, indem sie seine Staatsanleihen kaufen oder auf andere Weise Geld in seine Wirtschaft investieren. Ausländer können Aktien oder Immobilien kaufen, oder sie können Direktinvestitionen tätigen, indem sie Unternehmen erwerben oder gründen (wie japanische und europäische Autobauer, die in den Vereinigten Staaten Fertigungsstätten errichten). Alternativ kann ein Land sein Leistungsbilanzdefizit finanzieren, indem die Zentralbank Fremdwährungen abstößt oder inländische Investoren ihre ausländischen Anlagen verkaufen. Insgesamt entsprechen der Leistungsbilanzsaldo und das, was die Wirtschaftsexperten als Kapitalbilanz bezeichnen (die Veränderung der privaten Auslandsanlagen eines Landes abzüglich seiner Auslandsschulden), den Veränderungen der Zentralbankreserven.

In manchen Ländern sind Defizite an der Tagesordnung und in anderen Überschüsse, doch diese Ungleichgewichte sind in den letzten Jahren immer weiter aus dem Lot geraten. Bis zum Beginn der Finanzkrise im Jahr 2007 stiegen die Leistungsbilanzdefizite der Vereinigten Staaten und einiger anderer Länder immer mehr an. Wie kam das?

Von Schwellenländern lernen

Die Wirtschaftstheorie besagt, dass Schwellenländer in der Regel Leistungsbilanzdefizite aufweisen, während höher entwickelte Volkswirtschaften Leistungsbilanzüberschüsse erwirtschaften. Der Theorie nach investieren Industrieländer, die nach ihren Investitionen im Inland noch Geld übrig haben, dieses in Schwellenländern, wo der Investitionsbedarf die heimischen Ersparnisse übersteigt. Investoren aus hoch entwickelten Volkswirtschaften können Anleihen, Aktien und Immobilien der aufstrebenden Märkte kaufen oder dort direkt investieren, immer in der Hoffnung auf hohe Renditen. Manchmal profitieren beide Seiten, in anderen Fällen endet das Ganze in der Krise.

Solche Krisen entwickeln sich seit Jahrhunderten nach einem ähnlichen Muster. Ausländische Investitionen fließen in ein Land und speisen dort eine Spekulationsblase auf dem einen oder anderen Markt. Dadurch wächst das Leistungsbilanzdefizit des Landes, da der private Konsum zunimmt und Investitionen boomen. In manchen Fällen entstehen große Haushaltsdefizite. Die Schulden steigen, und es wird Fremdkapital angehäuft. Irgendwann platzt die Blase, und manche Bereiche dieser Volkswirtschaft – private Haushalte, Unternehmen, Finanzdienstleister oder auch der Staat – werden in Mitleidenschaft gezogen. Dann kann das Land seine Schulden nicht bedienen, oder seine Währung bricht zusammen, oder beides.

In den letzten Jahren hat sich diese Aschenputtelgeschichte in verschiedenen Varianten abgespielt. Die Ursachen sind jeweils sehr unterschiedlich. Eine ist ein Leistungsbilanzdefizit, das hauptsächlich auf einem wachsenden Haushaltsdefizit beruht. Solche Defizite sind nicht unbedingt von Übel, wenn beispielsweise das fragliche Land im Ausland Anleihen ausgibt, um zu Hause die Infrastruktur zu verbessern. Dadurch wird es wettbewerbsfähiger, kann mehr Güter und Dienstleistungen produzieren und exportieren und das Leistungsbilanzdefizit am Ende in einen Überschuss verwandeln.

Leider pflastern Staatsausgaben manchmal den Weg ins Verderben – vor allem, wenn sie in die Entlohnung von Staatsdienern fließen statt in den Aufbau der Infrastruktur. Die Folge ist, dass die betroffenen Länder enorme Haushaltsdefizite anhäufen und zu viele Anleihen ausgeben. Irgendwann weigern sich die ausländischen Investoren, diese Anleihen umzuschulden, oder sie kaufen keine weiteren und es kommt zu einer Schuldenkrise.[2] Dies passierte zum Beispiel in Lateinamerika Anfang der achtziger Jahre, in Russland 1998, in Ecuador 1999 und in Argentinien 2001 und 2002. Diese Länder konnten ihre von In- und Ausländern gehaltenen Staatsanleihen de facto nicht mehr bedienen, und die Währungen brachen zusammen. In jedem Fall flüchteten die ausländischen Investoren aus dem betroffenen Land, und die dortige Wirtschaft rutschte in eine schwere Rezession. In Argentinien stiegen die Verbraucherpreise beispielsweise in nur einem Jahr um ganze 40 Prozent, und die Arbeitslosenquote steuerte auf 25 Prozent zu. Andere Länder wie die Ukraine und Pakistan im Jahr 1999 oder Uruguay 2002 konnten den Staatsbankrott zwar vermeiden, erlitten aber erhebliche Schäden und eine Währungskrise.

Doch Leistungsbilanzdefizite müssen nicht in eine nationale Schulden- und Währungskatastrophe münden. Ein Beispiel dafür wäre ein Schwellenland, dessen Leistungsbilanz zum Teil deshalb defizitär wird, weil es im Ausland hohe Kredite aufnimmt, um Investitionen in seine Volkswirtschaft zu finanzieren. Es baut zum Beispiel neue Fabriken oder steckt das Geld in andere künftige Einnahmequellen. Im Idealfall ermöglichen es solche Investitionen dem Land, mehr Güter zu produzieren und Dienstleistungen zu erbringen, die es ins Ausland exportieren kann. Dadurch kann es seine Schulden tilgen und steht hoffentlich am Ende mit einem Leistungsbilanzüberschuss da.

Aber auch ein durch ausländische Investitionen verursachtes Leistungsbilanzdefizit kann in die falsche Richtung kippen – so geschehen in den neunziger Jahren in Ländern wie Indonesien, Südkorea, Thailand und Malaysia. Diese Länder verzeichneten keine besonders großen Haushaltsdefizite. Ihre defizitären Leistungsbilanzen ergaben sich fast ausschließlich durch das Missverhältnis von privaten Ersparnissen im Inland und Investitionen aus dem Ausland. In jedem dieser Fälle schwoll das Leistungsbilanzdefizit an, bis es nicht mehr beherrschbar war, und am Ende stand ein Zusammenbruch der Wirtschaft. Doch warum?

Zum einen lautete ein Großteil der von ausländischen Investoren geliehenen Beträge auf Fremdwährungen. Kredite in Dollar oder Yen waren unter anderem deshalb attraktiv, weil die Zentralbanken dieser Schwellenländer auf dem Devisenmarkt intervenierten, um die Landeswährung künstlich hoch zu halten. So konnten die betreffenden Länder immer mehr Kredite in Fremdwährung aufnehmen, und ihre Auslandsschulden stiegen immer weiter.

Als das Leistungsbilanzdefizit extreme Werte erreichte, verloren die ersten Investoren die Nerven und sprangen ab. Die Zentralbanken versuchten vergeblich, den alten Wechselkurs zu halten, doch zu viele ausländische Investoren tauschten ihr Geld zum festgelegten Kurs. Dadurch flossen die Reserven der Zentralbank ab, und diese war nicht mehr in der Lage, die Landeswährung zu stützen. Am Ende kollabierte das alte Wechselkursregime ebenso wie die Währung.

Mit dem Wertverfall der Landeswährung schnellte der reale Wert der auf Fremdwährungen lautenden Schulden in die Höhe. Für Kreditnehmer, die Waren exportierten, war das kein Problem. Sie verkauften ihre Güter gegen Fremdwährungen und konnten ihre Schulden bedienen. Wer jedoch auf Immobilien und Dienstleistungen im eigenen Land gesetzt hatte und nur Einnahmen in heimischer Währung erzielte, für den war der Verfall der Währung eine Katastrophe. Diese Unternehmen konnten ihre Schulden nicht mehr zahlen und standen vor dem Aus.

Das Zusammenspiel anderer Kräfte machte solche Länder besonders anfällig. Der Großteil der Auslandsinvestitionen in diese Länder erfolgte in Form von Krediten und nicht durch Anlagen in Aktien. Bei der Eigenkapitalfinanzierung über Aktien können in schlechten Zeiten die Gewinne und Dividenden schwinden, und wenn sich die Lage bessert, steigen sie wieder. Die Fremdkapitalfinanzierung ist dagegen viel weniger flexibel, denn die Kredite und Anleihen müssen in guten wie in schlechten Zeiten bedient werden. In einer Krise können solche Verpflichtungen zum Problem werden.

Besonders prekär war die Lage in vielen dieser Länder, weil sie kurzfristige Anleihen aufgenommen hatten, die regelmäßig refinanziert werden mussten. Dadurch hatten ausländische Investoren reichlich Gelegenheit, sich aus dem Land zurückzuziehen, wenn sie Anlass zur Besorgnis sahen. Kam es dazu, wurden die Schuldner in diesen Ländern aufgefordert, die geliehenen Summen zurückzuzahlen. Viele konnten das nicht, weil es ihnen an liquiden Mitteln wie etwa Fremdwährungsreserven der Zentralbank mangelte oder weil sie ihre Vermögenswerte nicht liquidieren konnten.

Die meisten Schwellenländer, die der Krise erlagen, wandten sich hilfesuchend an den Internationalen Währungsfonds. Länder wie Russland, Argentinien und Ecuador hielt der IWF tatsächlich für insolvent und zog die Notbremse. Sie erklärten sich in Bezug auf ihre Staatsanleihen für zahlungsunfähig. Andere Länder waren nach Ansicht des IWF nicht insolvent, sondern lediglich nicht liquid. Sie wurden durch Kredite, Zahlungsaufschub oder Umschuldung aus der Schlinge gezogen. Trotzdem kam es natürlich bei den privaten Anleihen zu erheblichen Ausfällen, und viele Banken und Unternehmen konnten ihre Auslandsschulden nicht mehr bedienen.

Die Krisenserie in den Schwellenländern, die in den achtziger

Jahren begann und sich in den folgenden zwei Jahrzehnten fortsetzte, hinterließ bei Politikern in vielen Ländern einen unauslöschlichen Eindruck. Sie kamen zu dem Schluss, dass ein Leistungsbilanzdefizit grundsätzlich etwas Schlechtes war. Es hatte ihre Volkswirtschaften anfällig gemacht für den Fall, dass der Kapitalfluss aus dem Ausland – das, was Wirtschaftsexperten als »heißes Geld« bezeichnen – aussetzte oder sich umkehrte. Sie sahen sich gezwungen, in Vorbereitung auf künftige Krisen Kriegsschatullen mit ausländischen Währungsreserven anzulegen, die sie bei Bedarf zur Liquiditätsversorgung heranziehen konnten. Entsprechend verringerten sie ihre Haushaltsdefizite und privaten Ausgaben und reduzierten die Kreditaufnahme im Ausland. Nachdem sie ihre Finanzen in Ordnung gebracht hatten, erwirtschafteten diese Länder Leistungsbilanzüberschüsse. Gleichzeitig häuften sie nach und nach große Devisenreserven an, um sich gegen künftige Krisen zu wappnen.

Für viele dieser Volkswirtschaften hatte diese Reservebildung noch einen Nebeneffekt. Ein Land mit einem Leistungsbilanzüberschuss muss mit einer Verteuerung seiner Währung rechnen. Da exportabhängige Volkswirtschaften dadurch auf dem Weltmarkt an Wettbewerbsfähigkeit verlieren, griffen die betroffenen Länder gezielt in den Devisenmarkt ein und kauften Fremdwährungen auf, um deren Kurse zu stützen und die eigene Währung zu drücken. China, das Land mit dem größten Leistungsbilanzüberschuss der Welt und einer der am stärksten unterbewerteten Währungen, beherrscht diese Doppelstrategie meisterhaft.

Dass sich die Leistungsbilanzen in asiatischen und lateinamerikanischen Schwellenländern, von wenigen Ausnahmen abgesehen, vom Defizit zum Überschuss entwickelt haben, hat die meisten Wirtschaftsexperten überrascht. Das Gleiche gilt für den Umstand, dass eine Reihe von Industrieländern wie Irland, Spanien, Island, Australien, Großbritannien, Neuseeland und vor allem die Vereinigten Staaten sich von ihren Überschüssen verabschiedete und ins Defizit abglitt.

Im Zuge dieser Entwicklung erinnerten diese Industrienationen immer mehr an die Schwellenländer von vor zehn Jahren: Nun fanden die aus dem Ausland finanzierten Booms hier statt. Die Spekulationsblase auf dem amerikanischen Immobilienmarkt wurde beispielsweise zum großen Teil von Ausländern finanziert, die während des Booms über die Hälfte der mit Hypotheken und anderen Forderungen besicherten Wertpapiere aufkauften. Als die Immobilienpreise immer weiter anzogen, fühlten sich die Amerikaner reicher, sparten weniger, gaben mehr Geld aus und trieben das Leistungsbilanzdefizit in die Höhe. Die Bürger anderer Industrieländer verhielten sich ähnlich. Zwar haben sich die Leistungsbilanzdefizite nach der Finanzkrise verringert, doch keines der betreffenden Länder dürfte in absehbarerer Zukunft Überschüsse verzeichnen.

Diese Entwicklungen widersprechen der gängigen Lehrmeinung und den historischen Präzedenzfällen. Normalerweise haben Industrieländer Leistungsbilanzüberschüsse und Schwellenländer Leistungsbilanzdefizite. In den Industrieländern angesammeltes Kapital wird früher oder später in Schwellenländer investiert, nicht umgekehrt. Doch wir leben heute in einer Welt, in der immer mehr das Gegenteil der Fall ist – die Welt steht gewissermaßen kopf.

Rashomon

Die Debatte um die Leistungsbilanzungleichgewichte erinnert an den Kinoklassiker *Rashomon* von Akira Kurosawa. Der Film erzählt die Geschichte eines schrecklichen Verbrechens, das in einem Wald begangen wurde. Verschiedene Personen berichten von dem schlimmen Ereignis, doch jeder von ihnen erzählt eine andere Version und nennt einen anderen Schuldigen.[3]

Wie in dem Film das Verbrechen, ist auch die Existenz der globalen Ungleichgewichte unbestritten. Alle sind sich einig, dass die Bilanzungleichgewichte groß sind und weiter wachsen. Die Vereinigten Staaten und einige andere Industrienationen leben über ihre Verhältnisse, während der größte Teil der übrigen Welt – vor allem China, die asiatischen Schwellenländer, verschiedene erdölexportierende Länder, lateinamerikanische Staaten sowie Deutschland und eine Hand voll andere europäischer Länder – das genaue Gegenteil tut. Doch wer der Schuldige ist und wer bestraft werden sollte, darüber gehen die Meinungen weit auseinander.

Das hängt mit dem Umstand zusammen, dass in Wirtschaftskreisen viele verschiedene Versionen dieses »Verbrechens« in Umlauf sind. Manche der Anschuldigungen und Alibis sind zwar mehr oder minder wahr, doch es kursieren auch viele falsche Informationen. Es muss daher reiner Tisch gemacht werden, um ein paar zentrale Fragen beantworten zu können: Warum sind diese Ungleichgewichte in den letzten Jahren entstanden? Sind sie von Dauer? Wenn nicht, wer sollte etwas dagegen unternehmen?

Beginnen wir mit einer eher fadenscheinigen Erklärung des Leistungsbilanzdefizits, der sogenannten »These der Dunklen Materie«.[4] Anhänger dieses Märchens, allen voran die Wirtschaftswissenschaftler Ricardo Hausmann und Federico Sturzenegger, behaupten, wenn das Leistungsbilanzdefizit tatsächlich so groß wäre, wie die amtlichen Zahlen besagen, könnten sich die Vereinigten Staaten wohl kaum zu so niedrigen Zinsen in der übrigen Welt Geld leihen. Die selben Wirtschaftsfachleute führen ins Feld, dass die Vereinigten Staaten mit ihren Anlagen im Ausland höhere Erträge erzielten als Ausländer auf ihre amerikanischen Investitionen, was im Kontext eines massiven Leistungsbilanzdefizits ebenfalls schwer nachvollziehbar sei.

Ihre Erklärung ist einfach: Es gibt gar kein Leistungsbilanzdefizit. Dies sei, so führten sie aus, »lediglich eine von einem unnatürlichen Bilanzierungsregelwerk verursachte Verwirrung«. In Wirklichkeit gebe es da draußen »dunkle Materie«, die von den geltenden Bilanzierungsregeln nicht erfasst werde. Diese wertvolle dunkle Materie sei schwer zu bepreisen, weil sie aus den immateriellen Dingen bestehe, die die Vereinigten Staaten zu bieten hätten, beispielsweise

Versicherung, Liquidität und Wissen. Der Wissensaspekt wird von den Autoren besonders hervorgehoben. Sie behaupten, dass überlegenes »Know-how, das im Ausland von amerikanischen Unternehmen eingesetzt« würde, nicht in die Statistik einfließe und das ganze Gerede über ein Leistungsbilanzdefizit Unfug sei.

Diese These wurde in vielen Punkten angefochten.[5] So ist es nicht weiter verwunderlich, wenn Ausländer, die ihr Geld in den Vereinigten Staaten anlegen, weniger Ertrag erwirtschaften als Amerikaner in anderen Ländern. Schließlich haben viele neben dem Gewinn noch andere Motive, um in den Vereinigten Staaten zu investieren. China hat zum Beispiel Hunderte Milliarden Dollar in niedrig verzinste Staatsanleihen gesteckt, um die eigene Währung billig und seine Exporte bezahlbar zu halten. Außerdem haben Wirtschaftsexperten der amerikanischen Notenbank ermittelt, dass die von Amerikanern im Ausland realisierten Erträge in Wirklichkeit genauso hoch sind wie die von Ausländern in den Vereinigten Staaten erwirtschafteten. Damit wäre dieses Argument ebenfalls entkräftet.

Ein seriöserer Erklärungsansatz für die Leistungsbilanzsituation ist die These vom weltweiten Sparüberhang.[6] Sie wird unter anderem von Ben Bernanke vertreten und sucht die Schuld für das amerikanische Leistungsbilanzdefizit bei anderen Ländern. Demnach bestehe das Problem nicht etwa darin, dass die Amerikaner nicht genug sparten, und schon gar nicht darin, dass die amerikanische Regierung riesige Defizite anhäufe. Ursache sei vielmehr, dass China und andere Länder zu viel sparten.

Das erscheint auf den ersten Blick wenig plausibel. Doch Bernanke verweist darauf, dass viele Industrieländer in Europa in Erwartung einer alternden Erwerbsbevölkerung große Rücklagen bildeten. Da es im eigenen Land kaum attraktive Anlagemöglichkeiten gebe, investierten sie diese Gelder in den Vereinigten Staaten. Hinzu komme, dass die anspruchslosen Bürger verschiedener asiatischer Länder, allen voran die Chinesen, zu viel sparten und zu wenig ausgaben.

Vordergründig ist dieses Argument durchaus schlüssig. Die Sparquoten in China sind tatsächlich sehr hoch und die Ausgaben der Verbraucher im Verhältnis niedrig. Das liegt zum Teil an strukturellen Einschränkungen: China hat weder ein soziales Sicherheitsnetz noch ein solides System für Verbraucherkredite. Es ist schwer, sich das Geld zum Kauf eines Hauses zu leihen. Das ist ein Grund, weshalb China und andere Schwellenländer einen Sparüberhang aufgebaut haben. Hinzu kommt, dass das Geld im Zeitalter der finanzwirtschaftlichen Globalisierung leichter über Staatsgrenzen hinweg und in die Vereinigten Staaten fließen kann, weshalb sich die Leistungsbilanzdefizite hartnäckiger halten als in früheren Zeiten.

Trotzdem ist diese Argumentation so nicht haltbar. Zum einen wird die Verantwortung für das immense Leistungsbilanzdefizit auf die Ausländer geschoben. Nach dieser Logik wären die amerikanischen Verbraucher vollkommen unschuldig an der Immobilienblase. Verantwortlich wären dann vielmehr die vielen knickerigen Chinesen und ihre Spargroschen. Das ist so, als würde man den kolumbianischen Drogenkartellen die Schuld für den Kokainkonsum der Amerikaner geben. Das ist zwar nicht ganz falsch, aber die Sache ist doch ein bisschen komplizierter.

In Wirklichkeit spielten andere Faktoren eine weitaus größere Rolle für das zunehmende Leistungsbilanzdefizit – vor allem seit 2001. Dank einer Rezession und der enormen Steuersenkungen, die Präsident George W. Bush im Kongress durchdrückte, schoss das Haushaltsdefizit in die Höhe. Nachdem die Vereinigten Staaten ihren Haushalt in den neunziger Jahren in Ordnung gebracht hatten, gaben sie jede Menge Anleihen aus, die von China und anderen Schwellenländern gekauft wurden. Deren einziges Verbrechen bestand im Kauf dieser Papiere. Das Verbrechen der Amerikaner war hingegen ein anderes: Sie schlugen bewusst einen Kurs ein, der das Leistungsbilanzdefizit verschlimmerte.

Auch die Notenbank spielte eine unrühmliche Rolle. Nach 2001 machte sie reichlich billiges Geld verfügbar und unternahm wenig zur Regulierung und Überwachung des Finanzsystems. Mehr als jeder weltweite Sparüberhang trug sie damit zum Boom auf dem Häusermarkt bei, der wiederum auf die Sparquote drückte und verstärkte Investitionen in Eigenheime zur Folge hatte. Diese wurden zum großen Teil mit den Spargeldern aus anderen Ländern finanziert. Doch die Federal Reserve hatte den unhaltbaren Boom überhaupt erst angestoßen, der diese Mittel ins Land lockte.

Rückblickend steht fest, dass die globalen Leistungsbilanzungleichgewichte zu unterschiedlichen Zeiten von unterschiedlichen Faktoren abhingen. In den neunziger Jahren stieg das amerikanische Leistungsbilanzdefizit vor allem durch Kapital, das durch den Hightechboom und die entsprechenden Kursgewinne auf dem Aktienmarkt angelockt wurde. Viele Amerikaner sparten weniger und konsumierten mehr und vergrößerten so das Defizit weiter. Nachdem die Blase geplatzt war, hätte das Defizit eigentlich zurückgehen müssen, doch das war nicht der Fall. Stattdessen wurde es durch die verantwortungslose Haushaltspolitik der Bush-Regierung weiter in die Höhe getrieben.

Nach 2004 vergrößerte sich das Leistungsbilanzdefizit dank der unzureichenden Regulierung und des daraus resultierenden Immobilienbooms weiter. Die Sparquoten fielen, und ausländische Investoren griffen gierig nach der wachsenden Flut hypothekenbesicherter Wertpapiere. Erst nach 2007, als die Blase auf dem Häusermarkt platzte und die Haushalte wieder mehr auf die hohe Kante legten, ging das Leistungsbilanzdefizit schließlich zurück. Ein gleichzeitiger Rückgang der Ölpreise trug ebenfalls zur Reduzierung des Defizits bei.

Anders als in Kurosawas Film *Rashomon* gibt es im Drama um das Leistungsbilanzdefizit einen offensichtlichen Schuldigen. Um es mit dem Comic-Helden Pogo zu sagen: »Wir kennen den Feind. Es sind die Vereinigten Staaten«.

Diese waren zwar nicht alleine verantwortlich, und der Aufbau des Leistungsbilanzdefizits wurde auch durch Faktoren wie die überschüssigen chinesischen Spargelder und die Globalisierung der Finanzmärkte ermöglicht. Doch niemand hat die Vereinigten Staaten gezwungen, sich so zu verhalten. Die Verantwortung für den Schlamassel liegt bei ihnen und ihrer Politik, die das Leistungsbilanzdefizit im vergangenen Jahrzehnt ins Kraut schießen ließ. Durch leichtfertige Steuergeschenke und die mangelnde Bereitschaft, den Immobilienboom zu zügeln, haben sie sich selbst immer tiefer in die Bredouille gebracht.

Gefahren und Zwickmühlen

Wirtschaftsexperten panglossianischer Prägung haben mehrere Argumente in petto, um Bedenken wegen des Leistungsbilanzdefizits zu zerstreuen. Sie behaupten, Schwellenländer würden dieses Defizit in absehbarer Zukunft weiterhin bereitwillig finanzieren. Sie müssten schließlich dafür sorgen, dass ihre Währungen günstig blieben, und das erreichten sie unter anderem durch den Kauf amerikanischer Aktien und Anleihen. Andere führen an, dass die Vereinigten Staaten über das verfügten, was der ehemalige französische Präsident Valéry Giscard d'Estaing als das »exorbitante Privileg« der globalen Reservewährung bezeichnet hat. Daher bleibe das Land von Währungskrisen verschont, wie sie weniger privilegierte Länder heimsuchten. Angesichts dieser Vorteile sollten die Vereinigten Staaten in der Lage sein, ihr Leistungsbilanzdefizit noch lange auszusitzen.[7]

Das ist absurd. Der gegenwärtige Zustand ist unhaltbar und gefährlich und wird ohne einschneidende Reformen ins Chaos führen. Wenn die Vereinigten Staaten ihren Haushalt nicht in Ordnung bringen und mehr sparen, werden sie schließlich eine schmerzhafte Rechnung erhalten. Wann das passiert, sei dahingestellt. Die Auffassung, dass es noch jahrzehntelang so weitergehen könnte, ist aber Selbstbetrug. In Wirklichkeit gibt es bereits erste Anzeichen für eine Wende. In den neunziger Jahren wurde das Leistungsbilanzdefizit zu einem erheblichen Teil durch ausländische Investitionen in die Aktien amerikanischer Unternehmen finanziert, die auf ihrem Höhepunkt im Jahr 2000 die 300-Milliarden-Dollar-Marke knackten.[8] Nach dem Platzen der Hightechblase brachen die ausländischen Investitionen ein. Inzwischen haben sie zwar wieder etwas zugenommen, doch die früheren Werte haben sie nie wieder erreicht. Dennoch wuchs das Leistungsbilanzdefizit in diesem Zeitraum weiter an, vor allem, weil Ausländer amerikanische Wertpapiere kauften. Einen Teil dieser Anleihen hatte die Regierung emittiert, andere beruhten auf privaten Schulden.

Diese Schuldtitel wurden größtenteils von ausländischen Zentralbanken und staatlichen Investitionsfonds erworben. Effektiv befinden sich inzwischen rund 60 Prozent der ausstehenden Schatzwechsel und Staatsanleihen in ausländischer Hand, zwei Drittel davon im Besitz von Zentralbanken und staatlichen Investitionsfonds.[9] Es sind also nicht die privaten Investoren, die den Löwenanteil des Leistungsbilanzdefizits finanziert haben. Sie sind ja nicht dumm. Sie wissen, dass der Dollar an Wert verlieren könnte und haben kein Interesse daran, ihr Geld aufs Spiel zu setzen. Regierungen hingegen haben ihre eigenen Motive zum Kauf dieser Schuldtitel.

Doch auch sie haben ihre Schmerzgrenze. Das zunehmende Unbehagen der ausländischen Investoren lässt sich daran ablesen, dass sie ihre amerikanischen Anleihen nicht mehr so lange halten wie früher. Noch vor zehn Jahren betrug die durchschnittliche Restlaufzeit von US-Staatsanleihen knapp 60 Monate. Im Jahr 2009 war sie auf unter 50 Monate geschrumpft, was die wachsende Besorgnis vor einem zufälligen oder geplanten Wertverlust des Dollars zum Ausdruck bringt. Tatsächlich befürchten manche Gläubiger angesichts der schwindelerregenden Verschuldung, dass die Vereinigten Staaten gezielt versuchen könnten, den Dollar durch Monetisierung des Defizits zu entwerten – dass sie also, mit anderen Worten, aus dem Nichts neues Geld drucken könnten. Die quantitative Lockerung ist im Grunde nichts anderes.

Wären die Vereinigten Staaten ein Schwellenland, hätten Investoren längst das Vertrauen in ihre Währung und ihre Zahlungsfähigkeit verloren. Das ist nicht der Fall, und daran zeigt sich, dass die Vereinigten Staaten noch immer als ein Land gelten, das nötigenfalls Steuern anhebt und Ausgaben kürzt, um seinen Haushalt zu konsolidieren. Das gelang Anfang der neunziger Jahre nach einem Jahrzehnt rasant anwachsender Defizite, und es gibt keinen Grund, warum dies nicht wieder gelingen sollte. Überdies sind die Vereinigten Staaten im Gegensatz zu vielen Schwellenländern mit ihrer öffentlichen Verschuldung noch nie in Verzug geraten. Das ist für die Investoren sehr beruhigend. Der letzte und wichtigste Punkt ist aber, dass die Vereinigten Staaten im Ausland Kredit in eigener Währung aufnehmen. Die potenzielle Abwertung des Dollars verteuert ihre Verbindlichkeiten also nicht. Dieses Risiko haben vielmehr die ausländischen Gläubiger.

Das ist ein entscheidender Unterschied. Das bedeutet jedoch nicht, dass ausländische Gläubiger bis in alle Ewigkeit für Hunderte von Milliarden niedrig verzinste amerikanische Staatsanleihen aufkaufen. Irgendwann werden sie Realwerte fordern, beispielsweise Eigentumsanteile an amerikanischen Unternehmen. Bislang haben sich die Vereinigten Staaten einer ausländischen Beteiligung an ihren wichtigsten Unternehmen widersetzt. Im Jahr 2005 verhinderte ein öffentlicher Aufschrei, dass die China National Offshore Oil Corporation eine Beteiligung an Unocal erwarb. Im Jahr darauf wurde mit einer ähnlichen Reaktion vereitelt, dass eine staatliche Betreibergesellschaft aus Dubai (Dubai Ports World) mehrere wichtige Häfen der Vereinigten Staaten übernahm.

Diese Scharmützel sind Ausdruck eines gewissen »Vermögensprotektionismus«. Damit versuchen die Vereinigten Staaten, ihren immer mächtigeren Gläubigern vorzuschreiben, wo diese ihr Geld anzulegen haben. Das war auch während der Finanzkrise so, als mehrere der größten Banken des Landes bei staatlichen Investitionsfonds aus dem Nahen Osten und Asien hausieren gingen, ohne diesen eine nennenswerte Kontrolle einräumen zu wollen. Viele dieser Investoren haben sich die Finger verbrannt. Es ist daher höchst unwahrscheinlich, dass sie sich das nächste Mal mit einem Beifahrersitz begnügen, wenn sie das System wieder mit ihrem Geld retten sollen.

Viele Politiker sind sich gar nicht bewusst, wie wenig Einfluss die Vereinigten Staaten auf die Länder haben, die ihr Doppeldefizit in Haushalt und Leistungsbilanz finanzieren. Sie verweigern den Chinesen Beteiligungen an amerikanischen Unternehmen und drohen mit protektionistischen Maßnahmen, wenn China seine Währung nicht neu bewertet. Das ist nicht nur albern, sondern dumm. In Wirklichkeit finanziert China die amerikanischen Kriege in Afghanistan und im Irak, ganz zu schweigen von der Rettung des Finanzsystems und der Reform des Gesundheitswesens. Dieses nationalistische Geschrei kommt vielleicht bei den Wählern zu Hause gut an, doch Chinas Geduld hat ihre Grenzen.

Das bedeutet allerdings nicht, dass damit Chinas Weg zur globalen Vorherrschaft frei ist. In China entfallen nur 36 Prozent des Bruttoinlandsprodukts auf den Verbrauch, in den Vereinigten Staaten sind es über 70 Prozent.[10] Während der Inlandskonsum in den Vereinigten Staaten zu hoch ist, ist er in China immer noch viel zu niedrig. Das Wachstum der chinesischen Wirtschaft ist nach wie vor in erheblichem Umfang von billigen Exporten in die Vereinigten Staaten abhängig, die wiederum durch den Verkauf von Schuldtiteln an China finanziert werden. Diese unheilvolle Symbiose, die Paul Krugman mit den Worten »sie geben uns vergiftete Produkte, wir geben ihnen wertloses Papier« beschreibt, stellt eine Bedrohung für Chinas langfristige Interessen dar.

Es gibt aber auch noch andere Probleme. China hat unbestreitbar atemberaubende Reserven. Einen Teil seiner gut gefüllten Kriegskasse verwendet es für ein umfangreiches Konjunkturprogramm zum Ausbau der nationalen Infrastruktur. Mit einem anderen Teil versucht es, staatlich kontrollierte Banken zu zwingen, verschiedenen Staatsbetrieben Kredite zu gewähren. Das kann kurzfristig funktionieren, ist aber auf lange Sicht nicht haltbar. Kredite zum Bau weiterer Fabriken in einer Weltwirtschaft, die bereits an Überkapazität erstickt – das ist keine Lösung. Das trägt höchstens zur Bildung einer Spekulationsblase in China bei, die den nationalen Banken am Ende eine Reihe fauler Kredite einträgt.

Im Jahr 2010 befinden sich China und die Vereinigten Staaten noch immer in einem Zustand, den der Wirtschaftswissenschaftler Larry Summers als »Gleichgewicht des finanziellen Terrors« bezeichnete.[11] Keine Seite kann etwas unternehmen, ohne dieses empfindliche Gleichgewicht zu stören. China muss weiter amerikanische Anleihen kaufen, um zu verhindern, dass sein größter Absatzmarkt zusammenbricht. Und die Vereinigten Staaten können nicht weiter protektionistische Barrieren auftürmen, weil China andernfalls ihren verschwenderischen Lebenswandel nicht länger finanziert.

Der Ausweg aus dieser Klemme ist offensichtlich. Beide Länder müssen zeitgleich Schritte unternehmen, um ihre Leistungsbilanzen wieder ein Stück weit ins Gleichgewicht zu bringen. Die Vereinigten Staaten müssen ihr Doppeldefizit, also das explodierende Haushaltsdefizit und die niedrige private Sparquote, bekämpfen. Ein erster Schritt auf dem Weg zur Schuldentilgung wäre die Rücknahme der fehlgeleiteten Steuersenkungen der Bush-Regierung. Die Amerikaner irren sich, wenn sie glauben, dass sie in den Genuss von Sozialleistungen nach europäischem Muster kommen und gleichzeitig ihre niedrigen Steuersätze beibehalten können. Und die Vorstellung, dass die Chinesen die Rechnung schon bezahlen werden, ist reines Wunschdenken.

China und andere asiatische Schwellenländer müssen dagegen eine Aufwertung ihrer Währungen zulassen. Außerdem müssen sie Strukturreformen durchführen, um die Sparneigung zu dämpfen und die Inlandsnachfrage anzukurbeln. Sie müssen beispielsweise konkrete Schritte zur Förderung von Verbraucherkrediten unternehmen, denn derzeit bezahlen die meisten Chinesen beim Hauskauf noch bar. Es müssen aber auch soziale Sicherheitsnetze wie eine Arbeitslosenversicherung und eine Gesundheitsversorgung geschaffen werden, wie sie in Industrienationen üblich sind. Mit diesen grundlegenden Schritten hätten Chinas Bürger eine gewisse Sicherheit und müssten nicht mehr jeden Cent – oder Renminbi – für schlechte Zeiten auf die hohe Kante legen. Ohne solche Reformen wird China seine für ihre Anspruchslosigkeit berüchtigten Bürger kaum davon abbringen, die Vereinigten Staaten weiter zu subventionieren.

Die übrige Welt kann das Ihre dazu beitragen und eigene Überschüsse abbauen. Hoch entwickelte Volkswirtschaften wie Deutschland, Frankreich und Japan müssen Strukturreformen vorantreiben, um Investitionen, Produktivität und Wachstum zu fördern und die Leistungsbilanzüberschüsse zu verringern. Erdölexportierende Länder wie Saudi-Arabien müssen ihre Währungen stärken und ihre Konsumausgaben und Investitionen in verstärkte Ölexploration und -förderung erhöhen.

Diese Maßnahmen würden einen geregelten Ausgleich der internationalen Leistungsbilanzen erleichtern. Leider scheinen die Akteure in diesem Drama nicht bereit zu sein, die notwendigen Schritte zu unternehmen. Jeder scheint zu hoffen, dass der augenblickliche Zustand – steigende Überschüsse auf der einen und wachsende Defizite auf der anderen Seite – auf lange Sicht tragbar ist. Doch das ist ein Irrtum. Wenn sich nichts ändert, wird sich der Druck so lange aufbauen, bis er nicht mehr kontrollierbar ist. Dann kommt es zu einem Knall, dessen Folgen unmöglich vorauszusagen sind. Die darauffolgende Krise sähe ganz anders aus als das in Kapitel 1 angesprochene übliche Auf und Ab. Sie wäre weniger eine Folge der dem Kapitalismus eigenen Instabilität als vielmehr eine tiefgreifende Verschiebung der geopolitischen Machtverhältnisse. Wenn herkömmliche Finanzkrisen mit leichten Erdstößen zu vergleichen sind, wären diese abrupten Veränderungen der globalen Ungleichgewichte und die damit einhergehenden Schulden- und Währungskrisen einzelner Staaten ein gewaltiges Erdbeben.

Heute sind bereits leichte Vibrationen spürbar. Ein paar Industrieländer wurden von der Finanzkrise getroffen, und es kamen Zweifel an der langfristigen Bonität von Staaten wie Griechenland,

Irland, Italien, Portugal, Spanien und sogar Großbritannien auf. Einige dieser Länder – vor allem der sogenannte »Club Med« mit Griechenland, Italien, Portugal und Spanien – sind eher früher als später von der Zahlungsunfähigkeit bedroht, und die Europäische Union muss befürchten, dass die betroffenen Regionen in ein ähnliches Chaos stürzen könnten wie Argentinien im Jahr 2002 und Island im Jahr 2008.

Solche Erschütterungen werden die Weltwirtschaft in neuen Aufruhr versetzen. Gegenüber dem »großen Beben«, einem raschen, unkontrollierten Einbruch des US-Dollars, nehmen sie sich jedoch noch harmlos aus.

Der Niedergang des Dollars

Ende der 1950er Jahre befanden sich die Vereinigten Staaten auf dem Höhepunkt ihrer Macht. Sie verzeichneten einen Leistungsbilanzüberschuss, und der Dollar war internationale Reservewährung. Im berühmten Bretton-Woods-Abkommen, das kurz vor Ende des Zweiten Weltkriegs unterzeichnet wurde, einigten sich die beteiligten Länder auf feste Wechselkurse zum Dollar, und die Vereinigten Staaten verpflichteten sich, die in ausländischer Hand befindlichen Dollars in Gold einzutauschen.

Die Fachwelt, insbesondere die amerikanischen Wirtschaftswissenschaftler, hielt das seinerzeit einhellig für eine gute Idee, doch der aus Belgien stammende Wirtschaftsexperte Robert Triffin war da anderer Ansicht.[12] Im Jahr 1960 widersprach er der Vorstellung, eine Nationalwährung könne gleichzeitig als internationale Reservewährung dienen. Ein solches Arrangement lege die Saat für den eigenen Untergang. Triffin stellte fest, dass Nationen, die Reservewährungen ausgaben – Großbritannien im 19. und die Vereinigten Staaten im 20. Jahrhundert – in der Regel einen Leistungsbilanzüberschuss aufweisen. Dies bedeutete, dass mehr Dollars in die Vereinigten Staaten flossen als heraus.

Bis dahin ist alles wunderbar. Doch Triffin wies darauf hin, dass andere Länder die Reservewährung vorhalten mussten. Die resultierende Nachfrage nach Dollars erzeuge eine Gegenkraft und bewirke einen Abfluss von Dollars aus den Vereinigten Staaten. Triffin argumentierte, ein solcher Druck führe am Ende ein Leistungsbilanzdefizit herbei, das die Wirtschaftskraft der Vereinigten Staaten und damit auch den US-Dollar irgendwann aushöhlen würde. Damit stünden die Bedürfnisse der Vereinigten Staaten im Widerspruch zu den Bedürfnissen der übrigen Welt, was dem Niedergang des Dollars den Weg ebnen würde. Genau das traf schließlich im Jahr 1971 ein, als Präsident Nixon den Goldstandard aufgab.

Triffins Dilemma hat bis heute Geltung. Der US-Dollar ist zwar nicht länger in Gold konvertierbar, er bleibt jedoch in der Praxis die Reservewährung, während die Nachfrage nach Dollars die globalen Ungleichgewichte noch verschärft. Manche Wirtschaftswissenschaftler behaupten, dass diese Konstellation – das sogenannte »Bretton-Woods-II«-System – in absehbarer Zukunft aufrechterhalten werden könne. Dollars fließen aus den Vereinigten Staaten in die Tresore der Zentralbanken in Asien und im Nahen Osten.[13]

Doch das unselige Arrangement ist ernsthaft überfordert.[14] Im Jahr 2001 machten US-Dollars über 70 Prozent der im Ausland gehaltenen Währungsreserven aus. Als das Haushalts- und Leistungsbilanzdefizit der Vereinigten Staaten im folgenden Jahrzehnt allmählich außer Kontrolle geriet, verringerte sich dieser Anteil bis zum Jahr 2008 auf 63 Prozent. In der zweiten Jahreshälfte 2009 zeigten ausländische Zentralbanken eine noch ausgeprägtere Abneigung gegen den Dollar und eine starke Präferenz für den Euro und den Yen. Im dritten Quartal des Jahres 2009 wurden nur noch 37 Prozent der neuen Reserven in US-Dollar angelegt, was eine erhebliche Differenz zum vorangegangenen Jahrzehnt darstellt, als dies noch durchschnittlich 67 Prozent waren. Stattdessen wurde ein wachsender Teil der Reserven in Gold und sogar in Währungen von Schwellenländern angelegt.

Die Bewegung weg vom Dollar und hin zu einer größeren Diversifizierung ist bei staatlichen Investmentfonds noch deutlicher zu beobachten. Fonds wie die China Investment Corporation meiden inzwischen amerikanische Staatsanleihen, die einst ein Pfeiler der Zentralbankreserven waren. Sie fragen stattdessen verstärkt höher verzinste Anlagen nach, von Hedge-Fonds bis zu Schürf- und Förderrechten.

Dieser Trend dürfte sich in den kommenden Jahren fortsetzen. Mit etwas Glück wird der Prozess allmählich verlaufen und nicht in einen regellosen Zusammenbruch münden. Möglicherweise treten die Vereinigten Staaten ja in die Fußstapfen Großbritanniens, dessen Macht und Währung über Jahrzehnte abbröckelte.[15] Obwohl die Vereinigten Staaten Großbritannien schon 1872 als größte Volkswirtschaft der Welt abgelöst hatten, blieb das Pfund Sterling noch zwei Generationen lang die globale Leitwährung. Erst im Ersten Weltkrieg, als Großbritannien vom Nettogläubiger zum Nettoschuldner wurde, verlor das Pfund ernsthaft an Bedeutung, und andere Länder schichteten ihre Währungspositionen um. Doch noch 1928 war der Anteil des Pfunds an den globalen Währungsreserven doppelt so hoch wie der des Dollars. Erst nachdem Großbritannien im Jahr 1931 den Goldstandard aufgegeben hatte, verdrängte der Dollar das Pfund. Das Bretton-Woods-Abkommen zementierte die Vormachtstellung des Dollars weiter. Konkurrenzlose Reservewährung wurde der Dollar allerdings erst nach der Suezkrise des Jahres 1956 und dem weiteren Einbruch des Pfunds.

Der Abstieg des Pfunds zog sich über ein Dreivierteljahrhundert hin. Man darf also durchaus hoffen, dass der Niedergang des Dollars in ebenso gemäßigtem Tempo erfolgen wird. Doch solche historischen Analogien sollten nicht zu weit getrieben werden. China, das jetzt in etwa die gleiche Position innehat wie die Vereinigten Staaten vor hundert Jahren, klettert die weltwirtschaftliche Leiter viel schneller empor als jedes andere Land in der Geschichte. Im Jahr 2010 oder 2011 dürfte es Japan als zweitgrößte Volkswirtschaft der Welt überholen. Möglicherweise wird es die Vereinigten Staaten früher als erwartet von der Führungsposition verdrängen. Das alles vollzieht sich mit einer erstaunlichen Geschwindigkeit. Im Gegensatz zu den Vereinigten Staaten, deren Aufstieg ein Jahrhundert in Anspruch nahm, avancierte China in nur 20 Jahren von der Zweitrangigkeit zur Weltmacht.

Das eröffnet die beunruhigende Aussicht, dass die Tage des Dollars eher in Jahren als in Jahrzehnten gezählt sein könnten. Wie ein solch abrupter und ungeordneter Rückzug aussehen wird, ist schwer vorherzusagen. In der Vergangenheit basierten die Währungen auf Gold oder Silber. Erst in den 1970er Jahren wurde diese Bindung gänzlich gelöst. Heute gründet sich das globale Währungssystem auf ungedecktes Papiergeld, auf eine Währung also, die keinen Substanzwert hat und der weder ein Edelmetall noch ein anderer fixer Wert zugrunde liegt. In gewisser Hinsicht hat der Dollar die Rolle übernommen, die früher das Gold hatte. Wenn er zusammenbräche, dann wäre das so, als hätten Regenten und Bankiers vergangener Zeiten ihre Gewölbe geöffnet und festgestellt, dass ihre kostbaren Münzbestände zu Staub zerfallen sind.

Das könnte irgendwann passieren, wenn die Defizite der Vereinigten Staaten weiter aus dem Ruder laufen. China dürfte zunächst kaum aufhören, weitere Anleihen zu erwerben, doch kleinere Länder könnten erste Rückzieher machen. Das könnte eine Massenflucht auslösen, der auch China schwer widerstehen wird. So groß die Vorteile des bestehenden Systems für Länder wie China auch sein mögen, ab einem gewissen Punkt übersteigen die Kosten den Nutzen.

Die Vereinigten Staaten stehen am Scheideweg. Wenn sie ihren Haushalt nicht in den Griff bekommen und die privaten Ersparnisse nicht steigen, wird ein solches Erdbeben immer wahrscheinlicher. Wohin das führen könnte, ist leicht vorstellbar, vor allem, wenn es in den Vereinigten Staaten in den kommenden Jahren zu einer politischen Pattsituation kommt. Die Republikaner lehnen Steuererhöhungen ab, und die Demokraten sagen Nein zu Ausgabenkürzungen. Der Weg des geringsten Widerstands wäre eine Monetisierung der Defizite und ein Anwerfen der Druckerpresse. Die daraus resultierende Inflation würde den Wert der weltweit gehaltenen öffentlichen und privaten Schuldtitel aushöhlen. Eine solche »Inflationssteuer« würde Investoren in aller Welt vermutlich veranlassen, sich von ihren Dollars zu trennen und auf die Währung eines Landes mit einer verantwortungsvolleren Haushaltspolitik umzusteigen.

Dann bekämen die Vereinigten Staaten die Rechnung präsentiert. Bislang konnten sie Anleihen in ihrer eigenen Währung ausgeben und die Verluste durch einen Kursverlust des Dollars an ihre Gläubiger weiterreichen. Sollten ihnen andere Länder dieses »exorbitante Privileg« entziehen, würden sie schwer belastet. Die Folgen: Die Kreditkosten schießen in die Höhe, drücken den Konsum, die Investitionen und das Wirtschaftswachstum. Sämtliche Importe, vom Plastikspielzeug aus China bis zum Erdöl aus Saudi-Arabien, werden teurer, und der Lebensstandard, an den sich die Amerikaner gewöhnt haben, sinkt. Der Dollar würde eine Währung von vielen.

Stellt sich die Frage, was an seine Stelle treten wird.

Der allmächtige Renminbi?[16]

Auf den ersten Blick ist die chinesische Währung – der Renminbi oder Yuan – der offensichtliche Kandidat für die Leitwährung des 21. Jahrhunderts.[17] Daneben kommen nur wenige andere Währungen ernsthaft in Betracht. Das britische Pfund, der japanische Yen und der Schweizer Franken bleiben zweitrangige Reservewährungen, die vorübergehend Zuflucht vor einem fallenden Dollar bieten. Doch es sind Währungen von Ländern, die an Bedeutung verlieren. Das Gleiche ließe sich auf höherem Niveau über den Euro sagen. Sein Fortbestand hängt von der Einigkeit einer uneinigen Gruppe von Ländern ab, die unter erdrückenden Defiziten, einer alternden Bevölkerung und zunehmendem Wettbewerb durch Schwellenländer ächzen.

Eine Rückkehr zum Goldstandard ist noch unrealistischer. Die Idee, Gold wieder zur Grundlage des Währungssystems zu machen, hat unlängst wieder an Reiz gewonnen, doch sie bleibt ein »barbarisches Relikt«, wie Keynes so treffend formulierte. Gold mag kurzfristig Schutz vor einem Zusammenbruch des Dollars bieten, doch sein steigender Wert ist in erster Linie ein Ergebnis der Angst und der Zukunftssorgen. Gold bietet eine Rückzugsmöglichkeit, kann aber kein Fundament einer neuen Währungsordnung sein. Es hat wenige praktische Einsatzmöglichkeiten, ist schwer zu lagern und im Verhältnis zum heutigen Umfang der Weltwirtschaft nur in winzigen Mengen vorhanden. Damit ist auch Gold kein geeigneter Kandidat.

Abgesehen davon könnte der Goldpreis tatsächlich drastisch steigen, wenn sich Regierungen zur Monetisierung ihrer Defizite entschlössen und eine Inflationsspirale in Gang setzten. In diesem Falle würden die Zentralbanken wohl eher nicht versuchen, sich die knappen Goldvorräte zu sichern. Vermutlich würden sie zum Inflationsschutz eher verstärkt in Erdöl und andere Rohstoffe investieren. Sie würden sich also schnell auf Realwerte verlegen, wenn sie vom ungedeckten Papiergeld wie dem Dollar abgehen.

Bleibt der Renminbi als langfristige Alternative zum Dollar. China ähnelt in vielem den aufstrebenden Vereinigten Staaten. Es verzeichnet hohe Leistungsbilanzüberschüsse, ist zum Exportweltmeister avanciert, hat ein verhältnismäßig niedriges Haushaltsdefizit und ist im Vergleich zu anderen Ländern deutlich geringer verschuldet. Es hat bereits erste schleichende Schritte unternommen, um den Dollar infrage zu stellen. So hat es Finanzinstituten in Hongkong erlaubt, auf den Yuan lautende chinesische Staatsanleihen auszugeben – ein entscheidender Schritt hin zu einem regionalen Markt für solche Anleihen und damit auch für die Währung. Das chinesische Finanzministerium beschreibt diese Entscheidung vielsagend als Initiative zur »Förderung des

Renminbi in den Nachbarländern und zur Aufwertung des internationalen Status des Yuan.«

Doch China hat noch weitere Maßnahmen zum Ausbau seiner währungspolitischen Macht ergriffen. So hat es mit etlichen Ländern Währungsswaps vereinbart, darunter Argentinien, Brasilien, Weißrussland und Indonesien. Außerdem hat es begonnen, verschiedene Handelspartner zur Nutzung des Yuan als Rechnungswährung zu drängen. Rechnungen sollen also künftig auf Yuan lauten. Das ist alles andere als eine Kleinigkeit. Im internationalen Handel wird heute häufig in der Recheneinheit Dollar abgerechnet, selbst wenn die Vereinigten Staaten gar nicht an dem Geschäft beteiligt sind. Dieser respektvolle Umgang spiegelt, ähnlich wie die Hochachtung vor dem britischen Pfund hundert Jahre zuvor, den realen und symbolischen Stellenwert des US-Dollars als internationale Reservewährung wider. Wird der Yuan in den Rechnungsbüchern weltweit verstärkt akzeptiert, untergräbt er damit diesen Status des Dollars.

Der Renminbi hat einen schweren Aufstieg vor sich, wenn er zur vorrangigen Weltwährung werden will. Selbst die Chinesen sind nicht unbedingt daran interessiert, dass das zu schnell passiert. Damit wäre der Wechselkurs stärkeren Schwankungen ausgesetzt, und der Renminbi würde noch weit mehr an Wert zulegen als bislang. Das wiederum würde Chinas Exporte verteuern. Außerdem müsste China einige unliebsame Reformen durchführen – zum Beispiel die Beschränkungen für den grenzüberschreitenden Kapitalverkehr lockern und seine Währung voll konvertierbar machen. Außerdem müsste China die Reformen seines Finanzsystems vorantreiben und deutlich mehr auf Yuan lautende Schuldtitel auflegen.

Obwohl die Chinesen eindeutig eine wichtigere Rolle für den Renminbi anstreben, sind sie nicht allzu erpicht darauf, dass er in absehbarer Zeit zur globalen Reservewährung wird. Im Jahr 2009 schlug Zhou Xiaochuan, Chef der chinesischen Zentralbank, etwas ganz anderes vor: eine neue supranationale Reservewährung als

Konkurrenz zum Dollar.[18] Zhous Vorschlag läuft auf eine Neuauflage der sogenannten Sonderziehungsrechte (SZR) hinaus. Diese Quasiwährung, die 1969 unter der Leitung des IWF ins Leben gerufen wurde, kann nicht wie Papierdollars oder Euro von einer Hand in die andere übergehen. Sie ist vielmehr eine Recheneinheit des IWF, deren Wert von vier zugrundeliegenden Währungen abgeleitet wird. Diese werden unterschiedlich »gewichtet«. Der größte Anteil entfällt auf den Dollar, gefolgt vom Euro, dem Yen und dem Pfund. Wer Sonderziehungsrechte hält, hat Anspruch auf die verschiedenen im »Basiskorb« befindlichen Währungen. Solche Instrumente können für viele Zwecke eingesetzt werden, allen voran natürlich zur Abgeltung von Verbindlichkeiten gegenüber dem IWF.

Der prozentuale Anteil der Währungen im Korb wird alle fünf Jahre neu berechnet, und Zhous Vorstoß ließ keinen Zweifel daran, dass China künftig eine Berücksichtigung seiner eigenen Währung erwartet. Mit am Tisch sitzen zu wollen ist aber nicht dasselbe wie den ganzen Laden zu schmeißen. Tatsächlich berief sich Zhou auf das Triffin-Dilemma und trat vehement für die Schaffung »einer internationalen Reservewährung ein, die von Einzelstaaten losgelöst und in der Lage ist, langfristige Stabilität zu gewährleisten, um so die durch den Einsatz kreditbasierter Nationalwährungen verursachten inhärenten Unzulänglichkeiten zu beseitigen.«

Bei der Entwicklung dieses Vorschlags blickte Zhou in die Vergangenheit und zur Konferenz von Bretton Woods im Jahr 1944. Damals drängte John Maynard Keynes die Teilnehmer dazu, über die Einführung einer globalen Superwährung nachzudenken, den sogenannten »Bancor«, dessen Wert auf einem Korb aus 30 Basisrohstoffen beruhen sollte. Die Amerikaner lehnten den Gedanken seinerzeit ab und setzten den Dollar als globale Reservewährung durch – ein schicksalhafter Schritt, den Zhou als falsch kritisierte. Keynes, so behauptete er, sei »weitsichtig« gewesen, und die Sonderziehungsrechte könnten ein Weg sein, seine Überlegungen wieder aufleben zu lassen.[19]

Für den Augenblick ist die Vorstellung, dass die Sonderziehungsrechte zur globalen Reservewährung werden könnten, noch sehr fantastisch. Die breite Einführung würde erfordern, dass eine beträchtliche Zahl privater und öffentlicher Parteien sie als Recheneinheit verwendet. Dafür gibt es bislang keine Anzeichen. Die Sonderziehungsrechte sind vorerst eine Schöpfung des IWF. Dessen ungeachtet macht das wachsende Interesse an einer Ausweitung ihrer Rolle deutlich, wie dringend China und viele andere Schwellenländer den Dollar durch eine Währung ersetzt sehen möchten, die mehr Stabilität und Widerstandsfähigkeit gegen Krisen und Zusammenbrüche bietet.

Doch ohne internationale Zusammenarbeit wird das nicht gehen. Das wiederum erfordert die Reform einer weiteren Einrichtung, die aus jener entscheidenden Konferenz im Jahr 1944 hervorging: der Internationale Währungsfonds.

Globale Führungsprinzipien

Der rasche Aufstieg neuer Wirtschaftsmächte wie der BRIC-Staaten (Brasilien, Russland, Indien und China) sowie vieler anderer Schwellenländer hat die Notwendigkeit einer Reform der globalen Wirtschaftsführung deutlich gemacht. Die ursprünglichen G7-Staaten – die Vereinigten Staaten, Japan, Deutschland, Frankreich, Großbritannien, Kanada und Italien – können schwerlich für sich in Anspruch nehmen, für den Rest der Welt zu sprechen. Um globale Ungleichgewichte ins Lot zu bringen, müssen andere Akteure mit an den Tisch geholt werden. In gewissem Umfang tun sie das schon: In den letzten Jahren wurden die G7 zunehmend durch die G20 verdrängt und Staaten wie Brasilien, Indonesien, Südafrika und Saudi-Arabien an den Tisch geholt.

Je mehr, desto besser, doch ob die G20 wirklich wesentliche Veränderungen der Weltwirtschaft und des internationalen Währungssystems zuwege bringen, ist fraglich. Schon für die G7 war das schwierig genug. Ohne einen formellen Rahmen könnte eine annähernde Verdreifachung der Teilnehmerzahl die Diskussion und Umsetzung von Maßnahmen gänzlich unmöglich machen. Außerdem hätten die meisten Volkswirtschaften der Welt nach wie vor kein Mitspracherecht.

Der IWF repräsentiert die Welt womöglich besser, hat aber seine eigenen Probleme.[20] Seine Entscheidungen werden in aller Regel über sein Exekutivdirektorium getroffen, dem 24 Mitglieder angehören, die verschiedene globale Wählerschaften vertreten. Die europäischen Nationen sind darin leider über- und die Schwellenländer aus Asien und Afrika unterrepräsentiert. Ein ähnliches Problem kompliziert die Berechnungsmethode der IWF-»Anteile«, also der Stimmen, die je nach Beitragshöhe auf jedes Land entfallen. Eine neuere Studie stellte fest, dass in den Jahren 2000 und 2001 die kollektive Stimmgewalt Chinas, Indiens und Brasiliens um 19 Prozent geringer war als die Belgiens, Italiens und der Niederlande – und das, obwohl die erstgenannte Ländergruppe ein viermal so großes Bruttoinlandsprodukt und 29-mal mehr Einwohner hatte als das europäische Kontingent.

Bisher schienen die Europäer nicht geneigt zu sein, Macht abzugeben. Das ist unklug. Wenn der IWF in den kommenden Jahren überhaupt noch glaubwürdig auftreten soll, dann muss die Verteilung der Sitze und Anteile die Anliegen und Beiträge der Schwellenländer widerspiegeln. Das gilt auch für die Organisationsspitze. Eine ungeschriebene Präzedenzregelung schreibt vor, dass die Weltbank von einem Amerikaner geführt wird und der IWF von einem Europäer. Forderungen, diese antiquierte Praxis aufzugeben, trafen bislang auf taube Ohren, was die Legitimation der Organisation zusätzlich infrage stellt.

Aber auch in anderer Hinsicht muss der IWF reformiert werden. Er kann zwar Einfluss auf seine Mitglieder nehmen, allerdings nur in Krisenzeiten und nur in kleineren Ländern, die Schwierigkeiten haben, ihre Auslandsschulden zurückzuzahlen. Länder wie China, Japan und Deutschland, die im Rest der Welt als Gläubiger auftreten, können den IWF ignorieren. Das Gleiche gilt für ein Land wie die Vereinigten Staaten, das ein Leistungsbilanzdefizit aufweist, aber in eigener Währung Geld aufnehmen kann. In Wirklichkeit fehlt dem IWF jede Handhabe, in China, Europa oder den Vereinigten Staaten eine Verhaltensänderung zu bewirken. Dass er davor zurückschreckt, energisch aufzutreten und die Länder an den Pranger zu stellen, deren Handlungsweise die Stabilität der Weltwirtschaft gefährdet, kommt erschwerend hinzu.

Das bedeutet aber nicht, dass der IWF abgeschafft werden sollte. Selbst mit seinen begrenzten Ressourcen kann er vor allem ein Problem in Angriff nehmen: die Leistungsbilanzungleichgewichte. Wie schon angesprochen, haben die Schwellenländer aus den Krisen der neunziger Jahre zweierlei gelernt: Leistungsbilanzdefizite zu vermeiden und in Erwartung einer internationalen Liquiditätsklemme die Kriegskasse mit Fremdwährungen zu füllen. Diese Strategien haben sich in der jüngsten Krise ausgezahlt. Länder in Asien und Lateinamerika, die über üppige Devisenreserven und Überschüsse verfügen, intervenierten aggressiv, um die eigenen Währungen zu stützen und ausländischen Investoren zu signalisieren, dass sie eine Liquiditätskrise auch ohne den IWF bewältigen können.

Diese zweifellos löbliche Unabhängigkeit vom IWF hat aber ihren Preis. Abgesehen davon, dass solche Strategien zu einer untragbaren Bilanzsituation beitragen, sind die realen Kosten einer Selbstversicherung mit Billionen von Dollars in niedrig verzinsten Anlagen sehr hoch. Außerdem können diese Reserven, wenn sie nicht richtig verwaltet werden, dazu beitragen, dass sich in den betreffenden Ländern Spekulationsblasen bilden. Zwar gehen Regierungen dagegen mitunter durch den Verkauf von Staatsanleihen vor, um überschüssige Liquidität aufzusaugen oder »unschädlich zu machen«, doch für diese neuen Papiere zahlen sie am Ende hohe Zinsen und haben wiederum die Kosten zu tragen.

Hier kann der IWF Abhilfe schaffen. Zumindest kann er in Krisenzeiten zusätzliche Liquidität zuführen. Bis vor kurzem waren

IWF-Kredite mit Auflagen verbunden. Länder, die Geld erhielten, mussten sich verpflichten, die Wirtschaftsreformen durchzuführen, die der IWF für nötig hielt. Doch nicht jedes Land, das an einer Liquiditätsklemme leidet, muss gleich seine ganze Wirtschaft umbauen. Aus diesem Grund bot der IWF infrage kommenden Ländern während der jüngsten Krise sogenannte flexible Kreditlinien an. Das ist ein guter Anfang. In Zukunft sollten solche präventiven Kreditlinien schon bei ersten Anzeichen für eine Krise einem größeren Spektrum von Ländern verfügbar gemacht werden.

Der IWF kann vor allem in Krisenzeiten auch die Ausgabe von Sonderziehungsrechten ausweiten. Im Jahr 2009 erhielt er das Recht zur Ausgabe von Sonderziehungsrechten über 250 Milliarden US-Dollar, die zum Teil an Schwellenländer gingen. Dieses Programm sollte erweitert werden, natürlich vor allem durch die Emission internationaler, auf Sonderziehungsrechte lautender Anleihen. Diese könnten von Zentralbanken erworben werden, um ihre Reserven aufzustocken – ohne jedoch zur potenziellen Destabilisierung beizutragen, die mit konventionellen Devisenkäufen einhergeht (weil die Sonderziehungsrechte die Lasten effektiv über mehrere Währungen verteilen). Dies sollte der IWF allerdings an Bedingungen knüpfen: Empfänger von Sonderziehungsrechten sollten verpflichtet werden, Leistungsbilanzüberschüsse und Devisenreserven abzubauen.

Diese bescheidenen Vorschläge könnten viel dazu beitragen, die globale Wirtschaft von den Ungleichgewichten zu befreien, wie sie in der jüngsten Krise eine Rolle gespielt haben. Weitaus mehr wäre jedoch zu erreichen, wenn sich die Welt von einem veraltenden Währungssystem verabschieden würde, das auf dem fallenden Dollar beruht. Ein stärkerer Einsatz der Sonderziehungsrechte wäre eine erste Maßnahme, auch wenn sie bei Weitem nicht ausreicht.

Die Bewältigung dieser Herausforderungen erfordert ein Maß an internationaler Kooperation, wie es in den letzten Jahren auffallend fehlte. Offen bleibt die Frage, ob die großen Volkswirtschaften der Welt für das Wohl aller zusammenarbeiten werden oder nicht. Wenn Länder wie die Vereinigten Staaten und China auch künftig nur auf ihre kurzfristigen nationalen Interessen blicken, werden die Ungleichgewichte weiter zunehmen, und ein schon heute instabiles internationales Währungssystem könnte unter den vielen Belastungen zusammenbrechen.

Ein Blick in die Geschichtsbücher lässt die Vermutung zu, dass wir uns an einem besonders heiklen Punkt in der Finanzgeschichte befinden. In der Vergangenheit waren internationale Bankenkrisen wie die gerade erlebte häufig der Auftakt für eine Welle von Staatspleiten und Währungskrisen. Volkswirtschaften, die von den Auswirkungen geplatzter Spekulationsblasen und den anschließenden Bankenkrisen beeinträchtigt werden, schleppen sich vielleicht noch eine Weile durch, erliegen aber am Ende häufig der Vielzahl ihrer »Verletzungen«. Das ist besonders wahrscheinlich, wenn sich die Probleme der Leistungsbilanzen, wie sie der jüngsten Krise vorausgingen, unkontrolliert fortsetzen. Dann könnte sich das Schicksal Islands als Vorbote für das erweisen, was auf die ganze Welt zukommt.

Ein Blick in die Zukunft

In den Kapiteln 8 und 9 haben wir aufgezeigt, wie Länder ihr Finanzsystem durch eine Regulierung der Banken und anderer an der Krise beteiligter Unternehmen reformieren können. Doch darauf darf sich der Reformeifer nicht beschränken. In den kommenden Jahren wird es nötig sein, gegen die Ungleichgewichte vorzugehen, die potenziell nationale, regionale und sogar globale Finanzkrisen auslösen können. Jede Volkswirtschaft wird ihren Teil zu den erforderlichen Anpassungen beitragen müssen, statt wie bisher zu versuchen, die Ungleichgewichte für sich zu nutzen.

Solche Reformen können das Problem von der Nachfrage- und von der Angebotsseite her angehen. Bislang waren Reformen an beiden Fronten beklagenswert unzulänglich. Auf Nachfrageseite hat der übertriebene Aufbau von Devisenreserven in den Schwellenländern die globalen Ungleichgewichte massiv verstärkt. Dem ließe sich durch einen verlässlichen internationalen Kreditgeber letzter Instanz begegnen, der einen Beitrag zur Vermeidung internationaler Liquiditätskrisen leisten könnte. Nur dann werden Schwellenländer ein geringeres Bedürfnis nach Reserven haben.

Auf der Angebotsseite sollte die Auswahl an internationalen Reservewerten über den US-Dollar und ein paar weitere Währungen hinaus erweitert werden. Nach und nach könnten und sollten Sonderziehungsrechte eine größere Bedeutung erhalten. Ebenso könnten Zentralbanken und staatliche Investitionsfonds in den kommenden Jahren dazu übergehen, einen Teil ihrer Reserven in Währungen von Schwellenländern zu halten. Kurzfristig wird die Rolle des US-Dollars als primäre Reservewährung dadurch nicht bedroht. Klare Alternativen zum Dollar gibt es nicht. Doch wenn die Vereinigten Staaten weiterhin große Doppeldefizite auflaufen lassen oder gar anfangen, ihr Haushaltsdefizit zu monetisieren, würden die daraus resultierenden hohen Inflationsraten den Niedergang des Dollars als wichtigste Reservewährung beschleunigen – mit unvorhersehbaren Konsequenzen.

Nehmen wir einmal an, dass die Vereinigten Staaten diesen Weg nicht einschlagen, und nehmen wir weiter an, dass die von uns beschriebenen Reformen einen geordneten Ausgleich der globalen Ungleichgewichte bewirken. Dann fehlt noch ein weiteres Puzzleteil. Es sind maßgebliche Veränderungen in den weltwirtschaftlichen Führungsorganen erforderlich und erstrebenswert, sowohl bei den G20 als auch beim IWF. Auf diese Weise erhielten die Schwellenländer größere Mitspracherechte, und die Verlagerung von Wirtschaftsmacht von einem Teil der Erde auf einen anderen würde erleichtert.

Es bleibt jedoch offen, ob die großen Volkswirtschaften der Welt wirklich bereit sind, im Namen des Gemeinwohls zusammenzuarbeiten, oder ob sie weiterhin ihre nationalen Interessen in den

Mittelpunkt stellen und damit die Weltwirtschaft und das globale Finanzsystem früher oder später destabilisieren. Das ist eine Frage, die sich insbesondere China und die Vereinigten Staaten in den kommenden Jahren stellen müssen. Wenn sie am Status quo festhalten, gewinnt niemand. Stattdessen verlieren alle, Schwellenländer und Industrienationen gleichermaßen.

FAZIT
DER KREIS SCHLIESST SICH

Im Jahr 2009 bemühte sich Goldman Sachs-Chef Lloyd Blankfein wiederholt, Forderungen nach einer umfassenden Regulierung des Finanzsystems abzuschmettern. In Reden und Kongressanhörungen beschwor er seine Zuhörer, die Innovationen auf dem Finanzmarkt nicht zurückzunehmen und sich »einer Reaktion zu enthalten, die ausschließlich darauf abgestellt ist, uns vor dem Jahrhundertsturm zu schützen«.[1]

Das ist lächerlich. Was hinter uns liegt, war kein verrückter Ausreißer, wie er nur alle hundert Jahre vorkommt. Die Vereinigten Staaten leiden seit ihrer Gründung regelmäßig an brutalen Bankenkrisen und anderen Finanzmiseren. Im 19. und frühen 20. Jahrhundert wurde das Land immer wieder von lähmenden Panikattacken und Wirtschaftskrisen heimgesucht.

Erst nach der Weltwirtschaftskrise verschwanden die Finanzkrisen, und diese Phase fiel mit dem Aufstieg der Vereinigten Staaten zur globalen Supermacht zusammen. Gleichzeitig hielt die amerikanische Regierung Finanzunternehmen durch Gesetze wie den Glass-Steagall Act und Organe wie die Börsenaufsicht und den Einlagensicherungsfonds im Zaum. Der Dollar wurde zum Anker eines außergewöhnlich stabilen internationalen Währungssystems, und Krisen schienen der Vergangenheit anzugehören. Obwohl die Fassade nach den 1970er Jahren ernstzunehmende Risse bekam, hielten die Wirtschaftsexperten der

Industrienationen an ihrem Glauben an den ewigen Aufschwung fest.

Die jüngste Katastrophe markiert den Anfang vom Ende dieser gefährlichen Illusion und setzt den Schlusspunkt unter die Finanzmarktstabilität der *Pax Americana*. Wenn die Macht der Vereinigten Staaten in den kommenden Jahren bröckelt, werden Krisen häufiger und heftiger, sofern nicht eine neue Supermacht aufsteigt, die mit anderen aufstrebenden Kräften zusammen der Weltwirtschaft dieselbe Stabilität gibt. Das gerade erlebte Desaster könnte alles andere sein als ein einmaliges Jahrhundertereignis: ein Vorgeschmack auf die künftige Entwicklung.

Ein neues Zeitalter verlangt eine neue Denkweise. Wir sollten uns von gescheiterten Vorstellungen der inhärenten Stabilität, Effizienz und Sicherheit nicht regulierter Märkte verabschieden und erkennen, dass Krisen ein fester Bestandteil der Wirtschafts- und Finanzwelt sind. Leider klammern sich viele ansonsten durchaus intelligente Menschen an die Überzeugung, dass die zurückliegende Krise nicht vorhersehbar war – nach dem Motto: Das konnte niemand kommen sehen, und es wird sich auch nicht wiederholen, zumindest nicht zu unseren Lebzeiten.

Wir könnten natürlich warten, bis diese unverwüstliche Selbstzufriedenheit durch eine neue Finanzkatastrophe endgültig zerstört wird. Oder wir freunden uns mit einer neuen wirtschaftlichen Realität an: der Krisenökonomie.

Tragödie und Farce

Krisen sind so alt und allgegenwärtig wie der Kapitalismus selbst. Sie kamen Anfang des 17. Jahrhunderts mit dem Kapitalismus auf und sind uns – wie die Stücke, die William Shakespeare damals schrieb – in kaum veränderter Form erhalten geblieben. Inszenierungen und Publikum ändern sich, doch alles Übrige – die Protagonisten, die Handlung und sogar der Text – bleibt von

Krise zu Krise und von Jahrhundert zu Jahrhundert erstaunlich konstant.

Fast alle Krisen entstehen aus bescheidenen Anfängen. Kleinste Verwerfungen bereiten den Boden für gewaltige Dramen. Über Jahre und manchmal Jahrzehnte schaffen zahlreiche Faktoren günstige Bedingungen für einen Boom-und-Bust-Zyklus.

Die Krise, die im Jahr 2007 begann, war keine Ausnahme. Jahrzehnte des Marktfundamentalismus legten den Grundstein für den Zusammenbruch, da vermeintliche »Reformer« die während der Weltwirtschaftskrise geschaffenen Regeln für das Bankwesen aushöhlten und die Wall Street Wege fand, die verbleibenden Vorschriften zu umgehen. So entwickelte sich jenseits der staatlichen Aufsicht ein ausgedehntes Schattenbanksystem.

Zur gleichen Zeit führten die Finanzunternehmen verstärkt Vergütungsformen wie Bonuszahlungen ein, die hochriskante Geschäfte mit kurzfristiger Kreditaufnahme in gewaltigem Umfang förderten, obwohl diese die langfristige Stabilität des Unternehmens untergruben. Durch solche Wetten gaben Finanzunternehmen das Risiko an Aktionäre und andere Gläubiger weiter. Probleme wie diese waren Symptome einer größeren Epidemie des Moral Hazard und hatten das amerikanische Finanzsystem schon lange vor Ausbruch der eigentlichen Krise befallen. Die amerikanische Notenbank trug einen Teil der Schuld. Sie rettete das Finanzsystem aus der Not und etablierte den berühmten »Greenspan Put«.

Doch die Bühne frei zu machen ist nicht gleichbedeutend damit, eine Spekulationsblase zu schaffen. Die benötigt einen Katalysator. In früheren Finanzkrisen konnte dies die Knappheit eines gefragten Rohstoffs oder die Erschließung eines neuen Marktes im Ausland sein. Manchmal überzeugte auch eine technische Neuerung die Investoren, dass die alten Regeln der Bewertung nicht mehr galten. Solche Neuerungen konnten auch vom Finanzsystem selbst geschaffen werden, etwa durch eine Umverpackung von Anlagen oder durch ein neuartiges Risikomanagement.

Leider fällt die jüngste Finanzkrise in die letzte Kategorie, da Finanzunternehmen in großem Stil auf Verbriefung setzten und uns eine bunte Mischung immer komplexer strukturierter Finanzprodukte bescherten. Die Verbriefung gibt es zwar schon lange, doch erst in den Jahren unmittelbar vor der Spekulationsblase gewann sie exponentiell an Bedeutung. Nun wurden minderwertige Hypotheken zu hypothekenbesicherten Giftpapieren verwurstet und mit Gütesiegeln versehen.

Ein weiterer Grundsatz der Krisenökonomie ist die einfache Erkenntnis, dass eine Spekulationsblase nur größer werden kann, wenn billige Kredite verfügbar sind. Dafür können private Kreditgeber genauso verantwortlich sein wie eine Zentralbank, vor allem dann, wenn unachtsame Aufsichtsbehörden die Kreditblase immer weiter anschwellen lassen. Sie kann jedoch auch durch einen unerwarteten Liquiditätsüberschuss entstehen, der in die Weltwirtschaft gespült wird und angelegt werden will.

Auch diesbezüglich hielt sich die jüngste Krise an das bekannte Drehbuch. Nach dem 11. September 2001 senkte Alan Greenspan die Leitzinsen und hielt sie zu lange zu niedrig. Die Finanzunternehmen nahmen bis zum Anschlag Fremdkapital auf und verliehen Geld, als gäbe es keine Risiken. Unter dem Einfluss der Branche und der Ideologie einer Selbstregulierung nach dem Laissez-faire-Prinzip versagten die Regulierungsbehörden und Aufsichtsorgane. Und schließlich investierten Sparer aus Schwellenländern bergeweise Kapital in die Vereinigten Staaten.

Ab einem gewissen Punkt trägt sich so eine Spekulationsblase selbst. Finanzunternehmen, die aus den steigenden Preisen Kapital schlagen wollen, stellen immer neuen Kredit zur Verfügung. Irgendwann kann jede Anlage, die ein Investor erwirbt, als Sicherheit für weitere Kredite und Investitionen herangezogen werden. So häufte eine wachsende Zahl von Investoren schwindelerregend hohe Schuldenberge an – so geschehen auch in der letzten Spekulationsblase, die 2005 schon erhebliche Ausmaße erreicht hatte. Grenzenloser Ehrgeiz und Gier trieben diese Entwicklung auf die Spitze. Immobilienunternehmen bauten ein Haus nach dem anderen, Spekulanten kauften eifrig alles auf, und die Banken verschnürten die Hypotheken zu immer wackeligeren Finanzkonstrukten.

An diesem Punkt des Dramas betritt ein neuer Protagonist die Bühne: der selbsternannte Visionär, der erklärt, warum dieser Boom nicht endet und ewig Gewinne abwirft, warum »diesmal alles anders« ist oder warum die alten Regeln nicht länger gelten.[2] Der Auftritt dieser Einpeitscher mit ihren leeren Behauptungen ist ein untrügliches Anzeichen dafür, dass die Situation außer Kontrolle gerät.

Die jüngste Spekulationsblase auf dem privaten Immobilienmarkt lockte solche Scharlatane in Scharen auf den Plan. Sie wischten die Geschichte und den gesunden Menschenverstand beiseite und behaupteten, Eigenheime seien eine sichere Anlage, deren Wert nur steigen könne. In ihren Reihen fanden sich Lockvögel der Immobilienbranche genauso wie Investmentbanker, die zweifelhafte Hypotheken in mit AAA benotete Wertpapiere umverpackten und behaupteten, sie seien genauso risikolos wie Staatsanleihen.

Marktschreier wie diese mögen die Bühne beherrschen, doch sie werden immer auch infrage gestellt. Unweigerlich meldet sich der eine oder andere Beobachter zu Wort, der die falschen Versprechen durchschaut. Nüchterne Realisten weisen auf die wachsenden Gefahren hin, doch ihre Warnungen verhallen oft ungehört. Einer der Autoren dieses Buches betätigte sich in der jüngsten Krise in dieser Rolle und warnte früh und bemerkenswert detailliert vor dem kommenden Crash. Andere prominente Wirtschaftsexperten und Analysten wiesen ebenfalls auf die Anzeichen hin, doch vergeblich.

Wie alle Spekulationsblasen wuchs auch diese irgendwann nicht mehr weiter. Und wie üblich kam das Ende sang- und klanglos, ohne großen Knall. Die Preise stagnierten, und die Märkte stockten. Die Blasentreiber betonten, das sei nur eine vorübergehende Flaute und die Preise würden schon bald wieder steigen. Es kam anders, wie immer an dieser Stelle des Dramas. Doch ein Zusammenbruch erfolgt nicht über Nacht. Zunächst kommt es einfach zum Stillstand.

Dann kollabieren die ersten Institute, gefolgt von weiteren. An diesem Punkt wird das gesamte Finanzsystem von den Erschütterungen erfasst. Angst und Ungewissheit machen sich an den Märkten breit, und während die Preise für die zuvor so gefragten Anlagen zu bröckeln beginnen, finden die maßgeblichen Entwicklungen in den Banken statt, die die Kredite für die Blase bereitgestellt haben. Wenn die Preise nachgeben, stoßen diese nämlich riskante Positionen ab, und angesichts der unerträglichen Ungewissheit flüchten sich die Investoren in sicherere, liquidere Anlagen.

Auch in diesem Punkt hielt sich die jüngste Krise an das Drehbuch. Zunächst kamen ein paar große Hypothekenbanken ins Wanken und machten den Markt nervös. Es folgte eine Reihe hochkarätiger Pleiten, eine größer als die andere. Mehrere große Hedge-Fonds gingen unter. Irgendwann brachen auch andere führende Unternehmen des Schattenbankwesens zusammen. Viele dieser Institute sahen nicht wie Banken aus, doch für jeden, der sich mit den Finanzkrisen seit dem 17. Jahrhundert beschäftigt hatte, war ihr Todeskampf eindeutig. Wie viele Finanzinstitute zuvor fielen auch diese Schattenbanken des 21. Jahrhunderts rasch einer Liquiditätskrise zum Opfer und wurden zum Teil zahlungsunfähig.

Das geschieht selten auf einen Schlag. Oft folgt auf den dramatischen Zusammenbruch einer Bank ein relativ friedliches Intermezzo. Auf den Märkten kehrt oberflächlich wieder Ruhe ein, und sie erholen sich sogar wieder, wenn Spekulanten von den fallenden Kursen profitieren wollen. Doch unter der Oberfläche gärt es weiter, und der Boden wird für noch dramatischere Bankrotte und wachsende Panik bereitet. Diese Fluktuationen zeigten sich auch in der letzten Krise, die sich mit jedem spektakulären Zusammenbruch verschlimmerte.

Die größten Krisen haben ein weiteres typisches Merkmal: Sie lassen sich selten von Staatsgrenzen aufhalten. Sie können in einem beliebigen Land beginnen, doch sie weiten sich in der Regel auf die gesamte Welt aus, da dieselben Probleme auch anderswo auftauchen oder über Rohstoffe, Währungen, Investitionen, Derivate oder den Handel auf andere Länder übergreifen. Die ganze Welt ist ihre Bühne.

Obwohl die jüngste Krise zuerst in den Vereinigten Staaten auftrat, zeigten andere Länder bald die gleichen Symptome. Kein Wunder: Wie Greenspan verlegten sich die Zentralbanker in aller Welt auf eine lockere Währungspolitik und leisteten eigenen Immobilienblasen Vorschub. Banken aus anderen Ländern zeigten denselben Risikohunger wie amerikanische. Mit wenigen Ausnahmen bedienten sie sich großer Mengen Fremdkapitals und tranken alle aus demselben vergifteten Kelch, indem sie Milliarden in eben die lausigen Anlagen steckten, die durch das Wunder der »Finanzinnovation« erschaffen worden waren.

Ihren Höhepunkt finden Krisen oft in einer beispiellosen Pleite, die alle anderen in den Schatten stellt. Während der letzten Krise war das der verhängnisvolle Kollaps von Lehman Brothers. Es scheint fast, als könne man die weltweite Tragödie an diesem Einzelereignis festmachen. Doch wie in früheren Krisen, die durch einen einzelnen spektakulären Konkurs erklärt wurden, verschleiert diese simple Sicht auch in diesem Fall mehr, als sie verrät. Lehman fügte dem globalen Finanzsystem enormen Schaden zu, doch der Untergang des Unternehmens war weniger die Ursache als eine Folge.

Der Lehman-Bankrott fiel mit einer Szene zusammen, die für den letzten Akt von Finanzdramen typisch ist. In dieser Situation suchen Banken Zuflucht bei letztinstanzlichen Kreditgebern – in der Regel einer Zentralbank oder einer staatlichen Organisation –, die in die Bresche springen und das Finanzsystem stützen sollen. Solche Bitten lösen stets Diskussionen aus. Soll der Staat strauchelnde Banken retten und damit die Leichtfertigkeit ihrer Manager auch noch belohnen? Oder sollte der Markt sich selbst überlassen bleiben, und mit ihm die leidenden Patienten?

Diese Debatte beherrschte auch die jüngste Krise, und Ben Bernanke rettete ein Finanzunternehmen nach dem anderen, ob sie es nun verdient hatten oder nicht. Wie ein gigantischer *Deus ex Machina* brachten die amerikanische und andere Zentralbanken die Krise zu einem abrupten, wenn auch unbefriedigenden Ende – und ließen viele Fragen unbeantwortet und Probleme ungelöst.

Wenn die dramatische Phase einer Krise zu Ende geht, tauchen unweigerlich neue Probleme auf, denn nun schlägt der kritische Zustand des Finanzsystems auf die übrige Wirtschaft durch. Die Schäden sind oft gravierend, und die Wunden brauchen lange, um zu verheilen – nicht Monate, sondern Jahre. Bei allen Fördermaßnahmen und Konjunkturprogrammen ist der Weg zum Aufschwung mitunter holprig, da Haushalte, Finanzinstitute und Wirtschaftsunternehmen ihren Fremdkapitalanteil reduzieren müssen. Ganze Nationen können unter der Last der in besseren Zeiten angehäuften Schulden ins Wanken geraten. Die Übernahme der privaten Verluste durch den Staat kommt erschwerend hinzu. Am Ende werden manche Länder zahlungsunfähig oder zahlen ihre Schulden mit der Druckerpresse, und ihre Währung bricht zusammen.

An diesem Punkt stehen wir heute. Nach früheren Krisen haben einsichtige Politiker umfassende Reformen des Finanzsystems durchgesetzt. Diese Chance haben auch wir. Und wir müssen sie nutzen. Andernfalls könnten wir – wie so viele vor uns – feststellen, dass die zurückliegenden Entwicklungen erst der Auftakt waren.

Wege zur Besserung

In den letzten 50 Jahren haben sich alle – von den Wirtschaftswissenschaftlern bis zu den Bankern der Wall Street – von der Mär über die Wunder deregulierter Märkte und die grenzenlosen Möglichkeiten der Finanzinnovation blenden lassen. Die Krise hat diesem Glauben einen schweren Schlag versetzt. Bislang hat sich aber noch kein Ersatz dafür gefunden.

Das kommt in den verzagten Reformvorschlägen, die in den Vereinigten Staaten und anderen Industrienationen diskutiert werden, nur allzu deutlich zum Ausdruck. Obwohl sie unter der schlimmsten Finanzkrise seit Generationen leiden, zeigen viele Länder eine erstaunliche Abneigung gegen Reformen in der erforderlichen Größenordnung. Stattdessen wird darüber geredet, wie man das alte System notdürftig reparieren kann – als ließe sich das Geschehen durch ein paar faule Hypotheken erklären.

Das ist absurd. Wie wir in diesem Buch dargelegt haben, waren nicht die Schrotthypotheken an der Krise schuld, sondern das Schrottsystem. Dank verzerrter Vergütungsstrukturen, korrupter Ratingagenturen und anderer Missstände war das globale Finanzsystem von innen heraus verfault. Die Finanzkrise hat lediglich die glänzende Hülle fortgerissen, unter der es schon lange gärte.

Der Weg zur Gesundung ist lang. Die ersten Schritte sind die in Kapitel 8 und 9 beschriebenen Reformen. Zunächst müssen Händler und Banker so vergütet werden, dass sich ihre Interessen mit denen der Aktionäre decken. Das bedeutet nicht unbedingt schlechtere Vergütung, so wünschenswert dies aus anderen Gründen auch wäre. Es bedeutet nur, dass Mitarbeiter von Finanzunternehmen über ihre Vergütung dazu motiviert werden, das langfristige Interesse der Unternehmen im Auge zu behalten.

Auch die Verbriefung muss neu geregelt werden. Einfache Lösungen, etwa die Beteiligung der Banken am Risiko, reichen nicht aus. Es sind weit radikalere Einschnitte nötig. Größere Transparenz, Vereinheitlichung und eine strenge Regulierung des Verbriefungsprozesses sind erforderlich. Vor allem anderen aber müssen die Kredite vor der Verbriefung erheblich sorgfältiger geprüft werden. Sie müssen von hoher Qualität sein oder andernfalls klar als minderwertig und riskant gekennzeichnet werden.

Ebenso drastisch müssen die Derivate reformiert werden, die sich in der jüngsten Krise als so fatal erwiesen haben. Sogenannte Freiverkehrsderivate, die längst nicht so harmlos sind, wie sie klingen, müssen transparenter werden, über zentrale Clearingstellen und Börsen laufen und in Datenbanken registriert werden. Ihr

Einsatz muss auf ein angemessenes Maß reduziert und ihre Regulierung einer einzigen Behörde unterstellt werden.

Die Ratingagenturen müssen ebenfalls an die Leine genommen und gezwungen werden, ihr Geschäftsmodell zu verändern. Dass sie von den Unternehmen bezahlt werden, deren Bonität sie einstufen sollen, hat zu einem starken Interessenkonflikt geführt. Stattdessen sollten die Investoren für die Bewertung von Anlagen bezahlen. Um weitere Interessenkonflikte zu vermeiden, sollten Ratingagenturen auch keine »Beratungsleistungen« mehr an die Unternehmen verkaufen dürfen, deren Papiere sie bewerten. Schließlich sollte die Ratingbranche stärker für den Wettbewerb geöffnet werden, denn derzeit vereint eine Hand voll Firmen viel zu viel Macht auf sich.

Noch radikalere Reformen sind nötig, Finanzunternehmen wie Goldman Sachs, Citigroup und weniger sichtbare Unternehmen, die aufgrund ihrer Größe das System gefährden, müssen zerschlagen werden. Außerdem sollte der Kongress das Glass-Steagall-Bankengesetz wieder einführen, das vor zehn Jahren abgeschafft wurde, und darüber hinaus die ungleich größeren Gefahren berücksichtigen, die vom Schattenbankwesen ausgehen.

Diese Reformen sind einfach, doch wir müssen uns darüber im Klaren sein, dass selbst die ausgeklügeltste Regulierung scheitern kann. Finanzunternehmen widersetzen sich der Aufsicht, indem sie ihren Sitz in weniger stark regulierte Rechtsräume verlegen. Die gängige fragmentierte und dezentrale Regulierung in den Vereinigten Staaten hat dieses Problem noch verschärft, genau wie die Tatsache, dass der Beruf des Finanzaufsehers bis vor kurzem als schlecht bezahlte Karrieresackgasse galt.

Die meisten dieser Probleme sind lösbar. Das Aufsichtsrecht kann zukunftsorientiert gestaltet und Schlupflöcher können geschlossen werden, noch bevor sie sich auftun. Dazu muss man dem verständlichen Impuls widerstehen, nur eine bestimmte Gruppe von großen Finanzunternehmen zu regulieren. Man muss stattdessen flächendeckend alle erfassen, um die Verlagerung von

Finanzgeschäften auf kleinere, weniger streng regulierte Unternehmen zu verhindern. Ebenso sollte die Regulierung in wenigen Stellen mit größeren Befugnissen zusammengeführt werden. Vor allem aber sollten die Beamten ihrer wichtigen Aufgabe entsprechend bezahlt werden.

Die Zentralbanken haben wohl den größten Einfluss auf – und die größte Verantwortung für – den Schutz des Finanzsystems. In den letzten Jahren sind sie dem nicht gerecht geworden. Sie haben es versäumt, ihre eigenen Vorschriften umzusetzen, und, schlimmer noch, sie haben nichts unternommen, um dem Spekulationswahn Einhalt zu gebieten. Wenn überhaupt, dann haben die Zentralbanken die Spekulation noch genährt und dann, gewissermaßen als Wiedergutmachung, alles getan, um die Opfer des unvermeidlichen Zusammenbruchs zu retten. Das ist nicht zu entschuldigen. In Zukunft müssen Zentralbanken mit ihren währungs- und kreditpolitischen Instrumenten offensiver gegen Spekulationsblasen vorgehen.

Doch die Zentralbanken können die Herausforderungen der Weltwirtschaft nicht allein bewältigen. Die globalen Leistungsbilanzungleichgewichte bedrohen die langfristige Stabilität der Wirtschaft genauso wie der Wertverfall des Dollars und verlangen ein neues Bekenntnis zur internationalen Regulierung. Dazu ist unter anderem eine Stärkung des Internationalen Währungsfonds und die Einführung einer neuen internationalen Reservewährung nötig. Aber auch die Führung des IWF selbst muss dringend überdacht werden. Viel zu lange wurde dieser von einer Reihe kleinerer, alternder Volkswirtschaften dominiert. Schwellenländer müssen ihren rechtmäßigen Platz am Tisch bekommen, wie es der zunehmenden Bedeutung der G20-Staaten entspricht.

Diese Reformen machen Krisen unwahrscheinlicher – ganz überwinden werden sie sie nicht. Wie der Wirtschaftswissenschaftler Hyman Minsky einst feststellte: »Es ist unmöglich, die Dinge ein für allemal zu erledigen; wird die Instabilität durch eine Reform beseitigt, kommt sie nach einiger Zeit in neuem Gewand daher.«[3] Krisen lassen sich nicht abschaffen. Sie können aber gemanagt und gemildert werden.

Diese beunruhigende Tatsache ist paradoxerweise ein Grund zur Hoffnung. Während der Weltwirtschaftskrise waren Politiker zu Reformen bereit, mit denen sie die Grundlagen für fast 80 Jahre Stabilität und Sicherheit im Finanzsystem schufen. Wie immer blieb es nicht dabei. Doch 80 Jahre sind eine lange Zeit – ein ganzes Menschenleben.

Wenn wir im Morast unserer eigenen Weltwirtschaftskrise über die Zukunft der Finanzwelt nachdenken, sollten wir uns ähnlich ehrgeizige Ziele setzen. Nichts ist von Dauer. Krisen wird es immer geben. Doch sie müssen keine solchen Ausmaße annehmen und auch nicht unsere wirtschaftliche Existenz bedrohen. Wenn wir die Dämme um unser Finanzsystem verstärken, können wir die kommenden Stürme bestehen. Auch wenn die Flut steigt, holen wir uns keine nassen Füße. Aber wenn wir uns nicht auf die unvermeidlichen Stürme einstellen, weil wir meinen, dass unsere antiquierten Dämme schon halten werden, dann sind weitere Katastrophen vorprogrammiert.

AUSBLICK

DIE NACHBEBEN

Während der Finanzkrise der Jahre 2007 und 2008 stand die Welt am Rande des Abgrunds. Im vierten Quartal 2008 und im ersten Quartal 2009 erreichte der weltweite Konjunktureinbruch Ausmaße wie zu Beginn der Weltwirtschaftskrise der dreißiger Jahre.

Nur ein schnelles und radikales politisches Eingreifen in einer Reihe von Ländern verhinderte, dass die Wirtschaft ausblutete. Diese kollektive Reaktion war nicht immer koordiniert oder durchdacht, doch sie verhinderte eine neue Weltwirtschaftskrise und hielt den freien Fall von Volkswirtschaften in aller Welt auf. Die Deflationsgefahr ließ nach, und die Welt durfte vorsichtig aufatmen. Als Erste schafften die Schwellenländer die Wende. Im dritten Quartal des Jahres 2009 hatte sich der Abwärtstrend auch in den meisten entwickelten Industrienationen wieder umgekehrt.

Während die Weltwirtschaft auf Erholungskurs geht, können ihre Risiken und Schwächen in den nächsten Jahren zu neuerlichen Krisen führen. Wir sind mit einer Vielzahl von Problemen konfrontiert. Manche Länder stehen dank explodierender Haushaltsdefizite vor der Zahlungsunfähigkeit und könnten die Druckerpressen anwerfen, um ihre Schulden in den Griff zu bekommen. Das könnte eine Inflation in einer Höhe bewirken, wie wir sie zuletzt in den 1970er Jahren erlebt haben.

Weitere Probleme dräuen. Die extrem großzügige Geldpolitik und quantitative Lockerungen in Kombination mit wachsender

Abhängigkeit vom Carry Trade in US-Dollar können eine noch größere Blase verursachen als die gerade geplatzte. Sollte diese Blase in sich zusammenfallen, werden erneut Werte und Wohlstand vernichtet und die Welt steht vor einer neuen Krise.

Ebenso beängstigend wäre ein Zerfall der Europäischen Währungsunion oder eine Wiederkehr der Deflation in Japan, die das Land in eine inländische Schuldenkrise stürzen könnte. Selbst China ist zunehmend vom Absturz bedroht, wenn sein von Investitionen gestützter Aufschwung an Fahrt verlöre und vermehrte Kreditausfälle eine Bankenkrise auslösen sollten. Diese Szenarien könnten der Globalisierung einen schweren Schlag versetzen.

Viel hängt davon ab, inwieweit sich die Weltwirtschaft in den kommenden Jahren erholt. Hier deshalb ein Blick auf die Gefahren, die uns in naher Zukunft drohen. (Eine detailliertere Analyse finden Sie unter www.roubini.com.)

V, U oder W?

Eine Erholung kann verschiedene Formen annehmen, die ihre relative Dynamik oder Nachhaltigkeit widerspiegeln. Denkbar sind eine V-förmige Erholung (rasch und kräftig), eine U-förmige Erholung (langsam und unspektakulär) und eine W-förmige Erholung (zwei aufeinander folgende Krisen, unterbrochen durch einen flüchtigen Aufschwung). Für die Industrienationen ist das wahrscheinlichste Szenario das U mit Jahren des unterdurchschnittlichen Wachstums, und zwar aus folgenden Gründen:

Erstens herrscht nach wie vor Flaute auf dem Arbeitsmarkt. Im Jahr 2010 hat die Arbeitslosigkeit in den Vereinigten Staaten 10 Prozent erreicht (nach einer anderen Statistik, die auch Teilzeitbeschäftigte und Arbeitsmarktaussteiger erfasst, waren es mehr als 17 Prozent). In der Immobilienbranche, im Bauwesen und im Finanzsektor wurden viele Arbeitsplätze für immer vernichtet, genau wie durch die Auslagerung von Produktion und Dienstleistungen ins Ausland.

Doch auch die nach wie vor beschäftigten Arbeitnehmer verzeichnen Einkommenseinbußen. Viele Unternehmen haben ihre Mitarbeiter »am Abschwung beteiligt«, indem sie die Stundenzahl reduziert, sie beurlaubt oder ihnen das Gehalt gekürzt haben. Der Rückgang der geleisteten Arbeitsstunden entsprach dem Verlust von weiteren drei Millionen Vollzeitstellen, zusätzlich zu den Ende 2009 offiziell verlorenen 8,4 Millionen Arbeitsplätzen. Ein Ende des Stellenabbaus ist nicht abzusehen: Eine neuere Studie von Alan Blinder ergab ferner, dass bis zu einem Viertel aller Arbeitsstellen in den Vereinigten Staaten früher oder später ausgelagert werden könnten.[1] Daher könnte die Arbeitslosenquote noch eine Zeit lang steigen. Wenn sie schließlich zurückgeht, wird das sehr langsam erfolgen.

Darüber hinaus unterscheidet sich diese Rezession wesentlich von früheren. Die vergangene Krise beruhte auf einer übermäßigen Verschuldung der privaten Haushalte, Banken und Unternehmen. Sie ging nicht auf eine Verschärfung der Währungspolitik zurück, sondern auf Bilanzprobleme und eine gigantische Überschuldung. Jüngste Forschungsergebnisse von Carmen Reinhart und Kenneth Rogoff lassen vermuten, dass die Nachwirkungen einer auf Bilanzproblemen basierenden Rezession den Aufschwung auf Jahre hinaus dämpfen könnten, da jeder Wirtschaftsbereich Fremdkapital und Schulden abbaut.

Das wird seine Zeit dauern. In den Vereinigten Staaten oder Großbritannien haben die privaten Haushalte zu wenig gespart und zu viel Geld ausgegeben. Obwohl die Sparquote Ende 2009 auf über 4 Prozent gestiegen ist[2], weisen vom IWF und anderen Experten durchgeführte Untersuchungen darauf hin, dass diese Quote in den nächsten Jahren 8 Prozent erreichen muss. Das bedeutet geringere Zuwachsraten beim Konsum. Doch da der Konsum in den Vereinigten Staaten 70 Prozent des Bruttoinlandsprodukts ausmacht (und in anderen Ländern mit niedrigen Sparquoten ebenfalls sehr hoch ist), könnte jeder diesbezügliche Einschnitt das Wirtschaftswachstum bremsen.

Weitere Indizien weisen auf eine U-förmige Erholung hin. In einem typischen V-förmigen Aufschwung steckt der Unternehmenssektor viel Geld in Investitionen und fördert damit eine rasche Erholung. In diesem Aufschwung wird die Investitionstätigkeit verhalten bleiben, weil die Wirtschaft reichlich unausgelastete Kapazität hat (Fabriken, Maschinen, Computer und so weiter). Tatsächlich ist die Auslastung mit 67 Prozent sehr viel schlechter als in früheren Rezessionen (in denen sie sich bei 75 bis 80 Prozent befand). Noch Ende 2009 lagen in den Vereinigten Staaten und Europa 30 Prozent der vorhandenen Kapazität brach. Warum sollten Unternehmen in dieser Situation neu investieren?

Hinzu kommt, dass weite Teile des Finanzsystems trotz staatlicher Hilfen Schaden genommen haben. Allein in den Vereinigten Staaten hat der Einlagensicherungsfonds bis heute über 130 Banken geschlossen und mehr als 500 unter Beobachtung gestellt. Dass weite Teile des Schattenbankwesens zusammengebrochen sind, irreparable Schäden erlitten haben oder in staatliche Verwaltung übernommen wurden, kommt erschwerend hinzu. Die Verbriefung ist trotz öffentlicher Hilfen nur noch ein Schatten ihrer selbst, und auch private Kapitalgesellschaften haben mit den Folgen der Verschuldung zu kämpfen.

Es wird lange dauern, bis das Finanzsystem wieder voll funktionstüchtig ist. Damit kann es nur sehr eingeschränkt künftige Investitionen in Immobilien, Bauprojekte, Anlagen und den Verbrauch von langlebigen Gütern finanzieren. Ein Wachstum, wie es während der Boomjahre von 2003 bis 2007 durch eine unhaltbare Kreditblase finanziert wurde, werden wir nicht so schnell wieder erleben.

Noch andere Faktoren lassen eine U-förmige Erholung erwarten. Die staatlichen Konjunkturprogramme und Steueranreize können nicht ewig fortgesetzt werden. Stellt man sie ein, fällt das Wachstum wieder geringer aus. Werden sie nicht eingestellt und nimmt die Politik noch höhere Defizite in Kauf, um Steueranreize und Konsumsteigerungen zu finanzieren, steuern wir nur auf ein noch größeres Haushaltsfiasko zu. Eine solche Ausgabenpolitik schürt die Angst vor Staatspleiten, treibt die langfristigen Zinsen in die Höhe und würgt den Aufschwung ab.

Schließlich lassen auch die hartnäckigen globalen Leistungsbilanzungleichgewichte in den kommenden Jahren nur eine allmähliche Erholung erwarten. Die Vereinigten Staaten, aber auch Länder wie Großbritannien, Irland, Island, Spanien, Dubai, Australien, Neuseeland, Estland, Lettland, Litauen und andere osteuropäische Staaten, wirkten in den letzten zehn Jahren weltweit als Konsumenten erster und letzter Instanz, indem sie mehr ausgaben, als sie einnahmen, und Leistungsbilanzdefizite anhäuften. China, asiatische Schwellenmärkte, der größte Teil Lateinamerikas, Japan, Deutschland und einige weitere Staaten der Eurozone waren dagegen Produzenten erster und letzter Instanz. Sie gaben weniger aus, als sie einnahmen, und erwirtschafteten Leistungsbilanzüberschüsse.

Während die erste Ländergruppe sich nun einschränkt, indem sie mehr spart und weniger importiert, gleicht die zweite Gruppe dies nicht aus, indem sie weniger spart und mehr konsumiert. Dadurch geht die globale Nachfrage nach Gütern zwangsläufig zurück. Da es schon heute weltweit große industrielle Überkapazitäten gibt, wird die globale Gesamtnachfrage bestenfalls in geringerem Umfang wachsen können.

All diese Faktoren sprechen für eine langsame U-förmige Erholung in den Vereinigten Staaten und anderen Industrienationen. Der erste Anschein mag dem widersprechen. Tatsächlich gingen in den Vereinigten Staaten erste Schätzungen für das vierte Quartal 2009 von einem Wachstum von 5,7 Prozent aus – so viel, wie seit sechs Jahren nicht. Dieser Wert ist jedoch vor allem auf die Konjunkturprogramme zurückzuführen sowie auf den Umstand, dass Unternehmen in den letzten Monaten des Jahres 2009 ihre Bestände aufgefüllt haben.

Diese Kräfte könnten das Wachstum in der ersten Jahreshälfte 2010 vielleicht noch auf 3 Prozent oder mehr hochtreiben. Abwrackprämien, Steuervorteile für Eigenheimkäufer und befristete staatliche Beschäftigungsprogramme tun das Ihre, um das Wachstum kurzfristig anzukurbeln. Doch wenn diese Maßnahmen in der zweiten Hälfte des Jahres 2010 auslaufen, wird das Wachstum ins Stocken geraten und solange unterdurchschnittlich bleiben, bis die Sparquoten und die Entschuldung des privaten und des öffentlichen Sektors das nötige Maß erreicht haben.

Europas Tanz auf dem Vulkan

So düster die Aussichten in den Vereinigten Staaten auch sind, mittelfristig sieht es für die Eurozone und Japan mindestens genauso schlecht aus. Auch in diesen beiden Regionen wird sich die Wirtschaft nur allmählich erholen.

Das liegt erstens daran, dass die potenzielle Wachstumsrate in der Eurozone und Japan mit rund 2 Prozent niedriger ist als in den Vereinigten Staaten. Zweitens wird es diesen Ländern schwerer fallen, die Auswirkungen der Krise mit Mitteln aus dem Staatshaushalt aufzufangen. Schon vor der Krise hatten viele dieser Länder große Haushaltsdefizite und waren hoch verschuldet (in vielen Fällen bis oder über 100 Prozent des Bruttoinlandsprodukts). Drittens stehen diese Länder kurz- und langfristig vor ernsthaften Herausforderungen durch geringe Produktivitätssteigerung und Bevölkerungsalterung. Keines dieser Probleme ist ohne weiteres aus der Welt zu schaffen.

Dazu kommt, dass eine Gruppe von Ländern innerhalb der Eurozone – die sogenannten PIGS (Portugal, Italien, Griechenland und Spanien) – in großen Schwierigkeiten steckt. In diesen Ländern nahm die Verschuldung in den letzten Jahren drastisch zu, und die Wettbewerbsfähigkeit ging ebenso drastisch zurück. Dafür gibt es vielfältige Gründe. Die Einführung des Euro versetzte sie in die Lage, über ihre Verhältnisse Kredite aufzunehmen und zu konsumieren. Der anschließende Kreditboom heizte den Konsum an und trieb gleichzeitig die Löhne und Gehälter in die Höhe. Darunter litt die Wettbewerbsfähigkeit im Export. Gleichzeitig erschwerten eine übermäßige Bürokratie und andere strukturelle Hindernisse eine Investition in Sektoren mit hoher Wertschöpfung, obwohl die Löhne nach wie vor hinter denen der übrigen Europäischen Union herhinkten.

Die resultierende Mischung aus hohen Leistungsbilanz- und Haushaltsdefiziten bescherte den PIGS hohe Schulden in anderen Teilen Europas. Diese Staaten sind stark von Fremdkapital abhängig und damit ein möglicher finanzwirtschaftlicher Ansteckungsherd. Schlimmer noch, der Wertanstieg des Euros in den Jahren 2008 und 2009 erhöhte ihre Schuldenlast und machte sie anfälliger für Zahlungsausfälle. Damit wurden die PIGS zu einer Belastung für die reicheren, solider wirtschaftenden Mitglieder der Europäischen Union.

Das war so nicht vorgesehen. Die Europäische Währungsunion sollte Europa Stabilität und Einheit bringen. Die Mitgliedstaaten gaben die Kontrolle über die Währungspolitik an die Europäische Zentralbank ab und traten dem Stabilitäts- und Wachstumspakt bei, der Grenzen für die Haushaltsdefizite festlegte. Theoretisch wollte man die Länder so zur Durchführung von Strukturreformen zwingen und eine Konvergenz der Wirtschaftsleistung unter den Mitgliedstaaten herbeiführen. Das Gegenteil geschah. Länder wie Deutschland reduzierten zehn Jahre lang ihre Haushaltsdefizite und verbesserten ihre Wettbewerbsfähigkeit durch die Umstrukturierung von Unternehmen. Anders in Italien, Spanien, Griechenland und Portugal, wo die Haushaltsdefizite hoch blieben und die Arbeitskosten schneller wuchsen als die Produktivität. Infolgedessen gibt es heute nicht ein Europa, sondern zwei.

Andere Faktoren verstärkten diese Diskrepanzen noch. Der Grad der Arbeitsmobilität innerhalb der Union ist gering, da Sprache und Kultur der Migration im Wege stehen. Deshalb führt ein

Anstieg der Arbeitslosigkeit in einem Randgebiet der Union nur zu einer geringen Abwanderung von Arbeitskräften in wohlhabendere Regionen. Ebenso besorgniserregend ist, dass die Mitgliedsstaaten nicht wie in den Vereinigten Staaten die Haushaltslasten gemeinsam tragen. Da der Haushalt nach wie vor Sache der einzelnen Mitgliedsstaaten ist, sind der gegenseitigen Unterstützung Grenzen gesetzt.

Hält diese wirtschaftliche Diskrepanz an und vergrößert sich, könnte die Europäische Währungsunion zerbrechen. Nehmen wir zum Beispiel an, dass Griechenland auf haushaltspolitische Tricks zurückgreift, um seine Probleme zu bewältigen. Wenn das so weitergeht, könnte Griechenland 2010 irgendwann keine Kredite mehr erhalten. Dann müsste es bei anderen Mitgliedstaaten, der Europäischen Zentralbank, der Europäischen Kommission oder beim IWF um direkte Kredite ersuchen.

Diese Akteure könnten Griechenland aus der Patsche helfen, damit die Währungsunion überlebt. Doch wenn sich die Probleme auf Spanien, Italien, Portugal oder weitere Mitgliedstaaten ausweiten, kämen die Bereitschaft und die Fähigkeiten der Europäischen Zentralbank und vor allem der französischen und deutschen Steuerzahler irgendwann an ihre Grenzen. Das betreffende Land – Griechenland zum Beispiel – müsste aus der Währungsunion austreten und anstelle des Euro eine neue, abgewertete Währung einführen.

Dieses Doppelszenario aus Zahlungsunfähigkeit und Abwertung hätte verheerende Folgen. Mit der Einführung einer neuen, niedriger bewerteten Währung, einer neuen Drachme etwa, könnte ein Land wie Griechenland unweigerlich seine auf Euro lautenden öffentlichen und privaten Schulden nicht mehr bedienen.

Etwas Ähnliches passierte im Jahr 2001 in Argentinien. Der Abschied von der Dollarbindung und die drastische Abwertung des Pesos führten zu einer Welle von Ausfällen bei auf US-Dollar lautenden öffentlichen und privaten Verbindlichkeiten. Auf Dollar lautende Inlandsschulden wurden in Peso umgerechnet und verloren an Wert – ein Prozess, der als »Pesifizierung« bezeichnet wurde.[3] Eine Währungsabwertung und ein Zahlungsausfall von Griechenland oder Italien hätten eine entsprechende »Drachmifizierung« oder »Liralisierung« inländischer, auf Euro lautender Verbindlichkeiten zur Folge und würden Gläubigern und Sparern zwangsläufig herbe Verluste bescheren.

Eine Währungsunion hatte ohne eine politische Union und vor allem ohne eine Vereinigung der Haushalte noch nie Bestand. Sollte es tatsächlich zu diesen Ausfällen und Abwertungen kommen, würde der Kontrast zwischen der Eurozone und den Vereinigten Staaten noch krasser. Kalifornien und andere Bundesstaaten stehen zwar vor Haushaltskrisen, doch der Föderalismus ermöglicht eine nationale Lösung dieser Probleme. Die Eurozone verfügt dagegen über keine vergleichbaren Mechanismen.

Ein Zerfall der Währungsunion könnte gar zur teilweisen Auflösung der Europäischen Union führen. Jeder Mitgliedstaat, der aus der Währungsunion austritt und seine Schulden bei anderen Mitgliedstaaten nicht bedient, kann in letzter Konsequenz aus der Europäischen Union ausgeschlossen werden. Dieses Schicksal, das vor wenigen Jahren noch unvorstellbar war, ist für die Regierungen in Athen, Rom, Madrid und Lissabon zu einer realen Möglichkeit geworden. Jahre wirtschaftlicher Divergenz und eine Erosion der Wettbewerbsfähigkeit in diesen Ländern haben einen solchen Ausgang wahrscheinlicher gemacht.

Quo vadis, Japan?

Japan steckt in ähnlich großen Schwierigkeiten wie die Eurozone. Das Platzen einer Immobilien- und Aktienblase Anfang der 1990er Jahre führte zu einem Jahrzehnt wirtschaftlicher Stagnation mit vier Rezessionen und einer ernstzunehmenden Deflation. Nach dem Platzen der Spekulationsblase wurden viele politische Fehler gemacht. Währungspolitische Lockerungen und Steueranreize kamen zu spät und wurden zu früh zurückgenommen. Zombiebanken wurden zu lange am Leben erhalten und erst Ende des Jahrzehnts rekapitalisiert. Eine Rezession mit zwei Tiefpunkten im Jahr 2000 verschärfte das Doppelproblem durch Deflation und Stagnation noch. Erst nach dem Jahr 2004 erreichte Japan wieder potenzielle Wachstumsraten von 2 Prozent.

In der jüngsten Wirtschaftskrise schrumpfte die japanische Wirtschaft stärker als die amerikanische, obwohl die meisten Finanzunternehmen kaum Giftpapiere oder strukturierte Finanzprodukte besaßen. Doch Japan war aufgrund seiner starken Abhängigkeit vom Außenhandel anfällig, der wiederum an einem schwachen Yen hing. Als das globale Wachstum und der Handel in den Jahren 2008 und 2009 einbrachen, kollabierte der Export. Der Carry Trade im Yen ging zurück und der Yen stieg. Der Aufschwung war seither bestenfalls dürftig.

Japan hat eine ganze Reihe von Strukturproblemen. Seine alternde Bevölkerung und die gleichzeitige Ablehnung von Immigranten haben die Wirtschaft in eine demografische Zwickmühle gebracht, die das Wachstum weiter hemmen wird. Ein ineffizienter, verknöcherter Dienstleistungssektor mit geringer Produktivität hat sich als wenig wandlungsfähig erwiesen. Dies gilt auch für die rigiden Konventionen in Wirtschaft und Gesellschaft wie zum Beispiel Beschäftigung auf Lebenszeit. Das politische System ist gleichermaßen unbeweglich und zeigt keine Bereitschaft zu Strukturreformen, die nötig wären, um solche Hemmnisse zu überwinden. Japan wird seine Position als zweitgrößte Volkswirtschaft der Welt nicht länger halten können und in den kommenden Jahren von China verdrängt werden.

Noch beunruhigender ist, dass die hohe Staatsverschuldung, das schwache Wachstum und die hartnäckige Deflation eine Haushaltskrise erwarten lassen. Bislang ließ sich das auch dank der hohen privaten Sparquoten vermeiden. Außerdem haben der private Sektor und die Zentralbank aufgrund der hohen Leistungsbilanzüberschüsse große Devisenreserven angehäuft, und dieses Polster könnte zur Bedienung der wachsenden Inlandsschulden verwendet werden. Das erklärt ein Stück weit, warum die japanische Regierung noch immer zu verhältnismäßig niedrigen Zinsen Kredit aufnehmen kann, obwohl die Staatsverschuldung inzwischen fast 200 Prozent des Bruttoinlandsprodukts erreicht hat.

Doch in der jüngsten Krise sank die Sparquote der Haushalte drastisch, da diese aufgrund von Einkommenseinbußen weniger auf die Seite legen konnten, wenn sie ihren Lebensstandard aufrechterhalten wollten. Selbst der Leistungsbilanzüberschuss schrumpfte, während steigende Haushaltsdefizite und sinkende private Ersparnisse den Rückgang privater Investitionen in den Schatten stellten. Sollten sich diese Entwicklungen fortsetzen, könnte Japan auf eine schwerwiegende Haushaltskrise zusteuern – vor allem, wenn anhaltende Deflation, schwaches Wachstum, explodierende Defizite und ein starker Yen zusammenwirken und das Vertrauen in die japanische Wirtschaft aushöhlen.

Tatsächlich beobachten manche Ratingagenturen Japan bereits in Hinblick auf eine mögliche Abwertung der Bonität. Wenn die japanischen Haushalte das Vertrauen in die Fähigkeit der Regierung verlieren, das Defizit und die öffentliche Verschuldung unter Kontrolle zu bringen, könnten sie inländische Anlagen auf den Markt werfen (angefangen bei Staatsanleihen) und den yenbasierten Carry Trade wiederaufnehmen. Damit würde der Wert des Yen sinken und die Renditen langfristiger Staatsanleihen würden steigen. Das Ergebnis wäre eine staatliche Schuldenkrise.

Bedauerlicherweise ist das politische System in Japan nur bedingt in der Lage, die haushaltspolitischen Strukturreformen durchzuführen, die nötig wären, um das Ruder herumzureißen. Im Jahr 2009 konnte die oppositionelle Demokratische Partei Japans (DPJ) die liberaldemokratische LDP ablösen, die seit über 50 Jahren fast ohne Unterbrechung regiert hatte. Doch allem Anschein zum Trotz blieben die Reformen aus. DPJ-Chef Yukio Hatoyama gab bei Amtsantritt ehrgeizige, doch widersprüchliche

Versprechungen ab.[4] Er und seine Partei erkannten die finanziellen Grenzen Japans und verpflichteten sich zur Reduzierung der Staatsausgaben. Gleichzeitig forderte er aber eine »Wirtschaft für die Menschen« mit erheblichen staatlichen Subventionen. Seine Regierung legte einen Haushalt vor, der eine Neuverschuldung in Rekordhöhe vorsah. Nicht minder bedenklich war die Ankündigung Hatoyamas, er wolle die Privatisierung der Japan Post Bank stoppen. Dabei handelt es sich um einen Riesenkonzern mit einem Vermögen von über drei Billionen US-Dollar, der seit Jahrzehnten zur Finanzierung der Staatsausgaben beiträgt. Hatoyama scheint kein Interesse daran zu haben, dies zu ändern.

Diese Maßnahmen dürften die Staatsverschuldung nur weiter erhöhen und das Wachstum auf niedrigem Niveau halten. Leider kann Hatoyama diese Ziele ohne größere politische Kontrolle verfolgen. Die DPJ verfügt über eine große Mehrheit im Unterhaus und dominiert mit Unterstützung ihrer Koalitionspartner auch das Oberhaus. Bei der Umsetzung ihrer politischen Agenda hat die Regierung also kaum Hindernisse zu erwarten.

Dabei ist eine umfassende Wirtschaftsreform eher unwahrscheinlich. Vor der Machtübernahme der DPJ hatten sich Wirtschaftseliten mit einer LDP-geprägten Bürokratie über den Wortlaut von Gesetzen geeinigt. Diese Elite ist nun von einem Ein-Parteiensystem auf ein Kein-Parteiensystem umgestiegen. Die neue Regierungskoalition hat weit weniger Verbindungen in die Geschäftswelt. Das bedeutet, dass es weniger Möglichkeiten gibt, die nötigen Kompromisse zu erzielen und die Strukturreformen herbeizuführen, die in den kommenden Jahren für höheres Wachstum sorgen würden.

Das könnte Japan am Ende in eine äußerst heikle Lage bringen, wenn sprunghaft steigende Defizite und eine schwache Wirtschaft das Undenkbare herbeiführen: eine staatliche Schuldenkrise, einen Anstieg der Inflation und den dramatischen Absturz eines Landes, das einst als Kandidat für die Vormachtstellung in der Weltwirtschaft galt.

BIC, BRIC oder BRICK?

Auf dem Papier können die meisten Schwellenländer mittelfristig durchaus mit robustem Wachstum in der Größenordnung von 5 bis 8 Prozent rechnen.[5] Das ist deutlich mehr als die 2 oder 3 Prozent, wie sie die meisten Industrieländer in den kommenden Jahren erwarten dürfen.

Ihre Stärke verdanken sie vor allem den Vorteilen, über die sie zu Beginn der Krise verfügten. Mit Ausnahme von Teilen Zentral- und Osteuropas hatten die Banken und Haushalte der Schwellenländer einen geringeren Fremdkapitalanteil, der sich als Achillesferse vieler Industrieländer erweisen sollte. Außerdem hatten diese Länder nach diversen Finanzkrisen in den letzten Jahrzehnten ihre Finanzsysteme in Ordnung gebracht, eine solide Haushaltspolitik betrieben und ihren Zentralbanken große Freiräume bei der Inflationsbekämpfung gegeben.

Aufgrund dieser Vorteile konnten die Schwellenländer die Krise gut verkraften. Mit effektiven währungs- und haushaltspolitischen Maßnahmen kurbelten sie Nachfrage und Wachstum an und positionierten sich für einen raschen Aufschwung. Sollten diese Länder an dem marktorientierten Kurs festhalten, den sie vor der Krise eingeschlagen haben, werden sie tatsächlich solide weiterwachsen.

So weit der Idealfall. Trotzdem bleiben einige Vorbehalte. Zuallererst sind diese Volkswirtschaften nicht autark. Sie unterhalten umfangreiche Handels- und Finanzbeziehungen zu Industrienationen und können sich nicht vollständig von deren Problemen abkoppeln. Ein schwacher Aufschwung in Ländern wie den Vereinigten Staaten wird auch die dynamischsten Schwellenländer unweigerlich belasten.

Zu den Schwellenländern zählen Dutzende von Staaten. Die größten sind die landläufig als BRIC-Staaten bezeichneten Länder Brasilien, Russland, Indien und China.[6] Unter ihnen hat China unbestritten die Führungsposition. Doch dieses Land steht vor großen

Herausforderungen. Es hat zwar die Krise überstanden, doch seine allzu effektive Reaktion könnte mittelfristig Probleme bereiten.

China reagierte unter anderem mit staatlicher Lenkung des Kreditwachstums auf die Krise. Staatseigene Banken wurden angewiesen, staatlichen Unternehmen enorme Kredite zur Verfügung zu stellen, um mehr Mitarbeiter einzustellen, mehr Güter zu produzieren, mehr Rohstoffbestände anzulegen und ihre Kapazität zu steigern. Jede Provinz drängt die Banken mittlerweile, staatseigenen Betrieben ohne Rücksicht auf Verluste Kredit zu geben, um in Branchen wie der Stahl-, Zement-, Aluminium- oder Autoindustrie die Produktion zu steigern. Doch China hat in diesen Bereichen bereits Kapazitätsüberschüsse.

Dank des staatlichen und privaten Investitionsbooms verfügt China mittlerweile über eine Infrastruktur, die seine Entwicklung weit übersteigt – neue Flughäfen stehen leer, Autobahnen werden kaum befahren. Auch der Bausektor ist in schwindelerregendem Tempo gewachsen und produziert unweigerlich ein Überangebot an gewerblichen und privaten Immobilien. Im Zuge des Wirtschaftswachstums und der Urbanisierung wird diese Infrastruktur zwar sicher irgendwann genutzt, doch das Angebot übersteigt allmählich die Nachfrage. Manche dieser Verzerrungen hängen mit dem Umstand zusammen, dass Grundstücke nicht marktgerecht bepreist werden, da der Staat hier nach wie vor das Angebot kontrolliert.

Ein Teil der Kredite, die heute in die chinesische Wirtschaft fließen, wird zu unproduktiven Zwecken verwendet, wie beispielsweise zum Kauf von Rohstoffen, Aktien und Immobilien zu Spekulationszwecken. Daraus könnte sich eine gefährliche Blase entwickeln, die irgendwann eine empfindliche Abwärtskorrektur der Vermögenspreise herbeiführen dürfte. Der chinesische Staat ist sich dessen bewusst. Steigende Preise für Energie, Lebensmittel und Immobilien haben die Behörden veranlasst, die Geld- und Kreditmenge zu reduzieren, in der Hoffnung, auf diese Weise eine weiche Landung zu ermöglichen.

Im Jahr 2010 befindet sich China in einer widersprüchlichen Situation. Während die im Vorjahr eingeleiteten Konjunkturprogramme das Wachstum wieder auf rund 9 Prozent hochgetrieben haben, steht die nötige Verlagerung der Wirtschaft vom Export auf den Binnenmarkt noch aus. Der private Verbrauch macht in China nach wie vor nur kümmerliche 36 Prozent des Bruttoinlandsprodukts aus, verglichen mit 70 Prozent in den Vereinigten Staaten. Dazwischen gibt es sicherlich einen vernünftigen Mittelwert, doch China hat bislang wenig unternommen, um diesen zu erreichen.

China könnte in den kommenden Jahren noch von weiteren Problemen belastet werden. So gibt es zwei unterschiedliche Wachstumsraten innerhalb des Landes. Die exportorientierten Städte an der Küste entwickeln sich deutlich schneller als die ländlichen Regionen im Landesinnern. Überdies wurde das Wirtschaftswachstum in allen Regionen unter gnadenloser Missachtung der Ökologie vorangetrieben, was Umweltbelastungen sowie Gesundheitsschädigungen bei Millionen von Chinesen verursachte. Schließlich könnten das autoritäre politische System, das keine abweichenden Meinungen toleriert, sowie die wachsende Unruhe unter ethnischen Minderheiten zusätzliche Probleme bereiten.

Die übrigen BRIC-Staaten stehen vor eigenen Herausforderungen. Im Vergleich zu China verfügt Indien über eine lebendige Demokratie, einen Rechtsstaat und Eigentumsrechte. Doch die Demokratie ist ein zweifelhafter Segen. Schwache Koalitionsregierungen haben die nötigen Strukturreformen der Wirtschaft verzögert. Dazu gehören die Rückführung der Haushaltsdefizite auf zentral- und bundesstaatlicher Ebene, die Kürzung ineffizienter Staatsausgaben und die Reform des Steuersystems.

Aber auch andere liberale Reformen sind vonnöten. Die staatlichen Eingriffe in die Wirtschaft müssen begrenzt und die exzessive Bürokratie sollte beschnitten werden. Die Arbeitsmärkte sind zu unflexibel und müssen liberalisiert werden. Das Gleiche gilt für den Handel und die Auflagen für ausländische Direktinvestitionen. Das Unternehmertum muss stärker gefördert werden, genau wie Investitionen in Humankapital und Ausbildung. Auf diesen Gebieten sind zwar Fortschritte erkennbar, doch es besteht die Gefahr, dass diese Reformen zu langsam erfolgen und der Abstand zwischen dem chinesischen Hasen und der indischen Schildkröte größer wird.

Ganz anders ist die Lage in Brasilien. Das Land hat eine dynamische Volkswirtschaft mit Rohstoffen, einem hoch entwickelten Finanzsystem und einem fortschrittlichen Produktionssektor, der noch lange Zeit robust wachsen könnte. Doch selbst in den besten Zeiten, in den Jahren 2004 bis 2007, als das durchschnittliche Wachstum in den anderen BRIC-Ländern 8 oder gar 10 Prozent überstieg, sah sich Brasilien mit 4 Prozent weit abgeschlagen.

Der Regierung von Luiz Inácio Lula da Silva ist eine solide makroökonomische Politik zugute zu halten, das Haushaltsdefizit ist niedrig, und die unabhängige Zentralbank hat sich der Inflationsbekämpfung verschrieben. Doch es bleibt noch viel zu tun. Um ein Wachstum von 6 Prozent zu erreichen, muss der nächste Präsident die Rentenversicherung regeln, Staatsausgaben und Steuern senken, durch Investitionen in Aus- und Weiterbildung die Qualifikation der Erwerbstätigen verbessern und durch öffentlich-private Partnerschaften die Infrastruktur modernisieren und ausbauen. Dazu ist eine Fortsetzung der Sozialpolitik nötig, mit der die ungleiche Verteilung von Einkommen und Wohlstand nach und nach verringert wird.

Der letzte BRIC-Staat wurde durch die jüngste Wirtschaftskrise als potenzieller Hochstapler entlarvt. Die Schwächen der russischen Wirtschaft – vor allem die stark verschuldeten Banken und Unternehmen – waren in den letzten Jahren durch den warmen Regen der hohen Öl- und Gaspreise kaschiert worden. Nachdem Russlands Wirtschaft im Jahr 2008 um 8 Prozent gewachsen war, schrumpfte sie im Folgejahr um ebenso spektakuläre 8 Prozent.

De facto besteht die russische Wirtschaft nur aus einem halbwegs gesunden Öl- und Gassektor, der mit den Preisen dieser Rohstoffe schwankt. Sie muss diversifizieren, doch dazu wären die

Privatisierung von Staatsbetrieben, die Liberalisierung der Wirtschaft, der Abbau einer unternehmerfeindlichen Bürokratie und ein ernsthafter Vorstoß gegen die verbreitete Korruption erforderlich. Selbst der Energiesektor muss modernisiert werden. Doch ausländische Geldgeber scheuen davor zurück, Geld in Anlagen zu investieren, die am Ende enteignet oder verstaatlicht werden könnten.

Russland hat noch zahlreiche weitere Probleme: eine verfallende Infrastruktur, ein korruptes politisches System und eine schrumpfende Bevölkerung, die unter gravierenden Gesundheitsproblemen (allen voran unter Alkoholismus) und einer dramatisch sinkenden Lebenserwartung leidet. Russland verfügt zwar noch über das größte Atomwaffenarsenal der Welt und hat einen ständigen Sitz im Sicherheitsrat der Vereinten Nationen, doch es ist zu krank, um zu den aufstrebenden Schwellenländern zu gehören.

Dazu sollten vielmehr einige andere Länder gezählt werden. Aufgrund seines Potenzials gehört auch Südkorea in den BRIC- (oder BRICK-) Club. Südkorea ist eine hoch entwickelte Hightech-Wirtschaftsmacht, innovativ, dynamisch und mit einer qualifizierten Erwerbsbevölkerung. Das einzige Problem ist die Gefahr, dass der böse Zwilling aus dem Norden zusammenbricht und das Land mit hungrigen Flüchtlingen überschwemmt.

Auch die Türkei gehört zu den aufstrebenden Schwellenländern. Sie kann mit einem robusten Bankensektor, einem florierenden Binnenmarkt, einer großen und wachsenden Bevölkerung, einem umsichtigen Unternehmenssektor und Wettbewerbsvorteilen in der arbeitsintensiven Produktion aufwarten. Sie verfügt nicht nur über gute Beziehungen zu Europa, sondern auch zum Nahen Osten und seinen ethnischen Verwandten in Mittelasien.

Der überzeugendste Kandidat ist vermutlich Indonesien, der größte muslimische Staat der Welt mit einer rasch wachsenden Mittelschicht, einer relativ stabilen Demokratie und einer Wirtschaft, die sich in Asien trotz der Rezession an die Spitze gesetzt hat. Aus Sicht der Vereinigten Staaten stellt Indonesien eine attraktive Alternative zu Russland dar, das inzwischen neben Venezuela zur Fraktion der eifrigsten Amerikahasser gehört. Indonesien hat sich nicht nur als Volkswirtschaft krisenfest gezeigt, sondern auch als Staat. Seine bunte ethnische Mischung und sein zerrissenes Staatsgebiet könnten Zweifel aufkommen lassen, ob das Land den Übergang zu einer der führenden Volkswirtschaften der Welt schafft. Doch es hat den Übergang von der Militärdiktatur rasch vollzogen und sich von zahllosen Rückschlägen – etwa durch die asiatische Finanzkrise von 1997, den Tsunami im Jahr 2004, radikal-islamische Gruppierungen und Unruhen im eigenen Land – wieder erholt und wächst mit beeindruckendem Tempo.

Das indonesische Bruttoinlandsprodukt pro Kopf ist im Vergleich zu anderen führenden Schwellenländern nach wie vor niedrig, doch das Land hat ein großes Potenzial. Indonesien hängt weit weniger vom Export ab als andere asiatische Länder oder Russland. Seine Märkte für Nutzholz, Palmöl, Kohle und andere Güter haben in erheblichem Umfang ausländische Investoren angezogen. Die Regierung in Jakarta hat den Kampf gegen die Korruption aufgenommen und widmet sich den strukturellen Problemen. Günstig sind auch die demografischen Aussichten Indonesiens, das mit 230 Millionen Menschen nach Bevölkerungszahl bereits das viertgrößte Land der Welt ist – so groß wie Deutschland und Russland zusammen.

Der Rummel um die BRICs, BIICs oder BRICKs offenbart einen wichtigen langfristigen Trend: die wachsende Wirtschafts-, Finanz- und Handelsmacht einer größer werdenden Gruppe von Schwellenländern. Vor einigen Jahren argumentierte der Wirtschaftsexperte Larry Summers, die Integration Chinas und Indiens und ihrer 2,2 Milliarden Arbeitskräfte und Verbraucher in die Weltwirtschaft sei nach der italienischen Renaissance und der industriellen Revolution das bedeutsamste Ereignis der letzten tausend Jahre.

Wie die genauen Entwicklungen aussehen, wird die Zukunft zeigen. China, Indien und andere führende Schwellenländer stehen vor ähnlichen Herausforderungen. Sie müssen bestimmte Reformpakete umsetzen, um die nächste Stufe zu erreichen. Doch mit großer Wahrscheinlichkeit werden die meisten in den kommenden Jahren weltwirtschaftlich eine immer bedeutendere Rolle spielen.

Eine neue Blase?

Seit März 2009 hat ein ganzes Spektrum riskanter globaler Anlagen einen dynamischen Aufwärtstrend erlebt. In den Vereinigten Staaten erholten sich die Aktienmärkte, Energie- und Rohstoffpreise stiegen wieder, und Aktien, Anleihen und Währungen von Schwellenländern zogen ebenfalls kräftig an. Mit wiederkehrendem Risikohunger haben die Investoren das Interesse an amerikanischen Staatsanleihen und am Dollar verloren. Dadurch stiegen die Renditen und fiel der Dollar.

Die Erholung der Vermögenspreise ist zwar zum Teil auf bessere wirtschaftliche und finanzielle Fundamentaldaten zurückzuführen, doch die Preise stiegen zu früh und zu schnell. Die Ursache ist vor allem bei der Zentralbankpolitik der Industrieländer zu suchen. Niedrige Zinsen und quantitative Lockerungen haben einen »Liquiditätsberg« geschaffen, der den »Sorgenberg« nach der Krise überwand. Das heizt die erstaunliche Wiederbelebung des Interesses an riskanten Anlagen zusätzlich an.

Doch die globale Spekulationsblase findet noch andere Nahrung: den Carry Trade im Dollar. Beim Carry Trade nehmen Anleger in einer Währung Mittel auf und investieren sie dort, wo sie höhere Renditen abwerfen. Infolge der fast auf null gesenkten Zinsen in den Vereinigten Staaten können sich Investoren dort Dollars leihen und in aller Welt in riskante Anlagen investieren. Wenn die Preise für diese Anlagen steigen, machen die Investoren ordentlich Gewinn, mit dem sie die geliehenen Dollars zurückzahlen können. Diese haben bis dahin weiter an Wert verloren, was die

Tilgung der Kredite erleichtert. In der Praxis bedeutet das, dass Investoren nicht nur zinslos Geld leihen, sondern sogar zu negativen Zinsen – je nach Wertverlust des Dollars um 10 oder 20 Prozent.

In diesem Umfeld winken leichte Gewinne, seit März 2009 zwischen 50 und 70 Prozent. Die Federal Reserve hat dieses Szenario ungewollt noch gefördert. Indem sie verschiedenste Anlagen – amerikanische Staatsanleihen, hypothekenbesicherte Wertpapiere und Schuldtitel von Fannie Mae oder Freddie Mac – aufkaufte, reduzierte sie die Volatilität auf den Märkten. Dadurch wird der Carry Trade reizvoller, das Risikobewusstsein schwindet, und immer mehr Investoren werden in eine Blase hineingezogen. Im Zusammenspiel mit der Nullzinspolitik der Federal Reserve haben diese Maßnahmen weltweit die richtigen Voraussetzungen für eine gewaltige Spekulationsblase geschaffen.[7]

Die Schwäche des Dollars hat Zentralbanken in Asien und Lateinamerika in eine schwierige Lage gebracht. Ohne Interventionen auf den Devisenmärkten werden ihre Währungen gegenüber dem US-Dollar zulegen, und eine Kreditaufnahme in US-Dollar wird noch verführerischer. Greifen sie jedoch ein, um eine solche Aufwertung zu verhindern, indem sie ausländische Währungen wie den US-Dollar kaufen, entstehen Reserven, durch die sie nur neue Spekulationsblasen speisen könnten. Das Ergebnis ist immer dasselbe: eine globale Spekulationsblase, die sich mit jedem Tag weiter aufbläht.

Irgendwann kommt der Carry Trade schließlich zum Erliegen. Die amerikanische Notenbank wird ihr Programm zum Aufkauf von Wertpapieren beenden und so wieder eine gewisse Volatilität auf den Märkten herbeiführen. Der US-Dollar wird sich früher oder später stabilisieren, denn er kann nicht unendlich nachgeben. Sobald das geschieht, sind die Kosten von Dollarkrediten nicht länger negativ, sondern liegen lediglich nahe null. Das sind schlechte Nachrichten für alle, die auf einen dauerhaften Abwärtstrend des Dollars gesetzt haben. Spekulanten sind dann gezwungen, kurzfristig den Rückzug anzutreten und ihre Leerverkäufe einzudecken.

Dieser Prozess verläuft umso heftiger, je schneller der Dollar an Wert gewinnt. Das könnte alle möglichen Ursachen haben. Zunehmende Risikoscheu oder militärische Konflikte und andere geopolitische Spannungen könnten die Investoren abrupt in sicherere Anlagen treiben. Wenn der Dollar aber plötzlich so zulegt wie der Yen, als sich der Carry Trade in dieser Währung auflöste, kommt es zu einem Run. Investoren mit Long-Positionen in riskanten globalen Anlagen und Short-Positionen im US-Dollar werden ihre Taktik umgehend ändern. Dann platzt die Blase.

Diese Entwicklungen müssen sich nicht sofort einstellen. Der Liquiditätswall und die Dämpfung der Volatilität durch die Federal Reserve können den derzeitigen Zustand noch eine Zeit lang aufrechterhalten. Dies vergrößert die Spekulationsblase jedoch nur und schafft alle Voraussetzungen für eine schwere Krise.

Staatsbankrott

Bis vor kurzem erschien die Vorstellung undenkbar, dass eine Industrienation ihre Staatsanleihen nicht bedienen könnte. So etwas kam in Schwellenländern vor. Allein im letzten Jahrzehnt wurden Russland, Argentinien und Ecuador zahlungsunfähig, Pakistan, die Ukraine und Uruguay standen kurz davor. Dieses Muster zieht sich durch die Jahrhunderte. Schwellenländer geraten immer wieder mit ihren Verbindlichkeiten in Verzug, ehe sie schließlich zu einem respektablen, verlässlichen Wirtschaftspartner werden.

Nun schließt sich der Kreis offenbar. Mit wenigen Ausnahmen in Zentral- und Osteuropa haben die Schwellenländer ihre Haushalte in den letzten Jahren in Ordnung gebracht. Nun kreist der Pleitegeier über den Volkswirtschaften der Industrienationen.[8] Im Jahr 2009 werteten die Ratingagenturen die Anleihen verschiedener Industrieländer ab, und Anleiheauktionen in Großbritannien, Griechenland, Irland und Spanien fanden weit weniger Zuspruch als erwartet. Dies war ein deutlicher Hinweis darauf, dass die Ratingagenturen und insbesondere die gefürchteten Anleihewächter einschreiten würden, wenn die Industrienationen ihre Haushalte nicht in den Griff bekamen.

Das bringt viele in die Klemme. Durch die jüngste Finanzkrise und die anschließende Rezession wurden die Haushalte einer Reihe von Industriestaaten ernstlich geschwächt. Konjunkturprogramme und Steuerausfälle zeigten dramatische Effekte. Das Gleiche galt für die Entscheidung, die Verluste im Finanzsektor zu verstaatlichen und sie dem Steuerzahler aufzubürden. In den kommenden Jahren könnten ein unterdurchschnittlicher Aufschwung und die Alterung der Bevölkerung die Schuldenlast etlicher Industrienationen noch vergrößern.

Manche Staaten haben bereits Maßnahmen ergriffen, um ihre Haushalte zu konsolidieren, darunter Island, Irland, Großbritannien, aber auch Spanien, Portugal und in geringerem Maße Griechenland. Das ist kurzfristig schmerzhaft, aber die einzige Möglichkeit, um einen Verlust der Glaubwürdigkeit und eine damit einhergehende Verteuerung der Kredite zu verhindern. Bemühungen um solidere Haushalte mögen bei ausländischen Investoren gut ankommen, doch sie können auch eine noch zaghafte Erholung torpedieren. Insgesamt wären diese Länder allerdings besser beraten, empfindliche Einschnitte vorzunehmen, statt eine Zahlungskrise zu riskieren.

Obwohl die Vereinigten Staaten und Japan eine Abstufung ihrer Bonität vermutlich noch eine Zeit lang vermeiden können, werden auch sie eines Tages womöglich den Unmut der Ratingagenturen erregen. Die Vereinigten Staaten verzeichnen nach wie vor untragbare Leistungsbilanzdefizite. Dazu kommen die wachsenden und nicht gegenfinanzierten Sozial- und Krankenversicherungskosten einer alternden Bevölkerung. Japan hat ein noch größeres demografisches Problem und ist bereits erheblich verschuldet. Die Haushaltslage beider Nationen könnte schon bald kritisch unter die Lupe genommen werden – das stellt vor allem für die Vereinigten Staaten eine große Versuchung dar, die bislang ihre Kredite in ihrer eigenen Währung aufnehmen konnten.

Die Vereinigten Staaten haben leider noch eine weitere, unehrliche Option. Im Gegensatz zu den Ländern des Euroraums geben die Vereinigten Staaten (wie Großbritannien und Japan) ihre Staatsanleihen in eigener Währung aus. Das bedeutet, sie müssen sich nicht offiziell bankrott erklären, wenn sie nicht mehr in der Lage sind, zusätzliche Steuern zu erheben oder die Staatsausgaben zu drosseln. Die Zentralbanken können einfach neues Geld drucken – oder das digitale Äquivalent herstellen – und die Schulden monetisieren. Diese bewährte Methode treibt die Inflation in die Höhe und verbilligt die Schulden. Der Wohlstand geht damit von den Gläubigern auf den Staat über. Durch diese sogenannte »Inflationssteuer« wird zwar eine Insolvenz vermieden, doch das Ergebnis ist dasselbe.

Verfechter der Inflationslösung argumentieren, damit würden zwei Fliegen mit einer Klappe geschlagen. Eine mäßige Inflationsrate mindere den Wert der Schulden und verringere die Belastung. Gleichzeitig werde das Problem der Schuldendeflation gelöst, denn auch der Wert der privaten Schulden, etwa der festverzinslichen Hypotheken, sinke, während der Nominalwert von Eigenheimen und anderen Vermögenswerten steige. Das sei eine Win-Win-Situation, denn auf diese Weise würden der Staat und die Wirtschaft ihre Schulden los.

Klingt clever, ist es aber nicht. Wenn sich die Inflation von nahe null auf einstellige Werte erhöht – von zweistelligen ganz zu schweigen –, könnten die Zentralbanken die Kontrolle über die Inflationserwartungen verlieren. Ist der Geist der Inflation erst einmal aus der Flasche, ist er kaum noch zu beherrschen. Die Zentralbanken könnten ihre hart erarbeitete Glaubwürdigkeit wieder verspielen. Paul Volckers Erfolg bei der Inflationsbekämpfung der frühen 1980er Jahre zeigt zwar, dass diese Glaubwürdigkeit wieder zurückgewonnen werden kann, doch der Preis ist eine schwere Rezession.

Dazu kommt, dass die Inflation zwar den Wert festverzinslicher Kredite senken kann, dass aber in den Vereinigten Staaten und anderen Industrieländern Schulden häufig aus kurzfristigen, variabelverzinslichen Titeln bestehen. Dazu gehören Bankeinlagen, variabelverzinsliche Hypotheken, Staatsanleihen mit kurzen Laufzeiten und andere kurzfristige Verbindlichkeiten von Haushalten, Unternehmen, Banken und anderen Finanzinstituten. Bei steigender Inflation müssten diese Verbindlichkeiten zu höheren Zinsen refinanziert werden, denn die Zinssätze würden mit der Inflation steigen. Bei kurzfristigen und variabelverzinslichen Schulden bringt die Inflationslösung also nichts. Man kann eben nicht alle Welt zum Narren halten.

Natürlich bringt der Versuch, die Abzahlung privater und staatlicher Schulden durch die Inflation zu erleichtern, auch noch andere Risiken mit sich. Ausländische Gläubiger der Vereinigten Staaten würden einen drastischen Wertverlust ihrer auf Dollar lautenden Anlagen kaum tatenlos hinnehmen. Der resultierende Abzug von Mitteln, also die Flucht der Investoren aus dem Dollar, könnte die Währung zum Absturz bringen, die langfristigen Zinsen sprunghaft ansteigen lassen und eine neue, heftige Rezession auslösen. Die Vereinigten Staaten hätten nicht mehr dieselbe Machtposition wie seinerzeit in den 1970er Jahren, als die Inflation zu galoppieren begann.

Damals wies das Land allerdings noch Leistungsbilanzüberschüsse aus. Inzwischen sind die Vereinigten Staaten weltweit der größte Kreditnehmer. Sie schulden dem Rest der Welt schwindelerregende drei Billionen US-Dollar. Ihr Leistungsbilanzdefizit von 400 Milliarden US-Dollar im Jahr ist mittlerweile legendär. Da die Gläubiger der Vereinigten Staaten langfristige Schuldtitel zunehmend skeptisch betrachten, wird das Land künftig mit einem kürzerem Zeitrahmen Geld aufnehmen müssen, um seine diversen Defizite zu finanzieren. Damit wird es mehr und mehr anfällig für Krisen, wie sie in den 1990er Jahren die Schwellenländer heimsuchten. Ein plötzlicher Einbruch des US-Dollars wird dadurch wahrscheinlicher.

Die Chinesen und andere Gläubiger der Vereinigten Staaten – Russland, Japan, Brasilien und die ölexportierenden Golfstaaten –

würden eine solche Besteuerung ihrer Dollaranlagen nicht akzeptieren. China davon zu überzeugen, dass es sich mit einer solchen Abgabe abfindet, würde vermutlich ziemlich unerfreuliche Verhandlungen mit sich bringen. China könnte sich dafür in anderer Form entschädigen lassen. So könnte es zum Beispiel einfordern, dass die Vereinigten Staaten nicht länger als Schutzmacht Taiwans auftreten. Solche Kompromisse wären sehr wahrscheinlich in einer Welt, in der Schuldner und Gläubiger um die geopolitische Führung konkurrieren.

Das »Gleichgewicht des finanziellen Terrors« verhindert jedoch, dass China die Finanzierung des amerikanischen Haushalts- und Leistungsbilanzdefizits ohne weiteres einstellen kann. Würde China seine Interventionen auf den Devisenmärkten stoppen oder gar seine Dollarbestände auf den Markt werfen, hätte das fatale Folgen für seine Exportwirtschaft. Sollten die politischen Spannungen jedoch zunehmen und die Vereinigten Staaten die eigene Währung aktiv abwerten, könnte China durchaus seine Chips vom Tisch nehmen, selbst wenn das kurzfristig gegen seine eigenen Interessen wäre. Das mag so unwahrscheinlich sein wie ein Atomschlag auf dem Höhepunkt des Kalten Krieges, doch unvorstellbar ist es nicht.

Angesichts dieser Risiken scheint es wenig wahrscheinlich, dass die amerikanische Regierung die Druckerpresse anwirft, um ihres Schuldenproblems Herr zu werden. Die Versuchung, den Schuldenberg des Landes durch Inflation wenigstens geringfügig abzutragen, bleibt groß. Doch umsichtige Politiker sollten wissen, dass die Kollateralschäden erheblich und vielleicht sogar fatal wären.

Der Glanz des Goldes

Bis einschließlich 2009 zogen die Preise einer breiten Palette von Rohstoffen kräftig an, darunter auch die Goldpreise. Darin kam die Angst zum Ausdruck, dass Länder wie die Vereinigten Staaten ihre Währungen gezielt abwerten könnten, um ihre Schuldenprobleme zu lösen. Tatsächlich durchbrach der Preis für die Unze Feingold im Jahr 2009 erstmals die 1000-Dollar-Marke und kletterte bis Ende des Jahres auf 1200 Dollar, bevor er wieder nachgab. Goldfanatiker prognostizieren, die Goldpreise könnten in den nächsten Jahren über 2000 Dollar steigen. Ist das möglich? Ist der jüngste Anstieg der Goldpreise gerechtfertigt oder eher Anzeichen für eine neue Spekulationsblase?

Drastische Goldpreissteigerungen sind in zwei makroökonomischen Konstellationen denkbar: zum einen bei unkontrollierten Preisanstiegen, wenn Gold zum Inflationsschutz wird, und zum anderen in einer Wirtschaftskrise, wenn Investoren sich um die Sicherheit ihrer Bankeinlagen sorgen. Beides war in den letzten beiden Jahren gegeben.

Im ersten Halbjahr 2008 zogen die Goldpreise kräftig an, als die Schwellenmärkte überhitzten, die Rohstoffpreise explodierten und in den meisten Schwellenländern die Inflationsangst umging. Öl erzielte Rekordpreise, und dann platzte die Blase. Die Rohstoffpreise fielen und mit ihnen zunächst auch der Goldpreis.

Die Goldpreise stiegen ein zweites Mal nach der Lehman-Pleite im Jahr 2008. Damals wurde der Run auf Gold nicht durch Inflationsängste geschürt, denn es ging die Angst vor der Deflation um. Nach dem globalen Infarkt des Finanzsystems fürchteten die Investoren um die Sicherheit ihrer Anlagen, einschließlich der Bankeinlagen, sodass sich viele aus Sicherheitsgründen in Gold flüchteten.

Die G7-Staaten traten dem Schreckgespenst der Wirtschaftskrise entgegen, indem sie auf breiter Front für Einlagen bürgten und das Finanzsystem auffingen. Währenddessen fiel der Goldpreis wieder, da die Wirtschaftskrise die gewerbliche und industrielle Nachfrage nach Gold genauso einbrechen ließ wie die Nachfrage der Verbraucher nach Gold als Luxusartikel.

Doch als sich Anfang 2009 die Besorgnis um die Solvenz des Finanzsystems in den Vereinigten Staaten und Europa erneut zuspitzte, erholte sich der Goldpreis wieder und erreichte Anfang 2009 ein neues Hoch von über 1000 US-Dollar. Es ging die Angst um, die Regierungen könnten mit der Rettung des gesamten Finanzsystems überfordert sein. Außerdem wurde befürchtet, dass die Banken nicht nur zu groß für einen Bankrott, sondern auch zu groß für eine Rettungsaktion sein könnten. An diesem Punkt sorgte die wachsende Furcht vor einem wirtschaftlichen und finanziellen Weltuntergang für einen erneuten Ausschlag der Goldpreise. Das ist nicht weiter erstaunlich: Wer Angst hat, dass seine Regierung nicht für seine Bankeinlagen geradestehen kann, der deckt sich mit Waffen, Munition, Konserven und Goldbarren ein und verschanzt sich in einer abgelegenen Blockhütte – in der Hoffnung, den globalen Zusammenbruch zu überleben. Doch die Panik ebbte auch diesmal ab, und die Goldpreise gingen im Laufe des Frühjahrs wieder auf Sinkflug, als weitere politische Maßnahmen und die allmähliche Bodenbildung der Weltwirtschaft die Ängste zerstreuten.

Das Muster ist eindeutig. Der Goldpreis steigt in Reaktion auf Inflations- und Krisenängste. In beiden Fällen stellt Gold eine gute Absicherung dar, insbesondere gegen extreme Ereignisse wie den Totalzusammenbruch des Systems. Wenn sich solche Bedrohungen verflüchtigen, sinken die Goldpreise in der Regel wieder.

Aber wie könnte sich das Gold künftig entwickeln? Eine Reihe von Faktoren könnte die Goldpreise wieder in die Höhe treiben, wenn auch kaum auf 2000 US-Dollar pro Unze. Eine wachsende Furcht vor der Monetisierung der Staatsschulden könnte Inflationsängste schüren und den Goldpreis deutlich steigen lassen. Die großen Mengen an Liquidität, die ins Finanzsystem gepumpt wurden, könnten die Preise für alle möglichen Vermögenswerte treiben, darunter auch den für Gold. Außerdem hat der Carry Trade auf Dollarbasis den Wert des US-Dollars stark gedrückt. Es gibt eine wechselseitige Beziehung zwischen dem Wert des Dollars und dem Dollarpreis von Rohstoffen. Je billiger der Dollar ist, desto teurer werden Rohstoffe – also auch das Gold –, die in Dollar gerechnet werden.

Weitere Faktoren könnten die Nachfrage nach Gold anheizen. So haben die Zentralbanken in Indien, China und anderen Ländern ihre Goldbestände erhöht. Private Investoren, die weiterhin eher unwahrscheinliche Entwicklungen wie hohe Inflationsraten oder eine zweite lähmende Rezession befürchten, könnten die Nachfrage ebenfalls ankurbeln. Da nur sehr begrenzte Mengen des Edelmetalls vorhanden sind, genügt schon eine kleinere Höhergewichtung von Gold in den Portfolios der Zentralbanken und Privatanleger, um das Edelmetall spürbar zu verteuern. Auch ein singuläres Ereignis wie ein Staatsbankrott kann eine Spekulationsblase beim Gold befördern. Der Herdentrieb würde diese Blase nur noch vergrößern.

Natürlich könnten die Goldpreise auch nach unten korrigiert werden. Der Carry Trade im Dollar dürfte irgendwann enden und die Zentralbanken von quantitativen Lockerungen und ihrer Nullzinspolitik abgehen. Damit sinken die Preise für Rohstoffe wieder, und damit auch für Gold.

Wer sich blind auf Gold als Risikoschutz verlässt, sollte sich darüber im Klaren sein, dass die Menschen in Krisenzeiten nicht immer zum Gold greifen. Die Aussicht auf Staatspleiten in kleineren Ländern könnte die Investoren zum Dollar treiben, nicht zu Gold. Das gilt für jede andere Krise genauso. Solange der Dollar nicht im Mittelpunkt einer Krise steht, steigt der Goldpreis nicht automatisch immer weiter, nur weil Schlimmes bevorsteht.

Gehen wir um des Arguments Willen davon aus, dass die Weltwirtschaft in eine neue Krise stürzt und die Investoren den Dollar meiden. Sollten sie deshalb ihr ganzes Geld in Gold investieren? Nicht unbedingt. Im Gegensatz zu anderen Rohstoffen hat Gold an sich keinen Wert. Man kann es nicht essen, seine Wohnung nicht damit heizen und es nicht anderweitig nutzen. Es ist, wie Keynes es nannte, ein »barbarisches Relikt«. Man könnte Gold zwar gegen nützlichere Dinge eintauschen, doch vielleicht wäre es sinnvoller, gleich Bestände an Rohstoff-Futures oder – wem's schmeckt – an Dosenfleisch anzulegen.

Investoren sollten Gold stets mit einer gewissen Skepsis betrachten. Die jüngsten Preisschwankungen – innerhalb eines Monats um 10 Prozent nach oben oder nach unten – betonen lediglich, dass Goldpreisbewegungen häufig die Folge irrationaler Überzeugungen und Blasen sind. Es mag sinnvoll sein, eine gewisse Goldmenge als Inflationsschutz zu halten, vor allem, wenn Regierungen damit anfangen, ihre Schulden zu monetisieren. Ansonsten sind große Goldpositionen unvernünftig, insbesondere weil die Inflation kaum ausufern dürfte.

Inflation oder Deflation?

Auf dem Höhepunkt der Krise sahen sich viele Regierungen genötigt, drastische Schritte zu unternehmen, um eine Deflation und einen Preisverfall zu verhindern. Nullzinspolitik und quantitative Lockerungen sollten normalerweise eine Inflationsrunde auslösen, doch im Jahr 2009 war das nicht so. In den Vereinigten Staaten, der Eurozone, Japan und sogar manchen Schwellenländern keimte Deflation auf. Der Grund war einfach: Die Banken hielten den Großteil der Liquiditätsüberschüsse in Form von Reserven, statt ihn zu verleihen.

In den meisten Industrienationen und einigen Schwellenländern wird der Deflationsdruck kurzfristig anhalten. In vielen Ländern bleibt die Nachfrage nach Gütern und Arbeit gering, was auf die Preise und Löhne drückt. Bestände an unverkauften Waren werden billiger auf den Markt geworfen. Arbeitnehmer haben angesichts von Arbeitslosenquoten in Rekordhöhe eine schlechte Verhandlungsbasis und nehmen sogar Lohnkürzungen hin, um ihre Arbeitsplätze zu sichern.

In Schwellenländern, die sich rascher von der Finanzkrise erholt haben, meldet sich die Inflation offenbar allmählich zurück. Ende 2009 zogen in Ländern wie China und Indien die Preise für Erdöl, Nahrungsmittel und Immobilien an. Für diese Volkswirtschaften, die in Kürze überhitzen könnten, wird die Inflation möglicherweise weit schneller zum Problem als für Industrieländer.

Dennoch könnte die Inflation ab 2012 auch in den Industrieländern wieder anziehen, und zwar aus einem von drei Gründen. Erstens könnte die Erwartung eines drastischen Anstiegs der Inflation etwa durch eine Monetisierung ihrer Staatsschulden einen Teufelskreis aus fallenden Wechselkursen und steigenden Preisen und Löhnen auslösen. Zweitens könnte die Flut billigen Geldes, die in Reaktion auf die Krise freigesetzt wurde, eine Rohstoffblase entstehen lassen und die Inflation anheizen. Und drittens könnten die Rohstoffpreise in den Vereinigten Staaten anziehen, während der Dollar weiter fällt. Zwischen dem Wert des Dollars und dem Dollarpreis von Rohstoffen besteht eine negative Beziehung. So heben etwa Erdölförderer den Dollarpreis pro Barrel an, wenn der Dollar absackt, da andernfalls die Kaufkraft ihrer Dollareinnahmen sinkt.

2011 wird es aller Wahrscheinlichkeit nach weder eine ausgeprägte Deflation noch eine stärkere Inflation geben. Wenn die Wirtschaft nicht in eine Rezession zurückfällt, dürfte die Deflation unter Kontrolle bleiben, doch die Inflation könnte unter gewissen Umständen anziehen.

Das Unbehagen der Globalisierung

In den letzten Jahrzehnten wurde die Welt immer stärker »globalisiert«. Der Handel mit Waren und Dienstleistungen, die Migration von Arbeitskräften und die Verbreitung von Informationen finden vermehrt auf internationaler Ebene statt. Die Globalisierung ging mit technischer Innovation einher, und beide Phänomene verstärkten sich gegenseitig. So fließt etwa das Finanzkapital dank der neuen Informationstechnologien weit schneller um die Welt.

Infolgedessen können heute Dienstleistungen auf die andere Seite des Globus ausgelagert werden: Indiens Callcenter sind dafür genauso ein Beispiel wie die Auslagerung von Angestelltentätigkeiten aus den Industrienationen in andere Teile der Welt. Auch China konnte sich in komplexe Logistikketten einklinken, die um den ganzen Erdball reichen. Länder in der ökonomischen Peripherie werden zunehmend mit Industrieländern vernetzt und umgekehrt.

Die Globalisierung hat den Schwellenländern einen spürbaren Anstieg des Lebensstandards beschert. Hunderte Millionen von Chinesen, Indern, Russen, Brasilianern und Bürger anderer Schwellenländer entkamen der Armut. Sie fanden besser bezahlte Arbeit in der Fertigungsindustrie und erhielten sogar Gehälter der Mittelschicht und so einen verbesserten Zugang zu Lebensnotwendigem und Luxusgütern. Die Bürger der Industrieländer wiederum erlebten, dass Waren und Dienstleistungen immer billiger wurden.

Doch Globalisierung und Innovation sind nicht ohne Gefahren. Der Zustrom von Milliarden von Menschen auf den globalen Arbeitsmarkt ist beispielsweise eine gewaltige Herausforderung. Allein in China und Indien leben etwa 2,2 Milliarden Menschen und in anderen Schwellenländern weitere zwei Milliarden. Wird diese Integration verpatzt, könnte das in den Industrieländern eine Gegenreaktion gegen Globalisierung und Freihandel auslösen. Leider geht dieser Übergang vermutlich nicht reibungslos vonstatten. Viele Probleme der Weltwirtschaft wie die Leistungsbilanzungleichgewichte oder das vermehrte Auftreten von Finanzkrisen hängen direkt oder indirekt mit der komplexen Integration der Schwellenmärkte in die Weltwirtschaft zusammen.

Die Globalisierung wird auch immer wieder mit einer zunehmenden Ungleichverteilung von Einkommen und Wohlstand in Industrienationen und Schwellenländern in Zusammenhang gebracht. Über die Ursachen wird fortwährend debattiert. Manche Wirtschaftsexperten erklären, der technische Fortschritt habe einen Teil der Arbeitnehmer vom wachsenden globalen Wohlstand ausgeschlossen (wer nicht weiß, wie man einen Computer benutzt, kann seine Lage schwerlich verbessern). Andere führen die wachsenden Wettbewerbsvorteile Chinas und anderer

Schwellenmärkte bei der Herstellung arbeitsintensiver Produkte an.

Was auch immer die Ursachen für die zunehmende Ungleichverteilung sein mögen, sie hat ein wachsendes Unbehagen in Bezug auf die Globalisierung und den freien Handel geweckt. Diese Bedenken gingen aus naheliegenden Gründen von den Industriearbeitern aus, haben sich aber inzwischen auf den Dienstleistungssektor ausgeweitet. Mit der Zeit könnten ganze Branchen aus einem Teil der Welt in einen anderen abwandern und dadurch größere Verwerfungen verursachen. Eine solche kreative Zerstörung mag unvermeidlich sein, wird jedoch, wenn man sie nicht richtig bewältigt, erhebliche Konflikte auslösen.

Schließlich wird die Globalisierung womöglich die Ursache von häufigeren und heftigeren Krisen sein. Die Geschwindigkeit, mit der Finanzkapital in bestimmte Märkte und Volkswirtschaften ein- und wieder abfließen kann, hat die Preisschwankungen und die Intensität von Finanzkrisen verstärkt. Während die Finanzwirtschaft globalisiert wurde, ist die Regulierung leider eine nationale Angelegenheit geblieben. Dies macht künftige globale Krisen nur wahrscheinlicher.

Die jüngste Krise hat deutlich gemacht, dass uns wohl eher ein Zeitalter der großen Instabilität bevorsteht als ein langer Aufschwung. Spekulationsblasen und Einbrüche können sich mehren, und Krisen, die nach früherer Überzeugung nur ein- oder zweimal im Jahrhundert auftreten, könnten die Weltwirtschaft deutlich öfter beuteln. Ereignisse, die früher unvorhersehbar oder selten waren, sind vielleicht bald der Normalzustand.

Das wäre bedauerlich. Werden Finanzkrisen häufiger und schwerer, sind soziale und politische Instabilität und womöglich eine Umkehr der Globalisierung die Folge. Eine Rückkehr zu einer protektionistischen Handelspolitik wäre genauso denkbar wie ein finanzwirtschaftlicher Protektionismus mit Einschränkungen für ausländische Direktinvestitionen und Kapitalkontrollen oder eine breite Reaktion gegen die freie Marktwirtschaft.

Wie ist eine solche Entwicklung zu verhindern? Erstens muss die Politik unbedingt dafür sorgen, dass Boom-und-Bust-Zyklen seltener vorkommen und weniger heftig ausfallen. Dies erfordert eine Reform des Finanz- und Währungssystems nach dem in diesem Buch geschilderten Muster. Daneben ist ein stärkeres staatliches Sicherheitsnetz erforderlich. Wenn man von Arbeitnehmern die Flexibilität erwartet, öfter den Arbeitsplatz oder gar den Beruf zu wechseln, dann benötigen diese mehr staatliche Unterstützung, um auf dem immer ungewisseren Arbeitsmarkt zurechtzukommen. Dieser Ansatz, auch als »Flexicurity« bezeichnet, verlangt höhere Investitionen in Aus- und Weiterbildung, Umschulung, Arbeitslosenunterstützung sowie übertragbare Krankenversicherungs- und Rentenansprüche. Die Vereinigten Staaten benötigen ein progressiveres Steuersystem, um solche Leistungen zu finanzieren.

Daraus ergibt sich ein Widerspruch. Damit die freien Märkte besser funktionieren und Arbeitnehmer in einer von der kreativen Zerstörung geprägten Weltwirtschaft flexibler und mobiler sein können, brauchen wir mehr Staat, nicht weniger. Mithilfe der Währungspolitik und einer verstärkten Regulierung kann der Staat Boom-und-Bust-Phasen verhindern. Er kann das soziale Sicherheitsnetz schaffen, das erforderlich ist, um Arbeitnehmer produktiver und flexibler zu machen, und er kann über eine gerechte Besteuerung einer ungleichen Verteilung von Wohlstand und Einkommen entgegenwirken. Schließlich kann eine engere grenzübergreifende Abstimmung der Wirtschaftspolitik Ungleichgewichten und damit Krisen vorbeugen. Vielleicht müssen wir uns an Krisen gewöhnen, doch die Regierungen haben es in der Hand, ihre Häufigkeit und Schwere zu begrenzen.

Im Schatten der schlimmsten Finanzmisere seit der Weltwirtschaftskrise haben Politiker und Experten immer wieder betont, dass »es sträflich wäre, eine Krise ungenutzt zu lassen«. Wie wahr. Wir legen die Saat für die nächste, noch schwerere Krise, wenn wir die notwendigen Reformen nicht durchführen. Es wäre tragisch, wenn wir diese Chance versäumen würden.

DANKSAGUNG

Gemeinsam danken wir Eamon Dolan, unserem Lektor bei Penguin Press. Eamons untrüglicher Instinkt war von unschätzbarem Wert für zwei Professoren, die sich an ein Publikum jenseits der Universität wenden wollten. In seiner unerschütterlichen und klugen Art hat er uns auf jedem Schritt an die Hand genommen. Vielen Dank auch den übrigen Mitarbeitern von Penguin: Janet Biehl, Bruce Giffords, Nicole Hughes und nicht zuletzt Ann Godoff. Unser Dank gilt auch den Lesern, die unser Manuskript mit Blick auf Verständlichkeit gelesen haben, vor allem Jane Cavolina, Dan Kaufman und Richard Sylla. Ein besonderer Dank geht an Wes Neff vom Leigh Bureau, der das Projekt vorgeschlagen und uns mit Eamon, Ann und Penguin Press zusammengebracht hat.

Persönliche Danksagung

Ich bedanke mich bei meinen Mitarbeitern bei Roubini Global Economics: Christian Menegatti, Arnab Das, Elisa Parisi-Capone, Rachel Ziemba, Bertrand Delgado, Sandra Navidi und vielen anderen, mit denen ich in den letzten Jahren zusammengearbeitet habe. Parul Walia hat mir bei der Erstellung der Chronologie der Krise geholfen. Brad Setser, ein früherer Weggefährte und Ko-Autor meines Buches über Krisen in Schwellenmärkten, hat mir viele wichtige Anregungen gegeben.

Meine Kollegen an der Stern School of Business der New York University – Richard Sylla, David Backus, Tom Cooley, Paul Wachtel, Matt Richardson, Viral Acharya und andere – haben meine Ideen mit mir diskutiert und kritisch hinterfragt. Unter den Kollegen, die mein Denken über internationale Makroökonomie und Finanzkrisen beeinflusst haben, sind Jeff Sachs, Paul Krugman, Ken Rogoff, Carmen Reinhart, Nassim Taleb, Raghu Rajan, Jeffrey Frankel, Richard Portes, Joe Stiglitz, Niall Ferguson, Robert Shiller, Hyun Shin, Barry Eichengreen, Willem Buiter, Simon Johnson, Bob Mundell, Joseph Mason, Mitglieder des International Finance and Macroeconomics Program am National Bureau of Economic Research und Mitglieder der International Macroeconomics Group am Centre for Economic and Policy Research. Giancarlo Corsetti, Paolo Pesenti, Bernardo Guimarães, Paolo Manasse, Vittorio Grilli und Fabrizio Perri waren frühere Co-Autoren bei wissenschaftlichen Arbeiten zu internationaler Makroökonomie und Finanzkrisen, und ich habe viel von ihnen gelernt.

Ein Dank auch an die zahlreichen Praktiker und Analysten für produktiven Dialog, darunter Martin Wolf, Steve Roach, David Rosenberg, Mark Zandi, Jim O'Neill, Luis Oganes, Joyce Chang, Lewis Alexander, Don Hanna, Stephen King, Manu Kumar, Jens Nystedt, Robert Kahn, Chris Whalen, Joshua Rosner, Barry Ritholtz, Yves Smith, Wolfgang Munchau, Gillian Tett, Ian Bremmer, Michael Pettis, Steve Drobny, Satyajit Das, Katerina Alexandraki, Daniel Alpert, Charles Morris, Richard Bookstaber, Edward Chancellor und Walter Molano. Zu den Politikern und Angehörigen von Thinktanks, mit denen ich diskutiert habe, gehören Alex Pollock, Desmond Lachman, Ted Truman, Fred Bergsten, Morris Goldstein, Adam Posen und Benn Steil. Marc Uzan organisierte unermüdlich Konferenzen über sein Reinventing Bretton Woods Committee.

Einige Politiker und Staatssekretäre, darunter einige Kollegen aus dem Council of Economic Advisers und dem Finanzministerium, mit denen ich in den Jahren von 1998 bis 2000 zusammengearbeitet habe, haben meine Sichtweise entscheidend geprägt. Auch wenn sie nicht für meine Ansichten verantwortlich zu machen sind, danke ich Larry Summers, Tim Geithner, Stan Fischer, David Lipton, Mary Goodman, Anna Gelpern, Dan Tarullo, Janet Yellen, John Lipsky, Bill White, Olivier Blanchard, Federico Sturzenegger, Andrés Velasco, Felipe Larraín und Hans-Helmut Kotz. Auch von den früheren Kollegen des International Monetary Fund, wo ich immer wieder als Wissenschaftler tätig war, habe ich viel über Finanzkrisen gelernt.

George Soros hat mich während der Schreibarbeiten des vergangenen Sommers bei sich beherbergt und war immer mein Vorbild eines »Renaissance-Menschen«. Ich habe außerdem von Diskussionen mit anderen Investoren profitiert, die sich für makroökomische und wirtschaftspolitische Fragen interessieren, darunter John Paulson, Louis Bacon, Bill Janeway, Ron Perelman, Steve Eisman, Daniel Loeb, Avi Tiomkin, Harry Lefrak, Stylianos Zavvos, Charles Krusen und Jim Coleman. Mein Freund Shai Baitel unterstützte meine intellektuellen Abenteuer. Ich danke Klaus Schwab und anderen vom World Economic Forum für ein großartiges Forum zur Präsentation und Diskussion meiner Ideen.

Zahlreiche Blogger, darunter führende Wirtschaftswissenschaftler und Veteranen der Wall Street, boten mir wichtige Einsichten zur Krise. Darunter waren Yves Smith mit »Naked Capitalism«; »Calculated Risk« von Bill McBride und Doris Dungey; die anonymen Blogger von Zero Hedge; Brad DeLong unter »Grasping Reality with Both Hands«; Barry Ritholtz unter »The Big Picture«; Mark Thoma unter »Economist's View«; Jim Hamilton unter »Econbrowser«; Paul Krugman unter »The Conscience of a Liberal«; Mike Shedlock unter »Mish's Global Economic Trend Analysis«; Tyler Cowen und Alex Tabarrok unter »Marginal Revolution«; »Real Time Economics« des *Wall Street Journal*; Dave Altig und andere Wirtschaftswissenschaftler der Notenbank von Atlanta Fed, die in »macroblog« schreiben; Dean Baker unter »Beat the Press«; Greg

Mankiw auf seinem Blog, und viele, viele andere, die bei der Darstellung der Krise eine so wichtige Rolle gespielt haben.

Zum Schluss danke ich meinem Agenten Wesley Neff, der die Idee zu dem Buch hatte und mir bei der Entwicklung geholfen hat.

Nouriel Roubini

Ich habe Nouriel Roubini kennengelernt, als ich ein Profil über ihn für das *New York Times Magazine* schrieb. Viele Ideen zu diesem Buch entstanden im Zusammenhang mit diesem ersten Kontakt. An dieser Stelle möchte ich meinem Chefredakteur Jamie Ryerson sowie Alex Star, Gerald Marzorati, Adam Moss und Jack Rosenthal danken, die mich bei der *Times* unterstützt haben. Dank auch an Steve Heuser vom *Boston Globe*, mit dem ich Ideen austauschen konnte, ehe sie Eingang in dieses Buch fanden. Mein besonderer Dank gilt Henry Grunwald und Sarah Lewis, die mich unterstützt haben, für ein breiteres Publikum zu schreiben.

Dank auch meinen Kollegen von der University of Georgia, beginnend mit dem Workshop der Kulturgeschichte des Kapitalismus,vor allem Allan Kulikoff, sowie an Paul Sutter, Robert Pratt, und Garnett Stokes, die mich beim Unterricht unterstützt haben, um mir mehr Zeit für die Arbeit an diesem Buch zu geben. Andere Kollegen der University of Georgia haben mich moralisch und mit konstruktiver Kritik unterstützt: Stephen Berry, Kathleen Clark, Jim Cobb, Rachel Gabara, Shane Hamilton, John Inscoe, Michael Kwass, Chana Kai Lee, Laura Mason, Bethany Moreton, Bob Pratt, Reinaldo Román, Susan Rosenbaum, Julie Rothschild, Claudio Saunt, George Selgin, Steve Soper, Paul Sutter, Pamela Voekel und Chloe Wigston Smith. Dank ebenfalls den Freunden, die mich während der Arbeit an diesem Buch in New York City bei sich aufgenommen haben, vor allem Michael Lacombe, David Sampliner und Rachel Shuman.

Zahlreiche Wirtschaftswissenschaftler, Politiker und Praktiker haben geduldig meine endlosen Fragen beantwortet. David Dean,

David Forquer, Michael Laskawy, Benjamin Schneider, Patricia Schneider und Robert Wright haben mich mit ihrem Wissen in esoterischen Finanzdingen unterstützt. Schließlich danke ich Richard Sylla von der New York University. Ich kenne Dick seit der Universität und verdanke ihm zahlreiche Einsichten über das Zusammenspiel von Wirtschaft und Geschichte.

Mein besonderer Dank gilt meiner Agentin Tina Bennett, die mich von Anfang an durch dieses Buch begleitet hat. Ihr und den Mitarbeitern von Janklow & Nesbit, darunter Svetlana Katz, meinen Dank für ihre Unterstützung. Ein Dank auch an Joyce Seltzer von der Harvard University Press, die mir erlaubte, ein anderes Projekt zurückzustellen.

Auch zu Hause habe ich große Unterstützung erhalten. Richard und John Mihm haben uns bei der Betreuung der Kinder unter die Arme gegriffen, Kathy Mihm, meine Nichte Alisa Dunning und meine Schwiegereltern Kathleen und Jamie Reason sowie Sheridan Smith, Jing Cui, Mary Elizabeth Nuttall und Martha Clinkscales und ihre Familie sind immer wieder in besonders stressigen Momenten eingesprungen.

Zum Schluss möchte ich meiner Familie danken. Meine Frau Akela Reason hat mich während der Arbeiten an diesem Buch unermüdlich mit ihrer Geduld, ihrem Rat und ihrer Liebe unterstützt. Vor allem aber danke ich meinen drei Söhnen Silas, Asher und Linus. Sie haben mich immer wieder zum Lachen gebracht und mich daran erinnert, dass der Zusammenbruch des internationalen Finanzsystems, so sehr er mich auch in Beschlag genommen hat, einfach nicht mithalten kann mit den Krisen der schmutzigen Windeln, leeren Fläschchen und Albträume.

Stephen Mihm

AUSGEWÄHLTE LITERATUR

Die Literatur zum Thema Finanzkrisen ist unüberschaubar. Diese Bibliografie deckt verschiedene ihrer Aspekte ab. Sie erhebt keinen Anspruch auf Vollständigkeit, aber verzeichnet Bücher, Artikel, Arbeitspapiere und Reden, die in die Arbeit am vorliegenden Buch eingeflossen sind.

Acharya, Viral V. und Matthew Richardson (Hg.): *Restoring Financial Stability: How to Repair a Failed System*. New York: John Wiley and Sons, 2009. Zusammenfassungen sind online verfügbar unter http://whitepapers.stern.nyu.edu/home.html.

Acharya, Viral V. und Philipp Schnabl: »›Do Global Banks Spread Global Imbalances? The Case of Asset-Backed Commercial Paper During the Financial Crisis of 2007–09.‹ Paper presented at the Tenth Annual Jacques Polak Research Conference Hosted by the International Monetary Fund Washington, DC, November 5–6, 2009.« Online verfügbar unter http://www.imf.org/external/np/res/seminars/2009/arc/pdf/acharya.pdf.

Acharya, Viral V., Thomas Cooley, Matthew Richardson, Ingo Walter (Hg.): *Real Time Solutions for Financial Reform: An NYU Stern Working Group on Financial Reform*, December 2009, online verfügbar unter http://govtpolicyrecs.stern.nyu.edu/docs/whitepapers_ebook_full.pdf.

Adrian, Tobias und Hyun Song Shin: »›Financial Intermediaries and Monetary Economics.‹ Federal Reserve Bank of New York Staff Report No. 398«, Oktober 2009, online verfügbar unter http://www.newyorkfed.org/research/staff_reports/sr398.pdf.

Adrian, Tobias und Hyun Song Shin: »›Liquidity and Leverage.‹ Federal

Reserve Bank of New York Staff Report No. 328«, Mai 2008, online verfügbar unter http://www.newyorkfed.org/research/staff_reports/sr328.pdf.

Adrian, Tobias und Hyun Song Shin. »›The Shadow Banking System: Implications for Financial Regulation.‹ Federal Reserve Bank of New York Staff Report No. 382«, Juli 2009, online verfügbar unter http://www.newyorkfed.org/research/staff_reports/sr382.pdf.

Ahamed, Liaquat: *Lords of Finance: The Bankers Who Broke the World*. New York: Penguin Press, 2009, dt.: *Die Herren des Geldes*. München: FinanzBuch, 2010.

Akerlof, George A. und Robert J. Shiller: *Animal Spirits: How Human Psychology Drives the Economy, and Why It Matters for Global Capitalism*. Princeton, New Jersey: Princeton University Press, 2009, dt.: *Animal Spirits: Wie Wirtschaft wirklich funktioniert*. Frankfurt am Main/New York: Campus, 2009.

Almunia, Miguel et al.: »›From Great Depression to Great Credit Crisis: Similarities, Differences and Lessons.‹ Paper presented at Fiftieth Economic Policy Panel Meeting, held in Tilburg, Netherlands, October 23–24, 2009«. Online verfügbar unter http://www.econ.berkeley.edu/~eichengr/great_dep_great_cred_11-09.pdf.

Bagehot, Walter: *Lombard Street: A Description of the Money Market*. New York: E. P. Dutton, 1920.

Baldwin, Richard (Hg.): *The Great Trade Collapse: Causes, Consequences, and Prospects. A VoxEU.org Publication*. London: Center for Economic Policy Research, 2009. Online verfügbar unter http://www.voxeu.org/reports/great_trade_collapse.pdf.

Barbera, Robert J.: *The Cost of Capitalism: Understanding Market Mayhem and Stabilizing Our Economic Future*. New York: McGraw Hill, 2009.

Basel Committee on Banking Supervision: *Review of the Differentiated Nature and Scope of Financial Regulation: Key Issues and Recommendations*. Basel: Bank for International Settlements, 2010. Online verfügbar unter http://www.bis.org/publ/joint24.pdf.

Beber, Alessandro und Marco Pagano: »›Short-Selling Bans around the World: Evidence from the 2007–09 Crisis.‹ Centre for Studies in Economics and Finance Working Paper no. 241«, Mai 2009/Januar 2010. Online verfügbar unter http://www.csef.it/WP/wp241.pdf.

Bernanke, Ben: »Nonmonetary Effects of the Financial Crisis in the Propagation of the Great Depression.« *American Economic Review* 73 (1983): 257–276.

Blanchard, Olivier und Gian Maria Milesi-Ferretti: »›Global Imbalances: In Midstream?‹ IMF Staff Position Note«, 22. Dezember 2009. Online verfügbar unter http://www.imf.org/external/pubs/ft/spn/2009/spn0929.pdf.

Blundell-Wignall, Adrian *et al.*: *The Financial Crisis: Reform and Exit Strategies*. Paris: Organisation for Economic Co-operation and Development, 2009. Online verfügbar unter http://www.oecd.org/dataoecd/55/47/43091457.pdf.

Bordo, Michael D.: »The Lender of Last Resort: Alternative Views and Historical Experience.« *Federal Reserve Bank of Richmond Economic Review* 76 (1990): 18–29.

Bordo, Michael D. (Hg.): *Financial Crises*, Bde. I und II. Brookfield, Vermont: Edward Elgar Publishing, 1992.

Bordo, Michael D. und Barry J. Eichengreen (Hg.): *A Retrospective on the Bretton Woods System: Lessons for International Monetary Reform*. Chicago: University of Chicago Press, 1993.

Bordo, Michael D. und Harold James: »›The Great Depression Analogy.‹ NBER Working Paper No. 15584«, Dezember 2009.

Bordo, Michael D. und Andrew Filardo: »›Deflation in a Historical Perspective.‹ BIS Working Paper No. 186«, November 2005. Online verfügbar unter http://www.bis.org/publ/work186.pdf.

Bordo, Michael D., Claudia Goldin und Eugene N. White (Hg.): *The Defining Moment: The Great Depression and the American Economy in the Twentieth Century*. Chicago: University of Chicago Press, 1998.

Bordo, Michael D., und Harold James: »›The Great Depression Analogy.‹ National Bureau of Economic Research Working Paper no. 15584«, Dezember 2009. Online verfügbar unter http://www.nber.org/papers/w15584.

Boyd, John H., Sungkyu Kwak und Bruce D. Smith: »The Real Output Losses Associated with Modern Banking Crises.« *Journal of Money, Credit, and Banking* 37 (2005): 977–999.

Bruner, Robert F. und Sean D. Carr: *The Panic of 1907: Lessons Learned from the Market's Perfect Storm*. Hoboken, New Jersey: John Wiley and Sons, 2009.

Brunnermeier, Markus K.: »Symposium: Early Stages of the Credit Crunch:

Deciphering the Liquidity and Credit Crunch 2007–2008.« *Journal of Economic Perspectives* 23 (2009): 77–100.

Brunnermeier, Markus K., Stefan Nagel und Lasse H. Pedersen: »›Carry Trades and Currency Crashes.‹ National Bureau of Economic Research Working Paper No. 14473«, November 2008. Online verfügbar unter http://www.nber.org/papers/w14473.

Brunnermeier, Markus K. und Lasse H. Pedersen: »Market Liquidity and Funding Liquidity.« *Review of Financial Studies* 22 (2009): 2201–2238.

Caballero, Ricardo J.: »›The ›Other‹ Imbalance and the Financial Crisis.‹ National Bureau of Economic Research Working Paper No. 15636«, Januar 2010. Online verfügbar unter http://www.nber.org/papers/w15636.

Calomiris, Charles W.: »›Banking Crises and the Rules of the Game.‹ National Bureau of Economic Research Working Paper No. 15403«, Oktober 2009. Online verfügbar unter http://www.nber.org/papers/w15403.

Calomiris, Charles W. und Larry Schweikart: »The Panic of 1857: Origins, Transmission, and Containment.« *Journal of Economic History* 51 (1991): 807–834.

Capie, Forrest und Geoffrey E. Wood (Hg.): *Financial Crises and the World Banking System*. New York: St. Martin's Press, 1986.

Case, Karl E., John M. Quigley und Robert J. Shiller: »Comparing Wealth Effects: The Stock Market versus the Housing Market.« *Advances in Macroeconomics* 5 (2005): 1–34.

Case, Karl E. und Robert J. Shiller: »Is There a Bubble in the Housing Market?« *Brookings Papers on Economic Activity* 2 (2003): 299–362.

Cassidy, John: *How Markets Fail: The Logic of Economic Calamities*. New York: Farrar, Straus and Giroux, 2009.

Cihák, Martin und Erlend W. Nier: »The Need for Special Resolution Regimes for Financial Institutions.« VoxEU.org, 7. Januar 2010. Online verfügbar unter http://www.voxeu.org/index.php?q=node/4446.

Cooper, George: *The Origin of Financial Crises: Central Banks, Credit Bubbles, and the Efficient Market Fallacy*. New York: Vintage, 2008.

Cottarelli, Carlo und Jose Viñals: »›A Strategy for Renormalizing Fiscal and Monetary Policies in Advanced Economies.‹ IMF Staff Position Note«, 22. September 2009. Online verfügbar unter http://www.imf.org/external/pubs/ft/spn/2009/spn0922.pdf.

Crotty, James: »Structural Causes of the Global Financial Crisis: A Critical

Assessment of the ›New Financial Architecture.‹« *Cambridge Journal of Economics* 33 (2009): 563–580.

Das, Satyajit: *Traders, Guns, and Money: Knowns and Unknowns in the Dazzling World of Derivatives.* Upper Saddle River, New Jersey: Financial Times Press, 2006.

Dawson, Frank Griffith: *The First Latin American Debt Crisis: The City of London and the 1822–1825 Loan Bubble.* New Haven, Conn.: Yale University Press, 1990.

DeLong, J. Bradford: »Financial Crises in the 1890s and the 1990s: Must History Repeat?« *Brookings Papers on Economic Activity* 2 (1999), 253–294.

Desai, Padma: *Financial Crises, Contagion, and Containment.* Princeton, New Jersey: Princeton University Press, 2003.

Diamond, Douglas W. und Philip H. Dybvig: »Bank Runs, Deposit Insurance, and Liquidity«, *Journal of Political Economy* 91 (1983): 401–419.

Draghi, Mario: »›Combating the Global Financial Crisis: The Role of International Cooperation.‹ Hong Kong Monetary Authority Distinguished Lecture, Hong Kong«, 16. Dezember 2008. Online verfügbar unter http://www.bis.org/review/r081218b.pdf.

Eichengreen, Barry: »›Out of the Box Thoughts about the International Financial Architecture.‹ IMF Working Paper 09/116«, Mai 2009. Online verfügbar unter http://www.imf.org/external/ pubs/ft/wp/2009/wp09116.pdf.

Eichengreen, Barry: »›Sterling's Past, Dollar's Future: Historical Perspectives on Reserve Currency Competition.‹ Tawney Lecture, delivered to the Economic History Society, Leicester«, 10. April 2005. Online verfügbar unter http://www.econ.berkeley.edu/~eichengr/research/tawney_lecture2apr29-05.pdf.

Eichengreen, Barry und Kevin H. O'Rourke: »A Tale of Two Depressions«, A VoxEU.org Publication, 1. September 2009, ursprünglich 6. April 2009. Online verfügbar unter http://www.voxeu.org/index.php?q=node/3421.

Eichengreen, Barry und Richard Portes: »The Anatomy of Financial Crises«. In: Richard Portes und Alexander K. Swoboda (Hg.): *Threats to International Financial Stability.* London: Cambridge University Press, 1987, 10–58.

Felton, Andrew und Carmen M. Reinhart (Hg.): *The First Global Financial Crisis of the 21st Century.* A VoxEU.org Publication. London: Center for Economic Policy Research, 2008. Online verfügbar unter http://www.voxeu.org/index.php?q=node/4077.

Felton, Andrew und Carmen M. Reinhart (Hg.): »The First Global Financial Crisis of the 21st Century: Part II, June–December 2008.« A VoxEU.org Publication. London: Center for Economic Policy Research, 2008. Online verfügbar unter http://www.voxeu.org/reports/ reinhart_felton_vol2/First_Global_Crisis_Vol2.pdf.

Ferguson, Niall: *The Ascent of Money: A Financial History of the World.* New York: Penguin Press, 2008, dt.: *Der Aufstieg des Geldes: Die Währung der Geschichte.* München: Econ, 2009.

Fisher, Irving: »The Debt-Deflation Theory of Great Depressions«, *Econometrica* 1 (1933), 337–357.

Fox, Justin: *The Myth of the Rational Market: A History of Risk, Reward, and Delusion on Wall Street.* New York: Harper Business, 2009.

Frank, Nathaniel und Heiko Hesse: »›Financial Spillovers to Emerging Markets During the Global Financial Crisis.‹ IMF Working Paper 09/104«, Mai 2009. Online verfügbar unter http://imf.org/external/pubs/ft/wp/2009/wp09104.pdf.

Friedman, Milton und Anna J. Schwartz: *A Monetary History of the United States, 1867–1960.* Princeton, New Jersey: Princeton University Press, 1963.

Galbraith, John Kenneth: *The Great Crash, 1929.* Boston: Houghton Mifflin, 1954, dt.: *Der große Crash 1929.* München: FinanzBuch, 2008.

Geanakoplos, John: »›The Leverage Cycle.‹ Cowles Foundation Discussion Paper No. 1715«, Juli 2009. Online verfügbar unter http://cowles.econ.yale.edu/P/cd/d17a/d1715.pdf.

Ghosh, Artish R. et al.: »›Coping with the Crisis: Policy Options for Emerging Market Countries.‹ IMF Staff Position Note«, 23. April 2009. Online verfügbar unter http://imf.org/external/pubs/ft/spn/2009/spn0908.pdf

Ghosh, B. N. (Hg.): *Global Financial Crises and Reforms: Cases and Caveats.* London: Routledge, 2001.

Gorton, Gary: »Banking Panics and Business Cycles«, *Oxford Economic Papers* 40 (1988): 751–781.

Gorton, Gary: »›Slapped in the Face by the Invisible Hand: Banking and the Panic of 2007.‹ Paper delivered at the Federal Reserve Bank of Atlanta's 2009 Financial Markets Conference: Financial Innovation and Crisis, May 11–13, 2009.« Online verfügbar unter http://www.frbatlanta.org/news/CONFEREN/09fmc/gorton.pdf.

Gross, Daniel: *Pop! Why Bubbles Are Great for the Economy.* New York: Harper Business, 2007.

Haldane, Andrew G.: »›Rethinking the Financial Network.‹ Speech delivered at the Financial Student Association, Amsterdam, April 2009.« Online verfügbar unter http://www.bankofengland.co.uk/ publications/speeches/2009/speech386.pdf.

Huang, Rocco und Lev Ratnovski: »›The Dark Side of Bank Wholesale Funding.‹ Federal Reserve Bank of Philadelphia Working Paper No. 09–3«, November 2008. Online verfügbar unter http:// www.philadelphiafed.org/research-and-data/publications/working-papers/2009/wp09-3.pdf.

Hubbard, R. Glenn (Hg.): *Financial Markets and Financial Crises.* Chicago: University of Chicago Press, 1991.

Hunter, William C., George G. Kaufman und Michael Pomerlano (Hg.): *Asset Price Bubbles: The Implications for Monetary, Regulatory, and International Policies.* Cambridge, Mass.: MIT Press, 2003.

International Monetary Fund: *Global Financial Stability Report Responding to the Financial Crisis and Measuring Systemic Risks.* Washington: International Monetary Fund, 2009. Online verfügbar unter http://www.imf.org/external/pubs/ft/gfsr/2009/01/pdf/text.pdf.

Izquierdo, Alejandro und Ernesto Talvi: »A Stability Pact à la Maastricht for Emerging Markets.« A VoxEU.org.Publication 12. Dezember 2009. Online verfügbar unter http://www.voxeu.org/index.php?q=node/4360.

Jenkinson, Nigel: »›Ratings in Structured Finance: What Went Wrong and What Can Be Done to Address Shortcomings?‹ CGFS Paper No. 32«, Juli 2008. Online verfügbar unter http://www.bis.org/publ/cgfs32.pdf?noframes=1.

Jorion, Philippe und Gaiyan Zhang: »Credit Contagion from Counterparty Risk.« *Journal of Finance* 64 (2009): 2053–2087.

Kaminsky, Graciela L. und Carmen M. Reinhart: »On Crises, Contagion, and Confusion.« *Journal of International Economics* 51 (2000): 145–168.

Kaminsky, Graciela L., Carmen M. Reinhart und Carlos A. Vegh: »The Unholy Trinity of Financial Contagion.« *Journal of Economic Perspectives* 17 (2003): 51–74.

Kaufman, Henry: *The Road to Financial Reformation: Warnings, Consequences, Reforms*. Hoboken, New Jersey: John Wiley and Sons, 2009.

Keynes, John Maynard: *The General Theory of Employment, Interest, and Money*. New York: Harcourt, Brace and Co., 1936, dt.: *Allgemeine Theorie der Beschäftigung, des Zinses und des Geldes*. Berlin: Duncker & Humblot, 2009.

Kindleberger, Charles P.: *Manias, Panics, and Crashes: A History of Financial Crises*. New York: Basic Books, 1978, dt.: *Manien, Paniken, Crashs. Die Geschichte der Finanzkrisen der Welt*. Kulmbach: Börsenmedien, 2001.

Kindleberger, Charles P.: *The World in Depression, 1929–1939*. Berkeley, California: University of California Press, 1986, dt.: *Die Weltwirtschaftskrise: 1929–1933*. München: dtv, 1984.

Kindleberger, Charles P. und Jean-Pierre Laffargue (Hg.): *Financial Crises: Theory, History, and Policy*. Cambridge: Cambridge University Press, 1982.

Klyuev, Vladimir, Phil de Imus und Krishna Srinivasan: »›Unconventional Choices for Unconventional Times: Credit and Quantitative Easing in Advanced Economies.‹ IMF Staff Position Note«, 4. November 2009. Online verfügbar unter http://www.imf.org/external/pubs/ft/spn/2009/spn0927.pdf.

Knight, Frank H.: *Risk, Uncertainty, and Profit*. Boston: Houghton Mifflin, 1921.

Krugman, Paul: »How Did Economists Get It So Wrong?« *New York Times Magazine*, 2. September 2009.

Krugman, Paul: *The Return of Depression Economics and the Crisis of 2008*. New York: W. W. Norton, 2008. Dt.: *Die neue Weltwirtschaftskrise*, Frankfurt am Main/New York: Campus, 2009.

Laeven, Luc und Thomas Laryea: »›Principles of Household Debt Restructuring.‹ IMF Staff Position Note«, 26. Juni 2009. Online verfügbar unter http://www.imf.org/external/pubs/ft/spn/2009/ spn0915.pdf.

Landier, Augustin und Kenichi Ueda: »The Economics of Debt Restructuring: Understanding the Options. IMF Staff Position Note«, 5. Juni 2009. Online verfügbar unter https://www.imf.org/external/pubs/ft/spn/2009/spn0912.pdf.

Lepler, Jessica: »The Pressure of 1836: Interpreting Atlantic Bank Wars.«, unveröffentlichtes Papier.

Lo, Andrew W. und A. Craig MacKinlay: *A Non-Random Walk Down Wall Street*. Princeton, New Jersey: Princeton University Press, 1999.

Mackay, Charles: *Memoirs of Extraordinary Popular Delusions and the Madness of Crowds*. London: National Illustrated Library, 1852.

Marichal, Carlos: *A Century of Debt Crises in Latin America: From Independence to the Great Depression, 1820–1930*. Princeton, New Jersey: Princeton University Press, 1989.

Markwat, Thijs, Erik Kole und Dick van Dijk: »Contagion as a Domino Effect in Global Stock Markets.« *Journal of Banking and Finance* 33 (2009): 1996–2012.

Miller, Marcus, Paul Weller und Lei Zhang: »Moral Hazard and the US Stock Market: Analysing the ›Greenspan Put‹.« *Economic Journal* 112 (2002): C171–86.

Minsky, Hyman P.: *Can »It« Happen Again? Essays on Instability and Finance*. Armonk, New York: M. E. Sharpe, 1982.

Minsky, Hyman P.: *John Maynard Keynes*. New York: Columbia University Press, 1975, dt.: *John Maynard Keynes*. Marburg: Metropolis, 2007.

Minsky, Hyman P.: *Stabilizing an Unstable Economy*. New York: McGraw Hill, 2008.

Mishkin, Frederic S.: »Anatomy of a Financial Crisis.« *Journal of Evolutionary Economics* 2 (1992): 115–130.

Morris, Charles R.: *The Trillion Dollar Meltdown: Easy Money, High Rollers, and the Great Credit Crash*. New York: Public Affairs, 2008.

Neal, Larry D. und Marc Weidenmier: »Crises in the Global Economy from Tulips to Today: Contagion and Consequences.« In: Michael D. Bordo, Alan M. Taylor und Jeffrey G. Williamson (Hg.): *Globalization in Historical Perspective*. Chicago: University of Chicago Press, 2003, 473–510.

Obstfeld, Maurice und Kenneth Rogoff: »›The Unsustainable US Current

Account Position Revisited.‹ National Bureau of Economic Research Working Paper No. 10869«, November 2004. Online verfügbar unter http://elsa.berkeley.edu/~obstfeld/NBER_final.pdf.

Obstfeld, Maurice, Jay C. Shambaugh und Alan M. Taylor: »›Financial Instability, Reserves, and Central Bank Swap Lines in the Panic of 2008.‹ National Bureau of Economic Research Working Paper No. 14826«, März 2009. Online verfügbar unter www.aeaweb.org/annual_mtg_papers/2009/retrieve.php?pdfid=169.

Papadia, Francesco: »›Central Bank Operations in Response to the Financial Turmoil.‹ Committee on the Global Financial System Paper No. 31«, Juli 2008. Online verfügbar unter http://www.bis.org/publ/cgfs31.pdf?noframes=1.

Philippon, Thomas und Ariell Reshef: »›Wages and Human Capital in the U.S. Financial Industry: 1909–2006.‹ National Bureau of Economic Research Working Paper No. 14644«, 2009. Online verfügbar unter http://people.virginia.edu/~ar7kf/papers/pr_rev15_submitted.pdf.

Purnanandam, Amiyatosh K: »›Originate-to-Distribute Model and the Sub-Prime Mortgage Crisis.‹ Paper presented at the American Finance Association annual meeting«, 18. September 2009, Atlanta, Georgia.

Rajan, Raghuram: »Bankers' Pay Is Deeply Flawed.« *Financial Times*, 8. Januar 2008.

Rajan, Raghuram: »›Has Financial Development Made the World Riskier?‹ National Bureau of Economic Research Working Paper No. 11728«, November 2005; anschließend erschienen als: »Has Finance Made the World Riskier?« *European Financial Management* 12 (2006): 499–533. Online verfügbar unter http://www.kc.frb.org/publicat/SYMPOS/2005/PDF/Rajan2005.pdf.

Reinhart, Carmen M. und Kenneth S. Rogoff: »›Growth in a Time of Debt.‹ National Bureau of Economic Research Working Paper No. 15639«, Januar 2010. Online verfügbar unter www.aeaweb.org/aea/conference/program/retrieve.php?pdfid=460.

Reinhart, Carmen M. und Kenneth S. Rogoff: »Is the 2007 US Sub-prime Financial Crisis So Different? An International Historical Comparison.« *American Economic Review* 98 (2008): 339–344.

Reinhart, Carmen M. und Kenneth S. Rogoff: *This Time Is Different: Eight*

Centuries of Financial Folly. Princeton, New Jersey: Princeton University Press, 2009, dt.: *Dieses Mal ist alles anders. Acht Jahrhunderte Finanzkrisen*. München: FinanzBuch 2010.

Richardson, Vernon J., und James F. Waegelein: »The Influence of Long-Term Performance Plans on Earnings Management and Firm Performance.« *Review of Quantitative Finance and Accounting 18*, Nr. 2 (März 2002): 161–183.

Ritholtz, Barry: *Bailout Nation: How Greed and Easy Money Corrupted Wall Street and Shook the World Economy*. Hoboken, New Jersey: John Wiley and Sons, 2009.

Rockoff, Hugh: »Walter Bagehot and the Theory of Central Banking«, in Forrest Capie and Geoffrey E. Wood (Hg.): *Financial Crises and the World Banking System*. London: Macmillan, 1986): 160–180.

Rose, Andrew K. und Mark M. Spiegel: »›Cross-Country Causes and Consequences of the 2008 Crisis: International Linkages and American Exposure.‹ Centre for Economic Policy Reseach Discussion Paper No. 7466«, London: Centre for Economic Policy Research. Online verfügbar unter http://www.cepr.org/pubs/ dps/DP7466.asp.

Roubini, Nouriel: »The Biggest Slump in U.S. Housing in the Last 40 Years ... or 53 Years?« 23. August 2006. Online verfügbar unter http://www.roubini.com/analysis/38718.php.

Roubini, Nouriel: »The Coming Financial Pandemic«, *Foreign Policy*, 19. Februar 2009. Online verfügbar unter http://www.foreignpolicy.com/articles/2009/02/19/the_coming_financial_pandemic.

Roubini, Nouriel: »The Risk of a U.S. Hard Landing and Implications for the Global Economy and Financial Markets«, Rede vor dem Internationalen Währungsfonds am 13. September 2007. Online verfügbar unter http://www.imf.org/external/np/tr/2007/tr070913.htm.

Roubini, Nouriel: »The Risking Risk of a Systemic Financial Meltdown: The Twelve Steps to Disaster«, 5. Februar 2008. Online verfügbar unter http://www.roubini.com/analysis/44763.php.

Roubini, Nouriel: »Why Central Banks Should Burst Bubbles.« *International Finance* 9 (2006): 87–107.

Roubini, Nouriel: »Why China Should Abandon Its Dollar Peg.« *International Finance* 10 (2007): 71–89.

Roubini, Nouriel und Christian Menegatti: »Vulnerabilities in Central and Southern Europe.« 6. Juni 2006. Online verfügbar unter http://www.roubini.com/analysis/38622.php.

Roubini, Nouriel, Elisa Parisi-Capone und Christian Menegatti: »Growth Differentials in the EMU: Facts and Considerations«, 1. Juni 2007. Online verfügbar unter http://www.roubini.com/analysis/44809.php.

Roubini, Nouriel und Brad Setser: *Bailouts or Bail-Ins? Responding to Financial Crises in Emerging Economies.* Washington: Institute for International Economics, 2004.

Roubini, Nouriel und Brad Setser: »The US as a Net Debtor: The Sustainability of the US External Imbalances«, November 2004. Online verfügbar unter http://pages.stern.nyu.edu/ ~nroubini/papers/Roubini-Setser-US-External-Imbalances.pdf.

Roubini Global Economics: *2010 Global Economic Outlook.* Februar 2010. Für Abonnenten online verfügbar unter www.roubini.com.

Schularick, Moritz und Alan M. Taylor: »›Credit Booms Gone Bust: Monetary Policy, Leverage Cycles, and Financial Crises, 1870–2008.‹ National Bureau of Economic Research Working Paper 15512«, November 2009.

Schumpeter, Joseph Alois: *Capitalism, Socialism, and Democracy.* London: Routledge, 2006, dt.: *Kapitalismus, Sozialismus und Demokratie.* Tübingen: Francke 2005.

Schwartz, Anna: »Real and Pseudo-Financial Crises«, in Forrest Capie und Geoffrey E. Wood, (Hg.) *Financial Crises and the World Banking System.* London: Macmillan, 1986: 11–31.

Shiller, Robert J.: »From Efficient Markets Theory to Behavioral Finance.« *Journal of Economic Perspectives* 17 (2003): 83–104.

Shiller, Robert: *Irrational Exuberance.* Princeton, New Jersey: Princeton University Press, 2000, dt.: *Irrationaler Überschwang: Warum eine lange Baisse an der Börse unvermeidlich ist.* Frankfurt am Main/New York: Campus, 2000.

Shiller, Robert: *The Subprime Solution: How Today's Global Financial Crisis Happened, and What to Do about It.* Princeton, New Jersey: Princeton University Press, 2008, dt.: *Die Subprime-Lösung: Wie wir in die Finanzkrise hineingeraten sind und was wir jetzt tun sollten.* Kulmbach: Börsenmedien, 2008.

Shim, Ilhyock und Goetz von Peter: »›Distress Selling and Asset Market Feedback.‹ Bank for International Settlements Working Paper No. 229«, Juni 2007. Online verfügbar unter http://www.bis.org/publ/work229.pdf.

Silber, William L.: *When Washington Shut Down Wall Street: The Great Financial Crisis and the Origins of America's Monetary Supremacy.* Princeton: Princeton University Press, 2007.

Sobel, Robert: *Panic on Wall Street: A History of America's Financial Disasters.* New York: Collier, 1968.

Sorkin, Andrew Ross: *Too Big to Fail: The Inside Story of How Wall Street and Washington Fought to Save the Financial System from Crisis – and Themselves.* New York: Viking, 2009.

Sornette, Didier und Ryan Woodard: »›Financial Bubbles, Real Estate Bubbles, Derivative Bubbles, and the Financial and Economic Crisis.‹ Swiss Finance Research Institute Paper No. 09–15«, 20. Mai 2009. Online verfügbar unter http://arxiv.org/PS_cache/arxiv/pdf/0905/0905.0220v1.pdf.

Soros, George: *The New Paradigm for Financial Markets: The Credit Crisis of 2008 and What It Means.* New York: Public Affairs, 2008, dt.: *Die Analyse der Finanzkrise ... und was sie bedeutet, weltweit.* München: FinanzBuch, 2009.

Stiglitz, Joseph: *Freefall: America, Free Markets, and the Sinking of the World Economy.* New York: W. W. Norton, 2010, dt.: *Im freien Fall: Vom Versagen der Märkte zur Neuordnung der Weltwirtschaft.* München: Siedler 2010.

Sylla, Richard: »Monetary Innovation and Crises in American Economic History.« In: Paul Wachtel (Hg.): *Crises in the Economic and Financial Structure.* Lexington, Massachusetts: D. C. Heath, 1982.

Taleb, Nassim Nicholas: *The Black Swan: The Impact of the Highly Improbable.* New York: Random House, 2007, dt.: *Der schwarze Schwan: Die Macht höchst unwahrscheinlicher Ereignisse.* München: Hanser, 2008.

Temin, Peter: *Did Monetary Forces Cause the Great Depression?* New York: W. W. Norton, 1976.

Tett, Gillian: *Fool's Gold: How the Bold Dream of A Small Tribe at J. P. Morgan Was Corrupted by Wall Street Greed and Unleashed a Catastrophe.* New York: Free Press, 2009.

Tymoigne, Éric: »›Securitization, Deregulation, Economic Stability, and Financial Crisis‹, Parts I and II. Levy Economics Institute, Working Papers 573.1 and 573.2«, August 2009. Online verfügbar unter http://www.levy.org/pubs/wp_573_1.pdf bzw. unter http://www.levy.org/pubs/wp_573_2.pdf.

VoxEU.org: *The Global Crisis Debate*. 2009. Online verfügbar unter http://www.voxeu.org/index.php?q=node/2824.

Wheelock, David C., and Paul W. Wilson: »Why Do Banks Disappear? The Determinants of U.S. Bank Failures and Acquisitions.« *Review of Economics and Statistics 82* (2000): 127–138.

White, Eugene (Hg.): *Crashes and Panics: The Lessons from History*. Homewood, Illinois: Business One Irwin, 1990.

Wieland, Volker: »›Quantitative Easing: A Rationale and Some Evidence from Japan.‹ National Bureau of Economic Research Working Paper No. 15565«, Dezember 2009, online verfügbar unter http://www.wiwi.uni-frankfurt.de/profs/wieland/volker/docs/Wieland_Japan_QE.pdf.

Wilson, Jack, Richard E. Sylla und Charles P. Jones: »Financial Market Panics and Volatility in the Long Run, 1830–1988.« In: Eugene N. White (Hg.): *Crashes and Panics: The Lessons from History*. Homewood, Illinois: Business One Irwin, 1990: 85–125.

Wolf, Martin: *Fixing Global Finance*. Baltimore: Johns Hopkins University Press, 2008.

Wray, L. Randall: »Minsky, the Global Financial Crisis, and the Prospects Before Us.« *Development* 52 (2009): 302–307.

Yehoue, Etienne B.: »›Emerging Economy Responses to the Global Financial Crisis of 2007–09: An Empirical Analysis of the Liquidity Easing Measures.‹ IMF Working Paper 09/265«, Dezember 2009. Online verfügbar unter http://www.imf.org/external/pubs/ft/wp/2009/wp09265.pdf.

Zandi, Mark: *Financial Shock: A 360° Look at the Subprime Mortgage Implosion, and How to Avoid the Next Financial Crisis*. Upper Saddle River, New Jersey: Financial Times Press, 2008.

Zimmermann, Klaus F.: »Coordinating International Responses to the Crisis.« A VoxEU.org. Publication, 9. Oktober 2008. Online verfügbar unter http://www.voxeu.org/index.php?q=node/2366.

ANMERKUNGEN

Einleitung

1 Deb Reichman, »Interview with Vice President Richard Cheney«, Associated Press, 8. Januar 2009.

2 Transkript von »Lecture and Discussion mit Nouriel Roubini«, International Monetary Fund, 7. September 2006.

3 Nouriel Roubini: »The Rising Risk of a Systemic Financial Meltdown: The Twelve Steps to Financial Disaster«, 5. Februar 2008, online verfügbar unter http://www.roubini.com/analysis/44763.php; Stephen Mihm: »Dr. Doom«, *New York Times Magazine*, 15. August 2008.

4 Robert Shiller: *Irrational Exuberance* (Princeton, New Jersey: Princeton University Press, 2000, dt.: *Irrationaler Überschwang*, Frankfurt am Main/New York: Campus, 2000); Karl E. Case und Robert J. Shiller: »Is There a Bubble in the Housing Market?«, *Brookings Papers on Economic Activity* 2 (2003), 299–362.

5 Raghuram G. Rajan: »Has Financial Development Made the World Riskier?«, Rede vom 27. August 2005 auf dem Symposion »The Greenspan Era: Lessons for the Future: A Symposium Sponsored by the Federal Reserve Bank of Kansas City, Jackson Hole, Wyoming«.

6 Justin Lahart: »NASDAQ: Five Years after the Peak«, *Wall Street Journal*, 7. März 2005.

7 Beat Balzli und Michaela Schiessl: »The Man Nobody Wanted to Hear«, *Der Spiegel*, 8. Juli 2009 (dt.: »Der Mann, der zu viel wusste«, *Der Spiegel*, 6. Juli 2009, http://www.spiegel.de/spiegel/print/d-65955004.html).

8 Nassim Nicholas Taleb: *The Black Swan: The Impact of the Highly Improbable* (New York: Random House, 2007).

9 Maurice Obstfeld und Kenneth Rogoff: »›The Unsustainable US Current Account Position Revisited‹, NBER Working Paper No. 10869«, November 2004.
10 Brett Arends: »Economic ›Armageddon‹ Predicted«, *Boston Herald*, 23. November 2004.
11 John Maynard Keynes: *The General Theory of Employment, Interest, and Money* (New York: Harcourt, Brace and Company, 1936), 161.
12 Keynes: *General Theory*, 383.
13 John Maynard Keynes: »National Self-Sufficiency«, *The Yale Review* 22 (1933), 760 f.

1. Der weiße Schwan

1 Die beste Einzeldarstellung des Börsenkrachs bleibt diejenige von John Kenneth Galbraith: *The Great Crash, 1929* (Boston: Houghton Mifflin, 1954).
2 Ben S. Bernanke: »›Economic Outlook‹, Testimony before the Joint Economic Committee, U.S. Congress«, 28. März 2007, online verfügbar unter: http://www.federalreserve.gov/newsevents/testimony/bernanke 20070328a.htm.
3 Aus dem Interview mit Paulson vom 26. Juli 2007. Kevin Carmichael und Peter Cook: »Paulson Says Subprime Rout Doesn't Affect Economy«, *Bloomberg*, online verfügbar unter http://www.bloomberg.com/apps/news?pid=20601087&sid=aBvlvvm.ISfo&refer=home.
4 »Remarks by Secretary Henry M. Paulson, Jr. on the U.S. Economy, Housing and Capital Markets, before the *Washington Post* 200 Lunch«, 16. Mai 2008, online verfügbar unter http://www.ustreas.gov/press/releases/hp981.htm.
5 Donald Luskin: »Quit Doling Out That Bad-Economy Line«, *Washington Post*, 14. September 2008.
6 Taleb: *The Black Swan.*
7 Carmen M. Reinhart und Kenneth S. Rogoff: *This Time Is Different: Eight Centuries of Financial Folly* (Princeton, New Jersey: Princeton University Press, 2009).
8 Karl E. Case, John M. Quigley und Robert J. Shiller: »Comparing Wealth Effects: The Stock Market versus the Housing Market«, *Advances in Macroeconomics* 5 (2005), 1–34.

9 Siehe Gene Sperling: »Housing Bust Meets the Equity Blues«, *Bloomberg*, online verfügbar unter http://www.bloomberg.com/apps/news?pid=20601039&sid=a.mcWxg9aJ_E; Alan Greenspan und James Kennedy: »›Sources and Uses of Equity Extracted from Homes‹, Working Paper 2007–20, Finance and Economics Discussion Series, Federal Reserve Board«, online verfügbar unter http://www.federalreserve.gov/pubs/feds/2007/200720/200720pap.pdf.

10 Reinhart und Rogoff: *This Time Is Different*, 86–89, 101–111, 174–181.

11 Peter Bernholz: *Monetary Regimes and Inflation: History, Economic and Political Relationships* (Cheltenham: Edward Elgar, 2003), 53.

12 Siehe z. B. Peter M. Garber: »Tulipmania«, *Journal of Political Economy* 97 (1989), 535–560; Anne Goldgar: *Tulipmania: Money, Honor, and Knowledge in the Dutch Golden Age* (Chicago: University of Chicago Press, 2007).

13 John Law: *A Full and Impartial Account of the Company of Mississippi* (London, 1720); Antoin E. Murphy: *John Law: Economic Theorist and Policy-Maker* (Oxford: Clarendon Press, 2007).

14 Rik G. P. Frehen, William N. Goetzmann und K. Geert Rouwenhorst: »›New Evidence on the First Financial Bubble‹, NBER Working Paper No. 15332«, September 2009.

15 Larry Neal: »The Financial Crisis of 1825 and the Restructuring of the British Financial System«, *Federal Reserve Bank of St. Louis Review*, Mai/Juni 1998, 53–76; Michael Bordo: »Commentary«, *Federal Reserve Bank of St. Louis Review*, Mai/Juni 1998, 77–82.

16 Walter Bagehot: *Lombard Street: A Description of the Money Market* (New York: E. P. Dutton, 1920), 190.

17 G. W. Van Vleck: *The Panic of 1857: An Analytical Study* (New York: Columbia University Press, 1943); Charles W. Calomiris und Larry Schweikart: »The Panic of 1857: Origins, Transmission, and Containment«, *Journal of Economic History* 51 (1991), 807–834.

18 Charles P. Kindleberger, *Manias, Panics, and Crashes: A History of Financial Crises* (New York: Basic Books, 1978), 129–130.

19 Kindleberger: *Manias, Panics, and Crashes*, 132–133; Michael Bordo: »Discussion: The Panic of 1873 and Financial Market Volatility and Panics Before 1914«, Eugene White (Hg.): *Crashes and Panics: The Lessons from History* (Homewood, IL: Business One Irwin, 1990), 126–32.

20 Robert F. Bruner und Sean D. Carr: *The Panic of 1907: Lessons Learned*

from the Market's Perfect Storm (Hoboken, New Jersey: John Wiley and Sons, 2009).

21 Milton Friedman und Anna J. Schwartz: *A Monetary History of the United States, 1867–1960* (Princeton, New Jersey: Princeton University Press, 1963), 299–419.

22 Kindleberger: *Manias, Panics, Crashes*, 139–140.

23 David M. Kennedy: *Freedom from Fear: The American People in Depression and War, 1929–1945* (New York: Oxford University Press, 1999).

24 Charles P. Kindleberger: *The World in Depression, 1929–1939* (Berkeley, California: University of California Press, 1986); Reinhart und Rogoff: *This Time Is Different*, 71–73, 111.

25 Michael D. Bordo und Barry J. Eichengreen (Hg.): *A Retrospective on the Bretton Woods System: Lessons for International Monetary Reform* (Chicago: University of Chicago Press, 1993), 3–108.

26 Peter M. Garber: »The Collapse of the Bretton Woods Fixed Exchange Rate System«, in Bordo und Eichengreen (Hg.): *Retrospective on the Bretton Woods System*, 461–494.

27 Timothy Curry: »The LDC Debt Crisis«, in FDIC Division of Research and Statistics: *History of the Eighties: Lessons for the Future*, Bd. 1 (Washington: FDIC, 1997), 191–210.

28 James H. Stock und Mark W. Watson: »Has the Business Cycle Changed and Why?« *NBER Macroeconomics Annual 2002* 17 (2003), 159–218.

29 Die Literatur zum langen Aufschwung ist umfangreich. Siehe z. B. Shaghil Ahmed, Andrew Levin und Beth Anne Wilson: »Recent U.S. Macroeconomic Stability: Good, Policies, Good Practices, or Good Luck?«, *Review of Economics and Statistics* 86 (2004), S. 824–832; James Kahn, Margaret McConnell und Gabriel Perez-Quiros: »On the Causes of the Increased Stability of the U.S. Economy«, Federal Reserve Bank of New York, *Economic Policy Review* 8 (2002), 183–202; Jordi Gali und Luca Gambetti: »On the Sources of the Great Moderation«, *American Economic Journal: Macroeconomics* 1 (2009), 26–57.

30 »›The Great Moderation‹, Remarks by Governor Ben S. Bernanke at the meetings of the Eastern Economic Association, Washington, DC«, 20. Februar 2004, online verfügbar unter http://www.federalreserve.gov/BOARDDOCS/SPEECHES/2004/20040220/default.htm.

31 Paul Krugman: *The Return of Depression Economics* (New York: W. W. Norton, 1999), 60–82; Takatoshi Ito: »Retrospective on the Bubble Pe-

riod and Its Relationship to Developments in the 1990s«, *World Economy* 26 (2003), 283–300; Mitsuhiro Fukao. »Japan's Lost Decade and Its Financial System«, *World Economy* 26 (2003), 365–384.

32 Harald A. Benink und David T. Llewellyn: »Fragile Banking in Norway, Sweden and Finland: An Empirical Analysis«, *Journal of International Financial Markets, Institutions and Money* 4 (1994), 5–19.

33 Timothy Curry und Lynn Shibut: »The Cost of the Savings and Loan Crisis: Truth and Consequences«, *FDIC Banking Review* 13 (2000), 26–35.

34 Nouriel Roubini und Brad Setser: *Bailouts or Bail-Ins? Responding to Financial Crises in Emerging Economies* (Washington: Institute for International Economics, 2004).

35 Roger Lowenstein: *When Genius Failed: The Rise and Fall of Long-Term Capital Management* (New York: Random House, 2000).

36 Rouini und Setser, *Bailouts or Bail-Ins*, 61–70.

37 Daniela Deane: »In Real Estate Fever, More Signs of Sickness«, *Washington Post*, 17. April 2005.

38 Aldous Huxley, *The Devils of Loudun* (London: Chatto and Windus, 1952), 259.

39 Siehe z. B. Ruth Gledhill: »Rowan Williams Says ›Human Greed‹ to Blame for Financial Crisis«, *The Times*, 15. Oktober 2008.

40 Alan Greenspan: »›Consumer Credit and Financial Modernization,‹ remarks to Economic Development Conference of the Greenlining Institute«, 11. Oktober 1997, online verfügbar unter http://www.federalreserve.gov/boarddocs/speeches/1997/19971011.htm.

41 »Remarks of Chairman Alan Greenspan at the Federal Reserve System's Fourth Annual Community Affairs Research Conference«, 8. April 2005, online verfügbar unter http://www.federalreserve.gov/BoardDocs/speeches/2005/20050408/default.htm.

42 Jean Claude Trichet: »Activism and Alertness in Monetary Policy«, Vortrag gehalten auf einer Tagung über Zentralbanken im 21. Jahrhundert, 8. Juni 2006, online verfügbar unter http://www.ecb.int/press/key/date/2006/html/sp060608_1.en.html.

2. Krisenökonomie

1 John Maynard Keynes: *The General Theory of Employment, Interest, and Money*, 383.

2 Adam Smith: *An Inquiry into the Nature and Causes of the Wealth of Nations*, Bd. 3 (London: Charles Knight, 1835), 112; Robert L. Heilbroner und Lester C. Thurow: *Economics Explained* (New York: Touchstone, 1987), 25–31.

3 Denis P. O'Brien: »Classical Economics«, in Warren J. Samuels, Jeff E. Biddle und John B. Davis (Hg.): *A Companion to the History of Economic Thought* (Oxford: Blackwell Publishing, 2003), 112–129; Alessandro Roncaglia: *The Wealth of Ideas: A History of Economic Thought* (Cambridge: Cambridge University Press, 2005), 179–243, 278–296, 322–383.

4 Louis Bachelier: »*Théorie de la spéculation*«, in *Annales Scientifiques de l'École Normale Supérieure* 3 (1900), 21–86; Justin Fox: *The Myth of the Rational Market: A History of Risk, Reward, and Delusion on Wall Street* (New York: Harper Business, 2009), 6–8.

5 John Kenneth Galbraith: *The Great Crash, 1929* (Boston: Houghton Mifflin, 1954), 75.

6 Fox: *Myth of the Rational Market*, 89–107.

7 Burton G. Malkiel: *A Random Walk Down Wall Street* (New York: W. W. Norton, 1973).

8 Andrew W. Lo und A. Craig MacKinlay: *A Non-Random Walk Down Wall Street* (Princeton, New Jersey: Princeton University Press, 1999), 6.

9 Robert J. Shiller: »Consumption, Asset Markets and Macroeconomic Fluctuations«, *Carnegie-Rochester Conference Series on Public Policy* 17 (1982), 203–238.

10 Robert J. Shiller: »From Efficient Markets Theory to Behavioral Finance«, *Journal of Economic Perspectives* 17 (2003), 90.

11 Shiller: »From Efficient Markets Theory to Behavioral Finance«, 90.

12 Shiller: »From Efficient Markets Theory to Behavioral Finance«; Fox: *Myth of the Rational Market*, 175–210, 247–264.

13 Shiller: »From Efficient Markets Theory to Behavioral Finance«, 94.

14 Kent Daniel, David Hirshleifer und Avanidhar Subramanyam: »Investor Psychology and Security Market Under- and Overreactions«, *Journal of Finance* 53 (1998), 1839–1885.

15 John Stuart Mill: *Principles of Political Economy* (London: Longmans Green, 1909), 527–529.

16 Sandra J. Peart: »Sunspots and Expectations: W. S. Jevons's Theory of Economic Fluctuations«, *Journal of the History of Economic Thought* 13 (1991), 243–265.

17 Robert L. Heilbroner: *The Worldly Philosophers: The Lives, Times, and Ideas of the Great Economic Thinkers* (New York: Touchstone, 1999), 136–169; Roncaglia: *Wealth of Ideas*, 244–277

18 Karl Marx und Friedrich Engels: *The Communist Manifesto* (New York: Penguin, 2002), 225–226.

19 Heilbroner: *The Worldly Philosophers*, 248–287; Roncaglia: *Wealth of Ideas*, 384–388.

20 Heilbroner und Thurow, *Economics Explained*, 38–39.

21 Hyman P. Minsky: *John Maynard Keynes* (New York: Columbia University Press, 1975), 3.

22 Keynes: *The General Theory*, 84.

23 Keynes: *The General Theory*, 162.

24 »The Economy: We Are All Keynesians Now«, *Time*, 31. Dezember 1965.

25 Milton Friedman und Anna J. Schwartz: *A Monetary History of the United States, 1867–1960* (Princeton, New Jersey: Princeton University Press, 1963), 299–419.

26 Siehe z. B. Peter Temin, *Did Monetary Forces Cause the Great Depression?* (New York: W. W. Norton, 1976).

27 Joan Robinson: *What Are the Questions? And Other Essays: Further Contributions to Modern Economics* (Armonk, New York: M. E. Sharpe, 1980), 34.

28 Hyman Minsky: *Stabilizing an Unstable Economy* (New York: McGraw Hill, 2008), 134.

29 Minsky: *John Maynard Keynes*, 11–12.

30 John Maynard Keynes, *Essays in Persuasion* (New York: W. W. Norton, 1963), 169.

31 Hyman Minsky: »The Financial Instability Hypothesis: An Interpretation of Keynes and and Alternative to ›Standard‹ Theory«, und »The Financial Instability Hypothesis: A Restatement«, beide in Minsky: *Can »It« Happen Again? Essays on Instability and Finance* (Armonk, New York: M. E. Sharpe, 1982), 59–70, 90–116.

32 Irving Fisher: »The Debt-Deflation Theory of Great Depressions«, *Econometrica* 1 (1933), 346.

33 Steven Horwitz: »The Austrian Marginalists: Menger, Böhm-Bawerk,

and Wieser« sowie Peter J. Boettke und Peter T. Leeson: »The Austrian School of Economics: 1950–2000«, beide in Samuel, Biddle und Davis (Hg.): *Companion to the History of Economic Thought*, 262–277, 445–453.

34 Joseph Alois Schumpeter: *Capitalism, Socialism, and Democracy* (London: Routledge, 2006), 81–86.

35 Siehe z. B. Murray Rothbard: *America's Great Depression* (New York: New York University Press, 1973).

36 Peronet Despeignes: »Greenspan Put May be Encouraging Complacency«, *Financial Times*, 8. Dezember 2000; Marcus Miller, Paul Weller und Lei Zhang: »Moral Hazard and the US Stock Market: Analysing the ›Greenspan Put‹«, *Economic Journal* 112 (2002), C171–186.

37 Siehe z. B. Benjamin Powell: »Explaining Japan's Recession«, *Quarterly Journal of Austrian Economics* 5 (2002), 35–50.

38 Krugman: *Return of Depression Economics*, 74–77; Charles Yuji Horioka: »The Causes of Japan's ›Lost Decade‹: The Role of Household Consumption«, *Japan and the World Economy* 18 (2006), 378–400.

39 John Maynard Keynes: *A Tract on Monetary Reform* (London: Macmillan, 1923), 80.

40 Conor Clarke: »An Interview with Paul Samuelson, Part Two«, *The Atlantic*, 18. Juni 2009, online verfügbar unter http://correspondents.theatlantic.com/conor_clarke/2009/06/an_interview_with_paul_samuelson_part_two.php.

41 Charles Mackay: *Memoirs of Extraordinary Popular Delusions and the Madness of Crowds* (London: National Illustrated Library, 1852). Erweiterte Ausgabe der Urfassung von 1841.

3. Plattentektonik

1 C. N. Ward-Perkins: »The Commercial Crisis of 1847«, *Oxford Economic Papers* 2 (1950), 75–94; H. M. Boot: *The Commercial Crisis of 1847*. Occasional Papers in Economic and Social History, No. 11 (Hull: Hull University Press, 1984).

2 Die besten Argumente für die positiven Auswirkungen von Blasen liefert Daniel Gross: *Pop! Why Bubbles Are Great for the Economy* (New York: Harper Business, 2007).

3 Der folgende Abschnitt folgt hauptsächlich Gillian Tett: *Fool's Gold:*

How the Bold Dream of A Small Tribe at J. P. Morgan Was Corrupted by Wall Street Greed and Unleashed a Catastrophe (New York: Free Press, 2009), 51–56; Mark Zandi: *Financial Shock: A 360° Look at the Subprime Mortgage Implosion, and How to Avoid the Next Financial Crisis* (Upper Saddle River, New Jersey: Financial Times Press, 2008), 111–119.

4 »Statement of Cameron L. Cowan, American Securitization Forum, Before the Subcommittee on Housing and Community Opportunity, Subcommittee on Financial Institutions and Consumer Credit, United States House of Representatives«, 5. November 2003.

5 Siehe z. B. Vinod Kothari: *Securitization: The Financial Instrument of the Future* (Hoboken, New Jersey: John Wiley and Sons, 2006).

6 Vgl. Amiyatosh K. Purnanandam: »›Originate-to-Distribute Model and the Sub-Prime Mortgage Crisis' paper presented at the American Finance Association Annual Meeting«, 18. September 2009, Atlanta, Georgia.

7 Douglas J. Lucas, Laurie S. Goodman und Frank J. Fabozzi: »Collateralized Debt Obligations and Credit Risk Transfer«, *Journal of Financial Transformation* 20 (2007), 47–59.

8 Zandi: *Financial Shock*, 117–119. Siehe auch Janet Tavakoli: *Collateralized Debt Obligations and Structured Finance: New Developments in Cash and Synthetic Securitization* (Hoboken, New Jersey: John Wiley, 2003).

9 Siehe z. B. Kevin Dowd: »Moral Hazard and the Financial Crisis.« *Cato Journal* 29 (2009), 141–166.

10 Die Darlegungen dieses Absschnitts fußen weitgehend auf Gian Luca Clementi, Thomas F. Cooley, Matthew Richardson und Ingo Walter: »Rethinking Compensation in Financial Firms« sowie Viral V. Acharya et al.: »Corporate Governance in the Modern Financial Sector«, beide in Viral V. Acharya und Matthew Richardson (Hg.): *Restoring Financial Stability: How to Repair a Failed System* (Hoboken, New Jersey: John Wiley and Sons, 2009).

11 Raghuram Rajan: »Bankers' Pay Is Deeply Flawed«, *Financial Times*, 8. Januar 2008; Gian Luca Clementi und Thomas Cooley: »›Executive Compensation: Facts,‹ Working Paper, New York University, Stern School of Business«, 10. November 2009, online verfügbar unter http://pages.stern.nyu.edu/~gclement/Papers/facts.pdf.

12 Christine Harper: »Bonuses at Wall Street Big-Five Surge to $36 Bil-

lion«, *Bloomberg*, 6. November 2006, online verfügbar unter http://www.bloomberg.com/apps/news?pid=20601087&refer=home&sid=atEk12XYMerk.

13 Alan Greenspan: *The Age of Turbulence: Adventures in a New World* (New York: Penguin Press, 2007).

14 John M. Berry: »Black Monday for Greenspan: A Race to Forestall a Liquidity Crisis«, *Washington Post*, 19. Oktober 1997.

15 Kenneth T. Jackson, Karen Markoe, Arnie Markoe (Hg.): *The Scribner Encyclopedia of American Lives*, Bd. 5 (New York: Charles Scribner's Sons, 2002).

16 Alan Greenspan: »›The Challenge of Central Banking in a Democratic Society‹, remarks delivered at the Annual Dinner and Francis Boyer Lecture of The American Enterprise Institute«, 5. Dezember 1996, online verfügbar unter http://www.federalreserve.gov/boardDocs/speeches/1996/19961205.htm.

17 Marcus Miller, Paul Weller und Lei Zhang: »Moral Hazard and the US Stock Market: Analysing the ›Greenspan Put,‹« *Economic Journal* 112 (2002), C171–186.

18 Greg Ip: »Did Greenspan Add to Subprime Woes?« *Wall Street Journal*, 9. Juni 2007; Edmund L. Andrews: »Fed Shrugged as Subprime Crisis Spread«, *New York Times*, 18. Dezember 2007.

19 »Remarks of Chairman Alan Greenspan at the Federal Reserve System's Fourth Annual Community Affairs Research Conference«, 8. April 2005, online verfügbar unter http://www.federalreserve.gov/BoardDocs/speeches/2005/20050408/default.htm.

20 Barth, James R., R. Dan, Jr. Brumbaugh und James A. Wilcox: »Policy Watch: The Repeal of Glass-Steagall and the Advent of Broad Banking«, *Journal of Economic Perspectives* 14, Nr. 2 (Frühjahr 2000), 191–204; Jill M. Hendrickson: »The Long and Bumpy Road to Glass-Steagall Reform: A Historical and Evolutionary Analysis of Banking Legislation«, *American Journal of Economics and Sociology* 60 (2001), 849–879.

21 Stephen Labaton: »Agency's '04 Rule Let Banks Pile Up New Debt«, *New York Times*, 2. Oktober 2008.

22 Siehe z. B. Peter J. Wallison: »Cause and Effect: Government Policies and the Financial Crisis«, *Critical Review* 21 (2009), 365–376.

23 Carol D. Leonnig, »How HUD Mortgage Policy Fed the Crisis«, *Washington Post*, 10. Juni 2008.

24 Nachdem er den Begriff bei einer Konferenz der US-Notenbank in Jackson Hole 2007 eingeführt hatte, entwickelte McCulley ihn in einer Denkschrift für die Kapitalanlagegesellschaft PIMCO. Siehe Paul McCulley: »The Shadow Banking System and Hyman Minsky's Economic Journey«, *Global Central Bank Focus*, PIMCO, Mai 2009. Siehe auch James Crotty: »Structural Causes of the Global Financial Crisis: A Critical Assessment of the ›New Financial Architecture‹«, *Cambridge Journal of Economics* 33 (2009), 563–580.

25 Complete film script of »It's a Wonderful Life« online verfügbar unter http://www.imsdb.com/scripts/It%27s-a-Wonderful-Life.html.

26 Federal Deposit Insurance Corporation: *A Brief History of Deposit Insurance in the United States* (Washington: FDIC, 1998), 20–44.

27 John R. Walter: »The 3–6-3 Rule: An Urban Myth?« *Federal Reserve Bank of Richmond Economic Quarterly* 92 (2006), 51–78.

28 Basel Committee on Banking Supervision: »History of the Basel Committee and Its Membership«, Bank of International Settlements, August 2009, online verfügbar unter http://www.bis.org/bcbs/history.pdf?noframes=1.

29 Basel Committee on Banking Supervision: »Core Principles for Effective Banking Supervision«, September 1997, 1, online verfügbar unter http://www.bis.org/publ/bcbs30a.pdf.

30 Paul McCulley: »Teton Reflections«, Global Central Bank Focus, PIMCO, August/September 2007.

31 »Testimony of Chairman Alan Greenspan before the Committee on Banking, Housing, and Urban Affairs, U.S. Senate«, 16. Februar 2005, online verfügbar unter http://www.federalreserve.gov/boarddocs/hh/2005/february/testimony.htm

32 Siehe z. B. Tao Wu: »Globalization's Effects on Interest Rates and the Yield Curve«, *Economic Letter*, Federal Reserve Bank of Dallas, September 2006, 1–8, online verfügbar unter http://www.dallasfed.org/research/eclett/2006/el0609.pdf

33 Hyman Minsky: *Stabilizing an Unstable Eco*nomy (New York: McGraw Hill, 2008), 265; Martin Wolf: »Seeds of Its Own Destruction«, *Financial Times*, 8. März 2009; Susan Webber: »No Leverage«, *The Conference Board Review*, Mai/Juni 2009, 61–65.

34 Siehe z. B. Charles R. Morris: *The Two Trillion Dollar Meltdown: Easy Money, High Rollers, and the Great Credit Crash* (New York: Public Af-

fairs, 2008), 147–149; Katia D'Hulster: »›The Leverage Ratio.‹ World Bank Crisis Response Note No. 11«, Dezember 2009, online verfügbar unter http://rru.worldbank.org/documents/CrisisResponse/Note11.pdf

4. Anarchie

1 Walter Bagehot: *Lombard Street: A Description of the Money Market* (New York: E. P. Dutton, 1920), 249–250.

2 Ralph Atkins, Michael Mackenzie und Paul J Davies: »ECB Chief Fails to Reassure Markets«, *Financial Times*, 14. August 2007.

3 Bagehot: *Lombard Street*, 51–52.

4 Hyman Minsky, *Stabilizing an Unstable Economy* (New York: McGraw Hill, 2008), 237.

5 »Fisher Sees Stocks Permanently High«, *New York Times*, 16. Oktober 1929; »Realtors Group Says Home Sales Will Slip in 2006«, *Wall Street Journal*, 13. Dezember 2005.

6 Die in diesem Kapitel vorgelegte Beschreibung der Krise basiert zu großen Teilen auf den Blogeinträgen Nouriel Roubinis, die Abonnenten unter www.roubini.com zur Verfügung stehen. Die Geschichte zu rekonstruieren halfen auch Mark Zandi: *Financial Shock: A 360° Look at the Subprime Mortgage Implosion, and How to Avoid the Next Financial Crisis* (Upper Saddle River, New Jersey: Financial Times Press, 2008); Gillian Tett: *Fool's Gold: How the Bold Dream of A Small Tribe at J. P. Morgan Was Corrupted by Wall Street Greed and Unleashed a Catastrophe* (New York: Free Press, 2009).

7 »›The Economic Outlook.‹ Testimony of Chairman Ben S. Bernanke before the Joint Economic Committee, U.S. Congress«, 28. März 2007, online verfügbar unter http://www.federalreserve.gov/newsevents/testimony/bernanke20070328a.htm.

8 Grace Wong: »Behind Wall Street Subprime Fear Index«, online verfügbar unter http://money.cnn.com/galleries/2007/news/0711/gallery.abx_index/index.html.

9 Charles P. Kindleberger: *Manias, Panics, and Crashes: A History of Financial Crises* (New York: Basic Books, 1978), 19–20; Justin Lahart: »In Time of Tumult, Obscure Economist Gains Currency«, *Wall Street Journal*, 18. August 2007.

10 Frank H. Knight: *Risk, Uncertainty, and Profit* (Boston: Houghton Mifflin, 1921); Nouriel Roubini: »Current Market Turmoil: Non-Priceable Knightian ›Uncertainty‹ Rather Than Priceable Market ›Risk‹«, 15. August 2007, für registrierte Nutzer unter www.roubini.com verfügbar.

11 Peter Thal Larsen: »Goldman Pays the Price for Being Big«, *Financial Times*, 13. August 2007.

12 Bagehot: *Lombard Street*, 49.

13 Jeremy W. Peters und Wayne Arnold: »U.S. Stocks Recover Some Ground after Global Sell-off«, *New York Times*, 10. August 2007.

14 Zitiert nach Tett: *Fool's Gold*, 187.

15 Bagehot: *Lombard Street*, 100–101.

16 E. Scott Reckard und Annette Haddad: »A Rush to Pull Out Cash«, *Los Angeles Times*, 17. August 2007.

17 Julia Werdigier: »Official Assurances Fail to Stem Rush of Withdrawals at British Bank«, *New York Times*, 18. September 2007.

18 Herbert Hoover: »Address to the Chamber of Commerce of the United States«, 1. Mai 1930, online verfügbar unter »the American Presidency Project«, http://www.presidency.ucsb.edu/ws/?pid=22185.

19 »Remarks by Secretary Henry M. Paulson, Jr. on the U.S. Economy, Housing and Capital Markets before the Washington Post 200 Lunch«, 16. Mai 2008, online verfügbar unter http://www.ustreas.gov/press/releases/hp981.htm.

20 H. M. Boot: *The Commercial Crisis of 1847*. Occasional Papers in Economic and Social History, No. 11 (Hull: Hull University Press, 1984); R. Ray McCartney: *The Crisis of 1873* (Minneapolis: Burgess, 1935); Charles P. Kindleberger: *The World in Depression, 1929–1939* (Berkeley, California: University of California Press, 1986).

21 Liz Capo McCormick: »Interest-Rate Contracts May Be Best Gauge of Fed Plan«, *Bloomberg*, 17. Dezember 2007, online verfügbar unter http://www.bloomberg.com/apps/news?pid=20601083&sid=aP.BgxqgrJjE

22 Präsident George W. Bush, Pressekonferenz am 8. Januar 2008, online verfügbar unter http://georgewbush-whitehouse.archives.gov/news/releases/2008/01/20080108–5.html.

23 Greg Morcroft: »Banks Have Sold Off about Half of Hung Loans«, *Marketwatch*, 7. Mai 2008, online verfügbar unter http://www.marketwatch.com/story/correctbanks-have-sold-off-about-half-of-hung-loans.

24 Robert F. Bruner und Sean D. Carr: *The Panic of 1907: Lessons Learned from the Market's Perfect Storm* (Hoboken, New Jersey: John Wiley and Sons, 2009).

25 Bruner und Carr, *Panic of 1907*, 121–125.

26 Deborah Solomon, Dennis K. Berman, Susanne Craig und Carrick Mollenkamp: »Ultimatum by Paulson Sparked Frantic End«, *Wall Street Journal*, 15. September 2008.

5. Pandemie

1 Noah Barkin: »U.S. Will Lose Financial Superpower Status«, *Reuters*, 25. September 2008, online verfügbar unter http://www.reuters.com/article/idUSTRE48O2LO20080925; Thomas Tuma und Wolfgang Reuter: »In einen Abgrund geblickt«, *Der Spiegel* Nr. 40 (29. September 2008), online verfügbar unter http://www.spiegel.de/spiegel/print/d-60666803.html.

2 Die akademische Literatur zur »Ansteckung« hat sich auch mit der jüngsten Krise beschäftigt, so z. B. Thijs Markwat, Erik Kole und Dick van Dijk: »Contagion as a Domino Effect in Global Stock Markets«, *Journal of Banking and Finance* 33 (2009), 1996–2012; Philippe Jorion und Gaiyan Zhang: »Credit Contagion from Counterparty Risk«, *Journal of Finance* 64 (2009), 2053–2087. Zu historischen Parallelen vgl. Graciela L. Kaminsky, Carmen M. Reinhart und Carlos A. Vegh: »The Unholy Trinity of Financial Contagion«, *Journal of Economic Perspectives* 17 (2003), 51–74.

3 *The Times* (London), 3. Juni 1837, zitiert nach Jessica Lepler: »The Pressure of 1836: Interpreting Atlantic Bank Wars«, unveröffentlichtes Manuskript im Besitz des Autors.

4 Robert Sobel: *Panic on Wall Street: A History of America's Financial Disasters* (New York: Collier, 1968), 154–196; Charles P. Kindleberger: *The World in Depression, 1929–1939* (Berkeley, California: University of California Press, 1986), 144–147; Aurel Schubert: *The Credit-Anstalt Crisis of 1931* (Cambridge: Cambridge University Press, 1991).

5 Daniel Gross: »The Lehman Shock«, *Newsweek*, 14. September 2009.

6 Zitiert nach Charles P. Kindleberger: *Manias, Panics, and Crashes: A History of Financial Crises* (New York: Basic Books, 1978), 133.

7 John Greenwood: »Grain Piles up in Ports«, *Financial Post*, 8. Oktober 2008.

8 Richard Baldwin und Daria Taglioni: »The Great Trade Collapse and Trade Imbalances«, VoxEu.org, 27. November 2009, online verfügbar unter http://www.voxeu.com/index.php?q=node/4301; Li Yanping: »China Trade Surplus Plunges as Exports Fall by Record«, *Bloomberg*, 10. März 2009, online verfügbar unter http://www.bloomberg.com/apps/news?pid=20601087&refer=home&sid=a9Ih4pDxaIK4; Roslan Rahman: ›East Asia: Exports in Decline‹, 3. März 2009, für registrierte Nutzer verfügbar www.stratfor.com.

9 Sónia Araújo und Joaquim Oliveira Martins: »The Great Synchronisation«, online verfügbar unter http://www.voxeu.org/index.php?q=node/3751.

10 Dovelyn Agunias: »Remittance Trends in Central America«, Migration Policy Institute, April 2006, online verfügbar unter http://www.migrationinformation.org/ USfocus/display.cfm?ID=393.

11 Kindleberger: *World in Depression*, 71–87, 136–141.

12 Clifford Krauss: »Commodity Prices Tumble«, *New York Times*, 13. Oktober 2008; »Fall Copper Prices Hurt Chile«, 10. Dezember 2008, online verfügbar unter http://www.forbes.com/2008/12/09/chile-copper-budget-cx_1210oxford.html.

13 Robert N. McCauley und Patrick McGuire: »Dollar Appreciation in 2008: Safe Haven, Carry Trades, Dollar Shortage and Overhedging«, *BIS Quarterly Review*, Dezember 2009, 85–93, http://www.bis.org/publ/qtrpdf/r_qt0912i.pdf.

14 Ein Großteil dieser Ausführungen beruht auf Kindleberger: *Manias, Panics, and Crashes*, 116–137.

15 Martin Van Buren, Rede vor dem Kongress am 4. September 1837, online verfügbar unter http://www.britannica.com/presidents/article-9116978.

16 John Crosby Brown, *A Hundred Years of Merchant Banking: A History of Brown Brothers and Company* (New York: Privatdruck, 1909), 79.

17 »In Come the Waves«, *Economist*, 16. Juni 2005.

18 Daniel Gross und Stefano Micossi: »The Beginning of the End Game«, VoxEu, 20. September 2008, online verfügbar unter http://www.voxeu.org/index.php?q=node/1669.

19 Ralph Atkins: »ECB Raises Estimate on Bank Writedowns«, *Financial*

Times, 18. Dezember 2009, http://www.ft.com/cms/s/0/31f38b8c-ebdd-11de-930c-00144feab49a.html.

20 »European Securitisation Forum Data Report«, Winter 2008, online verfügbar unter http://www.europeansecuritisation.com/Market_Standard/ESF%20Data%20Report%20Winter%202008.pdf.

21 Marc Champion, Joanna Slater und Carrick Mollenkamp: »Banks Reel On Eastern Europe's Bad News«, *Wall Street Journal*, 18. Februar 2009, online verfügbar unter http://online.wsj.com/article/SB123489966805902405.html.

22 Eine komplexere Fassung des Ansteckungsmodells findet sich in Andrew Rose, und Mark Spiegel: »›Cross-Country Causes and Consequences of the 2008 Crisis: International Linkages and American Exposure.‹ CEPR Discussion Paper no. 7466«, London, Centre for Economic Policy Research, 2009, online verfügbar unter http://www.cepr.org/pubs/dps/DP7466.asp.

23 Siehe z. B. Vikas Bajaj: »In India, Central Banker Played It Safe«, *New York Times*, 25. Juni 2009.

24 Carlos Marichal: *A Century of Debt Crises in Latin America: From Independence to the Great Depression, 1820–1930* (Princeton, New Jersey: Princeton University Press, 1989), 12–67.

25 Frank Griffith Dawson: *The First Latin American Debt Crisis: The City of London and the 1822–1825 Loan Bubble* (New Haven: Yale University Press, 1990), 125.

26 Jessica Lepler: »The Pressure of 1836: Interpreting Atlantic Bank Wars.« Zur Panik im Allgemeinen, siehe Peter Temin: *The Jacksonian Economy* (New York: W. W. Norton, 1969).

27 Mira Wilkins: *The History of Foreign Investment in the United States to 1914* (Cambridge, Mass.: Harvard University Press, 1989), 90–140.

28 Nouriel Roubini und Brad Setser: *Bailouts or Bail-Ins? Responding to Financial Crises in Emerging Economies* (Washington: Institute for International Economics, 2004).

29 Barry Eichengreen und Kevin H. O'Rourke: »A Tale of Two Depressions«, VoxEU, 1. September 2009, sowie der ursprüngliche Beitrag vom 6. April 2009, beide unter http://www.voxeu.org/index.php?q=node/3421.

30 Michael P. Dooley und Michael M. Hutchison: »›Transmission of the U.S. Subprime Crisis to Emerging Markets: Evidence on the De-

coupling-Recoupling Hypothesis.‹ NBER Working Paper No. 15120«, Juni 2009.

6. Die letzte Rettung

1 Siehe z. B. Ben Bernanke: »Nonmonetary Effects of the Financial Crisis in the Propagation of the Great Depression«, *American Economic Review* 73 (1983), 257–276.

2 »Remarks by Governor Ben S. Bernanke at the Conference to Honor Milton Friedman, University of Chicago, Chicago, Illinois«, 8. November 2002, online verfügbar unter http://www.federalreserve.gov/BOARDDOCS/SPEECHES/2002/20021108/default.htm.

3 Shamim Adam und Liza Lin: »Krugman Says Bernanke Should Be Reappointed to Fed«, *Bloomberg*, 10. August 2009, online verfügbar unter http://www.bloomberg.com/apps/ news?pid=20601110&sid=aK3wlrRdMC38.

4 Peter Goodman: »Fear of Deflation Lurks as Global Demand Drops«, *New York Times*, 31. Oktober 2008.

5 Michael Bordo und Andrew Filardo: »›Deflation in a Historical Perspective,‹ BIS Working Paper No. 186, »November 2005, online verfügbar unter http://www.bis.org/publ/work186.pdf.

6 Irving Fisher: »The Debt-Deflation Theory of Great Depressions«, *Econometrica* 1 (1933).

7 Fisher: »Debt-Deflation Theory«, 344, 346.

8 Fisher: »Debt-Deflation Theory«, 344.

9 Peter Temin: »The Great Depression«, *The Cambridge Economic History of the United States*, Vol. III, Hg. von Stanley L. Engerman und Robert E. Gallman (Cambridge: Cambridge University Press, 2000), 301–310. Zu den Preisen einzelner Rohstoffe, vgl. die Tabelle unter http://www.visualizingeconomics.com/2009/08/02/prices-inflation-and-deflation-great-depression-vs-great-recession/.

10 Fisher: »Debt-Deflation Theory«, 346, 347.

11 Eine nützliche Einführung bietet M. A. Akhtar: *Understanding Open Market Operations* (New York: Federal Reserve Bank of New York, 1997).

12 »›Deflation: Making Sure ›It‹ Doesn't Happen Here.‹ Remarks by Governor Ben. S. Bernanke before the National Economists Club,

Washington, DC«, 21. November 2002, online verfügbar unter http://www.federalreserve.gov/boardDocs/speeches/2002/ 20021121/default.htm.

13 Der folgende Abschnitt basiert zu einem wesentlichen Teil auf Viral V. Acharya, Thomas Philippon, Matthew Richardson und Nouriel Roubini: »A Bird's-Eye View«, in Viral V. Acharya und Matthew Richardson (Hg.) *Restoring Financial Stability: How to Repair a Failed System* (Hoboken, New Jersey: John Wiley and Sons, 2008), 36–40. Siehe auch Federal Reserve Bank of New York: »Forms of Federal Reserve Lending«, Juli 2009, online verfügbar unter http://www.newyorkfed.org/markets/Forms_of_Fed_Lending.pdf.

14 Nouriel Roubini und Brad Setser, *Bailouts or Bail-Ins? Responding to Financial Crises in Emerging Economies* (Washington: Institute for International Economics, 2004), 33–36.

15 Die Daten in diesem Abschnitt beruhen auf Angaben des Internationalen Währungsfonds, insbesondere auf den folgenden Dokumenten: Fact Sheet, »IMF Stand-By Arrangement«, November 2009, http://www.imf.org/external/np/exr/facts/pdf/sba.pdf; Fact Sheet, »A Changing IMF – Responding to the Crisis«, September 2009, http://www.imf.org/external/np/exr/facts/changing.htm; »IMF Lending: IMF Implements Major Lending Policy Improvements«, 24. März 2009, http://www.imf.org/external/np/pdr/fac/2009/032409.htm. Länderspezifische Angaben finden sich auf der interaktiven Karte unter https://www.imf.org/external/np/exr/map/lending/index.htm.

16 Maurice Obstfeld, Jay C. Shambaugh und Alan M. Taylor: »›Financial Instability, Reserves, and Central Bank Swap Lines in the Panic of 2008.‹ NBER Working Paper No. 14826«, März 2009.

17 Ben S. Bernanke: »The Crisis and the Policy Response«, Stamp Lecture, London School of Economics, London, 13. Januar 2009, online verfügbar unter http://www.federalreserve.gov/newsevents/speech/bernanke20090113a.htm; Volker Wieland: »›Quantitative Easing: A Rationale and Some Evidence from Japan.‹ NBER Working Paper No. 15565«, Dezember 2009. Paul Krugman: »Fiscal Aspects of Quantitative Easing«, *Conscience of a Liberal*, http://krugman.blogs.nytimes.com/ 2009/03/20/fiscal-aspects-of-quantitative-easing-wonkish/; Chris Giles, Cynthia O'Murchu, Steve Bernard und Jeremy Lemer: »Quantitative Easing Explained«, *Financial Times*, 5. Februar 2009, online verfügbar unter http://www.ft.com/cms/s/0/8ada2ad4-f3b9-11dd-9c4b-0000779fd2ac.html.

18 John Carlson, Joseph G. Haubrich, Kent Cherny und Sarah Wakefield: »Credit Easing: A Policy for a Time of Financial Crisis«, Federal Reserve Bank of Cleveland, 11. Februar 2009, online verfügbar unter http://www.clevelandfed.org/research/trends/2009/0209/02monpol.cfm.

19 Siehe z. B. Scott Lanman: »Greenspan Says Hong Kong's Yam Was Right to Buy Stocks in 1998«, *Bloomberg*, 19. Mai 2009, online verfügbar unter http://www.bloomberg.com/apps/news?pid=20601087&sid=aTDcelSOTQU4&refer=home; »Bank of Japan to Spend £8bn Buying Shares Held by Banks«, *The Telegraph*, 3. Februar 2009.

20 Milton Friedman: *Money Mischief: Episodes in Monetary History* (New York: Harcourt Brace, 1992), 27–37.

21 Ben S. Bernanke: »The Crisis and the Policy Response«, Stamp Lecture, London School of Economics, London, 13. Januar 2009.

22 J. Madeleine Nash, Bruce Van Voorst und Alexander L. Taylor III: »The Growing Bankruptcy Brigade«, *Time*, 18. Oktober 1982.

23 Chairman Ben S. Bernanke: »The Crisis and the Policy Response«, Stamp Lecture, London School of Economics, London, England, 13. Januar 2009, online verfügbar unter http://www.federalreserve.gov/newsevents/speech/bernanke20090113a.htm.

7. Ausgaben rauf, Steuern runter?

1 Herbert Hoover: »Annual Message to the Congress on the State of the Union«, 2. Dezember 1930, online verfügbar unter http://www.presidency. ucsb.edu/ws/index.php?pid=22458.

2 Jason Scott Smith: *Building New Deal Liberalism: The Political Economy of Public Works, 1933–1956* (New York: Cambridge University Press, 2006).

3 Peter Temin: »The Great Depression«, in Stanley L. Engerman und Robert E. Gallman (Hg.): *The Cambridge Economic History of the United States*, Vol. III, (Cambridge: Cambridge University Press, 2000), 301–310. Zu den Lehren, welche die Regierung Obama daraus zog – und für einen Überblick über die Krise – siehe Christina D. Romer: »Lessons from the Great Depression for Economic Recovery in 2009«, Rede vor der Brookings Institution, 9. März 2009, online verfügbar unter http://www.brookings.edu/~/media/Files/events/2009/0309_lessons/0309_lessons_romer.pdf.

4 Ihori, Toshihiro, Toru Nakazato und Masumi Kawade: »Japan's Fiscal Policies in the 1990s.« *World Economy* 26, Nr. 3 (März 2003), 325–338; Martin Fackler: »Japan's Big-Works Stimulus is Lesson«, *New York Times*, 5. Februar 2009.

5 Siehe z. B. Kenneth N. Kuttner und Adam S. Posen: »The Great Recession: Lessons for Macroeconomic Policy from Japan«, *Brookings Papers on Economic Activity* 2 (2001), 93–160; Sanjay Kalra: »Fiscal Policy: An Evaluation of Its Effectiveness«, in Tim Callen und Jonathan D. Ostry: *Japan's Lost Decade: Policies for Economic Revival* (Washington, DC: International Monetary Fund, 2003), 164–178.

6 Paul Studenski und Herman E. Krooss: *Financial History of the United States* (New York: McGraw-Hill, 1963), 361–364, 419–425.

7 Gesetzestext verfügbar unter http://www.govtrack.us/congress/billtext.xpd?bill=h110-5140. Zum »American Recovery and Reinvestment Act« von 2009, siehe http://www.recovery.gov/Pages/home.aspx.

8 Siehe z.B. http://www.federalreserve.gov/Pubs/Feds/2009/ 200945/ 200945pap.pdf.

9 Federal Deposit Insurance Corporation: *A Brief History of Deposit Insurance in the United States* (Washington: FDIC, 1998), 17.

10 Timothy Curry und Lynn Shibut: »The Cost of the Savings and Loan Crisis: Truth and Consequences«, *FDIC Banking Review* 13 (2000), 26–35.

11 Siehe http://www.fdic.gov/regulations/laws/rules/4000-2660.html.

12 Siehe z. B. Mike Shedlock: »How Many Uninsured Deposits Are at Risk«, 15. Juli 2008, online verfügbar unter http://globaleconomicanalysis.blogspot.com/2008/07/how-much-uninsured-deposits-are-at-risk.html. Die Erhöhung der Grenze für versicherte Einlagen bedeutete nicht, dass alle Einlagen davon gedeckt waren. Siehe Felix Salmon: »Are Uninsured Bank Depositors in Danger«, 14. Februar 2009, online verfügbar unter http://seekingalpha.com/article/120608-are-uninsured-bank-depositors-in-danger.

13 New York Federal Reserve Bank: »International Responses to the Crisis Timeline«, die Tabelle wird monatlich aktualisiert und ist online verfügbar http://www.ny.frb.org/research/global_economy/IRCTimelinePublic.pdf.

14 Mark Maremont: »U.S. Moves to Bail Out Credit Union Network«, *Wall Street Journal*, 29. Januar 2009.

15 Mark Landler und Kartin Bennhold: »Bold Pledges From Leaders, but

Investors Await Details«, New York Times, 12. Oktober 2008 und Mark Landler: »U.S. Investing $250 Billion in Banks«, *New York Times*, 14. Oktober 2008.

16 Ausführliche Angaben zu den Empfängern von TARP-Geldern finden sich unter http://online.wsj.com/public/resources/documents/st_TARPREPAYMENTS0906_20090609.html.

17 Max Holmes: »Good Bank, Bad Bank; Good Plan, Better Plan«, *New York Times*, 31. Januar 2009, http://www.nytimes.com/2009/02/01/opinion/01holmes.html; Dominic Barton, Robert Newel und Gregory Wilson: »Managing Successful Bank Restructuring: The Mellon Bank Story«, McKinsey and Company, November 2003, online verfügbar unter http://info.worldbank.org/etools/docs/library/156393/stateowned2004/pdf/wilson_managing.pdf.

18 Binyamin Appelbaum und Neil Irwin: »Bank of America Gets New Round of U.S. Aid«, *Washington Post*, 16. Januar 2009.

19 Siehe http://www.financialstability.gov/roadtostability/publicprivatefund.html.

20 Simon Johnson und James Kwak: »National Debt for Beginners«, 4. Februar 2009, online verfügbar bei *National Public Radio*, http://www.npr.org/templates/ story/story.php?storyId=99927343.

8. Erste Schritte

1 Jeffrey Frankel: »Responding to Crises«, *Cato Journal* 27 (2007), 165.

2 Stanley L. Engerman und Robert E. Gallman (Hg.): Eugene N. White, »Banking and Finance in the Twentieth Century«, in *The Cambridge Economic History of the United States*, Vol. III (Cambridge, UK: Cambridge University Press, 2000), 764–773.

3 Gian Luca Clementi, Thomas F. Cooley, Matthew Richardson und Ingo Walter: »Rethinking Compensation in Financial Firms«, in Viral V. Acharya und Matthew Richardson (Hg.): *Restoring Financial Stability: How to Repair a Failed System* (Hoboken, New Jersey: John Wiley and Sons, 2008), 198–201.

4 Michiyo Nakamoto und David Wighton: »Citigroup Chief Stays Bullish on Buy-Outs«, *Financial Times*, 9. Juni 2007.

5 Nouriel Roubini: »Ten Fundamental Issues in Reforming Financial Re-

gulation and Supervision in a World of Financial Innovation and Globalization«, 31. März 2008, online verfügbar unter www.roubini.com/analysis/pdf/Ten_Fundamental_Issues_in_Reforming.pdf.

6 Siehe z. B. Eli Ofek und David Yermack: »Taking Stock: Equity-Based Compensation and the Evolution of Managerial Ownership«, *Journal of Finance* 55 (2000), 1367–1384.

7 Raghuram Rajan: »Bankers' Pay Is Deeply Flawed«, *Financial Times*, 8. Januar 2008.

8 Aaron Luccheti: »Bankers Beat Odds in Toxic Pay Plan«, *Wall Street Journal*, 7. August 2009; Graham Bowley: »Credit Suisse Overhauls Compensation«, *New York Times*, 20. Oktober 2009.

9 Zu diesen Schwierigkeiten, siehe z. B. William A. Sahlman: »›Management and the Financial Crisis (We have met the enemy and he is us …).‹ Harvard Business School Working Paper No. 10–033«, 2009.

10 David Wessel: »The Source of Our Bubble Trouble«, *Wall Street Journal*, 17. Januar 2008; Mercedes Rule: »Flocking to Finance«, *Harvard Magazine*, Mai-Juni 2008, 18–19. Die Behandlung des Themas in diesem Abschnitt verdankt viel den Arbeiten von Thomas Philippon und Ariell Reshef. Siehe Thomas Philippon und Ariell Reshef: »›Skill Biased Financial Development: Education, Wages and Occupations in the U.S. Financial Sector.‹ NBER Working Paper No. 13437«, 2007; Thomas Philippon und Ariell Reshef: »›Wages and Human Capital in the U.S. Financial Industry: 1909–2006.‹ NBER Working Paper No. 14644«, 2009.

11 Eine ausgezeichnete Einführung bieten Dwight Jaffee, Anthony W. Lynch, Matthew Richardson und Stijn Van Nieuwerburgh: »Mortgage Origination and Securitization in the Financial Crisis«, in Viral V. Acharya und Matthew Richardson (Hg.): *Restoring Financial Stability: How to Repair a Failed System* (Hoboken, New Jersey: John Wiley and Sons, 2008), 61–82.

12 http://www.govtrack.us/congress/bill.xpd?bill=h111-1731. Eine Analyse dieser Gesetzgebung bieten Cadwalader, Wickersham und Taft: »Securitization Reform Proposals: The Credit Risk Retention Act of 2009 and the Restoring American Financial Stability Act of 2009«, *Clients & Friends Memo*, 17. Dezember 2009, online verfügbar unter http://www.cadwalader.com/assets/client_friend/121709SecuritizationReformProposals.pdf.

13 Siehe »Statistical Supplement to the Federal Reserve Bulletin, Dezem-

ber 2008; die Daten für 2007 bezogen auf US-Handelsbanken unter http://www.federalreserve.gov/Pubs/supplement/2008/12/table1_26d.htm und http://www.federalreserve.gov/Pubs/supplement/2008/12/table1_26c2.htm.

14 Siehe die Pressemitteilung der US-Notenbank vom 23. Juli 2009, online verfügbar unter http://www.federalreserve.gov/newsevents/press/bcreg/20090723a.htm.

15 Die Schilderung basiert zu großen Teilen auf Richard Sylla: »An Historical Primer on the Business of Credit Ratings«, in Richard M. Levich, Carmen Reinhart und Giovanni Majnoni (Hg.): *Ratings, Rating Agencies, and the Global Financial System* (Boston: Kluwer, 2002), 19–40; Matthew Richardson und Lawrence J. White: »The Ratings Agencies: Is Regulation the Answer?« in Viral V. Acharya und Matthew Richardson (Hg.): *Restoring Financial Stability: How to Repair a Failed System* (Hoboken, New Jersey: John Wiley and Sons, 2008), 101–115; Patrick Bolton, Xavier Freixas und Joel Shapiro: »›The Credit Ratings Game.‹ NBER Working Paper No. 14712«, Februar 2009.

16 Jahresbericht 2002 von Berkshire Hathaway, S. 13, online verfügbar unter http://www.berkshirehathaway.com/2002ar/2002ar.pdf.

17 Eric Lipton und Stephen Labaton: »A Deregulator Looks Back, Unswayed«, *New York Times*, 16. November 2008.

18 Die wechselvolle Geschichte der Derivate wird geschildert von Lynn A. Stout: »Why We Need Derivatives Regulation«, *New York Times*, 7. Oktober 2009, online verfügbar unter http://dealbook.blogs.nytimes.com/2009/10/07/dealbook-dialogue-lynn-stout/; siehe auch Satyajit Das: *Traders, Guns, and Money: Knowns and Unknowns in the Dazzling World of Derivatives* (Upper Saddle River, New Jersey: Financial Times Press, 2006).

19 Einige der im Folgenden gemachten Vorschläge orientieren sich an denjenigen von Viral A. Acharya et al.: »Derivatives: The Ultimate Financial Innovation«, in Viral V. Acharya und Matthew Richardson (Hg.): *Restoring Financial Stability: How to Repair a Failed System* (Hoboken, New Jersey: John Wiley and Sons, 2008), 233–249; Ayadi, Rym und Patrick Behr: »On the Necessity to Regulate Credit Derivatives Markets.« *Journal of Banking Regulation* 10 (2009), 179–201.

20 Wesentliches zum Baseler Kommittee findet sich in »The New Basel Capital Accord: An Explanatory Note«, Bank of International Sett-

lements, 2001, online verfügbar unter http://www.bis.org/publ/bcbsca01.pdf; siehe auch Bryan J. Balin: »Basel I, Basel II, and Emerging Markets: A Nontechnical Analysis«, Johns Hopkins University School of Advanced International Studies, 10. Mai 2008; online verfügbar unter https://www.policyarchive.org/handle/10207/11484; und »History of the Basel Committee and Its Membership«, Bank of International Settlements, August 2009, online verfügbar unter http://www.bis.org/bcbs/history.pdf.

21 Jesús Saurina: »›Dynamic Provisioning: The Case of Spain.‹ World Bank Crisis Response Note No. 7«, Juli 2009, online verfügbar unter http://rru.worldbank.org/documents/CrisisResponse/Note7.pdf.

22 Nicholas Paisner und Hugo Dixon: »Newfangled Bank Capital«, *New York Times*, 12. November 2009, http://www.nytimes.com/2009/11/13/business/ 13views.html.

9. Ein radikaler Schnitt

1 Ben S. Bernanke: »Monetary Policy and the Housing Bubble«, Rede vor der Jahresversammlung der American Economic Association, 3. Januar 2010, online verfügbar unter http://www.federalreserve.gov/newsevents/speech/ bernanke20100103a.pdf.

2 Satyajit Das: *The Das Swaps & Financial Derivatives Library* (Hoboken, New Jersey: John Wiley and Sons, 2006).

3 Siehe Richard H. K. Vietor: »Government Regulation of Business«, in Stanley L. Engerman und Robert E. Gallman (Hg.): *The Cambridge Economic History of the United States*, Bd. III (Cambridge: Cambridge University Press, 2000), 969–1012, insbesondere die Tabelle auf S. 980; des Weiteren Andreas Busch: *Banking Regulation and Globalization* (New York: Oxford University Press, 2009), 33–66.

4 Siehe z. B. Richard J. Rosen: »Is Three a Crowd? Competition Among Regulators in Banking«, *Journal of Money, Credit, and Banking* 35 (2003), 967–998; Richard J. Rosen: »Switching Primary Federal Regulators: Is It Beneficial for U.S. Banks?«, *Federal Reserve Bank of Chicago Economic Perspectives*, 29 (2005), 16–33.

5 Ann B. Matasar und Deborah D. Pavelka: »Federal Banking Regulators' Competition in Laxity: Evidence from CRA Audits«, *International Advances in Economics Research* 4 (1998), 56–69.

6 »Regulator Shopping«, *New York Times*, 20. Mai 2009, online verfügbar unter http://www.nytimes.com/2009/05/21/opinion/21thu1.html; Busch, *Banking Regulation*, 53.

7 U.S. Treasury, *Financial Regulatory Reform. A New Foundation: Rebuilding Financial Supervision and Regulation* (Washington DC, 2009), online verfügbar unter http://www.financialstability.gov/docs/regs/FinalReport_web.pdf.

8 Leigh Phillips: »Germany and UK want global financial regulator«, *EuObserver*, 22. September 2008, online verfügbar unter http://euobserver.com/9/26784.

9 Charles Stocker (Hg.): *The Satires of Juvenal and Persius* (London: Longman, Orme and Company, 1839), 141.

10 Zur »edlen Lüge« vgl. Malcolm Schofield: »The Noble Lie«, in G. R. F. Ferrari (Hg.): *The Cambridge Companion to Plato's Republic* (Cambridge: Cambridge University Press, 2007), 138–164.

11 David Simons: »The High Price of Low Salaries at the SEC«, *Forbes.com*, 27. März 2002, online unter http://www.forbes.com/2002/03/27/0327simons.html; Andrew Ross Sorkin: »What If Watchdogs Got Bonuses«, *New York Times*, 2. Februar 2009, online unter http://www.nytimes.com/2009/02/03/business/03sorkin.html.

12 Julie Creswell und Ben White: »The Guys from ›Government Sachs,‹« *New York Times*, 17. Oktober 2008; Marcus Baram: »Government Sachs: Goldman's Close Ties to Washington Arouse Envy, Raise Questions«, *Huffington Post*, 2. Juni 2009, online verfügbar unter www.huffingtonpost.com/2009/06/02/government-sachs-goldmans_n_210561.html.

13 »Adam Storch Named Managing Executive of SEC's Enforcement Division«, Pressemitteilung der SEC, 16. Oktober 2009, online verfügbar unter http://www.sec.gov/news/press/2009/2009-220.htm.

14 Sheryl Gay Stolberg: »On First Day, Obama Quickly Sets New Tone«, *New York Times*, 21. Januar 2009.

15 Vgl. die Zahlen in »Americans for Campaign Reform: Wall Street Money in Politics«, 25. August 2009, online verfügbar unter http://youstreet.org/sites/default/files/Fact%20Sheet%20-%20Wall%20Street%20Money%20in%20Politics.pdf.

16 Marc Quintyn und Michael W. Taylor: »›Should Financial Sector Regulators Be Independent?‹ International Monetary Fund, Economic Issues No. 32«, 8. März 2004, online verfügbar unter http://www.imf.org/external/pubs/ft/issues/ issues32/index.htm.

17 Noam Scheiber: »Can We Fix Too Big to Fail Without Shrinkage?« *The New Republic*, 28. Oktober 2009, online verfügbar unter http://www.tnr.com/blog/the-stash/can-we-fix-too-big-fail-without-shrinkage; David Wessel: »Three Theories on Solving the ›Too Big to Fail‹ Problem«, *Wall Street Journal*, 29. Oktober 2009; Mike Konczal: »Fixing Too Big to Fail«, *The Nation*, 6. November 2009, http://www.thenation.com/doc/20091123/konczal.

18 Vergleiche z.B. »The FDIC's Role as Receiver«, in FDIC: *Resolutions Handbook* (Washington, D.C.: FDIC 2003), online verfügbar unter http://www.fdic.gov/ bank/historical/reshandbook/.

19 Siehe z. B. William Buiter: »Too Big to Fail Is Too Big«, *Financial Times*, 24. Juni 2009, online verfügbar unter http://blogs.ft.com/maverecon/2009/06/too-big-to-fail-is-too-big/; David Wessel: »Three Theories on Solving the ›Too Big to Fail‹ Problem«, *Wall Street Journal*, 29. Oktober 2009; Daniel K. Tarullo: »Confronting ›Too Big to Fail,‹« Rede am 21. Oktober 2009, online verfügbar unter http://www.bis.org/review/r091023e.pdf.

20 Christine Seib: »UBS Unveils £2bn Capital Raising and Warns of Second-Quarter Loss«, *The Times*, 26. Juni 2009, online verfügbar unter http://business.timesonline.co.uk/tol/business/industry_sectors/banking_and_finance/article6580096.ece. UBS und Credit Suisse scheinen beide in der Lage zu sein, diese Forderungen zu erfüllen. Siehe Sven Egenter: »Swiss Should Tighten Rules on UBS, CS Further-OECD«, *Reuters*, 15. Januar 2010, online verfügbar unter http://blogs.reuters.com/financial-regulatory-forum/2010/01/15/swiss-should-tighten-rules-on-ubs-cs-further-oecd/.

21 Binyamin Applebaum: »Citi's Long History of Overreach, Then Rescue«, *Washington Post*, 11. März 2009; Andrew Martin und Gretchen Morgenson: »Can Citigroup Carry Its Own Weight?«, *New York Times*, 1. November 2009.

22 John Arlidge: »I'm Doing ›God's work‹. Meet Mr Goldman Sachs«, *The Times*, 8. November 2009, online verfügbar unter http://www.timesonline.co.uk/tol/news/world/us_and_americas/article6907681.ece.

23 John Kenneth Galbraith: *The Great Crash, 1929* (Boston: Houghton Mifflin, 1954), 65–70; Matt Taibbi: »Inside the Great American Bubble Machine«, *Rolling Stone*, 2. Juli 2009.

24 Keynes, *General Theory*, 159.

25 Dieser Abschnitt fußt weitgehend auf Angaben in Nouriel Roubini: »Why Central Banks Should Burst Bubbles«, *International Finance* 9 (2006), 87–107.

26 Siehe z. B. Ben S. Bernanke und Mark Gertler: »Should Central Banks Respond to Movements in Asset Prices?« *American Economic Review* 91 (2001), 253–257; Alan Greenspan: »Risk and Uncertainty in Monetary Policy«, Rede vor der Jahresversammlung der American Economic Association, San Diego, 3. Januar 2004, online verfügbar unter http://www.federalreserve.gov/BoardDocs/Speeches/2004/20040103/default.htm.

27 Peter Fortune: »Margin Requirements, Margin Loans, and Margin Rates: Practice and Principles«, *Federal Reserve Bank of Boston New England Economic Review* (2000), 19–44.

28 Thomas I. Palley: »Asset-Based Reserve Requirements: Reasserting Domestic Monetary Control in an Era of Financial Innovation and Instability«, *Review of Political Economy* 16 (2004), 43–58; Michael Holz: »Asset-Based Reserve Requirements: A New Monetary Policy Instrument for Targeting Diverging Real Estate Prices in the Euro Area«, *Intervention* 4 (2007), 331–351.

10. Die Gefahrenzone

1 Nouriel Roubini und Brad Setser: »The US as a Net Debtor: The Sustainability of the US External Imbalances«, August 2004, online verfügbar unter http://pages.stern.nyu.edu/~nroubini/papers/Roubini-Setser-US-External-Imbalances.pdf.

2 Nouriel Roubini und Brad Setser: *Bailouts or Bail-Ins? Responding to Financial Crises in Emerging Economies* (Washington: Institute for International Economics, 2004).

3 Nouriel Roubini: »Global Imbalances: A Contemporary ›Rashomon‹ Saga«, November 2006, online verfügbar unter http://www.centre-cournot.org/pdf/conference9/Nouriel%20ROUBINI.pdf. Auf dieser Abhandlung basiert ein Großteil dieses Abschnitts.

4 Ricardo Hausmann und Federico Sturzenegger: »U.S. and Global Imbalances: Can Dark Matter Prevent a Big Bang?« 13. November 2005, online verfügbar unter http://www.cid.harvard.edu/cidpublications/darkmatter_051130.pdf.

5 Global Imbalances: A Contemporary ›Rashomon‹ Saga«, November 2006. Siehe auch Barry Eichengreen: »Global Imbalances: The New Economy, the Dark Matter, the Savvy Investor, and the Standard Analysis«, März 2006, online verfügbar unter http://www.econ.berkeley.edu/~eichengr/matter.pdf.

6 Ben S. Bernanke: »The Global Savings Glut and the U.S. Current Account Deficit«, Homer Jones Lecture, St. Louis, Missouri, 14. April 2005, online verfügbar unter http://www.federalreserve.gov/boarddocs/speeches/2005/20050414/default.htm.

7 Richard A. Iley und Mervyn Lewis, *Untangling the US Deficit: Evaluating Causes, Cures and Global Imbalances* (Northampton, Mass.: Edward Elgar, 2007), 106.

8 James K. Jackson: »Foreign Direct Investment in the United States: An Economic Analysis«, CRS Report for Congress, 15. August 2008, online verfügbar unter http://www.fas.org/sgp/crs/misc/RS21857.pdf.

9 Justin Murray und Marc Labonte: »Foreign Holdings of Federal Debt«, CRS Report for Congress, 28. November 2005, online verfügbar unter http://www.house.gov/berry/crs/RS22331.pdf; Financial Management Service, *Treasury Bulletin*, Dezember 2009, online verfügbar unter http://www.fms.treas.gov/bulletin/b2009_4.pdf.

10 Richard Dobbs, Andrew Grant und Jonathan Woetzel: »Unleashing the Chinese Consumer«, Newsweek, 5. September 2009, http://www.newsweek.com/id/ 215024.

11 Lawrence H. Summers: »The United States and the Global Adjustment Process«, Third Annual Stavros S. Niarchos Lecture Institute for International Economics, 23. März 2004.

12 Siehe Robert Triffin: *Gold and the Dollar Crisis: The Future of Convertibility* (New Haven: Yale University Press, 1960).

13 Siehe z. B. Michael Dooley, David Folkerts-Landau und Peter Garber: »›An Essay on the Revised Bretton Woods System.‹ NBER Working Paper No. 9971«, September 2003.

14 http://www.ustreas.gov/offices/international-affairs/economic-exchange-rates/pdf/Appendix%201.pdf; sowie Ye Xie und Anchalee Worrachate: »Dollar Reaches Breaking Point as Banks Shift Reserves«, *Bloomberg*, 12. Oktober 2009, online verfügbar unter http://www.bloomberg.com/apps/news?pid=20601087&sid=a4x9dIJsPn4U.

15 Avinash Persaud: »When Currency Empires Fall«, Vorlesung am Gra-

ham College, London, 7. Oktober 2004, online verfügbar unter http://www.321gold.com/editorials/persaud/persaud101204.html; Barry Eichengreen: »Sterling's Past, Dollar's Future: Historical Perspectives on Reserve Currency Competition«, online verfügbar unter http://www.econ.berkeley.edu/~eichengr/research/tawney_lecture2 apr29–05.pdf.

16 Siehe Nouriel Roubini: »The Almighty Renminbi«, *New York Times*, 13. Mai 2009.

17 Die chinesische Währung heißt Renminbi, doch die für Rechnungszwecke verwendete Einheit ist der Yuan. Eine griffige Erklärung dieser Unterschiede finden Sie bei Paul Krugman: »What's in a Name?«, unter http://krugman.blogs.nytimes.com/2009/10/23/whats-in-a-name-3/.

18 Siehe »Zhou Xiaochuan's Statement on Reforming the International Monetary System«, Council on Foreign Relations, 23. März 2009, online verfügbar unter http://www.cfr.org/publication/18916/.

19 John Williamson: »Bancor and the Developing Countries: How Much Difference Would It Have Made?«, in *Keynes and Economic Development: The Seventh Keynes Seminar Held at the University of Kent at Canterbury, 1985* (New York: St. Martin's, 1987), 92–106.

20 Edwin M. Truman: »Rearranging IMF Chairs and Shares: The Sine Qua Non of IMF Reform«, in Edwin M. Truman (Hg.): *Reforming the IMF for the 21st Century* (Washington: Institute for International Economics, 2006), 201–232.

Fazit: Der Kreis schließt sich

1 So zum Beispiel in seinen Äußerungen gegenüber dem Council of Institutional Investors, April 2009, online verfügbar unter http://www2.goldmansachs.com/ideas/public-policy/1-compensation/lcb-speech-to-cii.html.

2 Carmen Reinhart und Kenneth S. Rogoff: *This Time Is Different: Eight Centuries of Financial Folly* (Princeton, New Jersey: Princeton University Press, 2009).

3 Hyman Minsky: *Stabilizing an Unstable Economy* (New York: McGraw Hill, 2008), 370.

Ausblick: Die Nachbeben

1 Alan Blinder: »›How Many U.S. Jobs Might Be Offshorable?‹ CEPS Working Paper No. 142«, März 2007, online verfügbar unter http://www.princeton.edu/~ceps/workingpapers/142blinder.pdf.

2 Evan Tanner und Yasser Abdih: »Rebuilding U.S. Wealth«, *Finance and Development*, Dezember 2009, S. 23–35, online verfügbar unter http://www.imf.org/external/pubs/ft/fandd/2009/12/tanner.htm.

3 Nouriel Roubini und Brad Setser: *Bailouts or Bail-Ins? Responding to Financial Crises in Emerging Economies* (Washington: Institute for International Economics, 2004), 271–275.

4 Ian Bremmer und Nouriel Roubini: »Why Japan Needs a Hatobama«, *Wall Street Journal*, 30. Dezember 2009, online verfügbar unter http://online.wsj.com/article/SB10001424052748704779704574553491570666698.html.

5 International Monetary Fund, *World Economic Outlook*, 8. Juli 2009, online verfügbar unter http://www.imf.org/external/pubs/ft/weo/2009/update/02/index.htm.

6 Vgl. Nouriel Roubini: »Another BRIC in the Wall?«, Project Syndicate, 15. Oktober 2009, online verfügbar unter http://www.poject-syndicate.org/commentary/roubini18/English.

7 Vgl. Nouriel Roubini: »Mother of All Trades Faces an Inevitable Bust«, *Financial Times*, 1. November 2009.

8 Vgl. Nouriel Roubini: »The Risky Rich«, Project Syndicate, 18. Januar 2010, online verfügbar unter http://www.poject-syndicate.org/commentary/roubini21/English.

REGISTER

AAA-Rating 97, 150, 264, 266
ABRRs (Asset-Based Reserve Requirements) 446
ABS (Asset-Backed Securities) 207
Abu Dhabi, 143, 177
Abschwung 20, 43 f., 49, 66, 82, 171, 188, 218, 276, 370
Abwärtssog 79
ABCP (Asset-Backed Commercial Paper) 200
ABX-Index 128f–130, 136–139, 431
ACA 150
Afrika 171, 321, 350
AIG 51, 56, 100, 102, 146, 150, 154 f., 202, 209, 228, 233, 269, 280, 285, 299 f., 305
Aktienboom 218
Aktienhändler 12
Aktienmärkte 26, 38, 47, 136, 166 f., 210, 312, 386
Allgemeine Theorie der Beschäftigung (Keynes) 72
–, *siehe auch* General Theory of Employment, Interest and Money
Ambac 150
Animal Spirits 407
Anlageblasen 12
Anlagegeschäfte, betrügerische 26
Anreiz- und Vergütungssysteme 51
Arbeitslosenunterstützung 219, 400
Arbeitslosigkeit 26, 38, 67, 188, 193 f., 239, 318, 320, 369, 379
–, in der Keynesschen Theorie 72, 217
–, in der Weltwirtschaftskrise 40
Arbitrage 291
Argentinien 43, 48 f., 170, 180, 190, 203, 326, 328, 341, 347, 375, 388
Armut 47, 49, 398
–, endemische 24
Asien 143, 162, 167 f., 171, 174, 181, 184, 337, 351, 384
–, Finanzkrise in 47, 203, 210
–, IWF und 350
–, Zentralbanken in 342, 387
–, *siehe auch einzelne Länder*
Asset-Backed Commercial Paper (ABCP) 200

Asset-Backed Commercial Paper Money Market Mutual Fund Liquidity Fund (ABCPMMMFLF; AMLF) 200
Asset-Backed Securities (ABS) 207
–, *siehe auch* Forderungsbesicherte Wertpapiere
Asset-Based Reserve Requirements (ABRRs) 446
Associated Press 9, 420
Asymmetrische Information 101 f., 249
Aufsicht
–, durch Aktionäre 250
–, mangelnde 14, 137, 247
–, minimale 26
–, staatliche 10, 21, 55, 83, 110, 113, 115, 157, 283, 286, 291, 296, 358
–, über Derivate 273
–, Unterwanderung der 284, 365
Aufsichtsapparat 262
Aufsichtsbehörde(n) 45, 51, 91, 143, 226, 248, 262, 268, 270 f., 272 f., 299, 359
Aufsichtsbefugnisse 317
Aufsichtsorgane, private 288 f., 359
Aufsichtsrat/-räte 51, 143
Auslandsschulden 39, 47 f., 324, 327 f., 350
Außenhandelsdefizit 320, 322
Australien 50, 164, 170, 174, 221, 329, 372
Autoindustrie 228, 381
–, *siehe auch einzelne Unternehmen*

Bachelier, Louis 62
Bagehot, Walter 37, 123–125, 135, 138, 140, 145, 147, 158 f.
Baht, Thailand 47,
Bancor 348
Bankenaufsicht 50, 55, 113, 273 f., 285, 288–290
Bankenkrise 38, 95, 162, 233, 279, 353, 356, 369
Bankers Trust 107
Bank for International Settlements 407
Bank für Internationalen Zahlungsausgleich (BIZ) 12, 113, 248
Bank of America 10, 55, 146, 154, 176, 228, 233, 236, 299, 306
Bank von England 36 f., 124, 138, 140 f., 144 f., 148, 163, 205, 208, 291
Bank von Japan 44 f., 85, 314
Bankrott(e) 14, 47, 78 f., 86, 194, 211, 298, 301, 310, 361, 390, 394
–, ungeordneter 300
–, von AIG 300
–, von Banken 45, 78, 112, 124, 128, 145, 147, 157, 163, 224, 231, 269, 285, 298, 304
–, von Bear Stearns 300
–, von Hedge-Fonds 78
–, von Lehman Brothers 100, 104, 164, 183, 300, 362
–, von Peru 179
Barclays 176
Basel I 113, 274 f.
Basel II 114, 265, 275 f., 278, 302
Basler Akkord 113 f., 274, 277
Basler Ausschuss für Bankenaufsicht 273

Baumwolle 170
Bausparkassen 10
BBB Rating 97, 128
Bear Stearns 10, 28, 54 f., 100, 129 f., 147–149, 209, 251, 299 f., 305
Belgien 177, 341, 350
Berkshire Hathaway 267
Bernanke, Ben 28, 44 f., 128, 185–187, 189, 195, 199, 204 f., 209, 211 f., 243, 283 f., 312 f., 332, 362
Beschäftigungsprogramme 373
Betrug 26, 32, 36, 45, 78, 179
Bewältigung der Krise 15
Bilanzaufsicht 296
Bilanzierungsmethoden, betrügerische 45
BIP *siehe Bruttoinlandsprodukt*
BIZ (Bank für Internationalen Zahlungsausgleich) 12, 113, 248
BlackRock Financial Management 209
Blankfein, Lloyd 304, 356
Blinder, Alan 370
BNP Paribas 136, 165, 177, 306
Böhm-Bawerk, Eugen von 81
Bonus-Malus-System 253, 255
Bonussystem 51, 100, 110
Bonuszahlungen 51, 100, 250, 253 f., 258
Boom-und-Bust-Zyklus 34, 66 f., 269, 277, 318, 400
Borman, Frank 211
Börsenaufsicht 108, 247, 260, 264 f., 270, 288, 294–296, 304, 356
Börsencrash 39 f., 43, 45, 62, 143, 162, 170, 190 f., 243, 269
Bradford & Bingley 158
Brady-Bonds 43
Brasilien 22, 37, 43, 48, 160 f., 170, 180 f., 203, 347, 349 f., 380, 383, 391
Bretton Woods 41
–, Abkommen 341, 343
–, Konferenz (1944) 41, 348
–, System 41 f.
–, II 342
BRIC-Staaten 349, 380, 382–385
–, *siehe auch* Brasilien; China; Indien; Russland
Britisches Empire 167
Bruttoinlandsprodukt 118 f., 174 f., 188, 241, 256, 338, 350, 370, 373, 378, 382, 385
Buffett, Warren 267
Bulgarien 177, 181
Bürgschaft(en) 56, 116, 141, 150, 158, 223–228, 236, 238, 240 f., 244, 278, 305
Bush, George W. (Regierung Bush) 9, 144, 333 f., 339

Capra, Frank, 111
Cash-Flow 73, 77
CDO (Collateralized Debt Obligation) 55, 97–99, 119–122, 128–131, 137 f., 146 f., 150, 155, 165, 176, 209, 250, 254, 258 f., 261, 280, 306
CDS (Credit Default Swap) 268, 272
CEO (Chief Executive Officer) 251, 256, 280, 295, 302, 305
Chapter 11 300
Cheney, Dick 9
Chile 171, 179

China 54, 91, 143, 160, 168, 170, 182, 184, 220, 223, 242, 322, 331 f., 338, 340, 344–351, 353, 355, 369, 372, 377, 380–382, 385, 392, 395 f., 398
–, Aufstieg von 16, 44
–, Exportabhängigkeit von 57, 167 f.
–, Finanzkrise und 20, 57, 161, 167
–, Immobilienpreise in 174
–, Leistungsbilanzüberschuss von 181, 320–322, 329
–, mangelnde Bankenaufsicht in 50
–, ökonomisches Wachstum in 22 f., 160
–, Panik in 37
–, Rezession in 11, 167, 183
–, Sparreserven in 53, 116 f., 333
–, Spekulationsblase in 339
China Investment Corporation 343
China National Offshore Oil Corporation 337
Chrysler 80, 82, 228
Citicorp 107
Citigroup 123, 132, 143, 146, 157, 202, 228, 233, 236, 251, 299, 302–304, 308, 365
–, Verkauf von Wachovia an 143
Clearingstelle 271
CLO (Collateralized Loan Obligation) 97, 145
CMO (Collateralized Mortgage Obligation) 97
Colliers International 174
Community Reinvestment Act 109
Conduits 55, 131 f., 134, 150, 159
Continental Illinois 233
Cooke, Jay 38, 163
Corporate Governance 428
Countrywide 109, 140 f., 147, 225, 299
CPFF 200
Credit Default Swaps (CDSs) 51
Credit Risk Retention Act 258
Credit Suisse 176, 254, 302
Crisis economics *siehe Krisenökonomie*

Dänemark 205
Darlehen 53, 192 f., 198, 203 f., 208, 210, 224, 227–229, 231–233, 237, 242 f., 258, 260–263, 279, 286
Defizit(e) 22, 42, 46, 84, 180, 221, 241, 318, 320, 324, 326, 329, 332, 334–337, 340, 344–346, 372, 378 f., 391
Deflation 16, 20, 23, 26, 73, 78 f., 186 f., 189–194, 199, 205, 238 f., 368 f., 376–378, 393, 396 f.
Deflationsbekämpfung 221
Deflationsschübe 190
Deflationsspirale 11, 38, 192, 195, 197, 217
Deflationstheorie 191, 194
Denkrichtung(en) 15, 61, 64, 74 f., 86 f.
Depression 125, 214
Deregulierung 44, 58, 107, 109 f., 178, 288, 297
Derivate 110, 248, 267–273, 281 f., 291, 293, 299, 362, 364
Derivatekatalog 287
Derivatekontrakt 271

Deutsche Bank 176
Deutsche Industriebank (IKB) 177
Deutschland 20, 22, 38, 40, 53, 116, 168, 173, 177, 182, 226, 241, 331, 340, 349 f., 372, 374, 385
Devisenreserven 329, 351 f., 354
Dexia 158, 161, 306
Dienstleistungen 32, 34, 72, 192, 215, 217 f., 256, 264 f., 303, 320 f., 326 f., 370, 397 f.
Direktinvestitionen 324, 382, 399
Doppeldefizit 338 f., 354
Dotcom-Unternehmen 49
Dubai 20, 50, 57, 169, 174, 177, 372
Dubai Ports World 337
Dubai World 177

Economist, 123, 174, 403
Ecuador
Edward III, König von England 35
Eigenkapitalbeteiligung 21
Einkommen 32, 74, 77–79, 118, 127, 217, 219, 323, 383, 400
–, falsches 95
–, nationales 169
–, Ungleichverteilung von 398
–, unterdurchschnittliches 109
–, verfügbares 118
–, *siehe auch* Gehälter; Löhne
Einkommenseinbußen 370, 378
Einkommensteuer 222
Einlagensicherung(en) 41, 56, 83, 103, 112 f., 115, 140 f., 148, 156 f., 224–226, 229, 246, 285, 306, 308, 310
Einlagensicherungsfonds 157, 224, 262, 289, 298, 356, 371
England, Zentralbank von *siehe Bank of England*
Entkopplung 168, 182
Epidemien 19, 178
Erholung 28 f., 43, 75, 79, 84 f., 105, 169, 188, 215, 217 f., 368 f., 371 f., 386, 389
Ersparnisse 25, 48, 74, 81, 113, 116 f., 141, 175, 322–325, 327, 378
–, in der Weltwirtschaftskrise 74
–, in den USA 344
Erste-Hilfe-Maßnahmen 20
Erster Weltkrieg 23, 343
Estland 50, 174, 181, 372
Euphorie 33, 89, 91, 125
–, irrationale 44 f.
Europa
–, Erholung in 43
–, Finanzkrise in 37, 393
–, IWF und 351
–, Panik in 37 f.
–, Subprimekrise in 164
–, Weltwirtschaftskrise in 143
–, Zukunft von 373
–, *siehe auch einzelne Länder*
Europäische Kommission 375
Europäische Konjunkturprogramme 220
Europäische Notenbanken 136
Europäische Union (EU) 227, 292, 341, 374, 376
Europäische Währungsunion 369, 374 f.
Europäische Zentralbank(en) 136, 144, 176, 182, 202, 204, 208, 292, 374 f.
Eurozone 170 f., 197, 372 f., 376, 396

Export(e) 181, 188, 321, 324
–, Abhängigkeit von 38
–, und China 167 f., 332, 338, 347
–, von Erdöl 170
–, von Rohstoffen 57
Exportnationen 57, 171

Fama, Eugene 62
Fannie Mae 10, 28 f., 93, 95, 109 f., 116, 151 f., 202, 206 f., 209, 227, 299 f., 387
FASB (Financial Accounting Standards Board) 288
FDIC (Federal Deposit Insurance Corporation) 112, 224
Federal Deposit Insurance Corporation (FDIC) 112, 224
Federal Home Loan Bank 110
Federal Housing Administration (FHA) 110
Federal Reserve 39, 42, 103–105, 124, 144, 147–149, 154, 156 f., 187, 195, 200, 204–206, 208–212, 246, 283, 288, 305 f., 316, 334, 387 f.
Federal Reserve Board 422
Federal Savings and Loan Insurance Corporation (FSLIC) 224
Feedbackmechanismus 65, 67 f.
Fehleinschätzungen 65, 183
FHA (Federal Housing Administration) 110
Financial Accounting Standards Board (FASB) 288
Financial Services Authority (FSA) 248, 290
Financial Services Oversight Council 290
Financial Times 134, 272, 410, 415, 419, 427 f., 430–432, 437, 440–442, 445, 449
Finanzarchitektur 21, 91
Finanzaufsicht 18, 247 f., 290, 293
–, internationale 292
–, Neuordnung der 290
Finanzdienstleistungen 92, 302
Finanzkatastrophen 31, 91
Finanzmarktaufsicht 272
Finanzkrise(n) 9, 15, 20, 24, 34, 43, 45 f., 48 f., 84–86, 149, 149, 160, 167, 170–172, 195, 197, 241 f., 245, 246, 398 f.
–, als kontrollierte kreative Zerstörung 86 f.
–, Geschichte einer 34, 126, 130
–, Merkmale einer 193
–, von 1825 27, 36 f.
–, von 1929 39, 238
–, Zukunft von 22, 280
Finanzkrise von 2008 103, 105, 127–129, 182, 184 f., 189 f., 204, 209, 211, 226, 231, 281, 283, 294, 304, 318, 325, 330, 337, 340, 356, 358, 364, 368, 380, 385, 389, 396
–, als Krise des Kapitalismus 20
–, als »schwarzer Schwan« 29 f.
–, Basel II und 276
–, Erklärungen der 14, 90, 102, 117, 123, 190
–, Gier und 99
–, globale Ausbreitung 17, 27, 353
–, in den Schwellenländern 22
–, Roubinis Vorhersagen für 11, 402 f.
–, systemische 269

–, Vergleich mit vorherigen Krisen 60, 80, 197, 361
Finanzinnovationen 31, 98, 117
Finanzmarkt/-märkte 21, 28, 36, 40, 64, 133 f., 138, 160 f., 167, 171, 175, 201, 211, 241, 244, 247, 292, 312, 335
–, Eingriffe in den 14
–, Epidemie am 57
–, Globalisierung der 166
–, Innovationen auf dem 12, 27, 91, 93, 110, 356
–, Liberalisierung der 255
–, Regulierung auf dem 107 f.
–, Risikobewertung auf dem 263
Finanzmarktaufsicht 272
Finanzmarktstabilität 357
Finanzministerium der USA 116, 158, 227, 233, 248, 290, 346
Finanzordnung, internationale 17, 21
Finanzprodukte 106, 273, 281
–, neue 25 f., 44, 52 f., 58, 255, 287
–, strukturierte 96–98, 123, 130, 137, 146, 150, 177, 235, 240, 264 f., 286, 359, 377
Finanzsupermärkte 302
Finanzunternehmen 14, 21, 25, 31, 34, 48, 52, 54, 75–77, 83, 87, 91, 95, 98, 101–103, 108, 121, 123–125, 129 f., 134 f., 138, 143, 153, 159, 162 f., 166, 176, 199–202, 204–206, 208 f., 211, 213, 239, 249 f., 252, 255 f., 259, 269, 271, 274, 279–282, 285–291, 296 f., 300, 302, 306 f., 309–311, 358 f., 362, 364 f., 377
–, Auflagen für 110, 356
–, Selbstkontrolle der 99
–, traditionsreiche 26
Finanzzentren 19, 22, 135, 143
Finnland 46
Fisher, Irving 58, 79, 126, 190–192, 194, 200
Fitch Ratings 53, 96, 263 f.
Flexicurity 400
Folgebankrotte 148
Forderungsbesicherte Wertpapiere 95, 97, 129, 151, 176, 201, 208 f., 231, 261
Fortis 158, 161
Frankel, Jeffrey 246, 402
Franken, Schweizer 172, 205, 345
Frankreich 35 f., 62, 161, 164, 340, 349
Freddie Mac 10, 28 f., 93, 95, 109 f., 116, 151 f., 202, 206 f., 209, 227, 299 f., 387
Freihandels-/Freiverkehrsderivate 272, 364
Fremdfinanzierung der Wirtschaft 14
Fremdkapital 33, 51, 54, 100, 109, 117–121, 125, 129, 147, 150 f., 176 f., 206, 250 f., 287, 298, 302, 304 f., 325, 328, 359, 362 f., 370, 374, 380
Fremdwährung(en) 46–48, 181, 202, 324, 327–329, 351
Friedman, Milton 74 f., 79, 185 f., 210
FSA (Financial Services Authority) 248, 290
FSLIC (Federal Savings and Loan Insurance Corporation) 224

G7-Länder 22, 161, 248, 349, 393
G10-Länder 113, 274 f.
G20-Länder 22, 258, 349, 354, 366
GE Capital 158
Gehälter 32, 100, 192, 249, 257, 323, 374, 398
–, *siehe auch* Einkommen; Löhne; Management/-Managergehälter
Geithner, Timothy 195, 403
Geldmarktfonds 18, 33, 56, 80, 115, 131, 136, 155 f., 159, 164, 202, 240, 279
Geldpolitik 20 f., 71, 80, 86 f., 90, 182, 185 f., 190, 197, 216, 223, 284, 315
–, aggressive 75
–, expansive 39
–, großzügige 23, 368
–, inflationäre 23
–, konventionelle 195, 197
–, undisziplinierte 30
–, verfehlte 42
General Motors 80, 82, 158, 228
General Theory of Employment, Interest and Money, The (Keynes) 413, 421, 425
Genom, kapitalistisches 13
Geschäftsbanken 39, 55, 107–109, 146, 150, 224, 289, 309 f.
Gesundheitsversorgung 339
Gesundheitswesen 338
Gesundschrumpfung 242
Gewohnheitstiere 13, 28, 30
Gier 50 f., 334, 359
Giftpapiere 52–54, 131, 134, 153, 156, 187, 208, 228, 234–238, 240, 254, 258, 261, 359, 377
Giscard d'Estaing, Valéry 335
Glass Steagall Act (1933) 107 f., 246, 282, 308, 311, 356, 365
Glaubenssatz 12, 106
Gleichgewicht 25, 42, 64, 68, 71, 84, 175, 322
–, des finanziellen Terrors 339, 392
–, flexibles 12
–, magisches 61
Globale Wirtschaft
–, Gefahren für die 302
–, Reform der 359
–, Roubinis Vorhersagen für 352
Globalisierung 23, 44, 166, 255, 291, 333 f., 360, 397–399
Goldman Sachs 10, 26, 55, 100, 134, 147 f., 157, 160, 233, 294–296, 299, 304–306, 308, 356, 365
Goldstandard 41, 342 f., 346
Gold- und Silberreserven 37
Government National Mortgage Association (Ginnie Mae) 93
Gramlich, Edward 106
Gramm, Phil 108, 268
Gramm-Leach-Bliley Act (1999) 308
Grant, James 12
Grant Street National Bank 235
Greenspan, Alan 52 f., 83 f., 90, 104–107, 116, 243, 311–313, 315, 359, 362
Greenspan Put 358
Griechenland 38, 182, 340 f., 373–376, 388 f.
Großbritannien 52, 68, 91, 158, 160 f., 164, 171–173, 176, 179, 197,

226, 236, 246, 248, 275, 329, 341, 343, 349, 370, 372, 388–390
–, Banken in 37, 50
–, Panik in 36
Großmächte 13
Grundstücke 25, 31, 121, 381
Grundwerte, wirtschaftliche 35, 50, 170

Handelsdefizit 320, 322
Handelskriege 28, 40, 169
Handelsüberschuss 321
Harvard University 246, 257, 405
Hatoyama, Yukio 378 f.
Hausbesitzer 10, 93 f., 97, 176, 243
Haushalte, Verschuldung der 27, 48, 53 f., 82, 118 f., 370
Haushaltsdefizit(e) 53, 83, 85, 183, 216, 218, 221, 318 f., 324–327, 329, 333, 339, 342, 346, 354, 368, 373 f., 378, 382 f.
Hausmann, Ricardo 331
Hayek, Friedrich 81
Hebelung 16, 31, 117, 119
Hedge-Fonds 10, 18, 21, 33, 48, 54–56, 78, 80, 100, 115, 119–121, 129–132, 134, 136 f., 147, 159, 165, 170, 177, 210, 256, 266, 272, 281, 299, 305 f., 308–310, 312, 343, 361, 403
Hightechabschwung 49
Hightechboom 334
Hilfsprogramme, staatliche 299
Hitler, Adolf 40
Holland 17
–, Tulpenmanie in 17, 35
Honduras 38
Hongkong 210, 346
Hoover, Herbert 40, 79 f., 82, 142, 144, 214–216, 218 f., 243, 245
House of Representatives, U.S. 428
Housing and Economic Recovery Act (2008) 228
Huxley, Aldous 50, 424
Hypo Real Estate 158, 161
Hypothekenverleiher 18, 54 f., 94, 109, 114, 127 f., 136, 140, 150, 165
Hypothekenzinsen 110, 175
–, feste 53
–, sinkende 207
–, steigende 33
Hypothese der Instabilität 77

IKB (Deutsche Industriebank) 177
Illusion 59, 141, 144, 293, 357
Immobilienblase 11, 31, 39, 46 f., 49 f., 57, 90, 110, 174 f., 177, 266, 276, 314, 333, 362
Immobilienboom 33, 38, 53, 92, 109, 118, 165, 169, 175, 180, 218, 334 f.
Immobilienkredite 94, 118
Immobilienmarkt 44, 122, 134, 174 f., 207, 228, 312, 330, 360
–, Einbruch des 10
–, Erholung des 28, 175
–, Stützung des 242
–, Zusammenbruch des 10, 47, 50
Imperium, amerikanisches 16
Importe 188, 321, 324, 345
Indien 11, 22, 37, 160 f., 170, 178, 182, 349 f., 380, 382, 385, 395–398
Indonesien 47, 49, 174, 180, 327, 347, 349, 384 f.

Industrienationen 13, 18, 23, 38, 43, 47, 49, 162, 169, 174 f., 182 f., 204, 244, 274, 292, 330 f., 339, 355, 357, 363, 368 f., 372, 380, 388 f., 396, 398
Industrieproduktion 26
IndyMac 156, 225
Inflation 16, 18, 40, 42–44, 83 f., 86, 182, 187 f., 192 f., 195 f., 221, 319 f., 345, 354, 368, 379 f., 390–392, 396 f.
–, Angst vor 393 f.
–, Bekämpfung der 380, 383, 390
Inflationsgefahr 11, 196
Inflationsspirale 182, 346
Inflationssteuer 345, 390
Inflationsziele 314
ING 176
Innovationen, technologische 30, 44, 91 f.
Instabilität 43, 69 f., 74, 76 f., 84, 170, 340, 366, 399
Instinkt
–, kapitalistischer 14, 73, 85, 215, 217
–, unternehmerischer 76
Interbankenhandel 124, 135 f., 144, 150
Interessenkonflikt(e) 51, 249, 264–266, 282, 295 f., 310, 365
Internationale Währungsverbände 22
Internationaler Währungsfonds (IWF) 22
Internetboom 92
Interventionen, staatliche 21, 87, 186, 207, 210 f., 221, 387, 392
Investitionsboom 76, 324, 381
Investmentbanken 10, 18, 21, 26, 33, 41, 54–56, 80, 93–96, 100, 103, 107–109, 115, 129, 131 f., 145–150, 152 f., 157, 159, 165, 170, 202, 246 f., 256, 258, 281 f., 299, 304 f., 308–310
Investitionsstrategien 13, 51
Investoren 38, 47, 53 f., 64, 74, 94, 116 f., 119, 121, 130–134, 136, 139, 143, 147 f., 152, 156, 164–166, 171 f., 179–181, 193, 202, 221, 234 f., 237 f., 240, 250 f., 256 f., 259 f., 264, 266 f., 272 f., 281, 311, 313, 315, 322, 324–328, 334, 336 f., 345, 351, 358 f., 361, 365, 385–398, 391, 393, 395 f., 403
Iranische Revolution 42
Irland 20, 50, 57, 158, 161, 174, 177, 225 f., 329, 341, 372, 388 f.
Island 20, 50, 57, 174, 177, 181, 241, 318, 329, 341, 353, 372, 389
Israel 197
Italien 35, 177, 182, 226, 341, 349 f., 373–376, 385
IWF, *siehe* Internationaler Währungsfonds

Japan 20, 22, 42, 44 f., 57, 85, 167 f., 170–172, 183, 190, 197, 199, 202, 205, 218–220, 223, 241, 321 f., 324, 340, 343, 345, 349 f., 369, 372 f.
–, Ersparnisse in 53, 116
–, »verlorenes Jahrzehnt« in 27, 80, 86
–, Zentralbank von *siehe* Bank of Japan

–, Zukunft von 376–379, 389–391, 396
Japan Post Bank 379
Jelzin, Boris 49
JP Morgan Chase 146 f., 157, 233, 299, 308
Justizministerium der USA 307

Kalifornien 45, 151, 376
Kanada 158, 161, 167, 197, 275, 349
Kapitalismus 13, 24, 34, 66, 69 f., 76, 81 f., 84, 211, 241 f., 340, 357
–, dekadenter 23
–, Geschichte des 27, 404
–, globaler 23
–, individualistischer 23
–, kreative Zerstörung des 60
–, Krise(n) und 17, 20, 58, 357
–, Schwächen des 61
Kapitalkontrolle(n) 41, 291, 399
–, Abschaffung von 255
Kapitalspritzen 86, 184, 228, 231, 237, 240
Keynes, John Maynard 14 f., 18, 21, 23, 57, 60, 71–77, 80 f., 84–87, 215–218, 308, 346, 348, 395
Keynesianer 74, 85, 241
Keynesianismus 60, 74 f., 84, 245
Kindleberger, Charles P. 60, 89,
King, Mervyn 138, 141
Klassische Schule 72
Knickerbocker Trust Company 153
Knight, Frank H. 133, 156
Kollateralschäden 27, 34, 68, 86, 165, 167, 244, 314, 392
Kolumbien 169 f., 179, 203
Kommunalobligationen 139, 150 f.
Konjunkturabschwung 214, 217
Konjunkturprogramm(e) 16, 74 f., 80, 85–87, 182, 212, 214, 216, 218–223, 225, 228, 236 f., 241 f., 244, 318, 338, 363, 371 f., 382, 389
Konjunkturzyklus 43 f., 68, 126, 187
Konkurs 10, 21, 43, 46, 49, 80, 86, 92, 94, 127, 130 f., 133, 136, 142, 148–150, 152, 154, 156–158, 164, 168, 183, 202, 211, 233, 269, 298–301, 307, 309, 362
Konservatives Lager 19
Konsolidierungswelle 45, 299
Konsumenten 260, 372
Konsumgüter 42
Konsumklima 10
Kooperation 27, 94, 352
Kreditboom 30, 374
Kreditderivate 16, 108, 271
Kredit- und Liquiditätskrise 34
Kreditausfallversicherungen 51, 98, 108, 128, 137, 148, 150, 268 f., 271
Kreditblase(n) 12, 81, 184, 359, 371
Kreditgeber der letzten Instanz 19, 22
–, Zentralbanken als *siehe Zentralbanken*
Kreditkartenschuldner 53
Kreditklemme 16, 57, 75, 124, 133, 166, 169, 183, 194, 200, 206
Kreditkonditionen, großzügige 25
Kreditwürdigkeit 52, 95, 152, 181, 225, 227, 258, 262
Krisenmanagement 43, 80, 187, 242 f., 284
Krisenökonomie 13, 59, 178, 213, 215, 246, 357, 359

Krisenwirtschaft 66, 87, 141
Krugman, Paul 205, 338, 402 f.
Kupfer 169, 171
Kurosawa, Akira 330, 334

Laissez-faire-Kapitalismus 16, 62, 294
Landwirtschaftliche Produktion 68
Lateinamerika 38, 43, 46, 162, 171, 179, 181, 329, 331, 351, 372, 387
–, Panik in 37
–, Schuldenkrise in 37, 42 f., 326
–, *siehe auch einzelne Länder*
Law, John 36, 173
Lawrence, Joseph 62
Lehman Brothers 10, 29, 55–57, 100, 104, 124, 133, 149 f., 154, 164, 168, 176, 183, 226, 233, 243, 251, 362
Leistungsbilanzdefizit(e) 12, 16, 41 f., 46 f., 57, 167, 175, 180, 242, 321–327, 329–336, 342, 351, 372, 389, 391 f.
Leitzinsen 42, 53, 105, 116, 136 f., 144, 182, 188, 196–199, 208, 359
Letztinstanzlicher Kreditgeber
–, Zentralbanken als *siehe Zentralbanken*
Lereah, David A. 50, 126
Leverage *siehe Hebelung*
Lettland 20, 50, 57, 165, 174, 181, 372
Liberales Lager 19
LIBOR (London Interbank Offered Rate) 42, 135–137, 144, 198, 201
LIBOR-OIS-Spread 144
Liquiditätsengpass 10
Liquiditätsfalle(n) 16, 148, 195–198, 208
Litauen 174, 177, 181, 372
Lobbyisten 296
Logik 12 f., 63, 83, 120, 303, 333
Löhne 32, 72, 192, 194, 250, 323, 362, 374, 396 f.
–, *siehe auch* Einkommen; Gehälter
Lombard Street 123, 135
London 37, 42, 52, 71, 102, 123, 128, 135, 145, 163, 166, 179 f., 280
London Interbank Offered Rate (LIBOR) 42, 135–137, 144, 198, 201
Long-Term Capital Management (LTCM) 48, 103, 269, 299, 312
Lügenkredit 99
Luskin, David 29

Mackay, Charles 89
Madoff, Bernard 78, 250
Maiden Lane 209
Makroökonomie 20, 402
Malaysia 47, 167, 174, 180, 327
Management-/Managergehälter 249, 306
Manager 11, 51, 90, 100–102, 130, 152, 154, 156, 186, 203, 225, 247, 249–251, 256, 273, 278, 280, 296, 300 f., 304, 306, 362
Manifest der Kommunistischen Partei 69
Markit Group 128
Märkte 27, 29, 56, 61, 107, 122, 124 f., 128 f., 139, 141–143, 145, 152, 164, 169 f., 177, 197–199, 201, 205, 207, 209 f., 240, 243, 271, 301, 315, 357, 360 f., 363, 385, 387, 399 f.

–, Effizienz der 58, 62–64, 66, 73, 88
–, »neue« Märkte 27, 39, 46–49, 57, 66, 70, 165, 178, 180, 358
–, Regulierung der 15, 105
–, Selbstregulierung der 12, 61 f., 68 f.
–, Versagen der 61
Marktexperten 11
Marktteilnehmer 12, 18, 93, 130, 206
Marshall, Alfred 61
Martin, William McChesney, Jr. 105
Marx, Karl 58, 69–71
Mathematische Modelle 60–62, 73, 88, 98, 136, 279 f.
McCulley, Paul 110, 114
Mellon, Andrew 40, 83, 235
Mellon Bank 235
Menger, Carl 81
Merit Financial 127
Merrill Lynch 10, 55, 100, 143, 147, 153 f., 299
Mexiko 43, 46, 163, 167, 169, 172, 179 f., 203 f.
Migranten 321, 377
Mill, John Stuart 66
Minsky, Hyman 18, 58, 60, 76–79, 81, 85 f., 117 f., 125 f., 366
Minsky-Moment 125, 129
Mises, Ludwig von 81
Mississippi Company 36, 173
Misswirtschaft, staatliche 35
Mittelasien 384
Modelle zur Risikoberechnung 12
Monetarismus 74
Money Market Investor Funding Facility (MMIFF) 200
Moody's Investor Service 53, 96, 263 f.
Moral Hazard 16, 18, 98–100, 102, 117, 149, 154 f., 225 f., 244, 358
Morgan, J. P. 39, 153 f., 157, 299, 306
Morgan Stanley 10, 12, 55, 100, 143, 147 f., 299
Mozilo, Angelo 140
Mythos des effizienten Marktes 64, 66

Nachschussforderung(en) 33, 120–122, 130
National Credit Union Administration (NCUA) 226
Neoklassische Schule 72, 88
Neoklassische Synthese 75, 77
Neuseeland 50, 165, 174, 329, 372
New Century Financial 128
New-Deal-Programm 224
New Orleans 163, 170
New York City 39, 404
New York Times 189, 404
Niederlande *siehe* Holland
Ninja (no income, no job, no assets) 95
Nixon, Richard M. 342
Northern Pacific Railroad 38
Northern Rock 140 f., 147
Norwegen 45, 205
Notenbanken 15 f., 20, 23, 39, 60, 87, 103 f., 115, 125, 135 f., 144 f., 159, 180, 182, 201, 208, 238, 240 f.
–, Reaktionen der 19
–, traditionelle Philosophie der 105
–, Zusammenarbeit der 21

Notfallmaßnahmen 16
Notkredite 15, 200
Notverkäufe 33, 48, 55, 64, 78, 80, 113, 121, 124, 191

Obama, Barack/Obama-Regierung 80, 228, 285, 296, 307 f.
–, und Regulierung 270, 290
Obstfeld, Maurice 12
OCC (Options Clearing Corporation) 270
Offenmarktgeschäfte 195 f., 200
Office of National Insurance 290
Offshore-Finanzzentren 22
Ökonomie 25, 71
Ökonomische Krisen *siehe Finanzkrise(n)*
Ölpreis(e) 47, 150, 170, 188, 267, 269, 334
Ölpreisschock(s) 10, 42, 170, 188
Optimismus 73, 142, 189
Options Clearing Corporation (OCC) 270
Originate-and-Distribute-Modell 257
Ostasien 203
Österreich 35, 38, 163, 173, 177
Österreichische Schule 81–86
Osteuropa 162, 165, 172, 174, 177 f., 181, 372, 380, 388
–, *siehe auch einzelne Länder*
Over-the-counter-Derivate (OTC) 268, 270

Pakistan 48, 169, 180, 203, 326, 388
Pandemien 160
Panik
–, von 1825 17, 27, 179, 246
–, von 1837 38, 163, 170, 172 f., 179, 191
–, von 1847 142
–, von 1857 37, 180, 191
–, von 1866 38, 224
–, von 1873 38, 123, 135, 142, 163, 173, 180
–, von 1893 38, 191
–, von 1907 17, 39, 153, 246
Papiergeld 35, 173, 344, 346
Paraguay 38
Paulson, Henry 28, 142, 154, 195, 403
PCDF (Primary Dealer Credit Facility) 200
Pensionsfonds 94, 250 f.
Peripherie, wirtschaftliche 19, 38, 166, 398
Peru 36, 179
Peso, argentinischer 375 f.
Peso, mexikanischer 46, 202
Pessimismus 191
Pfund, britisches 141, 163, 179 f., 205, 208, 226, 343, 345, 347 f.
Philippinen 167, 169, 321
Philippon, Thomas 415, 437, 441
Philosophen 15, 294
Platon 293 f.
Pleitewellen 180
Polen 203
Politik des billigen Geldes 53, 81, 106, 117, 174, 312, 397
Portugal 35, 182, 341, 373–375, 389
PPIP (Public-Private Investment Program) 237
Pragmatismus 16

Preissteigerungen 30, 67, 393
Preisverfall 33, 171, 189, 191 f., 396
Preußen 35
Primary Dealer Credit Facility (PCDF) 200
Prince, Charles 251
Prinzipal-Agent-Problem(e) 101 f., 249 f., 255
Principles of Political Economy (Mills) 425
Produktion 217, 241 f., 257, 381, 383 f.
–, Auslagerung ins Ausland 370
–, Deflationsspirale und 217
–, industrielle 26
–, landwirtschaftliche 68
–, Variablen der 77
Produktionskapazität 189
Produktionsmethoden, neue 189
Produktivität 44, 340, 373 f., 377
Prognosen 10, 103, 126
Protektionismus 337, 399
–, *siehe auch* Zölle
Prozyklikalität 277
Public-Private Investment Program (PPIP) 237
Putin, Wladimir 49

Quantitative Lockerung(en) 184, 205, 210, 240, 336, 368, 386, 396
Querdenker 58, 133

Rajan, Raghuram 11, 253, 402
Rand, Ayn 104
Random-Walk-Theorie 63
Rashomon (Film) 330, 334
Ratingagentur(en) 53, 96, 135, 137, 146, 150, 154, 256, 258, 263–267, 281, 364 f., 378, 388 f.
Ratlosigkeit 24
Realwert von Schulden 43, 79, 337, 346
Reconstruction Finance Corporation 82
Reflationspolitik 79, 194 f.
Reform(en) 22, 203, 239, 247 f., 260, 280, 282–284, 287, 290, 292, 295, 298, 335, 338, 378 f., 382 f.
–, der Managervergütung 255, 257, 281
–, der Ratingagenturen 263–266
–, des Finanzsystems 17, 21, 41, 203, 245–247, 281, 285, 288, 308 f., 311, 353 f., 358, 363 f., 365
–, des Kapitalismus 23 f.
–, des New Deal 200
–, der Währungsordnung 21, 400
–, des Internationalen Währungsfonds 350, 352
–, des Weltwirtschaftssystems 16, 349, 366 f.
–, in China 340, 347, 349
–, in Schwellenländern 24
–, marktwirtschaftliche 24
–, von Basel II 276
–, von Derivaten 271–273, 364
Reformmüdigkeit 248
Reformpläne der Regierung Obama 285, 287, 296
Reformprogramm 287 fertig
Regierung(en) 9, 21, 23, 27–29, 35, 37, 40, 42 f., 46–49, 56, 71, 74, 79–82, 84 f., 87, 110, 145, 148, 152, 155–157, 161, 177, 181, 187, 198 f., 202 f., 207 f., 210, 213–221, 223–228, 231, 233, 236–239, 241–244,

246, 255, 260, 269 f., 278, 285, 288, 290, 294–297, 300, 303, 305, 307 f., 322 f., 332, 334, 336, 339, 346, 351, 356, 376, 378 f., 382 f., 385, 392, 394, 396, 400
Regulation D 316
Regulation T 315
Regulation Z (Truth in Lending) 262
Regulierungsarbitrage 16, 271, 285, 291
Regulierungsmaßnahmen 21
Reinhart, Carmen 60 f.
Reinventing Bretton Woods Committee 402
Rekapitalisierung 45
Renminbi, chinesischer 319, 340, 345–347
Repos 115, 129, 163
Reserve Primary Fund 56, 155
Reservewährung 22, 242, 319, 335, 341–343, 345, 347–349, 354, 366
Ressourcen 59, 101, 351
Rezession
–, Deflation und 190, 192, 397
–, in China 11, 57, 170, 183, 395
–, in Europa 162, 165, 170
–, in Japan 45, 57, 85, 170, 376 f.
–, in Lateinamerika 43, 162, 171, 190, 326
–, in den USA 10 f., 29, 42, 44, 49, 139, 144, 149, 162, 168–171, 188, 191, 196, 218 f., 333, 370
Ricardo, David 61
Risikoberechnung 12
Risikomanagement 95
Risikotoleranz 13
Risikoverhalten, verantwortungsloses 18
Risk, Uncertainty, and Profit (Knight) 413, 432
Roach, Stephen 12, 402
Rogoff, Kenneth 12, 61, 89, 370, 402
Rohstoffderivate 270
Rohstoffexporteure 57
Roosevelt, Franklin Delano 40, 239
Roosevelt, Theodore 82, 85, 112, 218 f., 307
Rosenberg, David 12, 402
Rothschild, Baron Karl Mayer von 167
Roubini, Nouriel 9–11, 126, 369, 401, 404
Roubini Global Economics 401, 417
Royal Bank of Scotland 306
Rúa, Fernando de la 49
Rubel, russischer 47
Rückzahlung(en) 35, 40, 47 f., 54, 97, 121, 162, 177, 180, 192, 219 f., 222, 297, 306
Rumänien 57, 181
Runs 16, 37, 39, 115, 127, 130 f., 140, 143, 148, 156–159, 225
Russland 22, 47, 49, 57, 160 f., 172, 180 f., 203, 326, 328, 347, 349, 380, 383–385, 388, 391

Sachsen LB 177
Samuelson, Paul 88
Saudi-Arabien 143, 340, 345, 349
Say, Jean-Baptiste 61
Schattenbanken 110, 114 f., 124, 129, 140, 232, 279, 285, 309 f., 361
Schattenfinanzsystem 18, 55, 145

Schönrednerei 28
Schrotthypotheken 18, 52, 54, 91, 97, 106, 109, 121, 127, 131, 152, 165, 257, 364
Schuldenaufnahme, exzessive 30
Schuldenberg(e) 23, 59, 359, 392
Schuldendeflation 79, 192–194, 208, 390
Schuldeninflation 192
Schuldenkrise
–, in Brasilien 48
–, in Japan 369
–, in Pakistan 48
–, lateinamerikanische 42 f., 46, 326
–, staatliche 326, 378 f.
Schuldscheine 37
Schuldverbriefung 16
Schuldverschreibungen 31, 43, 115, 131 f., 136, 206, 227
Schumpeter, Joseph 58, 60, 81 f., 84, 86, 159, 242
Schwartz, Anna Jacobson 74 f., 185
Schwarze Schwäne 17, 29 f., 34
Schweden 46, 177, 205, 226, 233
Schweizerische Nationalbank 204
Schweiz 197, 226, 273, 302, 345
Schwellenländer 13, 16, 22–24, 44, 49, 91, 116, 162, 171 f., 175, 178, 180–183, 202 f., 275, 323, 325, 327–331, 333, 335, 337, 339, 342, 346, 349–352, 354 f., 359, 366, 368, 380, 384–386, 388, 391, 393, 396, 398
SEC *siehe* Securities and Exchange Commission
Securities and Exchange Commission (SEC) 247
Selbstbedienungsmentalität 298
Selbstbetrug 335
Shaw, George Bernard 72
Shiller, Robert 11, 60, 64–66, 402
Sicherheiten 25, 33 f., 48, 124 f., 127, 129 f., 201, 208, 210, 270–272
Sicherungsprogramme, staatliche 226
Silberreserven 37
Singapur 20, 50, 143, 167 f., 174
SIVs (Structured Investment Vehicles) 55, 132
Smith, Adam 61, 69
Smoot-Hawley-Tariff 40
Solvenzkrise 14
Sonderziehungsrechte 348 f., 352, 354
South Sea Bubble 17, 27, 36, 173
Spanien 35, 50, 169, 174, 176 f., 182, 329, 341, 372–375, 388 f.
Sparkassenaufsicht 157
Sparparadoxon 73
Sparquote(n) 32, 180, 333 f., 339, 370, 373, 377 f.
Spekulanten 31, 35, 100, 179, 316, 360 f., 387
Spekulationsblase(n) 15, 17, 21, 23, 27, 30 f., 33, 35, 41, 44, 46 f., 50, 59, 64–66, 78, 84, 91 f., 105 f., 109 f., 117, 121, 144, 161, 164, 169, 172 f., 179, 182, 190, 244, 246, 284, 297, 304, 311–317, 325, 330, 339, 351, 353, 358–360, 366, 376, 386–388, 393, 395, 399
Spekulationsboom 48
Spielregeln 29
Staatsbankrott(e) 180, 318, 320, 326, 388, 395

Staatseinnahmen 38
Staatsverschuldung 36
Stabilisierung des Finanzsystems 21
Stabilität, finanzielle 41
Stabilitäts- und Wachstumspakt 374
Stabilizing an Unstable Economy (Minsky) 76, 414, 426, 430 f., 448
Stag-Deflation 190
Stagflation 42, 84
Stagnation 42, 190, 217, 376 f.
Stakeholder 22
Standard & Poor's (S&P) 53, 96, 256, 263 f.
Stand-By Arrangement (SBA) 437
Steinbrück, Peer 161, 292
Steuererhöhungen 222, 344
Steuersenkungen 189, 219 f., 222, 242, 333, 339
Structured Investment Vehicles (SIVs) 55, 132
Sturzenegger, Federico 403
Subprimehypotheken 28, 90, 106, 109, 127, 136
Subprimekrise 28, 131, 135, 140, 164–166, 175, 305
Südafrika 37, 174, 340
Südkorea 47, 167, 174, 180, 183, 221, 327, 384
–, IWF-Kredite an 204
Südseeblase (1720) 27
Suezkrise (1956) 434
Suharto, Mohamed 49
Summers, Lawrence 339, 385, 403
Superwährung, globale 348
Sutton, Willie 296
Szenario 10, 160, 202, 319, 369, 375, 387

Taft, William H. 307
Taleb, Nassim Nicholas 12, 29, 402
TAF (Term Auction Facility) 144, 200
TALF (Term Asset-Backed Securities Loan Facility) 207
Tangible Common Equity (TCE) 276
TARP (Troubled Assets Relief Program) 228, 233, 306
»Too-big-to-fail« (TBTF) 445
TED-Spread 198
Temin, Peter 75
Term Asset- Backed Securities Loan Facility (TALF) 207
Term Auction Facility (TAF) 144, 200
Term Securities Lending Facility (TSLF) 200
Terroranschläge vom 11. September 9, 105, 243, 359
Teufelskreis 32, 73, 78, 80, 200, 217, 238, 397
Thailand 47, 167, 174, 180, 327
Théorie de la spéculation (Bachelier) 62, 425
Theorie der effizienten Märkte 63
This Time Is Different (Reinhart und Rogoff) 89, 415, 421–423, 448
Time 74
Times (London) 163, 404
Tokio 45, 135, 166

Toxische Anlagen 147, 237, 254, 269, 280
Trade Reporting and Compliance Engine (TRACE) 272
Transparenz 21, 128, 270–272, 364
–, Mangel an 98, 256, 268, 281 f.
Triffin, Robert 341 f.
Triffins Dilemma 342, 348
Troubled Assets Relief Program (TARP) 228, 233, 306
Trust Company of America 153
TSLF (Term Securities Lending Facility) 200
Tulpenwahn 17
Tunesien 38
Türkei 48, 180, 203, 384

Übernacht-Repos 115
Überproduktion 69
Überschuldung 27, 370
Überschüsse 322–325, 329 f., 340, 346, 351 f., 372, 378, 381, 391, 396
Überschwang, irrationaler 27, 32, 89, 105, 125, 311, 315
Überwachung 262, 272, 284, 288, 301, 334
–, effektive 283
–, mangelnde 30
UBS 130, 143, 165, 302, 306
Ukraine 48, 57, 165, 177, 180, 203 f., 326, 388
–, IWF-Kredite an 181
Undurchsichtigkeit des Finanzsystems 54
Ungarn 57, 165, 173, 177, 181, 203
Ungewissheit 54, 131, 133–135, 156, 197, 259, 313, 361
Ungleichgewichte 21–23, 322, 324, 330, 331, 334, 340, 342, 349, 351–354, 366, 372, 398, 400
Ungleichverteilung von Einkommen 398
Unglücksfälle 29 f.
Unocal 337
Unsicherheit 67, 70, 77, 125, 130, 137, 197, 261
»Unsichtbare Hand« 61
Unterbeschäftigung 69
Unterentwicklung 24
Unternehmensaufsicht 19, 51, 90, 115, 117
–, Versagen der 19
Uruguay 48, 326, 388
USA
–, ausländische Investitionen in 38
–, Immobilienblase in 31
–, Leistungsbilanzdefizit der 12, 41 f.
–, Leistungsbilanzüberschuss der 341
–, Nachfrage in 33
–, Niedergang der 27
US-Kongress 28, 52, 106, 108 f., 128, 215, 219, 224, 228, 290, 296 f., 301, 308, 333, 356, 365
US-Repräsentantenhaus 258
US-Senat 108, 258, 268

Value-at-Risk-Modell (VaR) 279
Van Buren, Martin 172 f.
Verarmung 67
Verbraucheranreize 60
Verbriefungsboom 131

Vergütung 100, 249, 252, 255, 257, 364
–, der Regulierer 295
–, in Form von Aktien 254
–, von Aktienhändlern 100
–, von Hypothekenmaklern 262
–, von Kreditsachbearbeitern 262
–, von Managern 249
Vergütungssystem(e) 250, 255, 281
Vergütungsstruktur(en) 99, 257, 364
–, krankhafte 257
Verheißungen einer neuen Ökonomie 25
Vermögenswerte 111–113, 138, 208, 230–235, 259, 261, 275, 321 f., 328, 390, 394
Versicherung durch Credit Default Swaps 51
Versicherungsgesellschaften 290
Versprechungen 25, 379
Verstaatlichung 86, 152, 233
Verständnis von Krisen 15, 27, 61, 89
Vertrauen 135, 197, 199, 214, 240, 248, 269, 336, 378
Vertrauenskrise 35
Vertrauensschwund 14, 124, 136
Vietnam 174
Vietnamkrieg 42
Vitalität des Kapitalismus 13
Volcker, Paul 42 f., 307 f., 390
Vollbeschäftigung 71 f., 74
Vordenker 15, 60, 158, 185
Vorhersagen 10
Vorwarnung 13

Wachovia 143, 146, 157, 299
Wahn, spekulativer 32
Währungs- und Finanzordnung, internationale 21
Währungskrise(n) 48, 180, 210, 326, 335, 350, 353
Währungspolitik 374, 400
–, konventionelle 186
–, lockere 30, 362
–, unorthodoxe 187
–, Verschärfung der 370
Währungsstreitigkeiten 40
Wall Street 10, 12, 25 f., 29 f., 38, 50, 52 f., 55, 83, 97 f., 143, 157, 249, 252, 257, 272, 293–295, 298, 305, 358, 363, 403
Warenterminhandel 268, 270, 272, 288
Warnung(en) 9, 12 f., 126, 312, 360
Washington Mutual 143, 157, 225, 299
Washington Post 29, 50
Wealth of Nations (Smith) 425
Wechselkurse 42, 170, 267, 341, 397
Weill, Sanford 302
Weißrussland 181, 347
Weiße Schwäne 17, 25, 34
Weitsicht 11, 65, 126, 348
Wells Fargo 157, 299, 306
Weltbank 41, 350
Weltfinanzsystem 12, 29, 48, 133, 148
Weltwirtschaftskrise 9, 17, 26–29, 32, 34, 40, 55 f., 62, 71, 73–75, 79 f., 82, 103, 107, 111 f., 143, 151, 163 f., 168 f., 171, 183–186, 190, 194 f., 200, 217 f., 224, 239, 245 f., 303 f., 356, 358, 367 f., 400
Weltwirtschaftssystem 16

Wertabschöpfung 32
Wertpapiere 31, 37 f., 53, 55 f., 95 f., 107, 116, 122, 130–132, 134, 152, 155, 180, 191, 200, 212, 230, 234, 247, 257, 259–261, 264, 281, 291, 309, 316, 322, 336
–, esoterische 254
–, exotische 52, 121
–, giftige 147
–, mit (Schrott-)Hypotheken besicherte 10, 54 f., 93–97, 108, 116, 119, 128 f., 131, 137, 139, 146, 150 f., 165, 176, 201, 207–209, 231, 240, 258, 261 f., 266, 305, 330, 334, 387
–, »zusammengerührte« 30
–, Rating von 137, 360
Westeuropa 38, 42, 177
–, *siehe auch einzelne Länder*
White, William 12, 403
Wien 38, 143
Wirtschaftsgeschichte 80, 88
Wirtschaftswachstum 15, 25, 32, 37, 81, 189 f., 223, 273, 345, 371, 381 f.
–, in China 168, 183
–, stabiles 15
Wirtschaftswissenschaftler 17
Wohneigentum, privates 32

Yen, japanischer 172, 202, 327, 342, 345, 348, 377 f., 388
Yom-Kippur-Krieg 42
Yuan, chinesischer 345–347

Zahlungsunfähigkeit 48, 67, 79, 83, 138 f., 156, 221, 269, 341, 368, 375
Zentralamerika 169
Zentralbanken 82, 144, 159, 187, 195, 197, 201–205, 208 f., 239 f., 243 f., 274, 291 f., 312–316, 327, 336, 342, 346, 352, 354, 363, 366, 380, 387, 390, 395
Zhou Xiaochuan 347
Zinsinstrumente, undurchsichtige 18
Zölle 40, 169
Zombiebanken 45, 82, 85, 211, 377
Zufallsbewegung 63
Zuversicht 33, 67, 71, 142
Zwangsverkäufe 33, 200
Zweckgesellschaften 54 f., 94, 114, 123, 131 f., 136, 176
Zweiter Weltkrieg 28, 41, 113, 203, 218, 241, 256, 341